O MUNDO NEGRO

Relações Raciais e a Constituição do Movimento Negro Contemporâneo no Brasil

AMILCAR ARAUJO PEREIRA

O MUNDO NEGRO

Relações Raciais e a Constituição do
Movimento Negro Contemporâneo
no Brasil

Rio de Janeiro, 2020
1ª edição | 1ª reimpressão

FAPERJ
Fundação Carlos Chagas Filho de Amparo
à Pesquisa do Estado do Rio de Janeiro

PALLAS

Copyright © 2013
Amilcar Araujo Pereira

EDITORAS
Cristina Fernandes Warth
Mariana Warth

COORDENAÇÃO EDITORIAL
Raphael Vidal

COORDENAÇÃO GRÁFICA
Aron Balmas

DIAGRAMAÇÃO
Abreu's System

CAPA
Luis Saguar e Rose Araujo

Todos os direitos reservados à Pallas Editora e Distribuidora Ltda. É vetada a reprodução por qualquer meio mecânico, eletrônico, xerográfico etc., sem a permissão por escrito da editora, de parte ou totalidade do material escrito.

Este livro segue as novas regras do Acordo Ortográfico da Língua Portuguesa.

CIP-BRASIL. CATALOGAÇÃO-NA-FONTE
SINDICATO NACIONAL DOS EDITORES DE LIVROS, RJ

P489m

Pereira, Amilcar Araujo
  "O mundo negro" : relações raciais e a constituição do movimento negro contemporâneo no Brasil / Amilcar Araujo Pereira. - Rio de Janeiro : Pallas : FAPERJ, 2013.
  il.

  Inclui bibliografia
  ISBN 978-85-347-0500-4

  1. Negros - Identidade racial - Brasil. 2. Discriminação racial. 3. Negros - Brasil - Condições sociais. I. Título.

13-1109.
CDD: 305.896
CDU: 316.347(81)

Pallas Editora e Distribuidora Ltda.
Rua Frederico de Albuquerque, 56 - Higienópolis
CEP 21050-840 - Rio de Janeiro - RJ
Tel./fax: 55 21 2270-0186
www.pallaseditora.com.br
pallas@pallaseditora.com.br

Para Neusa e Amauri

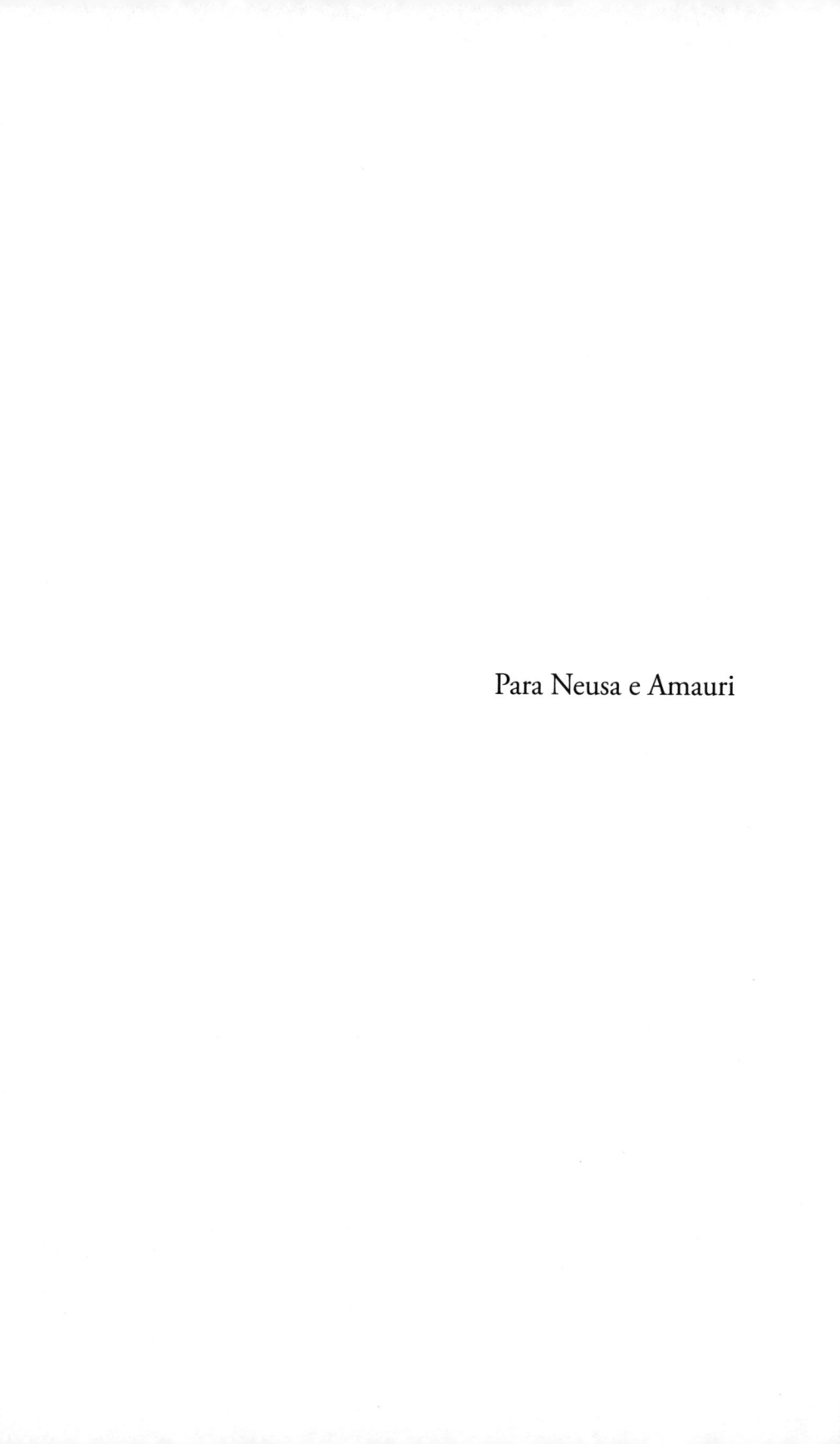

Sumário

Apresentação 9
Prefácio 13
Agradecimentos 15
Prólogo 19
Introdução 37

Capítulo 1

A ideia de raça e suas diferentes implicações 47
   1.1. Teorias raciais e democracia racial no Brasil 62
   1.2. Movimento negro e identidade racial no Brasil contemporâneo 83

Capítulo 2

O movimento negro no Brasil, a partir do início do século XX 109
   2.1. Especificidades do movimento negro contemporâneo 131

Capítulo 3

Circulação de referenciais: Brasil, Estados Unidos e África 143
   3.1. A imprensa negra no Brasil e nos Estados Unidos 149
   3.2. Influências externas e o movimento negro contemporâneo
       no Brasil 168

Capítulo 4

A constituição do movimento negro contemporâneo no Brasil: primeiras
organizações e estratégias (1971-1995) 217

4.1. As primeiras organizações do movimento negro contemporâneo . 231
4.2. O MNU, 1978 247
4.3. A partir de 1980 288

Considerações finais 325
Lista dos jornais pesquisados 329
Referências bibliográficas 331

Apresentação

É um enorme prazer apresentar ao público o livro de Amilcar Araujo Pereira, originalmente tese de doutorado em História, defendida na Universidade Federal Fluminense, em 2010. Foi extremamente estimulante acompanhar, como orientadora, o processo de pesquisa e de construção do texto, rico em achados empíricos e inovador na abordagem e na interpretação da história do movimento negro no Brasil.

Das ousadias interpretativas do texto, a que eu mais gosto é a explosão de balizas cronológicas precisas, que se faz presente desde o título: "O Mundo Negro", para em seguida explicitar no subtítulo de que se trata de um trabalho sobre "a constituição do movimento negro contemporâneo no Brasil". Ora, "O Mundo Negro" era o título de uma das sessões de "O Clarim da Alvorada", jornal do movimento negro paulista dos anos 1920, inspirada no Jornal "The Negro World", de Marcus Garvey, então publicado nos Estados Unidos. Enuncia-se, assim, que o livro se constitui, sobretudo, como uma contribuição substantiva para o estudo da historicidade da memória e da identidade negra no Brasil enquanto fenômenos políticos.

Desde a fundação do Movimento Negro Unificado, em final dos anos 1970, o chamado movimento negro contemporâneo se organizou política e discursivamente como um movimento *novo*, que se pensava diferente de tudo que viera antes. Diferente, revolucionário, associava raça e classe e denunciava o elogio da mestiçagem no Brasil como essencialmente racista – porque construído sobre a negação da autoestima da população afrodescendente e sobre a busca de um ideal de branqueamento. Para este *novo* movimento negro, a democracia racial não passava de mito, no sentido de falsidade ou falácia.

Por outro lado, por parte dos seus críticos, não faltou quem acusasse o *novo* movimento, em discursos políticos ou revistas acadêmicas, de ser uma simples criação de políticas de identidade desenvolvidas por organizações não governamentais e intelectuais estadunidenses para a América Latina, sobretudo afroamericanas pós movimento pelos direitos civis. Uma importação de identidades e problemáticas antes inexistentes, uma espécie de novo imperialismo cultural racializado. É no interior deste embate de discursos, disputas memoriais e de interpretações, que o chamado movimento negro contemporâneo consolidou-se no Brasil como movimento social e político.

É, portanto, como movimento social organizado, surgido no Brasil como parte do processo de contestação e modernização que caracterizaram os últimos anos da ditadura militar, que o movimento negro brasileiro contemporâneo se organizou. A pesquisa para o presente livro partiu de um expressivo conjunto de entrevistas com lideranças daquele processo, espalhadas por todo o Brasil, que falaram a Amilcar sobre sua "conversão" à identidade negra e sobre suas principais influências teóricas para a construção da crítica ao chamado "mito da democracia racial" no país. Tais entrevistas foram realizadas no âmbito de um projeto de pesquisa desenvolvido no CPDOC/FGV em conjunto com Verena Alberti, e resultaram no livro *Histórias do movimento negro no Brasil*: depoimentos ao CPDOC (Rio de Janeiro: Pallas, 2007).

A partir delas, de novas entrevistas, e de uma ampla pesquisa em jornais e arquivos privados, no Brasil e nos Estados Unidos, Amilcar nos conta (e bem), no presente livro, a história dos processos de construção de uma agenda política negra no Brasil e dos muitos embates para estabelecê-la, dentro e fora do próprio movimento social estudado, mas faz mais que isso.

O texto revisita com originalidade as discussões sobre a construção de teorias raciais no contexto ocidental, sublinhando sua polissemia de conteúdos e usos políticos, desde fins do século XIX, com o surgimento do pan-africanismo. Para tanto, vai além de simplesmente separar pensamento racial/racismo científico, por um lado, identidade racial como construção social da diáspora forçada de africanos, por outro, para ressaltar como ambos processos estiveram interligados de forma contraditória, desde a origem, enquanto processos políticos, inclusive no Brasil.

Como dito no início desta apresentação, o livro é especialmente inovador ao dar destaque às mútuas influências entre os movimentos negros no Brasil e nos Estados Unidos, desde a primeira metade do século XX, sublinhando a dialética de continuidades e descontinuidades presentes nas políticas de memória em torno do movimento negro contemporâneo. Especialmente interessante é o registro

Apresentação

da presença de notícias sobre o movimento negro brasileiro, em especial a Frente Negra, nos jornais negros estadunidenses dos anos 1930, bem como do acompanhamento pelos movimentos políticos negros no Brasil, da imprensa e da política negra nos Estados Unidos, ressaltados desde o título. Definitivamente, tais intercâmbios não foram criados pela conjuntura internacional pós-movimentos de direitos civis nos Estados Unidos.

Porém, como o subtítulo bem nos informa, o livro tem por tema principal a história do movimento negro brasileiro contemporâneo. Para tanto, analisa de forma ao mesmo tempo respeitosa e crítica o discurso memorial dos atores principais do novo movimento social, problematizando os embates e as disputas políticas de que participaram. Empresta especial ênfase aos elementos de continuidade e de descontinuidade do novo movimento com a história dos movimentos antirracistas e de mobilização política racial no Brasil nas décadas anteriores, bem como à circulação de referenciais entre diferentes movimentos de mobilização racial no contexto internacional nas décadas de 1960 e 1970, presentes nos processos de descolonização da África e de desenvolvimento de políticas afirmativas nos Estados Unidos.

Por fim, o livro aborda também um dos mais candentes temas da história do tempo presente no Brasil – o da ampliação e democratização do arco de atores aptos a participar do jogo político após a constituição de 1988. Além da constituição do movimento negro contemporâneo como movimento social organizado, a pesquisa aqui apresentada ilumina também os contextos sociopolíticos nos quais algumas das demandas por ele formuladas começaram a se fazer presentes na implementação de políticas públicas antirracistas no país.

Para os interessados no tema das políticas de identidade e para todos aqueles que querem conhecer melhor a história política contemporânea do Brasil, boa leitura!

Em 3 de setembro de 2012

Hebe Mattos
Universidade Federal Fluminense

Prefácio

O mundo negro é uma contribuição bem-vinda para a crescente literatura sobre o movimento negro no Brasil. Este livro ajuda também a situar o ativismo dos membros do movimento negro e de organizações que integram o contexto dos movimentos sociais, no Brasil e na América Latina. Além disso, trata de movimentos sociais que lutam pela igualdade dos direitos civis de negros em diversos países.

Pereira emprega a metodologia da história oral – adequada perfeitamente aos seus estudos –, por meio de entrevistas com 46 ativistas de movimentos de duas gerações distintas, porém sobrepostas, em vários países. A participação do movimento negro no processo de democratização do Brasil, que ainda permanece pouco estudada sob o aspecto da luta contra o regime de ditadura (seus encontros e experiências com o Estado durante protestos públicos, a vigilância, a prisão e a tortura) é tema de algumas destas entrevistas com ativistas deste período crucial, na década de 1970, quando organizações como MNU e CECAN surgiram, primeiro em São Paulo e, posteriormente, em outras partes do país. Descobrimos a partir daí que muitos destes militantes atuavam em diversas organizações e movimentos, simultaneamente, inclusive em células de organizações que envolviam, em algumas vezes, filhos de brasileiros de elite e classe média, de direita e esquerda, e até de militares. *O Mundo Negro* pode ser lido, do mesmo modo, ao lado de outros projetos de história oral que apresentam ativistas *anti-apartheid* na África do Sul, militantes pelos direitos civis e nacionalistas negros nos Estados Unidos, Brasil, Colômbia e em vários outros locais de protestos, nacionais e transnacionais, ao redor de assuntos como desigualdade racial e discriminação de cor.

Há, entretanto, uma complexidade de perspectivas apresentadas nessas entrevistas. São variações ideológicas de filiação organizacional, mas também diferenças e disputas regionais. De acordo com o que escrevi sobre as tendências e as formações do movimento negro no Rio de Janeiro e em São Paulo, o movimento dos Direitos Civis nos Estados Unidos, os movimentos de Pan-Africanismo e os movimentos nacionalistas na África pós II Guerra Mundial, garantiram inspiração para muitas organizações e seus esforços de conscientização fazendo protestos públicos e organizando as comunidades. Mas também foram, como vários entrevistados apontaram, os esforços pioneiros de ativistas afro-brasileiros, como José Correia Leite, que concederam a formação política fundamental dos movimentos.

As entrevistas ainda dão ferramentas para compreendermos como as questões e a agenda dos ativistas dos movimentos e organizações se modificaram com o tempo, desde a importante ênfase em uma conscientização, até ao objetivo de dar mais poderes – legalmente e juridicamente – aos negros. Isto não poderia ocorrer sem mudanças significativas na sociedade brasileira, como uma política comprometida com o diálogo entre o Estado e suas representações: muitos líderes do movimento negro, antes considerados marginais pela sociedade, estão agora em cargos do Governo Federal, e são necessários na implementação de políticas, não só de igualdade racial, mas também de gênero e direitos humanos. O próprio Amilcar Pereira – filho de um conhecido e importante ativista do movimento negro, Amauri Pereira – e seu projeto de pesquisa, exemplificam a mais recente geração do movimento negro, cuja agenda se difere enormemente da de seus pais: quilombos como patrimônio, as ações afirmativas como partes de um debate nacional e as políticas públicas formuladas de maneiras inconcebíveis para muitos ativistas e intelectuais (incluindo eu mesmo) de uma geração anterior.

Concluindo, o projeto de Amilcar Pereira proporciona uma merecida, porém tardia, luz na dimensão negligenciada do projeto de democratização no Brasil, um projeto que permanece incompleto. Os depoimentos de *O Mundo Negro* revelam aos leitores a distinta contribuição do movimento negro e seu lugar na topografia da política transnacional em luta por igualdade. É, e não só por isso, um excelente trabalho!

Michael Hanchard
Johns Hopkins University

Agradecimentos

Este livro é uma versão modificada de minha tese de doutorado em História, defendida em março de 2010 no Programa de Pós-Graduação em História da Universidade Federal Fluminense. Sendo assim, são muitos os agradecimentos que devo fazer aqui, pois esse longo trabalho de pesquisa não teria sido possível sem as contribuições de muitas pessoas. Mas devo começar os agradecimentos pelas pessoas entrevistadas desde 2003 para a realização deste trabalho, e que cederam seu tempo e seus conhecimentos sempre com enorme boa vontade, para que a pesquisa fosse possível. A todas as pessoas entrevistadas eu agradeço muito! Agradeço tanto as pessoas que entrevistei aqui no Brasil quanto as que entrevistei em 2008 nos Estados Unidos, enquanto fazia a pesquisa na Johns Hopkins University (JHU), em Baltimore.

Quando penso nesse ano inteiro em que estive nos Estados Unidos fazendo pesquisas, só consigo agradecer em primeiro lugar à minha esposa, Beth, que abriu mão de seus projetos pessoais, de seu emprego, ficou longe de seus amigos e familiares durante 12 meses, para me acompanhar nessa difícil empreitada em solo estrangeiro. Beth, aliás, além de ser o amor da minha vida, é uma companheira maravilhosa, que sempre me deu todo o suporte para que eu pudesse realizar meu trabalho, principalmente o suporte emocional tão caro e importante para todo ser humano. Muito obrigado Elizabete Mofacto por completar minha vida!

Nos Estados Unidos acabei tendo muito mais do que um co-orientador, Michael Hanchard tornou-se também um grande amigo. Suas indicações bibliográficas, suas críticas e sugestões em relação ao trabalho, a entrevista que me concedeu e o acesso que me permitiu ao seu arquivo de documentos do movimento negro brasileiro, sua disponibilidade e amizade, seus jantares maravilhosos (descobri que além de ser um grande intelectual, Michael é também um excelente cozinheiro!), enfim, tudo isso foi fundamental para que eu me sentisse sempre confortável, tanto em relação ao trabalho quanto no aspecto social. Faço aqui um agradecimento especial para Michael Hanchard! Um casal de amigos norte-americanos acabou se tornando uma espécie de "anjos da guarda" para mim e minha esposa. Teresa Cribelli e Daniel Levine nos receberam em sua casa no nosso primeiro dia em Baltimore e foram sempre amigos e cuidadosos conosco até nosso último dia em sua cidade. Teresa, Daniel e seu rebento Ilai estarão sempre conosco, pois nossa gratidão a vocês é enorme. Outros amigos norte-americanos também nos ajudaram muito em 2008, especialmente Ollie Jonhson III e James Woodard, a quem também agradeço. Anani Dzidzienyo, da Brown University, além de me conceder uma importante entrevista, me convidou para dar uma palestra em sua grande universidade. Angela Gilliam abriu as portas de sua casa em Seattle e me concedeu uma longa e rica entrevista, além de me receber com uma simpática festa. Muito obrigado aos dois! Quero agradecer também a Emma Cervone, coordenadora do Programa de Estudos Latino-Americanos (PLAS) da JHU e aos doutorandos deste Programa, com os quais eu convivi e debati meu projeto de pesquisa durante o primeiro semestre de 2008. O grupo de brasileiros estudantes na JHU também foi importante para que a nossa convivência na cidade fosse sempre boa. Com eles aprendemos muito sobre várias coisas, e agradecemos muito a Rodrigo e Júlia Sekkel, ao Luiz, ao Roger, a Marcelo e Carol Chamecki e ao Arthur Avila, companheiros brasileiros em Baltimore.

Aqui no Brasil, devo iniciar os agradecimentos por minha brilhante orientadora no doutorado, Hebe Mattos, que, com sua perspicácia nas críticas e sugestões e com sua confiança no meu trabalho, sempre me apoiou e me proporcionou a construção de autonomia intelectual ao mesmo tempo em que me orientava para que fosse possível a realização da tese que deu origem a este livro. Da mesma forma, tenho que fazer um agradecimento especial a Verena Alberti, brilhante intelectual que respeito e admiro, e que me deu a oportunidade de, ainda em 2003 no CPDOC/FGV, iniciar em co-autoria com ela o projeto de pesquisa que resultaria, entre outras coisas, na referida tese de doutorado. Sem as oportunidades, o aprendizado e os intercâmbios de ideias que me foram proporcionados por Verena Alberti, possivelmente este livro sequer existiria. Muito obrigado por tudo Verena! Agradeço também ao pessoal do CPDOC/FGV, especialmente a Angela de Castro Gomes, aos pesquisadores e estagiários, com quem convivi ao longo de mais de cinco anos e em muitos trabalhos. O CPDOC foi para mim uma verdadeira escola.

Agradecimentos

Agradeço também aos professores Martha Abreu e Álvaro Nascimento por aceitarem fazer parte das bancas de qualificação e de defesa do doutorado, quando me fizeram críticas e sugestões que contribuíram muito para a melhoria deste trabalho. O professor Jacques d'Adesky fez parte de minha banca de defesa e também ajudou a melhorar este trabalho com suas críticas e sugestões. Agradeço aos eficientes funcionários do Programa de Pós-Graduação em História da UFF, na pessoa da Silvana, que se apresenta sempre solícita e simpática quando requisitada. Muito obrigado!

Tenho que agradecer ainda a todos os meus familiares e amigos que relevaram minhas ausências e sempre me deram força para continuar nessa difícil caminhada rumo à vida acadêmica, principalmente a Neusa, minha mãe. Alguns são meus companheiros nessa batalha específica e compreendem bem as angústias e dificuldades da vida acadêmica, como meu pai, Amauri, minha irmã Diana e meu cunhado Adolfo, meus amigos Giovana Xavier, Aderivaldo (Deri) Santana, Marcio André e Maria Cláudia, Gizele Avena e Marcelo, Regina Santiago, Patrícia Carvalho e muitos outros.

Agradeço aos meus colegas professores e meus alunos da UFRJ que, cada qual de diferentes maneiras, desde o ano de 2009 contribuem para o meu amadurecimento intelectual. Entre meus colegas da UFRJ, devo agradecer especialmente a Ana Maria Monteiro, que desde a minha graduação tem sido para mim uma verdadeira "professora", no melhor sentido da palavra e com quem agora tenho a oportunidade e a honra de conviver como colega de trabalho.

Toda a pesquisa nos Estados Unidos e grande parte da pesquisa aqui no Brasil somente foram possíveis graças às bolsas de estudos com as quais fui agraciado pelo Conselho Nacional de Desenvolvimento Científico e Tecnológico (CNPq), ao qual deixo aqui o meu agradecimento. Enfim, agradeço também à FAPERJ, que apoiou a publicação deste livro através de financiamento concedido por meio de edital público.

Prólogo

> *"If you want a generalization I would have to say that the historian has got to be listening all the time. He should not set up a book or a research project with a totally clear sense of exactly what he is going to be able to do. The material itself will begin to speak through him. And I think this happens."*
>
> E.P. Thompson (*Visions of History*)[1]

Acredito que a epígrafe acima seja a melhor forma de iniciar este livro, tendo em vista a metodologia predominantemente utilizada para a construção de toda a pesquisa: a história oral. Thompson fala, no trecho acima, de maneira ampla, generalizada, para todos os historiadores; mas durante todo o processo de pesquisa e de realização das 46 entrevistas de história oral (com mais de 130 horas de gravação) que serão aqui utilizadas como fontes históricas, gravadas em todas as regiões do Brasil e em alguns estados dos Estados Unidos da América, entre setembro de 2003 e novembro de 2008, foi fundamental permanecer ouvindo, literalmente. Aprendi muito desde que foi iniciado o projeto de pesquisa que resultou neste livro e, além de ouvir, também refleti bastante sobre diversos assuntos relacionados ao movimento negro no Brasil. Sozinho e, em muitos casos, em co-autoria com Verena Alberti – com quem organizei o livro *Histórias do movimento negro no Brasil* (Pallas; CPDOC/FGV, 2007)[2] –,

---

[1] THOMPSON, 1983:14 "Se você quer uma generalização, eu diria que o historiador tem que estar ouvindo o tempo todo. Ele não deve preparar um livro ou um projeto de pesquisa com total clareza do que exatamente será capaz de fazer. O material por si só começará a falar através dele. E eu acredito que isso acontece." (todas as traduções contidas neste livro foram feitas pelo autor)

[2] A maior parte dos trechos de entrevistas de lideranças negras citados aqui foram também publicados no livro *Histórias do movimento negro no Brasil:* depoimentos ao CPDOC, organizado por Verena Alberti e por mim e publicado pela editora Pallas em 2007.

produzi um grande número de artigos sobre a temática, que foram apresentados em congressos ou publicados em revistas acadêmicas e livros.³

Também mudei de ideia algumas vezes ao longo desse processo, desenvolvi novas perspectivas, reconsiderei conceitos e até repensei aspectos em relação à própria escrita, devido aos interessantes e instigantes depoimentos que serão aqui analisados. E espero que, como acredita Thompson, eu também consiga fazer com que esse rico material aqui reunido "fale" através deste livro.

A realização desta pesquisa tem um caráter pessoal e especial para mim, do qual não posso fugir e que diz respeito à própria escolha da temática a ser pesquisada. Vale ressaltar que a escolha de um determinado tema pode significar também a marcação de um posicionamento do pesquisador em relação ao pro-

---

³ Publiquei entre 2007 e 2009 três artigos sobre o movimento negro brasileiro e a circulação de referenciais de luta contra o racismo: "O 'Atlântico negro' e a constituição do movimento negro contemporâneo no Brasil". *Perseu: história, memória e política*. v.1, 2007; "Influências externas, circulação de referenciais e a constituição do movimento negro contemporâneo no Brasil: idas e vindas no 'Atlântico negro'". *Ciências e Letras* (Porto Alegre), nº 44, 2008; e "Linhas (da cor) cruzadas: relações raciais, imprensa negra e movimento negro no Brasil e nos Estados Unidos". In: PEREIRA, Amauri M. e SILVA, Joselina da (orgs.). *O Movimento Negro Brasileiro*: escritos sobre os sentidos de democracia e justiça social no Brasil. Belo Horizonte: Nandyala, 2009. Ao longo dos últimos anos Verena Alberti e eu elaboramos, em co-autoria, 11 artigos: "História do movimento negro no Brasil: constituição de acervo de entrevistas de história oral", trabalho apresentado no III Congresso Brasileiro de Pesquisadores Negros (São Luís, UFMA, setembro de 2004); "Movimento negro e 'democracia racial' no Brasil: entrevistas com lideranças do movimento negro", trabalho apresentado na Terceira Conferência Bienal da Association for the Study of the Worldwide African Diaspora – Aswad (Rio de Janeiro, outubro de 2005); "Discriminação racial no Brasil: entrevistas com lideranças do movimento negro", trabalho apresentado no XIV Congresso Internacional de História Oral (Sydney, Austrália, julho de 2006) e publicado em *Historia, Antropología y Fuentes Orales*. Barcelona, Universidad de Barcelona, n. 37, 2007; "Transformação de entrevistas em livro: uma experiência de edição", trabalho apresentado no VII Encontro Regional Sudeste de História Oral (Rio de Janeiro, Fiocruz, 2007); "A defesa das cotas como estratégia política do movimento negro contemporâneo", *Estudos Históricos*. Rio de Janeiro, CPDOC, n.37, 2006/1; "Cotas no país da 'democracia racial': alguns elementos da atuação política do movimento negro contemporâneo". In VISCARDI, Cláudia e DELGADO, Lucília de A. N. (orgs.). *História Oral: teoria, educação e sociedade* (Juiz de Fora, Ed. UFJF, 2006); "O movimento negro contemporâneo", in: FERREIRA, Jorge e REIS, Daniel Aarão *Revolução e democracia* (vol. 3 da Coleção *As esquerdas no Brasil*). Rio de Janeiro: Civilização Brasileira, 2007; "Articulações entre movimento negro e Estado: estratégias e experiências contemporâneas" In GOMES, Angela de Castro (org.) *Direitos e cidadania: memória, política e cultura*. Rio de Janeiro: Editora da FGV, 2007; "Qual África? Significados da África para o movimento negro no Brasil". *Estudos Históricos*. Rio de Janeiro, CPDOC, n.39, 2007/1; "Pesquisando o movimento negro no Brasil". *Revista de História* (Rio de Janeiro), vol. 3, nº 36, 2008; e "Possibilidades das fontes orais: um exemplo de pesquisa". *Anos 90* (UFRGS), 2008. Os três primeiros estão disponíveis em www.cpdoc.fgv.br.

cesso de uma pesquisa. Ainda mais quando se trata da escolha de um tema pouco estudado pelos historiadores brasileiros ao longo das últimas décadas. No caso deste trabalho, sobre o movimento negro no Brasil, em que o objeto da pesquisa diz respeito, de certa forma, à história familiar do autor, a questão da busca pelo necessário distanciamento entre sujeito e objeto se faz presente inevitavelmente. Quanto a essa questão, posso afirmar que não creio que seja possível um completo distanciamento entre sujeito e objeto em caso algum; assim como não acredito que haja um total distanciamento entre as análises teóricas e as posições políticas de nenhum autor, sejam elas conscientes ou inconscientes. As análises teóricas necessariamente partem de posicionamentos do autor, na medida em que esse autor fala de algum lugar – social, cultural, territorial, temporal etc. A própria escolha do tema e do objeto pode dizer muito a respeito das opções políticas desse autor, como é recorrentemente lembrado pelos teóricos pós-modernos.[4]

De fato, como afirma o historiador George Fredrickson, "(...) uma das tendências mais saudáveis do pós-modernismo é a chamada para os historiadores e outros *scholars* para serem mais francos sobre o lugar de onde eles vêm, autobiograficamente e ideologicamente, ao invés de assumir uma objetividade Olímpica."[5] (FREDRICKSON, 1997:18) Sendo assim, também serei "franco" sobre o "lugar de onde eu venho", sobre minha autobiografia: sou filho de um ativista e intelectual negro, Amauri Mendes Pereira, que é uma das várias lideranças do movimento negro brasileiro entrevistadas para esta pesquisa, e que não só foi um dos grandes responsáveis pelo meu interesse em fazer pesquisas sobre o movimento negro e sobre as relações raciais no Brasil, como foi certamente o maior responsável pelo meu interesse em me tornar um historiador. Uma de minhas mais remotas memórias da infância é a seguinte: um final de tarde, eu e meu pai sentados na porta de casa, e ele lia em voz alta para mim *A história da Revolução Russa*, o livro de Leon Trotsky. Sou filho também de uma fantástica mulher branca, Neusa Araujo Pereira, que me ajudou a perceber a complexidade das relações raciais no Brasil desde muito cedo. George Fredrickson, argumentando em relação à validade de seu seu próprio trabalho como historiador, diz ainda o seguinte:

---

[4] Ver: CLIFFORD, 1998; GEERTZ, 2001 e 2002; VELHO, 2002; entre outros.
[5] "*One of the healthier tendencies of postmodernism, is the call for historians and other scholars to be more candid about where they are coming from, autobiographically and ideologically, rather than assuming an Olympian objectivity.*"

> Eu não poderia, entretanto, continuar a realizar meu trabalho se eu acreditasse que minhas peculiaridades reivindicadas – raça, etnicidade, gênero e orientação sexual – predeterminassem o que eu teria a dizer e fornecessem elementos suficientes para a aceitação ou rejeição disso. Eu não poderia negar que ser um homem branco heterosexual de ancestralidade sueco-americana tem algum efeito sobre a minha visão de mundo. Mas acredito firmemente que uma disposição de participar de discussões racionais e debates com outros comprometidos com o processo – incluindo alguns que podem não compartilhar nenhuma das peculiaridades acima – pode conduzir à perspectivas transcendentes e à demarcação de bases comuns.[6] (Idem: 18)

Assim como Fredrickson, creio que as minhas peculiaridades não predeterminam o que eu tenho a dizer, assim como também não predeterminam as definições dos meus posicionamentos como pesquisador. Os meus posicionamentos deverão ficar claros através das escolhas feitas no decorrer deste trabalho; não só no esforço de autodefinição do próprio autor, mas principalmente na definição das perspectivas aqui adotadas, dos cortes cronológico e espacial, na escolha dos textos teóricos que servirão de base para as argumentações, no encaminhamento das questões etc. Não podemos perder de vista também a dimensão política existente nos trabalhos acadêmicos, os limites éticos e a responsabilidade social que, em geral, também ficam evidentes através dos posicionamentos dos autores, de uma maneira geral. Essas questões podem interferir na própria realidade social estudada, na medida em que as pesquisas, fazendo análises sobre determinadas realidades, façam proposições que poderão ou não gerar outras discussões acadêmicas e políticas, ou mesmo inspirar ações que venham a ser implementadas pelos poderes públicos e outros agentes sociais. Esse ponto, aliás, é também enfocado por Fredrickson, quando ele fala sobre a importância do seu próprio trabalho de pesquisa, a partir do qual ele comparou a questão racial nos Estados Unidos e na África do Sul:

---

[6] *I could not, however, continue to do my work if I believed that my ascribed peculiarities – race, ethnicity, gender, and sexual orientation – predetermined what I had to say and provided sufficient grounds for accepting or rejecting it. I would not deny that being a heterosexual white male of Swedish-American ancestry has some effect on my view of the world. But I firmly believe that a willingness to participate in rational discussion and debate with others committed to the process – including some who might share none of the above attributes – can lead to transcendent perspectives and the staking out of common grounds.*

Prólogo

Meu trabalho comparativo sobre raça e racismo nos Estados Unidos e na África do Sul é, portanto, verdadeiro na medida em que ele estimula investigações e debates construtivos dentro da comunidade de historiadores e cientistas sociais. Ele se tornaria ainda mais válido, num sentido pragmático, se ele acrescentasse alguma sensatez ou *insights* para esforços de cidadãos e políticos interessados em responder de uma maneira justa às demandas de pessoas anteriormente escravizadas e sem direitos por igualdade de direitos, *status* e oportunidades.[7] (Idem: 17)

Levando em conta toda essa discussão acima sobre posicionamentos e distanciamento, e consciente de que minha fala é "orientada" – não pré-determinada – pelas minhas origens e experiências familiares, sociais, culturais, acadêmicas e profissionais, mas sem, por isso, deixar de buscar e "negociar" o distanciamento à procura de uma certa "neutralidade" que me possibilite apurar a análise, inicio a apresentação do trabalho de pesquisa que resultou neste livro.

A pesquisa

Entre setembro de 2003 e abril de 2007, com a Dra. Verena Alberti, do Centro de Pesquisa e Documentação de História Contemporânea do Brasil (CPDOC) da Fundação Getúlio Vargas (FGV), realizei 38 entrevistas de história oral com lideranças do movimento negro de todas as regiões do Brasil.[8] Durante o ano de 2008 recebi

---

[7] My comparative work on race and racism in the United States and South Africa is therefore truthful to the degree that it stimulates inquiry and constructive debate within the community of historians and social scientists. It would become even more valid in a pragmatic sense if it added some wisdom or insight to efforts of concerned citizens and policymakers to respond in a just and equitable manner to the demands of formerly enslaved and disenfranchised people for equality of rights, status, and opportunity.

[8] A pesquisa foi realizada no Centro de Pesquisa e Documentação de História Contemporânea do Brasil (CPDOC) da Fundação Getúlio Vargas, e tinha como título "História do movimento negro no Brasil: constituição de acervo de entrevistas de história oral". Esse projeto de pesquisa, em seus 12 meses iniciais, contou com o apoio do South-South Exchange Programme for Research on the History of Development (Sephis), sediado na Holanda e em janeiro de 2004 passou a integrar o projeto "Direitos e cidadania", aprovado pelo Programa de Apoio aos Núcleos de Excelência (Pronex) do Ministério da Ciência e Tecnologia, sediado no CPDOC sob a coordenação de Angela de Castro Gomes, que contou com apoio do CNPq e da Faperj. A partir de julho 2006 me tornei bolsista de doutorado do CNPq, e com os recursos provenientes dessa bolsa cobri todas as minhas viagens e os custos relativos à pesquisa desde então. Todas as entrevistas foram realizadas por Verena Alberti e por mim, à exceção das entrevistas com Nilma Bentes, Zélia Amador de Deus, Helena Machado e Oliveira Silveira, realizadas somente por mim em Belém, no Pará, e em Porto Alegre, no Rio Grande do Sul. Em dezembro de 2006, o professor africanista José Maria Nunes Pereira

uma bolsa de estudos de doutorado sanduíche do Conselho Nacional de Desenvolvimento Científico e Tecnológico (CNPq) e, graças a essa oportunidade, realizei mais sete entrevistas com acadêmicos norte-americanos, negros em sua maioria, que realizaram pesquisas sobre as relações raciais no Brasil desde a década de 1970 e que mantém até hoje relações com lideranças do movimento negro brasileiro.

Além de considerar as narrativas dos entrevistados como fontes históricas, para esta pesquisa elas são também, em si mesmas, objetos de análise, a partir de diversas questões, como por exemplo: como as entrevistas mostram memórias em disputa? O que é valorizado? O que não é dito? O que é silenciado? Como as entrevistas se articulam com os diferentes contextos sócio-históricos? Essas entrevistas servem também como interessantes objetos de estudo para a realização de análises comparativas: entre as próprias entrevistas; entre as entrevistas e os arquivos de documentos cedidos pelos entrevistados; entre o que os entrevistados relatam e o que dizem historiadores e sociólogos sobre os mesmo temas etc. Nesse sentido, a análise de documentos como jornais, cartilhas e cartazes, produzidos pelo movimento negro e contidos nos arquivos cedidos pelos entrevistados, e a análise bibliográfica também fazem parte da pesquisa.

Analisando o acervo de entrevistas é nítida a percepção de uma grande diversidade, tanto em termos regionais quanto em termos de formação acadêmica, de gênero, de geração, formas de atuação, visão política, religião etc. Entre os entrevistados e entrevistadas brasileiros, duas são lideranças na região Norte, dois na região Sul, dois na região Centro-Oeste, 14 na região Nordeste e 19 na região Sudeste. São 15 mulheres e 24 homens e, em termos de formação acadêmica, há doutores, semi-analfabetos e pessoas com diferentes graus de formação. Vale destacar a existência de várias lideranças com algum tipo de vínculo acadêmico. Em relação às formas de atuação política, há lideranças radicais, que não aceitam intervenções de partidos políticos nem financiamentos externos, e ainda têm na perspectiva de "construção da revolução" o seu mote para a atuação; assim como há lideranças de grandes ONGs, que buscam financiamentos para seus projetos e conduzem sua atuação no sentido de produzir mudanças positivas para a comunidade negra a curto prazo; da mesma forma, podemos identificar uma gama de outras maneiras de intervenção política, que incluem a ação de lideranças da área

---

Conceição, que não é militante do movimento negro, também foi entrevistado para o projeto "História do movimento negro no Brasil". Parte de sua entrevista foi publicada na revista *Estudos Históricos*, "Brasil-África" (Rio de Janeiro, CPDOC-FGV, n. 39, 2007/1).

cultural e de educação, a ação de quilombolas e de religiosos, por exemplo. Entre as lideranças do movimento negro entrevistadas que se afirmam também como religiosos, a diversidade é bem nítida: há um sacerdote católico, um sacerdote do candomblé, uma liderança evangélica e adeptos de diferentes religiões.

Entre os entrevistados nos Estados Unidos, quatro são pioneiros no que se refere ao estabelecimento de pontes entre o movimento negro brasileiro e instituições políticas e acadêmicas nos Estados Unidos, desde o início da década de 1970. São eles os professores Michael Mitchell, Angela Gilliam, J. Michael Turner e Anani Dzidzienyo, sendo este último ganense radicado nos Estados Unidos desde o final da década de 1970. Dois são acadêmicos que realizaram pesquisas no Brasil durante a década de 1980 e também contribuíram para a internacionalização do movimento negro brasileiro de diferentes formas, são os professores Michael Hanchard e Edward Telles. Telles foi também diretor de programas da Fundação Ford no Brasil entre 1997 e 2000 e, ocupando tal cargo, teve uma contribuição importante para a institucionalização de várias organizações do movimento negro brasileiro, através da concessão de apoio financeiro a muitos militantes e entidades durante esse período. A última entrevista feita nos EUA foi com Miriam Brandão, que é a representante para "Brasil" da Inter-American Foundation, que foi a primeira instituição estrangeira a financiar uma organização do movimento negro contemporâneo no Brasil, ainda na década de 1970.

História oral

A escolha da história oral como principal metodologia para o trabalho de pesquisa deve-se às suas características específicas, que, acredito, são as ideais para este tipo de trabalho, na medida em que o objeto da pesquisa é um movimento social e político que se constitui enquanto tal, com as suas especificidades, a partir da década de 1970. Além da pesquisa ter sido viável do ponto de vista da possibilidade de realização de entrevistas – já que grande parte dos atores envolvidos no processo de constituição do movimento está viva e exercendo ações até o presente momento –, é muito interessante a ideia de poder estabelecer um quadro com as principais estratégias e formas de articulação, com as diferentes influências, enfim, com os elementos que possibilitaram e/ou incentivaram a constituição desse movimento nas mais diferentes regiões do país. Segundo Verena Alberti, a história oral seria a metodologia ideal para esse fim, pois

[ela] é especialmente indicada para o estudo da história política, entendida não só como história dos "grandes homens" e "grandes feitos", e sim como estudo das diferentes formas de articulação de atores e grupos, trazendo à luz a importância das ações dos indivíduos e de suas estratégias. Através de entrevistas de história oral, é possível reconstituir redes de relação, formas de socialização e canais de ingresso na carreira, bem como investigar estilos políticos específicos a indivíduos e grupos. (ALBERTI, 2004-a: 24,25)

Pensando também em relação às entrevistas, o documento de história oral produzido por entrevistador(a) e entrevistado(a), a autora, em outro texto, prossegue demarcando as características dessa metodologia:

A entrevista de história oral permite também recuperar aquilo que não encontramos em documentos de outra natureza: acontecimentos pouco esclarecidos ou nunca evocados, experiências pessoais, impressões particulares etc. (...) Mas acreditamos que a principal característica do documento de história oral não consiste no ineditismo de alguma informação, tampouco no preenchimento de lacunas de que se ressentem os arquivos de documentos escritos ou iconográficos, por exemplo. Sua peculiaridade – e a da história oral como um todo – decorre de toda uma postura com relação à história e às configurações socioculturais, que privilegia a recuperação do vivido conforme concebido por quem viveu. (ALBERTI, 2004-b: 22, 23)

A autora complementa ainda, em relação à especificidade da história oral, ressaltando a importância da subjetividade e das representações construídas pelos entrevistados, que nos informam a respeito do passado: "Sua grande riqueza está em ser um terreno propício para o estudo da subjetividade e das representações do passado *tomados como dados objetivos*, capazes de incidir (de agir, portanto) sobre a realidade e sobre o nosso entendimento do passado." [grifo da autora] (ALBERTI, 2004-a: 42)

De acordo com o exposto acima, enfatizando a "recuperação do vivido conforme concebido por quem viveu" e atento às "representações do passado", as entrevistas com as lideranças do movimento negro contemporâneo atuantes desde a década de 1970 foram conduzidas com vistas a perceber as relações entre a história social mais ampla e a trajetória individual de cada entrevistado. Nesse sentido, a conversa iniciava-se com perguntas sobre a infância e a socialização do(a) entrevistado(a): onde e quando nasceu, origens familiares, primeiros estudos etc. Em seguida, procurava-se acompanhar sua trajetória até a atuação no movimento negro, tentando observar as condições que o(a) conduziram a essa escolha. Foram tratados os marcos significativos para a formação e a consolidação do movimento, tanto os que contaram com a participação direta do(a) entrevistado(a) como os que já fazem parte de uma memória coletiva do grupo.

Na medida em que percebo a constituição desse movimento como um processo complexo e diverso, e tendo em vista que esse processo ocorre na mesma época em praticamente todo o país, foram realizadas entrevistas com lideranças políticas desse movimento social em diferentes regiões brasileiras. Assim podemos perceber, não só a subjetividade presente em cada trajetória, mas também comparar diferenças e semelhanças, as facilidades e dificuldades em relação a esse processo de constituição, e também as múltiplas memórias encontradas em todo o país. A questão da memória surge, certamente, como elemento fundamental para este trabalho. Todavia, quando trabalhamos com as diferentes memórias, estamos atentos ao alerta de Alessandro Portelli, que em seu texto sobre o massacre de Civitella Val di Chiana afirma que,

> quando falamos numa memória dividida, não se deve pensar apenas num conflito entre a memória comunitária pura e espontânea e aquela "oficial" e "ideológica", de forma que, uma vez desmontada esta última, se possa implicitamente assumir a autenticidade não-mediada da primeira. Na verdade, estamos lidando com uma multiplicidade de memórias fragmentadas e internamente divididas, todas, de uma forma ou de outra, ideológica e culturalmente mediadas. (PORTELLI, 1996: 106)

É possível constatar, comparando distintos depoimentos, a presença de diferentes memórias em relação a fatos semelhantes, na medida em que vamos de uma região a outra; e percebemos também que os diferentes perfis sócio-econômicos e os diferentes níveis de ensino obtidos, os diferentes lugares sociais, também exercem influência sobre a construção da memória de cada depoente. Há ainda a questão das "memórias em disputa". Michel Pollak, tem uma leitura interessante em relação a essas "disputas". Ele afirma que:

> Embora na maioria das vezes esteja ligada a fenômenos de dominação, a clivagem entre memória oficial e dominante e memórias subterrâneas, assim como a sig-

nificação do silêncio sobre o passado, não remete forçosamente à oposição entre Estado dominador e sociedade civil. Encontramos com mais freqüência esse problema nas relações entre grupos minoritários e sociedade englobante. (POLLAK, 1989: 4)

Um exemplo, nesse sentido, que marca o início da trajetória do movimento negro contemporâneo na década de 1970, é a disputa pela memória da Abolição da escravatura, e a assunção do 20 de Novembro como "Dia Nacional da Consciência Negra" em substituição ao 13 de Maio, que passaria a ser então uma data a ser denunciada, como se verá de maneira mais aprofundada no capítulo 2. Segundo Oliveira Silveira, "a evocação do 20 de Novembro como data negra foi lançada nacionalmente em 1971 pelo Grupo Palmares, de Porto Alegre, no Rio Grande do Sul."[9] Desde então há um forte investimento das organizações do movimento negro em denunciar a data do 13 de Maio, principalmente nas escolas, como uma tentativa de fortalecer uma outra memória sobre a Abolição, a partir da qual procuravam trazer o protagonismo da luta contra a escravidão para a esfera dos negros, recusando a imagem da princesa branca benevolente que teria redimido os escravos. Estes investimentos tornaram-se ainda maiores por conta do centenário da Abolição, em 1988, quando as iniciativas de comemoração do 13 de Maio, propostas pelos poderes públicos, em diferentes regiões do país, foram combatidas por grande parte dos militantes. Como podemos perceber no relato de Magno Cruz, de São Luís do Maranhão:

---

[9] Oliveira Silveira nasceu em Rosário do Sul, um município da fronteira oeste do estado do Rio Grande do Sul, próximo ao Uruguai, em 16 de agosto de 1941. Foi morar em Porto Alegre em 1959, para cursar o equivalente ao ensino médio de hoje. Poeta e escritor, formado em letras pela Universidade Federal do Rio Grande do Sul em 1965, e fundador do Grupo Palmares em 1971, Oliveira Silveira é conhecido em todo o Brasil como o propositor, ainda em 1971, do dia 20 de novembro como dia a ser comemorado pela população negra, em substituição ao 13 de Maio. Acatando a sugestão do Grupo Palmares, em 1978 o MNU declarou o dia 20 de Novembro como Dia Nacional da Consciência Negra. Oliveira foi também um dos fundadores do grupo Razão Negra, da revista *Tição*, do grupo Semba Arte Negra e da Associação Negra de Cultura, da qual fez parte até falecer em 1 de janeiro 2009. Foi professor de língua portuguesa na rede estadual do Rio Grande do Sul a partir da década de 1970. À época da entrevista integrava, desde 2004, o Conselho Nacional de Promoção da Igualdade Racial (CNPIR) da Secretaria Especial de Políticas de Promoção da Igualdade Racial (Seppir) da Presidência da República. A entrevista foi gravada em 1 de dezembro de 2006, na Casa de Cultura Mário Quintana, em Porto Alegre.

Prólogo

> O ano de 1988 foi interessante e atípico, porque foi um ano em que a gente se preparou para contestar o centenário da Abolição que foi preparado oficialmente. Na época o governo era de José Sarney. Então era mais difícil para a gente contestar, já que o presidente era maranhense. Mas havia o Estado brasileiro se preparando oficialmente para homenagear a princesa Isabel, seus descendentes e tudo mais. Na época surge a Fundação Palmares, que vem aqui e traz uma proposta de que, no dia 13 de maio de 1988, haveria aqui no Maranhão, em São Luís especificamente, um grande *show* com os grandes artistas nacionais: Martinho da Vila, Leci Brandão e tudo mais. E nós contestamos. Nós não aceitamos porque achávamos que não tinha motivo para fazer esse grande *show*. Nós até achamos que poderia acontecer esse grande *show* de artistas negros, mas em outro período.[10]

É interessante observar, como Verena Alberti e eu fizemos em artigo publicado em 2007, que esse conflito ultrapassou as fronteiras do movimento negro propriamente dito. Em 1988, a escola de samba Vila Isabel, do Rio de Janeiro, foi campeã do carnaval com o samba "Kizomba, festa da raça", cujos primeiros versos eram "Valeu Zumbi, o grito forte dos Palmares, que correu terras, céus e mares, *influenciando* a abolição" (grifo meu). No ano seguinte, em contrapartida, a escola Imperatriz Leopoldinense foi campeã com o samba "Liberdade, liberdade, abre as asas sobre nós", que comemorava os 100 anos da República, mas também celebrava a memória da princesa Isabel nos versos "Pra Isabel, a heroína, que assinou a lei divina, negro dançou, comemorou o fim da sina". (ALBERTI & PEREIRA, 2007-b:655)

Essa discussão ganha ainda mais importância se concordamos com Pollak, quando ele afirma: "Podemos dizer que a memória é um elemento constituinte do sentimento de identidade, tanto individual como coletiva, na medida em que ela é também um fator extremamente importante do sentimento de continui-

---

[10] Magno Cruz nasceu em São Luís em 25 de maio de 1951, e faleceu na mesma cidade em 3 de agosto de 2010. Engenheiro formado pela Universidade Estadual do Maranhão em 1976, foi funcionário da Companhia de Água e Esgotos do Maranhão (Caema) desde 1980. Foi presidente do Centro de Cultura Negra do Maranhão (CCN) por dois mandatos consecutivos, de 1984 a 1988. À época da entrevista, era presidente do Conselho Diretor da Sociedade Maranhense de Direitos Humanos e era diretor de formação do Sindicato dos Urbanitários do Maranhão, filiado à Central Única dos Trabalhadores (CUT). A entrevista foi gravada em 8 de setembro de 2004, no Núcleo de Estudos Afro-Brasileiros (NEAB) da Universidade Federal do Maranhão (UFMA), em São Luís, durante o III Congresso Brasileiro de Pesquisadores Negros (Copene).

dade e de coerência de uma pessoa ou de um grupo em sua reconstrução de si." (POLLAK, 1992: 204) A relação entre memória e identidade torna-se evidente nas falas das lideranças do movimento negro. Daí a necessidade de investir nos espaços de educação, questionando a "história oficial" ou a "memória oficial" sobre a Abolição e mesmo sobre a participação do negro na história do Brasil. Vale destacar que a Lei 10.639, assinada pelo presidente Lula em 9 de janeiro de 2003, que tornou obrigatório o ensino de história cultura afro-brasileira, é uma antiga reivindicação do movimento negro brasileiro, e tornou-se uma realidade a partir das pressões do movimento social e de articulações de militantes atuantes no parlamento e em outras instâncias do poder público.[11]

Em relação às memórias desse movimento social que se buscam construir ou preservar, pude observar e analisar, ao longo do trabalho de pesquisa, muitas histórias interessantes. Como por exemplo, uma certa busca, atualmente, pela construção de referenciais e de uma memória do movimento anterior à década de 1970. Não podemos perder de vista a importância do contexto sócio-histórico para a própria construção das memórias. As entrevistas realizadas no ano de 2003, por exemplo – durante o primeiro ano do governo Lula, em que setores do movimento negro estavam mais próximos do poder, tendo inclusive, pela primeira vez na história, um órgão em âmbito federal com *status* de ministério, para tratar da questão racial, a Secretaria Especial de Políticas de Promoção da Igualdade Racial (SEPPIR) – são, em certa medida, diferentes das entrevistas realizadas a partir de 2005, com todos os escândalos políticos relacionados ao governo do PT.

---

[11] Sobre a tramitação da Lei 10.639/03, ver: ALBERTI e PEREIRA, 2007-e. É interessante observar, por exemplo, que a reivindicação pela "reavaliação do papel do negro na história do Brasil" já era um dos itens da Carta de Princípios do Movimento Negro Unificado (MNU), escrita e divulgada em 1978, e que lideranças do movimento negro que passaram em diferentes momentos pelo Congresso Nacional já tinham apresentado projetos semelhantes a esse: Paulo Renato Paim (1950) foi deputado federal pelo Rio Grande do Sul em quatro legislaturas (1987-1991, 1991-1995, 1995-1999 e 1999-2002) e senador pelo mesmo estado a partir de 2003, sempre na legenda do PT. Na Câmara dos Deputados apresentou o Projeto de Lei n° 678 de 10 de maio de 1988, que estabelecia a inclusão da matéria "História Geral da África e do Negro no Brasil" como disciplina integrante do currículo escolar obrigatório. Quando senador, Abdias do Nascimento apresentou o Projeto de Lei do Senado (PLS) n° 75 de 24 de abril de 1997, que dispunha sobre as medidas de ação compensatória para a implementação do princípio da isonomia social do negro e incluía no ensino dos idiomas estrangeiros, em regime opcional, as línguas iorubá e kiswahili. A senadora Benedita da Silva apresentou o PLS n° 18 de 22 de fevereiro de 1995, que incluía a disciplina "História e Cultura da África" nos currículos das escolas de ensino básico no Brasil. Ver www.senado.gov.br, acesso em 26/8/2008.

Prólogo

Um fato interessante, nesse sentido, ocorre no momento em que é perceptível a visibilidade que o movimento negro possui na sociedade brasileira, e concomitantemente em que há uma lei que torna obrigatório o ensino da "história das lutas dos negros no Brasil": em várias entrevistas, Abdias Nascimento é tratado como um ícone da memória desse movimento.[12] Mesmo hoje sendo considerado quase uma "unanimidade" como liderança do movimento negro no século XX, respeitado e aceito como tal por quase todos os diferentes setores do movimento, Abdias podia ser apontado nas décadas de 1970 e 80 como alvo de críticas, em alguns momentos, como no trecho abaixo em que Amauri Mendes Pereira fala sobre a reunião feita logo após o ato de fundação do Movimento Negro Unificado, MNU, realizado em 7 de julho de 1978 em São Paulo:

> Então, foi fundado o MNU e, no outro dia, veio o Abdias Nascimento, já com Elisa Larkin.[13] E aí se faz a discussão, as maiores brigas. Já queriam detonar o Abdias, porque as principais lideranças ali eram Hamilton e Miltão.[14] Um pouco

---

[12] Abdias Nascimento (1914) nasceu em Franca (SP), fundou o Teatro Experimental do Negro, em 1944, e foi um dos organizadores da Convenção Nacional do Negro, encontro realizado por dois anos (1945 e 1946), no Rio e em São Paulo, que propôs à Constituinte de 1946 a tipificação da discriminação racial como crime de lesa-pátria. Participou também como organizador do primeiro Congresso do Negro Brasileiro, em 1950. Em 1968 exilou-se nos Estados Unidos em decorrência do endurecimento do governo militar, no poder desde abril de 1964, e foi professor em diversas universidades norte-americanas. Participou da fundação do Movimento Negro Unificado, em 1978, e criou, em 1981, o Instituto de Pesquisas e Estudos Afro-Brasileiros na Pontifícia Universidade Católica (PUC) de São Paulo. No exílio, tornou-se amigo de Leonel Brizola, com quem fundou o Partido Democrático Trabalhista (PDT) em maio de 1980. Fundou a Secretaria do Movimento Negro do PDT e foi deputado federal pelo Rio de Janeiro entre 1983 e 1986 e senador pelo mesmo estado de 1991 a 1992 e de 1997 a 1999. Durante o segundo governo de Leonel Brizola no estado do Rio de Janeiro (1991-1995), ocupou a Secretaria Extraordinária para Defesa e Promoção das Populações Afro-Brasileiras (Sedepron), posteriormente denominada Seafro, e, durante o governo de Anthony Garotinho (1999-2003), foi secretário de Direitos Humanos e da Cidadania do Rio de Janeiro. Ver *DHBB*.
[13] Elisa Larkin Nascimento, escritora e cientista social nascida nos Estados Unidos, é mestre em direito e em ciências sociais pela Universidade do Estado de Nova York e doutora em psicologia pela Universidade de São Paulo, USP. É co-fundadora, com seu marido, Abdias do Nascimento, do Instituto de Pesquisa e Estudos Afro-Brasileiro, Ipeafro, em 1982. Entre suas obras destacam-se: *Pan-africanismo na América do Sul* (Petrópolis, Vozes, 1981), *Sankofa: Matrizes Africanas da Cultura Brasileira* (Rio de Janeiro, Editora da Universidade do Estado do Rio de Janeiro, 1997) e *O Sortilégio da Cor. Identidade, raça e gênero no Brasil* (São Paulo, Summus, 2003).
[14] Milton Barbosa, conhecido como Miltão, foi um dos entrevistados para esta pesquisa. Hamilton Bernardes Cardoso (1954-1999), jornalista e escritor, foi fundador e uma das principais lideranças do Movimento Negro Unificado (MNU), criado em 1978. Hamilton Cardoso fundou a revista

Rafael Pinto e um pouco Neuza Pereira.[15] E, principalmente, Hamilton e Neuza eram filiados à Convergência Socialista, que ainda estava na luta armada. Eram os mais radicais: a Convergência Socialista, os trotskistas. O Hamilton era realmente filiado; Miltão, não tenho certeza, mas acho que também era. Eles eram as principais lideranças, ultra-radicais. Eles diziam: "O Abdias é um burguês negro que foi para os Estados Unidos. Agora vem aqui querendo mandar. Não tem nada disso. Vamos detonar o Abdias." Aí, tivemos que circular um papel dizendo: "O que é isso? É hora de juntar, hora de união. O cara lutou, o cara é de luta!" Enfim, aceitamos o Abdias, "quebramos o galho" dele – realmente era assim, a radicalidade era muito grande: era quase um favor ao Abdias do Nascimento.[16]

Da mesma forma, já informado pelo contexto atual, Hédio Silva Júnior diz o seguinte em relação a Abdias do Nascimento: "Eu me lembro: quantas vezes eu não vi, por exemplo, Abdias Nascimento ser hostilizado em reuniões do movimento negro porque não tinha o carimbo de uma organização negra. Hoje é uma figura absolutamente venerada (...)"[17] Ao refletir sobre os porquês dessa mudança,

---

Ébano, em 1981, e publicou *(Re)vivendo Palmares* (2000) e *O resgate de Zumbi* (1986). Foi também co-fundador da revista *Lua Nova*, do Centro de Estudos e Cultura Contemporânea do Brasil (Cedec).

[15] Rafael Pinto, cientista social formado pela USP, participou da fundação do Movimento Negro Unificado em 1978. Atualmente é diretor da Associação dos Funcionários do Banespa e membro da Coordenação Nacional de Entidades Negras (Conen). Neusa Maria Pereira, também fundadora do MNU, foi editora assistente do jornal *Versus*, em cuja coluna "Afro-Latino-América" também publicava artigos.

[16] Amauri Mendes Pereira nasceu na cidade do Rio de Janeiro em 22 de setembro de 1951. Formado em educação física pela Universidade Federal do Rio de Janeiro (UFRJ) em 1974, foi fundador da Sociedade de Intercâmbio Brasil-África (Sinba) no mesmo ano; foi também redator e dirigente do jornal *Sinba*, publicado pela entidade de mesmo nome entre 1977 e 1980. Participou da criação do Movimento Negro Unificado (MNU) em 1978, em São Paulo, e integrou a direção do Instituto de Pesquisa das Culturas Negras (IPCN), fundado em 1975, no Rio de Janeiro, em dois momentos: no início da década de 1980 e entre 1992 e 1996, quando foi eleito presidente da entidade. Doutor em ciências sociais pela Universidade do Estado do Rio de Janeiro (Uerj), à época da entrevista era pesquisador do Centro de Estudos Afro-Brasileiros da Universidade Candido Mendes, no Rio de Janeiro. A entrevista foi gravada em três momentos: em 31 de outubro e 19 de dezembro de 2003 e em 4 de novembro de 2004, sempre na sala de entrevistas do CPDOC/FGV, no Rio de Janeiro.

[17] Hédio Silva Júnior nasceu em Três Corações (MG) em 24 de junho de 1961. Com cerca de quatro anos mudou-se com a família para São José dos Campos (SP), onde foi criado. Em 1986 mudou-se para a cidade de São Paulo para integrar o Conselho de Participação e Desenvolvimento da Comunidade Negra do estado, e, no mesmo ano, foi presidente da Convenção Nacional do Negro, realizada em Brasília. Foi assessor especial de Cidadania e Direitos Humanos da prefeitura de São Paulo nos anos de 1991 e 1992. Nesse último ano fundou em São Paulo o Centro de Estudos

Prólogo

sobre os fatores que teriam levado o mesmo Abdias, antes alvo de críticas, a ser agora "venerado" pelos militantes, além da própria atuação política do Abdias, fica nítida a busca de referenciais que possibilitem a construção de uma memória da longa duração da existência do movimento negro no Brasil. Outro exemplo nesse sentido é a memória de José Correia Leite,[18] militante em São Paulo desde os anos 1920. Luiz Silva, mais conhecido como Cuti, tem uma percepção muito clara sobre esse aspecto e diz o seguinte:

> A minha militância se dirigiu mais para área da cultura e, depois, mais precisamente para área da literatura. Mas continuei uma pessoa interessada em outros aspectos da questão racial, sobretudo a questão da memória. Aí foi que eu encontrei o Correia Leite. Foi uma pessoa que me recebeu muito bem. Aliás, recebia bem todas as pessoas que iam lá procurar entrevistas e informações. Ele foi um grande incentivador da militância. O pessoal do Cecan, o Centro de Cultura e Arte Negra, por exemplo, todos o conheciam, todos iam à casa dele conversar, convidá-lo para ir falar em algum lugar ou visitar alguma exposição, e ele sempre recebia muito bem todo mundo. Como eu estudava na época, pensei em fazer um trabalho sobre o Correia Leite e fui conversar com ele. Na primeira conversa, eu desisti, porque percebi que não tinha nada que fazer um livro sobre o Correia Leite; tinha que fazer um livro dele, com depoimentos dele. Tinha que ser o Correia Leite mesmo falando, se mostrando, se expondo. Era a memória que era a coisa mais interessante de fazer. Então eu fiz o *...E disse o velho militante José Correia Leite*.[19]

As pessoas às vezes perguntam: "Por que aqueles pontinhos?" Esses pontinhos ini-

---

das Relações de Trabalho e Desigualdades (Ceert). Advogado e doutor em direito constitucional pela PUC de São Paulo, foi secretário de Justiça e Cidadania do governo paulista de maio de 2005 a março de 2006. A entrevista foi gravada em 21 de julho de 2004, na sala de entrevistas do CPDOC/FGV, no Rio de Janeiro.

[18] José Correia Leite (1900-1989) e Jaime de Aguiar fundaram, em 1924, o jornal *Clarim d'Alvorada*, um dos jornais da chamada imprensa negra paulista do início do século XX. Correia Leite também foi um dos fundadores da Frente Negra Brasileira, em 1931, mas desligou-se da agremiação ainda no momento da aprovação do estatuto, por divergir de sua inclinação ideológica. Fundou então o Clube Negro de Cultura Social, em 1932. Participou da Associação do Negro Brasileiro, fundada em 1945. Em 1956 fundou em São Paulo, com outros militantes, a Associação Cultural do Negro (ACN) e, em 1960, participou da fundação da revista *Niger*. Ver José Correia Leite. *...E disse o velho militante José Correia Leite:* depoimentos e artigos. Organização e textos Cuti (São Paulo, Secretaria Municipal de Cultura, 1992).

[19] José Correia Leite. *...E disse o velho militante José Correia Leite:* depoimentos e artigos. Organização e textos: Cuti (São Paulo: Secretaria Municipal de Cultura, 1992).

ciais do título, as reticências, são exatamente para caracterizar que há uma história muito grande e bonita de militância e, depois, a fala. Ele criou muitas entidades, jornais, participou de muita coisa, fez tudo isso, e disse.[20]

Na eleição desses referenciais para a construção da memória do movimento negro, há também visivelmente "memórias em disputa". Tive a oportunidade, durante a pesquisa, de vivenciar um fato que evidencia essa disputa: durante o III Congresso Brasileiro de Pesquisadores Negros (Copene), realizado em São Luís do Maranhão, alguns militantes apontavam Júlio Romão, militante do Piauí com quase 90 anos de idade na época – de quem eu nunca ouvira falar –, como um desses referenciais para a história do movimento negro no Brasil. Júlio Romão foi inclusive um dos três homenageados pelo III Congresso. Conseguimos, Verena Alberti e eu, marcar uma entrevista com esse "personagem histórico" e pudemos presenciar abertamente essa disputa pela construção de "uma" memória do movimento negro no Brasil. Além de enfatizar todas as suas realizações como militante ao longo de quase todo o século XX, o entrevistado preocupava-se recorrentemente em desqualificar outros possíveis referenciais para "a" memória do movimento que ele propunha, como por exemplo, no trecho abaixo:

> Todos eles eram fascistas: Abdias Nascimento, Sebastião Rodrigues Alves, Guerreiro Ramos, sociólogo que morreu nos Estados Unidos, Agnaldo Camargo, eles eram integralistas. Nós fundamos, com o Solano Trindade, grande Solano...[21] Os

---

[20] Luiz Silva (Cuti) nasceu na cidade de Ourinhos (SP) em 31 de outubro de 1951. Quando tinha dois anos, mudou-se com a família para Santos, onde foi criado. Formado em letras, português-francês, pela Universidade de São Paulo (USP), é mestre em teoria da literatura e doutor em literatura brasileira pela Universidade Estadual de Campinas (Unicamp). Ingressou por concurso no Tribunal de Contas do Município de São Paulo, onde é chefe de redação. Cuti, como é conhecido, é poeta, ensaísta e escritor e participou da fundação do *Jornegro*, jornal publicado a partir de 1978, dos *Cadernos Negros*, publicação de contos e poesias, criada no mesmo ano e editada anualmente até hoje, e foi um dos fundadores do Quilombhoje, um grupo paulistano de escritores surgido em 1980 e dedicado a discutir e aprofundar a experiência afro-brasileira na literatura. A entrevista foi gravada em 14 de setembro de 2006, em Salvador, no *Campus* da Universidade Estadual da Bahia (Uneb), durante o IV Copene.

[21] Francisco Solano Trindade (1908-1974), poeta, militante, ator e diretor de teatro, participou dos congressos afro-brasileiros realizados em 1934 e 1937 em Recife, onde nasceu, e em Salvador, respectivamente. Foi o criador da Frente Negra de Pernambuco e do Centro de Cultura Afro-Brasileiro, em 1936, do Teatro Popular Brasileiro, em 1943, e também participou da fundação do Teatro Experimental do Negro (TEN), em 1944, no Rio de Janeiro. Ao longo de sua trajetória

fundadores do movimento negro, você deve procurar... Eu me deixo por último. Solano Trindade sofreu muito, foi preso muitas vezes, morreu na miséria, pobre. Grande Solano Trindade, esse sim foi o grande líder.[22]

Em nenhum momento do trabalho de pesquisa tratei as fontes orais, as representações narradas pelos entrevistados, como "verdade absoluta". Ao contrário, tentei problematizá-las e questioná-las, comparando-as com outras fontes documentais e entre elas mesmas, para que pudesse construir – no sentido de tentar compreender – a história do movimento negro contemporâneo no Brasil. Sempre percebi essas fontes orais como documentos históricos importantes para que pudesse atingir os objetivos da pesquisa, pois como afirma Verena Alberti, "(...) a história oral tem o grande mérito de permitir que os fenômenos subjetivos se tornem inteligíveis – isto é, que se reconheça, neles, um estatuto tão concreto e capaz de incidir sobre a realidade quanto qualquer outro fato." (ALBERTI, 2004-a: 9)

---

como poeta publicou, entre outros: *Poemas de uma vida simples* (1944) e *Seis tempos de poesia* (1958). Ver Maria do Carmo Gregório. *Solano Trindade: raça e classe, poesia e teatro na trajetória de um afro-brasileiro (1930-1960)* (Dissertação de mestrado em História, UFRJ, 2005).

[22] Júlio Romão nasceu em Teresina em 22 de maio de 1917. Escritor, jornalista e teatrólogo, foi para o Rio de Janeiro com cerca de 20 anos de idade e conseguiu formar-se em jornalismo e no antigo curso de geografia e história pela Universidade do Brasil, atual UFRJ. Participou da fundação do Teatro Popular Brasileiro e da Orquestra Afro-Brasileira, ambos na década de 1940, no Rio de Janeiro. Foi um dos homenageados no III Congresso Brasileiro de Pesquisadores Negros (Copene), em São Luís do Maranhão, em setembro de 2004. A entrevista foi gravada em 9 de setembro de 2004, no Business Center do Hotel Calhau, em São Luís.

Introdução

> *Estamos apostando hoje na possibilidade -de disputar não mais um espaço dentro de outros projetos para as nossas questões, que são tidas como menores. Mas nós estamos apostando na possibilidade de que, através de nossas questões, nós consigamos efetivamente tocar, e tocar muito fundo, nas questões que dizem respeito à sociedade [brasileira] como um todo.*[23]
>
> (Luiza Bairros[24])

A fala da militante negra Luiza Bairros durante o processo de preparação da Marcha Zumbi dos Palmares contra o racismo, pela cidadania e a vida, realizada pelo movimento negro brasileiro no dia 20 de novembro de 1995, em Brasília, é emblemática para ilustrar ao menos dois pontos importantes que nortearam a elaboração do trabalho de pesquisa que resultou neste livro: em primeiro lugar, a percepção das diversas disputas políticas que permearam a constituição do movimento negro no Brasil. Não somente as disputas entre projetos do movimento negro e projetos outros de diferentes atores sociais, mas também as acirradas disputas internas sobre que rumos tomar e que projetos assumir como "o" movimento negro, em busca de certa unidade em meio

---

[23] Essa fala de Luiza Bairros é a epígrafe que abre o seguinte documento: *Por uma política nacional de combate ao racismo e à desigualdade racial*: Marcha Zumbi dos Palmares contra o racismo, pela cidadania e a vida. Brasília: Cultura Gráfica e Editora Ltda., 1996.

[24] Luiza Bairros, socióloga, foi secretária estadual de Promoção da Igualdade do estado da Bahia (2008-2010), e desde janeiro de 2011 é ministra da Secretaria Especial de Políticas de Promoção da Igualdade Racial (SEPPIR) da Presidência da República. Luiza foi militante do Movimento Negro Unificado (MNU) desde 1979, organização da qual foi coordenadora nacional entre 1991 e 1994. Entre 2005 e 2006 foi coordenadora do Programa de Combate ao Racismo Institucional (PCRI) do Programa das Nações Unidas para o Desenvolvimento (PNUD).

a grande pluralidade que é o movimento; e as diferentes estratégias adotadas nesse sentido ao longo do século XX. E em segundo lugar, a compreensão de que a história desse movimento é parte da história do Brasil, assim como as questões fundamentais para o movimento são "questões que dizem respeito à sociedade brasileira como um todo."

O sociólogo Paul Gilroy, no prefácio à edição brasileiro de seu livro *O Atlântico negro*, resolveu iniciar o texto indicando o impacto causado pelos "movimentos negros no Brasil e de suas histórias de luta", que segundo ele, "recentemente conseguiram forçar o reconhecimento do racismo como um aspecto estruturante da sociedade brasileira, uma conquista que é ainda mais notável porque ocorreu em meio a celebrações oficiais." (GILROY, 2001:9) De fato, até o ano de 1995, os representantes do Estado brasileiro sempre apresentavam o Brasil, em todos os fóruns internacionais, como uma verdadeira "democracia racial", um país onde não haveria conflitos e problemas relacionados à questão racial. Foi em junho de 1996, durante o seminário internacional "Multiculturalismo e racismo: o papel da ação afirmativa nos Estados democráticos contemporâneos", organizado pelo Departamento dos Direitos Humanos da Secretaria dos Direitos da Cidadania do Ministério da Justiça, que o então presidente da República Fernando Henrique Cardoso reconheceu a existência de discriminação racial no Brasil e refletiu sobre a necessidade de se "inventar", também em âmbito governamental, novas possibilidades de combate às discriminações, como se pode observar em seu "Pronunciamento do Presidente da República na abertura do Seminário 'Multiculturalismo e Racismo'":

> Em função disso [da existência de discriminação racial], criamos um grupo interministerial [GTI], o qual o professor Hélio Santos está encarregado de animar, para dar uma injeção de criatividade nas nossas práticas, até mesmo nas práticas legislativas e burocráticas, na maneira pela qual o governo atua nessa matéria, que é difícil de atuar, porque diz respeito a valores muito profundos e a interesses também. E diz respeito a situações que são inaceitáveis, pois a discriminação parece se consolidar como alguma coisa que se repete, que se reproduz. Não se pode esmorecer na hipocrisia e dizer que o nosso jeito não é esse. Não, o nosso jeito está errado mesmo, há uma repetição de discriminações e há uma inaceitabilidade do preconceito. Isso tem que ser desmascarado, tem de ser, realmente, contra-atacado, não só verbalmente, como também em termos de mecanismos e processos que

Introdução

possam levar a uma transformação, no sentido de uma relação mais democrática, entre as raças, entre os grupos sociais e entre as classes. (SOUZA, 1997:16)

Foi um longo percurso, ao longo de todo o século XX, e foram necessárias muitas experiências, diversas tentativas e diferentes estratégias de atuação política para que o movimento negro brasileiro conquistasse projeção nacional e conseguisse recentemente, como diz Gilroy, "forçar o reconhecimento do racismo como um aspecto estruturante da sociedade brasileira". Na realidade, esse foi justamente o grande desafio enfrentado pelo movimento negro contemporâneo no Brasil na década de 1970, a denúncia do chamado "mito da democracia racial" e a busca pela construção de "uma autêntica democracia racial". O próprio discurso do sociólogo e presidente Fernando Henrique está inserido em um contexto específico: o tricentenário da morte de Zumbi dos Palmares, que desde o início da década de 1970 foi resgatado pelo movimento negro contemporâneo como símbolo maior da luta contra o racismo no Brasil. Em função do 20 de Novembro de 1995, o movimento organizou uma grande marcha em Brasília, que contou com a participação de mais de 30 mil militantes de todo o país e que foi recebida por Fernando Henrique Cardoso – que cumpria o seu primeiro ano de mandato à frente da presidência –, a quem entregou um documento contendo uma série de reivindicações. Nesse mesmo dia 20 de novembro de 1995, o presidente da República criou o GTI a que ele se refere em seu discurso citado acima, proferido no seminário em junho de 1996, como nos lembra o cientista político Marcio André dos Santos:

> Na verdade, em novembro de 1995, na ocasião das comemorações dos 300 anos da Morte de Zumbi dos Palmares, durante a Marcha Nacional Zumbi dos Palmares Contra o Racismo, Pela Cidadania e a Vida, o presidente Fernando Henrique Cardoso já havia exposto seu ponto de vista em relação ao assunto, afirmando que o Brasil ainda discriminava em larga escala à população negra. Um dos desdobramentos da marcha foi o estabelecimento do Grupo de Trabalho Interministerial para a Promoção da População Negra (GTI), sob a coordenação do acadêmico e ativista negro Hélio Santos, a fim de que tal grupo pudesse formular estratégias de políticas públicas capazes de reduzir as desigualdades raciais. (SANTOS, 2005:34)

O conhecimento da história do movimento negro politicamente organizado no Brasil é fundamental para que se torne possível a compreensão dos meandros dos recentes debates sobre igualdade, democracia e justiça, que têm gerado tantas polêmicas e mobilizado tantas paixões no Brasil contemporâneo. Principalmente quando se trata das possibilidades de construção de políticas de ação afirmativa para negros. Políticas estas, que ganharam ainda mais visibilidade a partir da implementação de cotas para negros em universidades públicas, e que somente entraram nas pautas de discussão em nossa sociedade em função da atuação do movimento negro. Um exemplo inequívoco, nesse sentido, é o fato de constar no documento entregue ao presidente da República no dia 20 de novembro de 1995, imediatamente após a Marcha Zumbi dos Palmares, a seguinte reinvidicação: "Desenvolvimento de *ações afirmativas para o acesso dos negros* aos cursos profissionalizantes, *à universidade* e às áreas de tecnologia de ponta."[25] E como afirma Hédio Silva Júnior, um dos entrevistados para esta pesquisa, "possivelmente na República não tenha havido um tema que tenha mobilizado tanta energia quanto a questão das cotas, a favor e contra."

Nesse sentido, o principal objetivo desta pesquisa é examinar aspectos da história do movimento negro no Brasil e das trajetórias de algumas de suas principais lideranças, que têm lutado contra o racismo e por melhores condições de vida para a população negra em diversos setores da sociedade brasileira desde a década de 1970, ao mesmo tempo em que têm lutado também para que se tornasse possível esse "reconhecimento do racismo como um aspecto estruturante da sociedade brasileira". Devo dizer que considero o movimento negro organizado como um movimento social que tem como particularidade a atuação em relação à questão racial. Sua formação é complexa e engloba o conjunto de entidades, organizações e indivíduos que lutam contra o racismo e por melhores condições de vida para a população negra, seja através de práticas culturais, de estratégias políticas, de iniciativas educacionais etc.; o que faz da diversidade e pluralidade características desse movimento social. Neste trabalho de pesquisa foi dada maior ênfase ao processo de construção política, a partir da década de 1970, desse conjunto que se autodenomina e é denominado de "movimento negro contemporâneo". Todavia, levando em consideração sua particularidade, ou seja, a atuação em relação à questão racial, é fundamental a compreensão do que seria a ideia de raça e, principalmente, a compreensão de como essa ideia foi e é percebida e vivenciada na sociedade brasileira.

---

[25] Ver o documento citado acima, entregue ao presidente em 1995 e publicado no ano seguinte: *Por uma política nacional de combate ao racismo e à desigualdade racial*: Marcha Zumbi dos Palmares contra o racismo, pela cidadania e a vida. Brasília: Cultura Gráfica e Editora Ltda., 1996.

Introdução

Levando em consideração o fato de que o movimento negro contemporâneo se organiza em torno da questão racial e em função de suas consequências, tanto na sociedade brasileira como no âmbito da diáspora africana, o primeiro capítulo abordará a construção da moderna ideia de raça e buscará analisar algumas de suas repercussões no Brasil. Para tanto, será realizado um breve percurso pela historiografia das relações raciais no Brasil do final do século XIX a meados do século XX, chegando até a construção do chamado "mito da democracia racial" – que é de suma importância para este trabalho de pesquisa, na medida em que, segundo vários autores, seria a partir do enfrentamento desse "mito" que se constituiria o movimento negro contemporâneo no Brasil, a partir da década de 1970. Também será apresentada neste capítulo uma série de depoimentos de lideranças do movimento negro brasileiro, com o objetivo de refletir sobre as diferentes formas pelas quais se dá a construção da identidade negra, racializada, durante a trajetória de vida das lideranças entrevistadas para esta pesquisa.

A questão que move o segundo capítulo é a seguinte: por que falamos em movimento negro "contemporâneo"? Esse movimento é contemporâneo em relação a quê? Para tentar responder a essa questão, meu objetivo é montar um quadro que possibilite a visualização do movimento negro anterior à década de 1970, e que permita estabelecer comparações, destacando as continuidades e descontinuidades em relação ao movimento negro contemporâneo no Brasil, que será analisado no capítulo 4. Para tanto, utilizarei basicamente fontes secundárias como livros, teses e dissertações que analisaram o movimento negro no Brasil desde o final do século XIX e principalmente no início do século XX,[26] além dos próprios jornais da imprensa negra daquele período e dos depoimentos de alguns ativistas que participaram diretamente da constituição do movimento negro politicamente organizado no início do século XX no Brasil, e que foram registrados em livros como *...E disse o velho mitante José Correia Leite* (Organização e textos: Cuti. São Paulo: Secretaria Municipal de Cultura,1992) e *Frente Negra Brasileira*: depoimentos (Organizado por Márcio Barbosa. São Paulo: Quilombhoje, 1998).

---

[26] FERNANDES, Florestan. *A integração do negro na sociedade de classes*. São Paulo: Editora Nacional, 1965; FERREIRA, Maria Claudia Cardoso. 2005. *As trajetórias políticas de Correia Leite e Veiga dos Santos*: consensos e dissensos no movimento negro paulistano (1928-1937) (Dissertação de mestrado em história, Uerj); DOMINGUES, Petrônio José. *A insurgência de ébano*: a história da Frente Negra Brasileira (1931-1937) (tese de doutorado em história, FFLCH-USP, 2005); PINTO, Regina P. *O movimento negro em São Paulo: luta e identidade* (Tese de doutorado em antropologia social. São Paulo, FFLCH / Universidade de São Paulo, 1993), entre outros.

O terceiro capítulo tratará das relações entre o movimento negro contemporâneo no Brasil e as influências externas, com o intuito de analisar essas influências a partir da perspectiva de circulação de referenciais existente no chamado "Atlântico negro".[27] A partir dos anos de 1920 e 1930, a circulação de informações na diáspora negra se ampliou, e podemos verificar objetivamente essa circulação, por exemplo, na imprensa negra do Brasil e dos Estados Unidos na primeira metade do século XX, onde ocorreram inclusive intercâmbios entre jornais dessa imprensa negra nos dois países. Neste capítulo, meu objetivo é apresentar alguns elementos que nos permitam observar como negros norte-americanos olhavam para o Brasil durante a primeira metade do século XX, interpretavam o que viam e, ao mesmo tempo em que nos enviavam informações e referenciais sobre a luta contra o racismo, também recebiam informações e referenciais brasileiros, que, muitas vezes, eram até mesmo tomados como exemplos a serem seguidos. Todo esse processo evidencia de maneira objetiva a circulação a que me refiro.

Para alcançar meu objetivo, utilizarei basicamente os arquivos de dois dos mais importantes jornais da imprensa negra norte-americana, o *The Baltimore Afro-American*, fundado em 1896 na cidade de Baltimore, e o *Chicago Defender*, fundado em 1905 na cidade de Chicago. Ambos os jornais continuam em circulação até hoje, sendo o primeiro o jornal de maior longevidade (com a exceção do jornal *The Philadelphia Tribune*, fundado em 1884 e ainda em atividade), e o segundo, o jornal de maior circulação da imprensa negra nos Estados Unidos.

Utilizarei também no terceiro capítulo, como fontes orais, os depoimentos de intelectuais em atividade nos Estados Unidos que, desde a década de 1970, vêm realizando pesquisas sobre as relações raciais e o movimento negro no Brasil, ao mesmo tempo em que vêm estabelecendo relações e intercâmbios de ideias que também tem contribuído ao longo das últimas décadas para a circulação de referenciais e informações. O objetivo geral deste capítulo, nesse sentido, é demonstrar a existência de um processo "de via de mão-dupla" no que se refere à construção e utilização dos referenciais políticos e teóricos na diáspora africana, ao contrário de afirmações, que ainda podem ser encontradas em setores da academia e dos meios de comunicação, de que existiria uma

---

[27] Para Paul Gilroy, o "Atlântico negro" seria o conjunto cultural e político transnacional de elementos e ações produzidos pela diáspora negra desde o final do século XV. (Gilroy, 2001)

Introdução

simples "importação" de referenciais e modelos levada a cabo pelo movimento negro no Brasil.

No quarto capítulo serão analisadas as entrevistas de história oral com lideranças do movimento negro de todas as regiões do Brasil, que estão contidas no acervo montado pela Dra. Verena Alberti e por mim entre 2003 e 2007 no Centro de Pesquisa e Documentação de História Contemporânea do Brasil (CPDOC) da Fundação Getúlio Vargas (FGV), com o objetivo de construir um quadro que nos possibilite compreender as condições existentes e as estratégias a partir das quais foram criadas as primeiras organizações e, consequentemente, se constituiu o movimento negro contemporâneo no Brasil a partir da década de 1970. Utilizarei também, neste capítulo, jornais e revistas da imprensa negra da época e cartilhas elaboradas pelos militantes, bem como documentos cedidos pelos entrevistados, como, por exemplo, cartazes elaborados pelo movimento. Dois arquivos pessoais, contendo dezenas de documentos produzidos pelo movimento negro nas décadas de 1970 e 1980, como cartilhas, jornais, revistas etc., foram de extrema valia para a elaboração desse último capítulo: o arquivo de Amauri Mendes Pereira, um dos entrevistados para este projeto, e o arquivo de Michael Hanchard, meu co-orientador durante o doutorado sanduíche realizado na Johns Hopkins University, nos Estados Unidos, no ano de 2008, e também um dos entrevistados.

No quarto capítulo será abordado o período do início da década de 1970 até meados dos anos 1980, no qual é possível observar a constituição de uma certa rede de relações entre os militantes das diferentes regiões do país. É nesse período, por exemplo, que foram criadas as primeiras organizações e foram realizados os primeiros encontros regionais de negros, como o Encontro Regional de Negros do Norte e Nordeste, que se iniciou em 1981 e aconteceu até 1990, ocorrendo anualmente, sem nenhuma interrupção, e possibilitando importantes intercâmbios entre militantes dessas e também de outras regiões, na medida em que vários militantes do eixo Rio-São Paulo, por exemplo, eram convidados a participar desses encontros. No mesmo período, ocorreram também três edições do Encontro Regional de Negros do Sul e Sudeste. Vale ressaltar que este é o período da Abertura política no Brasil, ainda durante a ditadura militar, momento em que diversos movimentos sociais surgem e se consolidam no país.

No quarto capítulo também será analisada a participação do movimento negro no processo da Assembleia Nacional Constituinte, a partir de 1986, que acabou resultando em dois importantes artigos constitucionais: o artigo que criminalizou o racismo e que substituiu a chamada "Lei Afonso Arinos",²⁸ e o Artigo 68 do Ato da Disposições Transitórias Constitucionais, que concede a posse definitiva da terra aos remanescentes de quilombos. Essa busca de intervenção do movimento negro no processo da Constituinte acabou tornando-se também um importante marco para a institucionalização do movimento negro e para as primeiras tentativas de articulação do movimento com as diferentes instâncias dos poderes públicos. Um exemplo importante é o primeiro órgão de governo criado especificamente para tratar da questão racial no país, o Conselho de Desenvolvimento e Participação da Comunidade Negra do Estado de São Paulo, criado em 1983 no governo de Franco Montoro. As lideranças do movimento negro que construíram esse Conselho foram Hélio Santos e Ivair Augusto Alves dos Santos – que foi um dos entrevistados para esta pesquisa. No ano de 1985, Hélio Santos foi indicado pelo então governador de São Paulo, Franco Montoro, e se tornou o único negro na chamada "Comissão Arinos", criada no âmbito do Ministério da Justiça, para propor um anteprojeto de Constituição.²⁹

Ainda no quarto capítulo, o foco também estará no período que se segue ao centenário da Abolição da escravatura, em 1988, que registrou um importante avanço na consolidação do movimento negro como um movimento social, que, além de ganhar visibilidade nacional naquele período, teve um aumento significativo no número de organizações, que se proliferaram por todo o Brasil. É a partir desse momento, do retorno ao regime democrático no país, que se verificam no-

---

[28] A Lei nº 1.390, de 3 de julho de 1951, chamada "Lei Afonso Arinos" por ter se originado de um projeto de autoria do então deputado federal Afonso Arinos de Melo Franco, incluiu entre as contravenções penais a prática de atos resultantes de preconceitos de raça ou de cor. A diferença em relação à legislação atual é o fato de o racismo ter deixado de ser contravenção e passado a ser crime inafiançável, segundo o item XLII do Artigo 5º da Constituição Federal de 1988, regulamentado pela Lei nº 7.716, sancionada em 5 de janeiro de 1989, conhecida como "Lei Caó" por resultar de projeto de autoria do deputado federal Carlos Alberto de Oliveira, que definiu os crimes resultantes de preconceito de raça ou cor. Ver "Legislação" em www.senado.gov.br, acesso em 13/08/2012.

[29] O presidente Tancredo Neves, em 1985, acolhendo sugestão do jurista Afonso Arinos de Mello Franco, havia decidido convocar uma comissão de estudos constitucionais para, em nome do Poder Executivo, elaborar um anteprojeto que subsidiasse o trabalho dos futuros constituintes. Com o falecimento de Tancredo, o cumprimento da agenda de transição do regime militar para a democracia coube ao vice-presidente José Sarney. No dia 18 de julho de 1985, Sarney assinou o Decreto nº 91.450, instituindo a Comissão Provisória de Estudos Constitucionais – conhecida como "Comissão Arinos", em homenagem ao seu idealizador e presidente –, no âmbito do Ministério da Justiça. A Comissão Arinos entregou seu trabalho no dia 24 de setembro de 1986. Ver *Dicionário Histórico Biográfico Brasileiro. DHBB*. Rio de Janeiro: Editora da FGV, 2001. Doravante designado *DHBB*.

vas estratégias e novas formas de organização no interior do movimento negro. É no ano de 1988 que se registra a criação da primeira ONG do movimento negro, que passa a receber financiamentos internacionais e a institucionalizar novas formas de atuação da militância. Verifica-se aí um fenômeno de profissionalização de setores do movimento, o que gerou, entre outras coisas, a formação de quadros que posteriormente tiveram influência na proposição e na elaboração de políticas públicas direcionadas à população negra.

Este último capítulo se encerrará com uma análise do movimento negro até o ano de 1995, que, segundo alguns entrevistados, seria um marco para o movimento. Em 1995 foi realizada a, já citada acima, Marcha Zumbi dos Palmares contra o racismo, pela cidadania e a vida, em Brasília, onde pela primeira vez, de maneira oficial, representantes do movimento negro brasileiro contemporâneo foram recebidos pelo presidente da República, a quem entregaram um documento com uma séria de reivindicações. Entre as quais, por exemplo, a criação de políticas de ação afirmativa para negros nas universidades públicas. Políticas essas que, principalmente a partir de 2001, têm gerado muitas polêmicas em nossa sociedade e, concomitantemente, têm trazido grande visibilidade ao movimento social negro brasileiro.

Capítulo 1

A ideia de raça e suas diferentes implicações

> *"That it takes science a long time to catch up with its own conclusions is illustrated by the new exhibit of physical anthropology in the Smithsonian Institution, Washington. It has been quite usual in museums of natural history to illustrate the development of man by showing monkeys, baboons and Negroes as intermediate steps in the development of animal life to its highest accomplishment, the white man. There has, of course, been no scientific proof that the white race represents a higher evolution than the yellow or the black race and this at long last is practically admitted in the new Smithsonian alcove."*[30]
>
> (W.E.B. Du Bois.[31] *"A Chronicle of Race Relations". Phylon, Vol. 2, No. 4. – 4th Qtr., 1941, p. 388)*

---

[30] A afirmação de que a ciência leva um longo tempo para ajustar-se às suas próprias conclusões é ilustrado pela nova exposição de antropologia física no museu Smithsonian Institution, em Washington D.C. Tem sido bastante usual em museus de história natural ilustrar o desenvolvimento do homem mostrando macacos, babuínos e negros como degraus intermediários no desenvolvimento da vida animal até a sua mais alta realização, o homem branco. Não há, é claro, nenhuma prova científica de que a raça branca representa uma evolução maior do que as raças amarela ou negra, e isso finalmente é praticamente admitido nos cantos da nova exposição no Smithsonian.

[31] W.E.B. Du Bois (1868-1963) foi uma das principais lideranças negras nas lutas pelos direitos civis e um dos fundadores da maior organização negra na primeira metade do século XX nos Estados Unidos, a NAACP (National Association for the Advancement of Colored People), fundada em fevereiro de 1909. Du Bois, o primeiro negro a receber o grau de doutor (Ph.D em História) na Universidade de Harvard e autor de extensa obra sobre a questão racial, também foi um importante representante do pan-africanismo (movimento político e cultural que defendia, entre outras coisas, a união de todos os africanos e seus descendentes na diáspora).

A moderna ideia de raça – que associa as diferenças culturais e morais à características biológicas, genotípicas e fenotípicas, hierarquizando os diversos grupos humanos – é uma construção do pensamento científico europeu e norte-americano, que surge apenas em meados do século XVIII e se consolida a partir da segunda metade do século XIX, justamente durante o período em que o imperialismo europeu se fortalecia.[32] E é especialmente nos Estados Unidos, no início do século XX, que o questionamento dessa ideia de raça nos meios acadêmicos ganha força, como podemos observar na epígrafe acima. Mas esta não é a única interpretação possível para a ideia de raça. As teorias raciais consolidadas na Europa e nos EUA no final do século XIX, que inferiorizavam principalmente a raça negra, tiveram grande impacto pelo mundo afora, mas certamente não eram as únicas. Neste capítulo, além de traçar uma "genealogia" da moderna ideia de raça construída pelo pensamento científico europeu e norte-americano, tratarei também de outras interpretações sobre a ideia de raça realizadas por negros, brasileiros e na diáspora, desde o início do século XX.

Nesse sentido, é importante destacar as diferenças entre "racismo" e "racialismo", como nos sugere Kwame Appiah (1997), que identifica muitas doutrinas distintas que competem pelo termo "racismo", e destaca as que ele considera serem as três cruciais: o "racialismo", o "racismo extrínseco" e o "racismo intrínseco".[33] Segundo Appiah, o racialismo, que me interessa particularmente neste trabalho de pesquisa, é um pressuposto de outras doutrinas chamadas de "racismo", pois é a visão de que "existem características hereditárias, possuídas por

---

[32] Ver SCHWARCZ, 1993; BANTON, 1977 e POLIAKOV, 1974, entre outros.

[33] Para Appiah, os racistas extrínsecos "fazem distinções morais entre os membros das diferentes raças, por acreditarem que a essência racial implica certas qualidades moralmente relevantes. A base da discriminação que os racistas extrínsecos fazem entre os povos é sua crença em que os membros das diferentes raças diferem em aspectos [como a honestidade, a coragem ou a inteligência] que *justificam* o tratamento diferencial." (APPIAH, 1997:33) Já os racistas intrínsecos, para ele, "são pessoas que estabelecem diferenças morais entre os membros das diferentes raças, por acreditarem que cada raça tem um *status* moral diferente, independentemente das características partilhadas por seus membros. Assim como, por exemplo, muita gente presume que o simples fato de ser biologicamente aparentada com outra pessoa lhe confere um interesse moral por essa pessoa, o racista intrínseco sustenta que o simples fato de ser de uma mesma raça é razão suficiente para preferir uma pessoa a outra." (Idem:35) Ainda para Appiah, "a diferença fundamental entre os "-ismos" intrínseco e extrínseco é que o primeiro declara que um certo grupo é objetável, sejam quais forem seus traços, ao passo que o segundo fundamenta suas aversões em alegações sobre características objetáveis." (Idem, ibidem)

membros de nossa espécie, que nos permitem dividi-los num pequeno conjunto de raças, de tal modo que todos os membros dessas raças compartilham entre si certos traços e tendências que eles não têm em comum com membros de nenhuma outra raça." (APPIAH, 1997:33) Essas características específicas de uma raça, segundo a visão racialista, constituiriam "uma espécie de essência racial", que responde por mais do que as características morfológicas visíveis. Esta "essência racial" englobaria também, portanto, aspectos culturais. O racialismo então, para Appiah, "está no cerne das tentativas do século XIX de desenvolver uma ciência da diferença racial, mas parece ter despertado também a crença de outros (...) que não tinham nenhum interesse em elaborar teorias científicas". (Idem, ibidem) Sobre o racialismo, Appiah afirma ainda o seguinte:

> Em si, o racialismo não é uma doutrina que tenha que ser perigosa, mesmo que se considere que a essência racial implica predisposições morais e intelectuais. Desde que as qualidades morais positivas distribuam-se por todas as raças, cada uma delas pode ser respeitada, pode ter seu lugar "separado mais igual". (APPIAH, 1997:33)

W.E.B. Du Bois, que na epígrafe que abre este capítulo questionava a moderna ideia de raça consolidada no séc. XIX na Europa e nos EUA, tinha sua própria concepção da ideia de raça. E mais, segundo Appiah, "se alguma pessoa isolada é capaz de nos fornecer uma compreensão da arqueologia da ideia de raça no pan-africanismo, é ele [Du Bois]." (Idem, ibidem: 53) Du Bois, inserindo nas discussões sobre "raça" uma noção mais sócio-histórica do que biológica, e questionando o caráter "científico" da ideia de raça ainda no final do século XIX, embora identificasse e reconhecesse as características físicas – como a cor da pele, os cabelos, o sangue etc. –, afirmava que seriam as "diferenças – por mais sutis, delicadas e elusivas que sejam – que, de maneira silenciosa mas definitiva, separaram os homens em grupos". E seguia dizendo que:

> Conquanto essas forças sutis tenham em geral seguido a clivagem natural do sangue, da ascendência e das peculiaridades físicas comuns, noutras ocasiões elas passaram por cima destes e os ignoraram. Em todas as épocas, entretanto, elas dividiram os seres humanos em raças, que, embora talvez transcendam a definição científica, são, não obstante, claramente definidas aos olhos do historiador e do sociólogo. Se isso é verdade, a história do mundo é a história, não de indivíduos,

mas de grupos, não de nações, mas de raças (...) Que é uma raça, então? É uma vasta família de seres humanos, em geral de sangue e língua comuns, sempre com uma história, tradições e impulsos comuns, que lutam juntos, voluntária e involuntariamente, pela realização de alguns ideais de vida, mais ou menos vividamente concebidos.

(...) Mas, embora as diferenças raciais tenham seguido principalmente linhas físicas, nenhuma simples distinção física realmente definiria ou explicaria as diferenças mais profundas – a coesão e a continuidade desses grupos. As diferenças mais profundas são espirituais e psíquicas – indubitavelmente baseadas nas físicas, mas transcendendo-as infinitamente. As várias raças lutam, cada qual à sua maneira, por desenvolver para a civilização sua mensagem particular, seu ideal particular, que hão de ajudar a guiar o mundo para cada vez mais perto da perfeição da vida humana pela qual todos ansiamos, "que está muito distante do feito divino." (DU BOIS. *The conservation of race*, 1897: 75,76 e 77. Apud APPIAH, 1997:54)

Não se percebe, na concepção de raça de W.E.B. Du Bois exposta acima, uma hierarquização das raças, muito menos a inferiorização de um grupo em particular. Mesmo reconhecendo as diferenças entre as "raças" e estando, portanto, de acordo com a visão racialista, cada "raça", para ele, estaria contribuindo com suas especificidades, ao longo do processo histórico, para o aprimoramento do que ele chama de "civilização". Espero demonstrar neste capítulo que o movimento negro brasileiro desde o início do século XX apresentou, de diferentes formas, discursos baseados muito mais no racialismo, de maneira semelhante à concepção de raça de Du Bois e ao "separado mais igual" mencionado acima por Appiah, do que nos racismos extrínseco (ligado à inferiorização de aspectos morais e culturais dos diferentes grupos, a partir da chamada "essência racial") e intrínseco (relacionado ao aspecto biológico mais diretamente, aos laços sanguíneos que unem e diferenciam os "grupos raciais"). Acredito que, assim como Appiah fala em relação aos pan-africanistas, os militantes do movimento negro brasileiro também "reagiram à sua experiência de discriminação racial aceitando o racialismo que ela pressupunha." (APPIAH, 1997:38)

Mas antes de chegarmos ao movimento negro brasileiro, voltaremos às teorias raciais modernas europeias e norte-americanas que se consolidaram no século XIX e alimentaram o desenvolvimento dos racismos no Brasil e no mundo. Essas teorias não eram questionadas somente por intelectuais negros como

A ideia de raça e suas diferentes implicações

W.E.B. Du Bois. Um bom exemplo é o fato de que logo no início do século XX, falando sobre as relações raciais nos Estados Unidos e constatando a presença de muitos mulatos, durante a viagem que fez a este país em 1905, Max Weber também já afirmava que *"[l]as diferencias estamentales, por lo tanto adquiridas, y especialmente diferencias de 'educación' (en el sentido amplio del vocábulo) constituyen um freno mucho más fuerte del connubio convencional que las diferencias del tipo antropológico."* (WEBER, 1944:316) Da mesma forma, o antropólogo Franz Boas, um dos "pais" da antropologia cultural norte-americana, também tendo a sociedade norte-americana como referência, afirmava o seguinte em 1931:

> Se a antipatia racial fosse baseada em traços humanos inatos, isso se expressaria em aversão sexual inter-racial. A mistura livre de donos de escravos com suas escravas, a notável diminuição resultante de negros puro-sangue, o progressivo desenvolvimento de uma população de sangue meio-índio e a facilidade de casamento com índios quando se podiam obter assim vantagens econômicas mostram claramente que não há fundamentos biológicos para o sentimento racial. (BOAS, 2004:84)

Ambos os autores traziam à tona, naquele momento, afirmações que davam ênfase às construções sociais como definidoras das relações raciais na sociedade norte-americana, contrariando, assim, as teorias raciais que dominavam não só o senso comum da época, como também grande parte do ambiente acadêmico. O trabalho de Boas, desde o final do século XIX, tem especial importância na medida em que ele foi um dos mais importantes acadêmicos a questionar a ideia de raça e a produzir um grande número de trabalhos colocando em xeque a associação direta entre biologia e cultura ainda no início do século XX. Segundo Celso Castro, Boas ainda "[e]m 1906 procurou convencer, sem sucesso, alguns milionários a financiar a construção de um African Institute, que teria como objetivo mostrar que a inferioridade do negro nos Estados Unidos se devia inteiramente a causas sociais, e não raciais" (CASTRO, 2004: 13), pois, segundo George Stocking Jr., conforme o mesmo Boas "sugeriu em 1906 numa carta a Booker T. Washington – o negro mais influente da sua época –, se alguém pudesse 'convencer o povo americano' das realizações culturais dos negros na África, isso teria 'um grande valor prático no sentido de modificar as opiniões do nosso povo a respeito do problema do negro'." (STOCKING Jr., 2004: 368)

Cerca de meio século depois, Fredrik Barth (1969), mais recentemente Stuart Hall (1998) e muitos outros autores – cada qual à sua maneira – fazem coro ao esclarecer que as fronteiras entre os grupos são formalizadas através de construções sociais. Sendo assim, para Stuart Hall: "'Raça' é uma construção política e social. É uma categoria discursiva em torno da qual se organiza um sistema de poder socioeconômico, de exploração e exclusão – ou seja, o racismo." (HALL, 2003:69). E é justamente com o objetivo de combater esse racismo, construído social e historicamente, e também as suas consequências, que surgiram, em diferentes períodos da história recente, movimentos negros em diversas partes do mundo.

O sociólogo Michael Banton, na década de 1970, já alertava para a importância da questão política para a definição das relações raciais. Partindo do princípio de que seria imprudente elaborar um estudo sobre a ideia de raça sem levar em consideração outras duas ideias que se consolidaram no início do século XIX, ele diz que "[a]s ideias modernas de raça, classe e nação surgiram no mesmo meio europeu e têm muitas similaridades. Todas três foram exportadas para os pontos mais longínquos do Globo e floresceram em muitos solos estrangeiros." (BANTON, 1977: 13)

Segundo Banton, a ideia de nação prometia que todo homem teria uma nacionalidade e teria o direito de ser governado apenas como membro de sua nação. Aí, entram em jogo em função das lutas por poder, as minorias nacionais, que frustram a referida promessa e tornam-se problemas para os Estados-Nação.[34] A ideia de classe prometia um padrão de aliança de grupo baseada na situação comum perante a propriedade dos meios de produção. Mas os interesses econômicos e a fraca consciência de classe exposta quando existiam exíguas possibilidades de ascensão social, também ajudaram/ajudam a frustrar a segunda promessa. Quanto à ideia de raça, ele diz o seguinte:

> A terceira ideia, a de raça, prometia em primeiro lugar que cada tipo racial tomaria posse do território que naturalmente lhe fosse mais adequado, mas este conceito deu lugar à crença de que os brancos tinham herdado uma superioridade que os habilitava a estabelecer o seu poder em todas as regiões do mundo. A previsão também não foi cumprida, quer numa quer noutra forma.(...) o aparecimento de uma base biológica para as teorias raciais desintegrou-se. (Idem: 14)

---

[34] Ele dá como exemplo as mudanças no mapa da Europa ocorridas antes e depois da I Guerra Mundial.

A ideia de raça e suas diferentes implicações

Ainda segundo Banton, a ideia de raça do século XIX "(...) insinuou-se na tapeçaria da história mundial e adquiriu um significado político e social que é largamente, embora não completamente, independente do significado que pode ser atribuído ao conceito de raça na ciência biológica." (Idem, ibidem: 16)

Hannah Arendt ao analisar o pensamento racial, diz que "[t]oda ideologia que se preza é criada, mantida e aperfeiçoada como arma política e não como doutrina teórica(...) Seu aspecto científico é secundário." (ARENDT, 1989:189) Um dos exemplos mais fortes do uso político da ideia de raça foi o uso feito pelos países imperialistas como legitimação para suas conquistas. Arendt afirma que "[o] imperialismo teria exigido a invenção do racismo como única 'explicação' e justificativa de seus atos, mesmo que nunca houvesse existido uma ideologia racista no mundo civilizado. Mas, como existiu, o racismo recebeu considerável substância teórica." (Idem: 214) Hebe Mattos, refletindo sobre as associações entre a ideia de raça, a escravidão e a cidadania nas Américas, diz também que

> não apenas o conceito moderno de raça é uma construção do século XIX, *mas a racialização da justificativa da escravidão americana também*. Ela se tornou a contrapartida possível à generalização de uma concepção universalizante de direitos do cidadão em sociedades que não reuniam condições políticas efetivas para realizá-la, permitindo, em diversos contextos, o estabelecimento de restrições aos direitos civis de determinados grupos considerados racialmente inferiores, bem como a legitimação da própria manutenção da escravidão no Sul dos Estados Unidos, associada a um progressivo fechamento das possibilidades de alforria. A moderna noção de raça é assim, uma construção social, estreitamente ligada, no continente americano, às contradições entre os direitos civis e políticos inerentes à cidadania, estabelecida pelos novos estados liberais e o longo processo de abolição do cativeiro. [Grifos da autora] (MATTOS, 2004:98)

Levando em consideração a discussão acima, é interessante perceber como a ideia de raça foi utilizada politicamente na construção do Estado-Nação brasileiro: de um lado, nas primeiras décadas da República, pelos que buscavam construir uma nação moderna e embranquecida, como as nações europeias, já que acreditavam na superioridade racial dos brancos; e de outro, posteriormente, pelos que passaram a utilizar a ideia de raça de outra maneira, completamente re-significada, como um instrumento de luta por direitos, para afirmação de valores étnicos e para a construção de identidades, como é o caso do movimento negro brasileiro.

Até o início do século XX, em muitos países, predominavam teorias raciais que afirmavam que a raça era determinada biologicamente, e que esta também determinava a cultura, o que fazia com que as diferenças, tanto raciais como culturais, fossem entendidas como desigualdades entre superiores e inferiores, sendo a raça negra o principal alvo de discriminação em diversas sociedades. Mas nem sempre foi assim. Embora sempre tenha existido diversas formas de diferenciação entre os povos no mundo todo, ao longo de toda a história, é interessante observar como durante a antiguidade, em duas das mais importantes matrizes sócio-culturais ocidentais, a grega e a hebraica, populações negras não eram percebidas como inferiores pelo simples fato de terem a pele negra. Para a matriz grega, a diferenciação entre os homens se daria, primordialmente, em função do aspecto cultural: quem não era cidadão da *pólis* grega, e portanto civilizado, era considerado "bárbaro". A ideia do *ethos* grego, opondo civilizados a bárbaros, está nas raízes do etnocentrismo, que é anterior ao racismo. Para Edson Borges, Carlos Alberto Medeiros e Jacques d'Adesky, autores do livro *Racismo, Preconceito e Intolerância*,

> embora tivessem uma opinião negativa sobre a maioria das culturas não gregas – chamavam os estrangeiros de "bárbaros", isto é, selvagens, incultos –, os gregos respeitavam muito os indivíduos de aparência diferente (em particular quanto à cor da pele) e admitiam, por exemplo, que a cultura grega adquirira muitos conhecimentos da cultura egípcia e do seu povo, de pele mais escura. Os romanos herdariam essa visão ao assumir o controle do mundo mediterrâneo: podemos encontrá-la em diversos autores, tanto no período de apogeu do Império Romano quanto em seu declíneo. (BORGES; MEDEIROS e D'ADESKY, 2002: 13)

Já para a matriz hebraica, a ligação com o "divino", a linhagem direta de descendência de Deus, definiria as diferenças entre os povos. A ideia de um "povo escolhido" por Deus, tem aí suas origens. Assim, para os mesmo autores,

> no Velho Testamento, sírios, filisteus, cananeus, persas, hititas, medas e outros povos são classificados, inicialmente, de acordo com o ancestral de que originam. Todos descendem, em primeira instância, de Adão e Eva, e, em segunda instância, dos três filhos de Noé: Sem, Cam e Jafé. Os israelitas são "filhos de Sem" – "os abençoados" –, e os filhos de Cam e Jafé formam o restante da "família" humana – isto

é, os "amaldiçoados". Nesse mundo teocêntrico é o "pacto com Deus" que define a diferença entre os povos, e não as diferenças biológicas e culturais. (Idem: 14)

Sendo assim, em ambas as matrizes citadas acima, não era a cor da pele ou a "natureza" dos africanos que determinavam seus comportamentos morais ou a sua capacidade intelectual, ou era algo que tornasse outros povos inferiores. É o que podemos verificar, por exemplo, nos dois trechos citados abaixo, de dois importantes representantes dessas duas matrizes, o livro *Histórias*, do grego Heródoto e o Livro de Isaías, contido no *Velho Testamento*, que é importante tanto para os judeus quanto para os cristãos:

> "Dizem que os Etíopes são, de todos os homens, os de maior estatura e os de mais bela compleição física, tendo também costumes diferentes dos dos outros povos. Entre eles, o mais digno de usar a coroa é o que apresenta maior altura e força proporcional ao seu porte. (Heródoto, *História* III, 20)[35]
>
> "Oh! Terra em que reserva o ruído de asas, além dos rios da Etiópia, tu enviaste mensageiros por mar, em barcos de papiro, sobre a face das águas. Ide mensageiros velozes, a um povo de alta estatura e pele reluzente, a uma nação temida ao longe, a uma nação poderosa e dominadora (...)" (Isaías 18, 1-3)

O primeiro trecho, retirado do livro de Heródoto, o "pai da História", que viveu no século V a.C, ao mesmo tempo em que apresenta os Etíopes como os mais altos e belos "de todos os homens", mostra como, para os gregos, a questão cultural, ou os costumes, era fundamental para demarcar as diferenças entre os povos, e não a cor da pele. Já o segundo trecho, uma citação do livro de Isaías (740 a 681 a.C), demonstra como os etíopes podiam então ser considerados também como "poderosos e dominadores", por exemplo, e não simplesmente inferiores.

O historiador James Sweet sinaliza alguns marcos importantes para a compreensão das origens do racismo anti-negro, e vai ao final do século VII da era cristã, no início da expansão do Islã pelo mundo árabe, da escravização de povos africanos subsaarianos e do extensivo comércio desses escravos por todo o "mundo islâmico", realizados durante essa expansão, para afirmar que este seria o primeiro marco

---

[35] Disponível em http://www.scribd.com/doc/3475110/Historia-Herodoto, acesso em 17/12/2008. Era muito comum, nos textos antigos, os africanos serem chamados genericamente de "etíopes", termo que vem da palavra grega *aithíops* e que significa "de corpo queimado".

de origem do racismo anti-negro no mundo. Ele afirma que "pelos 700 anos de domínio muçulmano no cenário mundial, árabes cultivaram um número de ideias racistas que ainda hoje são familiares para muitos." (SWEET, 2005:1) E continua sua reflexão dizendo que "Muçulmanos justificavam a escravização de africanos de uma infinidade de formas que só podem ser classificadas como racistas." (Idem, ibidem:2) O segundo marco, por ele destacado, se dá em meados do século XV, quando, segundo ele, teria havido "uma mudança no pensamento racial":

> Esse segundo marco divisor de águas é exemplificado pelo início do tráfico transatlântico de escravos, um evento que desencadeou o envolvimento final de quase todas as nações europeias na subjugação racial de negros africanos. Este período marca também o início do pensamento racial "moderno", a ligação das aptidões humanas com fatores biológicos imutáveis como linhagem e "pureza de sangue". (Idem:2)

O terceiro marco, destacado por Sweet, seria o final do século XVIII, "quando estudiosos e filósofos começaram a usar a 'ciência' para explicar as capacidades biológicas de povos de diversas 'raças'." Ele diz que para muitos estudiosos contemporâneos, "este racismo pseudo-científico representa a primeira 'verdadeira' articulação de racismo; entretanto, outros vêem grande continuidade entre formas anteriores de racismo e aquelas ligadas à 'ciência' biológica." (Idem:2) Voltemos então a algumas "formas anteriores de racismo", a alguns aspectos que estavam nas raízes do processo de construção dessa "considerável substância teórica" de que falou acima Hannah Arendt, e que fortaleceu e alimentou o pensamento racista moderno.

Uma forma de diferenciação transformada em desigualdade entre superiores e inferiores, surgida no período das Grandes Navegações, é a antítese: pagão x cristão. A partir do século XVI surge o sinônimo de pagão: selvagem, ou os não-cristãos. O impacto da chegada dos europeus na América produz uma associação entre selvagem e canibal, entre barbarismo e canibalismo. As questões da linguagem e do fenótipo passam a ser fundamentais para demarcar a diferenciação.

> A Espanha foi o lugar principal do debate (a respeito da natureza dos indígenas da América) que opunha a antropologia cristã a uma antropologia inspirada nos Antigos. Para os humanistas imbuídos de Aristóteles, como João Sepúlveda, os índios eram bárbaros, logo, de acordo com a doutrina do mestre, nascidos para ser

escravos; para o dominicano Bartolomeu Las Casas, faziam parte da posteridade de Adão, e portanto deviam ser evangelizados e tratados como homens livres. (POLIAKOV, 1974:109)

Leon Poliakov em *O mito ariano*, através de um trabalho de pesquisa muito interessante, vai até as raízes mais remotas do mito ariano e procura estabelecer as relações entre estas e as teorias pseudo-científicas de um passado próximo, "(...) tentando assim ligar as convulsões europeias do século XX aos mitos pré-cristãos desconhecidos e conhecidos(...)", para tentar entender as razões que levaram até os males gerados pelo racismo – principalmente seu subproduto mais forte: o nazismo. (Idem: XIX) Neste trabalho, Poliakov, assim como Banton em *A ideia de raça*, afirma que há, desde sempre, uma busca pela genealogia, "(...) cada sociedade invoca uma genealogia, uma origem." (Idem: XVII) E que durante vários séculos e até o início do séc. XIX a genealogia aceita por vários pensadores da Europa Ocidental era baseada na Bíblia. Como diz Banton, "(...) as noções dos ingleses sobre si mesmos e sobre todos os outros homens estavam dominadas pela antropologia da Bíblia" (BANTON, 1977: 27).

Sendo assim, todos seríamos descendentes de Adão e depois de Noé. A derivação genealógica para baixo se fazia a partir de Jafé, Sem ou Cam, aos quais às vezes se acrescentava um quarto irmão, Jonitão ou Manitão.

> A fantasia dos autores tinha livre curso, e as variações propostas eram inumeráveis, mas a tendência dominante, de acordo aliás com as sugestões etimológicas já contidas na Bíblia, era a de reservar a Europa aos filhos de Jafé, a Ásia aos de Sem e a África aos de Cam. Deve-se notar que estes últimos constituem o objeto de uma misteriosa maldição, já que estavam condenados a servir de escravos a seus primos ('E que Canaã seja seu escravo...', Gen., IX 27). (Idem: XXII)

É interessante notar que, como nos lembra James Sweet, antes mesmo dos europeus, árabes já haviam utilizado essa passagem bíblica, envolvendo Noé e a "maldição" que ele teria lançado sobre seu filho Cam (ou Ham, na versão em inglês) e seus descendentes para demarcar diferenças entre os povos:

> Algumas das mais antigas expressões da negritude como uma "maldição" emanaram da estória bíblica de Cam. No início do século VIII, Wahb Ibn Munnabih,

um árabe de origem persa, escreveu, "Cam, o filho de Noé, era um homem branco, de rosto claro. Deus – Poderoso e Exaltado – mudou sua cor e a cor de seus descendentes por causa da maldição de seu pai." Lá pelo século XI, a maldição da negritude estava amarrada à permanentes e perniciosas suposições sobre habilidades inatas. (SWEET, 2005:2)

Leon Poliakov também contempla os teóricos poligenistas, mas considera este quadro genealógico, baseado na Bíblia cristã, fundamental para a compreensão de sua análise e, consequentemente, das afirmações contidas em seu trabalho. Ele diz ainda que

> [d]a maldição de Cam a quem a exegese rabínica e, depois dela, a exegese protestante, censuravam os crimes de castração e de incesto até à classificação de Lineu e às descrições de muitos filósofos das Luzes, os homens negros serviam de alvo às impiedosas censuras dos homens brancos, a negrura, e com ela a vasta gama de suas associações maléficas, opondo-se à brancura, como o crime à inocência, ou vício à virtude, ou ainda a bestialidade à humanidade. (POLIAKOV, 1974: 110)

A diferença pela cor da pele passa a ganhar maior expressão nos trabalhos dos "cientistas" ainda antes da consolidação do conceito de raça. O próprio termo "raça" começa a surgir em meados do séc. XVIII. O naturalista e médico sueco Carlos Lineu (1707-1778), a quem Poliakov chama de "o homem que domina as ciências da natureza no séc. XVIII" (Idem: 137), integrou, em seu *Sistema da natureza*, o homem no reino animal. Todavia, segundo Poliakov, o *Homo sapiens* não entrava completamente nu neste reino: "Lineu vestia-o ridiculamente com os trapos de que o haviam dotado gerações de viajantes e de sábios brancos." (Idem: 137) Veja-se a diferenciação das variedades efetuada por Lineu:

> *Europaeus albus*: (...) engenhoso, inventivo(...) branco, sanguíneo(...) É governado por leis.
>   *Americanus rubesceus*: contente com sua sorte, amante da liberdade(...) moreno irascível (...) É governado pelos costumes.
>   *Asiaticus luridus*: (...)orgulhoso, avaro (...) amarelado, melancólico (...) É governado pela opinião.

Afer niger: (...) astuto, preguiçoso, negligente (...) negro, fleumático (...) É governado pela vontade arbitrária de seus senhores." (Idem: 137)

Através da taxonomia[36] feita por Lineu, a similitude (que deveria conduzir as classificações) fica de lado e são buscadas as desigualdades, o "*ethos*", as diferenças culturais, para legitimar a classificação. A ordem dos *Anthropomarpha*, que se tornou mais tarde a dos *Primatas*, "se enriquecia com [essas] quatro variedades multicores."

Segundo George Stocking (1982), no final do séc. XIX a questão racial passa a ter grande importância. A explicação físico-biológica passa a ter o papel principal para explicar as diferenças. As ciências da natureza vão influenciar as ciências humanas e a desigualdade humana passa a ser explicada pelas leis naturais, através da ideia de evolução, de progresso das civilizações. Dessa forma, como, para os europeus, sua civilização era a mais evoluída, a superioridade europeia no século XIX estava justificada. A Antropologia Física é que transforma o conceito de raça.

Segundo Banton, no séc. XIX, "a doutrina dos tipos humanos permanentes (...) conquistou a atenção popular e conduziu à noção de relações raciais." (BANTON, 1977: 15) De acordo com a doutrina dos tipos, haveria uma quantidade finita de raças ou tipos (sendo os pretos e os brancos os mais distanciados); as diferenças entre eles seriam permanentes; e estas diferenças entre eles teriam uma influência decisiva nas espécies de relações sociais possíveis entre membros de raças diferentes, talvez porque cada raça pertenceria a uma parte do planeta. Ainda segundo Banton, o conceito de tipo tem origem nos trabalhos de Georges Cuvier (1769-1832), que nos primeiros anos do séc. XIX, continuou o trabalho de Lineu. "Para Cuvier, o Homo sapiens era uma divisão dos vertebrados e subdividiu-se em três sub-espécies: Caucasiana, mongólica e etiópica. Cada uma dessas três dividiu-se, mais tarde, segundo linhas geográficas, físicas e linguísticas." (Idem: 45)

Para Poliakov, Arthur de Gobineau (1816-1882) "é efetivamente o grande arauto do racismo biológico". (POLIAKOV, 1974: 221) Embora, segundo Banton, ele não enquadrasse seu pensamento à doutrina dos tipos raciais, sua obra

---

[36] Segundo o dicionário eletrônico Houaiss (2001), taxonomia é a "ciência ou técnica de classificação." Essa classificação é feita pelas semelhanças: de estruturas, origens etc.

serviu como base para justificar a hierarquia racial, onde a raça branca era a detentora do "(...) monopólio da beleza, da inteligência e da força."[37]

Para Lévi-Strauss, Gobineau

> (...) não concebia a 'desigualdade das raças humanas' de maneira quantitativa, mas qualitativa: para ele, as grandes raças que contribuíram para a formação da humanidade atual, sem que se possa dizê-las primitivas – branca, amarela e negra –, não eram tão desiguais em valor absoluto como em suas aptidões particulares. (LÉVI-STRAUSS, 1976: 329)

O problema para Gobineau era a mistura. O que levava à degenerescência das raças era a mestiçagem: "[a] queda das civilizações se deve à degenerescência da raça, e (...) esta, ao conduzir ao declínio, é causada pela mistura de sangue." Ainda segundo Hannah Arendt, o que Gobineau realmente procurou na política foi a definição e a criação de uma "elite" que substituísse a aristocracia. "Em lugar de príncipes, propunha uma 'raça de príncipes', os arianos, que, segundo dizia, corriam o risco de serem engolfados, através do sistema democrático, pelas classes não-arianas inferiores." (ARENDT, 1989: 203)

Gobineau era um aristocrata em pleno período das revoluções burguesas – ele publica sua grande obra, *Essai sur l'inegalité des races humaines* em 1853 – e elege como os "herdeiros da raça ariana", os antigos conquistadores, os aristocratas europeus, em uma tentativa de permanecer com o poder político. Como lembra Poliakov:

> Gobineau não fez senão sistematizar, de forma muito pessoal, concepções já fortemente enraizadas na época; o que trazia de novo era sobretudo a conclusão pessimista, o dobre fúnebre da civilização. Sob pretexto de ciência, exalava assim seus rancores ou decepções de toda ordem; aliás, ele mesmo confessava que esta ciência "(...)*era para ele apenas um meio de satisfazer seu ódio pela democracia e pela Revolução.*"[38] (POLIAKOV, 1974: 217) [grifo do autor]

---

[37] GOBINEAU, Arthur de. *Essai sur l'inegalité des races humaines*, ed.Paris, 1967, p. 208. Apud POLIAKOV, 1974: 217.
[38] Carta ao Barão Von Prokesch-Osten (cf. *A. Cambris, la Philosophie dês races du comte de Gobineau*, Paris, 1937, pp.158-159). Apud POLIAKOV, 1974: 217.

A ideia de raça e suas diferentes implicações

O conceito de raça, tal como utilizado então, permitia aos auto-denominados arianos definirem-se como membros de uma aristocracia natural, destinada a dominar todos os outros. Banton destaca três importantes linhas teóricas que influenciaram as relações raciais entre o início do séc. XIX e o início do séc. XX. A primeira, mencionada acima, seria a doutrina dos *tipos humanos permanentes*. A segunda seria baseada no *darwinismo social*, que, segundo Poliakov, teve em Herbert Spencer (1820-1903) o seu principal fomentador: "Contrariamente ao que geralmente se pensa, as famosas formulas *the survival of the fittest* e *struggle for existence* devem-se não a Darwin, mas a Herbert Spencer." (POLIAKOV, 1974: 282)

Spencer traz as hipóteses contidas em *A Origem das Espécies* de Charles Darwin (1809-1882) para explicar a evolução social, para legitimar a superioridade da raça branca, defendendo vigorosamente a ideia de progresso e de hierarquia racial. Resultando que

> (...) do ponto de vista das conseqüências políticas que daí se poderiam tirar, a doutrina da seleção natural, após ter proclamado que a vitória cabia ao mais apto, abria aos teóricos possibilidades aparentemente infinitas de designar 'os mais aptos' de sua escolha, de especular sobre o resultado da competição, no seio da sociedade civilizada, entre 'os mais fecundos' e 'os melhores', de decidir quem, isto é, que linhagem, ou que classe, ou que sub-raça ariana era 'a melhor', de emitir um juízo sobre o valor das 'misturas inter-raciais', e assim por diante. (Idem: 287)

A terceira linha de pensamento destacada por Banton é a inaugurada, segundo ele, em 1921 por Robert E. Park, que apresentava uma concepção geral das relações raciais como produto da expansão europeia. Para Park, tinha que ser levado em consideração o contexto histórico dessas relações, e também, buscava designações sociais, em vez de biológicas, para as categorias branco e negro. Segundo Banton: "Enquanto os darwinistas sociais apresentavam as relações raciais como relações para lá de qualquer possibilidade de influência por parte do homem, Park viu-as como fenômenos históricos, o produto da expansão europeia e dentro do reino da moralidade." Ele prossegue e afirma que "[o]s investigadores sociais do decênio de 1930 seguiram esta orientação e demonstraram que o preconceito racial não é herdado, mas sim aprendido." (BANTON, 1977: 188)

Entretanto, como citado no início deste capítulo, embora não utilizassem o termo preconceito, tanto Weber quanto Boas já apontavam nessa direção. O texto de Boas, *The mind of primitive man*, é de 1911. Nesse livro, falando sobre a situação do negro na sociedade norte-americana, ele afirma que "os traços do negro americano são adequadamente explicáveis tendo como base sua história e *status* social" (BOAS, 1965: 240), enquanto o texto de Park, citado por Banton como o inaugurador dessa nova visão, foi publicado em 1921.

Boas destaca-se como um dos fundadores da moderna antropologia. E já no início do século XX, ressaltava a necessidade de se desvincular a raça da cultura, negando qualquer determinismo biológico e dando ênfase a fatores sócio-ambientais e históricos como prováveis formadores de elementos culturais nas distintas sociedades. "Além do mais, as variantes reações do organismo *não criam* uma cultura *mas reagem* a uma cultura." [grifos do autor] (Idem: 227) Em 1911 ele já questionava a utilização que era feita do conceito de raça, como neste trecho: "O termo raça, como é aplicado aos tipos humanos, é vago." (Idem, ibidem) Enfim, Boas influenciou muitos estudiosos, formando uma verdadeira escola de pensamento. Sua contribuição para a luta contra o racismo foi muito importante, principalmente por se dar em um momento em que ainda prevaleciam as teorias raciais a que me referi anteriormente.

1.1. Teorias raciais e democracia racial no Brasil

> *"Vão argumentar com a ferocidade dos brancos norte-americanos. E, com efeito, nós não linchamos, mas fazemos algo pior: nós humilhamos. Todas as relações entre brancos e negros, no Brasil, se fazem justamente, na base desta humilhação. O negro mais nobre, mais ilustre, mais puro, passa a ser apenas um moleque, se experimentamos uma vaga e superficial irritação. Fingimos uma igualdade racial, que é o cínico disfarce de um desprezo militante, profundo."*[39]
>
> Nelson Rodrigues

Todas essas teorias acerca da ideia de raça, construídas na Europa principalmente, reverberaram de diversas formas em todo o mundo. Segundo Giralda Seyferth (1996), guardadas as diferenças de interpretação, todas elas tinham

---

[39] Jornal *Última Hora*, Rio de Janeiro, 1959. *Apud* NASCIMENTO, 1968:35.

em comum o dogma de que a diversidade humana, anatômica e cultural, era produzida pela desigualdade das raças. Diz ela: "a partir deste dogma, produziram-se hierarquias raciais que invariavelmente localizavam os europeus civilizados no topo, os negros 'bárbaros' e os índios 'selvagens' se revezando na base, e todos os demais ocupando as posições intermediárias." (SEYFERTH, 1996: 43) As teorias acima expostas foram utilizadas em larga escala no Brasil, pois, ainda segundo Seyferth, "[a] ideia de raça construída sobre hierarquias denotando desigualdade *dominou o pensamento social* em muitos lugares, inclusive no Brasil." (Idem: 42) [grifo meu]

Hebe Mattos diz que "[o] conceito de raça apareceria pela primeira vez numa estatística brasileira no Recenseamento Geral do Brasil de 1872 (...). Depois disso, entretanto, a noção faria rápida, mesmo que sempre problemática, carreira no Brasil." (MATTOS, 2000: 58, 59) Desde o final do século XIX, ainda no Império, mas fundamentalmente com o fim da escravidão e com o advento da República (respectivamente 1888 e 1889), as discussões sobre a construção da "nação brasileira" giravam em torno da questão racial. Era necessário construir uma identidade nacional. Entretanto, tendo em vista a enorme influência das teorias raciais do século XIX, como já foi dito acima, como construir uma identidade nacional – naquele momento ligada diretamente à ideia de raça que se constituía – com uma população cuja maioria descendia de ex-escravizados de origem africana e indígenas, considerados inferiores? Essa problemática, segundo Kabengele Munanga, fez com que a raça se tornasse no Brasil "o eixo do grande debate nacional que se travava a partir do fim do século XIX e que repercutiu até meados do século XX." (MUNANGA, 1999: 51)

Nesse "grande debate", prevaleceram as ideias de estudiosos do campo das ciências sociais e humanas que usaram e abusaram da metáfora darwinista – re--significada e utilizada por Spencer, segundo Poliakov – da "sobrevivência dos mais aptos", e que utilizaram a eugenia[40] para sugerir políticas públicas que, entre outras coisas, implicavam no que Seyferth chama de uma "limpeza étnica". (SEYFERTH, 1996: 43) O sociólogo Edward Telles, em seu livro *Racismo à brasileira*, afirma que:

---

[40] A eugenia foi um movimento que acreditava na perfectibilidade humana a partir da genética, e que incentivou a "seleção da espécie" a partir do cruzamento entre indivíduos puros e superiores. A prática da eugenia teve seu ápice com a instituição do nazismo na Alemanha governada por Hitler a partir de 1933.

No Brasil, o eugenismo desenvolveu-se na virada do século e nas primeiras décadas do século XX, com grandes efeitos na ideologia e na política social. Os eugenistas norte-americanos adotaram à risca a eugenia mendeliana, que seguia estritamente a herança genética e suas implicações raciais. Já a maioria dos eugenistas brasileiros seguiu a linha neo-lamarckiana, que era a visão dominante entre os franceses, com os quais mantinham fortes ligações intelectuais. O neo-lamarckianismo argumentava que as deficiências genéticas poderiam ser superadas em uma única geração. Apesar de ter tido uma vida curta, a predominância desta linha de pensamento entre os eugenistas brasileiros na virada do século teve implicações enormes na interpretação da ideia de raça nas décadas seguintes. (TELLES, 2003: 45)

Para que essa "limpeza étnica", a que Giralda Seyferth se refere, fosse levada a cabo foi necessária a criação de uma política imigratória contundente. Maria Aparecida Silva Bento afirma que se criou uma política de imigração europeia "cuja consequência foi trazer para o Brasil 3,99 milhões de imigrantes europeus, em cerca de 40 anos, um número equivalente ao de africanos (cerca de quatro milhões) que haviam sido trazidos ao longo de três séculos." (BENTO, 2002: 32) Segundo o historiador George Andrews, o fluxo imigratório para o Brasil foi mais intenso entre 1890 e 1920:

> A Constituição de 1891 proibiu a imigração africana e asiática para o país e os governos federal e estaduais da Primeira República (1891-1930) empreenderam esforços orquestrados no sentido de atrair a imigração europeia ao país. Tais esforços deram frutos na forma de 2,5 milhões de europeus que migraram para o Brasil entre 1890 e 1914, 987 mil com sua passagem de navio paga por subsídios do Estado. Após um período menos significativo quanto à imigração, à época da Primeira Guerra Mundial outros 847 mil europeus chegaram ao país. (ANDREWS, 1997: 97)

É interessante observar a orientação dada ao projeto imigratório pelos sucessivos governos no início da República no Brasil. Em artigo que trata das relações das políticas do Estado brasileiro com a ideia de raça no início da República, Carlos Vainer afirma que a intervenção do Estado brasileiro,

> primordialmente através da política imigratória, revela um compromisso, pleno e explícito, com um projeto racista de construção da nacionalidade, fundada em

A ideia de raça e suas diferentes implicações

conceitos de superioridade da raça branca e voltado ao "aperfeiçoamento" da população brasileira através da incorporação de contingentes imigratórios ditos eugênicos (...) A todo momento o Estado se posicionou claramente por uma estratégia racista que projetava o branqueamento da população. (VAINER, 1990: 113)

No artigo "A afirmação de Raça", Arlindo Veiga dos Santos, então presidente da Frente Negra Brasileira (FNB), demonstrava na primeira página do jornal *A Voz da Raça* nº 12, de 10 de junho de 1933, como segmentos da população negra observavam e questionavam a política imigratória implementada pelos sucessivos governos brasileiros no início da República:

> Mas, que haveria acontecido no Brasil se por ventura o pessoal que em quarenta anos chefiou o batuque solene tivesse afirmado a nossa Raça luso-índio-negra, em lugar de fazer, do Lar nacional, uma pagodeira internacional, em que todo estrangeiro chegado na véspera mandou, deu leis e conselhos de perdição? Que seria do Brasil hoje se não tivesse sido sempre negada a nossa Gente Negra que, enquanto se processava o banquete dos imigrantes, ficou por aí, à margem da vida nacional, cedendo lugar a todos os oportunistas de arribação?

Vainer apresenta ainda alguns exemplos, como leis sancionadas pelo Poder Executivo e projetos de Lei apresentados no Congresso Nacional logo no início da República. Nesse conjunto destaca-se o Decreto nº 528, de 28/06/1890, que tinha o objetivo de regularizar o "serviço de introdução e localização de imigrantes na República dos Estados Unidos do Brasil" e estabelecia em seu Artigo 1º o seguinte:

> "É inteiramente livre a entrada, nos portos da República, dos indivíduos válidos e aptos para o trabalho que não se acharem sujeitos à ação criminal de seu país, *exceptuados os indígenas da Ásia ou da África*, que somente mediante autorização do Congresso Nacional poderão ser admitidos de acordo com as condições que forem então estipuladas." [grifo meu] (*Apud* VAINER, 1990:106)

Anos mais tarde, a questão da "introdução e localização de imigrantes" ainda era muito discutida nos poderes estabelecidos no Brasil. Essa afirmação pode ser verificada, por exemplo, no parágrafo 6º do Artigo 121 da Constituição de 1934, que estabelecia o seguinte: "A entrada de imigrantes no território nacional sofrerá as restrições necessárias à garantia da integração étnica e capacidade física e civil do imigrante, não podendo, porém, a corrente imigratória de cada país exceder, anualmente, o limite de dois por cento sobre o número total dos respectivos nacionais fixados no Brasil durante os últimos cinquenta anos." Este parágrafo praticamente impedia a entrada de "indígenas" de países africanos e asiáticos, mesmo sem dizer isso abertamente, na medida em que estes eram impedidos de entrar como imigrantes no Brasil desde 1890. E o Artigo 138 determinava ainda que caberia "à União, aos Estados e aos Municípios", nos termos das leis respectivas, entre outras coisas, "estimular a educação eugênica".[41]

Outro exemplo interessante apresentado por Vainer diz respeito à tentativa de imigração de negros norte-americanos para o Brasil no início da década de 1920, que foi negada pelo governo brasileiro. Durante essa década, havia nos Estados Unidos uma série de projetos de imigração de negros norte-americanos para o Brasil, e Robert Abbot, fundador e editor do jornal *Chicago Defender*, era um entusiasta dessa ideia, que acabou sendo frustrada pelo governo brasileiro.[42] Vainer afirma o seguinte:

> A questão racial, permanentemente implícita no aparato legal, volta à tona explicitamente com o projeto de lei dos deputados Andrade Bezerra e Cincinato Braga, que, entre outras coisas, pretendia proibir a entrada de "indivíduos humanos das raças de cor preta" (Projeto nº 291, de 28/07/1921). A substituição da categoria "indígenas da África", constante no decreto de 1890, por "indivíduos humanos das raças de cor preta" pretendia tornar mais abrangente o dispositivo discriminatório, de modo a obstacularizar a entrada de negros oriundos do Sul dos Estados Unidos e das Antilhas. (VAINER, 1990:107)

---

[41] Ver http://www.planalto.gov.br/ccivil_03/Constituicao/Constitui%C3%A7ao34.htm, acesso em 10/12/2009.

[42] Entre 1914 e 1923, Abbot publicou 15 matérias no *Chicago Defender* nas quais incentivava negros norte-americanos a aderirem à ideia de imigração para o Brasil. Um bom exemplo é o anúncio publicado na edição de 26/02/1921, que convidava a população para um encontro numa igreja e trazia o seguinte texto: "*The principal speaker for the occasion will be J.B. Concill, who has just returned from South America. The subject is 'Brazil and its golden opportunities offered to the American Negro'. The Brazilian American Colonization Syndicate has made it possible for Mr. Concill to be with us on the day and date above mentioned.*"

A ideia de raça e suas diferentes implicações

O próprio Robert Abbot, mesmo sendo um negro rico, dono de um dos maiores jornais da imprensa negra norte-americana naquele momento, teve seu visto de turista negado no início de 1923, quando fez sua primeira tentativa de visitar o Brasil. Ainda assim, continuando com a propaganda da ideia de "colonizar" algumas áreas pouco exploradas em território brasileiro, ele reportou em matéria publicada em seu jornal no dia 24/11/1923, que o mesmo governo brasileiro subsidiava a entrada de milhares de italianos, e surpreende que mesmo com tudo isso ele não tenha mudado sua opinião sobre a "liberdade racial" no Brasil ainda nos anos 1920. A matéria intitulada "Italian families go to Brazil to form big colony", dizia o seguinte: "Italianos planejam colonizar uma grande área no Brasil com o auxílio dos governos brasileiro e italiano(…) O plano é conceder 50 acres de terra para cada família(…) Se os italianos podem, não há uma boa razão para que os nosso agricultores do Sul não possam fazer a mesma coisa, e fazer melhor."[43]

Ao realizar pesquisas nos arquivos do Ministério das Relações Exteriores, o historiador Jeff Lesser constatou que a política brasileira no período pós I Guerra Mundial, num contexto de "preocupações raciais", decidiu "considerar os cidadãos negros dos Estados Unidos não como americanos com direito a imigrar para o Brasil, mas como 'negros indesejáveis' (sinônimo de africanos), que deveriam ser proibidos de entrar no país." (LESSER, 1994: 96) Através das correspondências, que eram muitas vezes confidenciais, enviadas pelo ministro para as representações brasileiras nos Estados Unidos, ele descobriu que em 1921

> [o] ministro das Relações Exteriores, José Manoel de Azevedo Marques, um ex--professor de Direito de São Paulo, temendo a entrada de muitos afro-americanos no País, instruiu a Embaixada do Brasil em Washington e os consulados em Chicago, St. Luis, Norfolk, Nova York, Nova Orleans, Baltimore e São Francisco, encorajando-os a recusar vistos para todos os "imigrantes negros destinados ao Brasil", sem explicar o porquê. (LESSER,1994: 85)

Ainda em 1922, Hélio Lobo, cônsul-geral do Brasil em Nova York, negou o visto de turista à Clara Beasley, negra norte-americana. Esse caso foi investigado pela National Association for the Advancement of Colored People (NAACP),

---

[43] *Italians plan to colonize a large zone in Brazil with the aid of the Brazilian and Italian governments (…) The plan is to grant each family 50 acres of lands. (…) If the Italians can do his there is no good reason why our farmers from South cannot do the same thing, and do it better.*

organização fundada por W.E.B. Du Bois em fevereiro de 1909 e considerada pelo próprio Hélio Lobo como "a organização mais importante para a defesa da raça negra nos Estados Unidos". (LESSER, 1994: 91) Buscando uma solução que não causasse nenhum "incidente diplomático", e uma vez que o medo era da imigração e não do turismo, Lobo sugeriu que "não revogaria a ordem [de proibir a entrada de negros norte-americanos], mas deixaria o Consulado Geral em Nova York livre para dar vistos a turistas em poucos casos quando julgasse ser a melhor coisa a fazer." (Idem: ibidem) Segundo Lesser, essa sugestão foi aceita como norma pelo Ministério, que passou a conceder somente alguns vistos de turistas para negros norte-americanos.

O historiador Petrônio Domingues afirma que diante do impasse causado pela negação de seu visto de turista para o Brasil, Robert Abbot "e sua esposa solicitaram a intervenção do senador [norte-americano] Medill McCormik, que negociou junto à embaixada brasileira. Depois de muita pressão, foi liberado o visto de entrada no Brasil." (DOMINGUES, 2006:162) Foi aí que a viagem de turismo de Robert Abbot ao Brasil tornou-se possível em 1923. Mas o projeto de imigração, do qual ele era entusista e que ele recorrentemente divulgava no *Chicago Defender*, não se realizou.

Para que a política imigratória brasileira fosse definida, anos mais tarde, em 1938, foi criado por Getúlio Vargas o Conselho de Imigração e Colonização (CIC), como órgão supraministerial diretamente subordinado ao presidente da República. O CIC fixava a cota anual de cada nacionalidade e coordenava os vários ministérios envolvidos com a seleção, o desembarque e o controle de estrangeiros.[44] No seu relatório de 1940, a CIC estabelecia que "a política imigratória que mais convém é a que tem em vista evitar os elementos indesejáveis e os de difícil assimilação e promover a entrada de boas correntes imigratórias em harmonia com a expansão econômica do país". (ABREU, 2001)

~~~

---

[44] É interessante ver a própria explicação do governo brasileiro para a negação do pedido de imigração dos negros norte-americanos nas páginas do *Chicago Defender*, que diz que esse fato se deveu à política de cotas para imigrantes. Segundo o jornal: "*The Brazilian spokesman admitted, however, that his country acts on a quota system, allowing only a certain number of immigrants from each country, but it does not base its quota on race.*" (*Chicago Defender*, "Brazil Denies its tough on Negro Immigrants", 31/07/1954).

A ideia do branqueamento através da miscigenação era amplamente debatida entre os "homens de sciência"[45] brasileiros. E entre eles havia os que tinham uma visão otimista e os que tinham uma visão pessimista em relação ao processo de branqueamento. Entre os otimistas destacam-se João Batista de Lacerda (1846-1915), Sylvio Romero (1851-1914) e Oliveira Vianna (1883-1951). Já entre os pessimistas destaca-se Raimundo Nina Rodrigues (1862-1906).

Esses pensadores estavam dialogando diretamente com as teorias raciais vigentes em sua época e buscando uma saída original para a problemática racial no Brasil. Os pessimistas em relação ao branqueamento da população brasileira compartilhavam mais da teoria de Gobineau, comentada acima, segundo a qual a mestiçagem levaria à degenerescência da raça inexoravelmente. No caso do pensamento de Nina Rodrigues, a miscigenação, embora inevitável, constituiria um povo inferior necessariamente, se comparado aos europeus, devido à presença do "sangue negro" em sua formação.

> *A raça negra, no Brasil*, por maiores que tenham sido os seus incontáveis serviços à nossa civilização, por mais justificadas que sejam as simpatias de que a cercou o revoltante abuso da escravidão, por maiores que se revelem os generosos exageros de seus turiferários, *há de constituir sempre um dos fatores da nossa inferioridade como povo*. Na trilogia do clima inter-tropical inóspito aos brancos, que flagela grande extensão do país; do negro que quase não se civiliza; do português rotineiro e improgressista, duas circunstâncias conferem ao segundo saliente preeminência: a mão forte contra o branco, que lhe empresta o clima tropical, as vastas proporções do mestiçamento que, entregando o país aos mestiços acabará privando-o por largo prazo pelo menos, da direção suprema da raça branca. E esta foi a garantia da civilização nos Estados Unidos. [grifo meu] (NINA RODRIGUES, 1976: 5)

Já os otimistas vislumbravam na mestiçagem a redenção do Brasil, na medida em que haveria uma preponderância do "elemento branco" na composição genética dos descendentes dos cruzamentos inter-raciais, gerando assim, através da miscigenação, um povo, um "tipo nacional" com o fenótipo branco europeu. Entre estes otimistas, destacava-se Sylvio Romero, que ao advogar a importância

---

[45] Como eram chamados os intelectuais ligados às instituições de pesquisas da época. Ver: SCHWARCZ, 1993.

da miscigenação para o branqueamento da população brasileira não fugia ao pressuposto racista de que a desigualdade – e portanto a hierarquia – entre as raças seria algo indiscutível, como podemos observar no trecho abaixo:

> A distinção e a desigualdade das raças humanas é um fato primordial e irredutível, que todas as cegueiras e todos os sofismas dos interessados não têm força de apagar. É uma formação que vai entroncar-se na biologia e que só ela pode modificar. Essa desigualdade originária, brotada no laboratório imenso da natureza, é bem diferente da outra diversidade, oriunda da política, a distinção das classes sociais. (*Apud* COSTA, 2006: 176)

Ao mesmo tempo em que ele acreditava piamente na desigualdade inexorável das raças, segundo Sérgio Costa, "sua defesa da mistura regeneradora funda-se precisamente na crença de que qualquer perspectiva de futuro para a nação brasileira precisava enfrentar o problema no que entendia ser sua raiz última, qual seja, a fonte biológica; era preciso, numa palavra, branquear a população." (COSTA, 2006: 178) Giralda Seyferth, analisando o texto apresentado pelo respeitado "homem de sciência", então diretor do Museu Nacional e delegado oficial do governo brasileiro no Congresso Universal das Raças – organizado na Universidade de Londres, de 26 a 29 de julho de 1911 –, João Batista de Lacerda, diz o seguinte:

> Mas os cientistas brasileiros encontraram meios para contornar a visão negativa seguida pelo racismo para a mistura de raças ora classificadas como inferiores, ora como atrasadas: inventaram a tese do branqueamento e os mestiços "superiores"! Nos termos da sua versão científica (...) o branqueamento da raça era visualizado como um processo seletivo de miscigenação que, dentro de um certo tempo (três gerações) produziria uma população de fenótipo branco. Portanto, em termos gerais, o Brasil teria uma *raça*, ou um *tipo* ou, ainda, um *povo* (o conceito empregado não importa) nacional. (SEYFERTH, 1996: 49)

Segundo Edward Telles, com a grande massa de europeus imigrando para o Brasil e com a contínua miscigenação que se intensificava, muitos eugenistas brasileiros ficaram confiantes de que seu país estava embranquecendo com sucesso. Por exemplo, "em 1912, João Batista de Lacerda, certo de que a miscigenação acabaria por produzir indivíduos brancos, previu que em 2012 a população brasileira seria composta por 80% de brancos, 3% de mestiços, 17% de índios e nenhum negro." (TELLES, 2003: 46) Contudo, como nos alerta ainda Seyferth, "[o] que parece ser, a princípio, uma simples apologia da mestiçagem, não foge aos pressupostos sobre a inferioridade de negros, índios e da massa mestiça." (SEYFERTH, 1996: 51) Desse processo de mestiçagem, resultaria a dissolução da diversidade racial e cultural e a homogeneização da sociedade brasileira, com predominância biológica e cultural branca e o desaparecimento dos elementos não-brancos. Um bom exemplo dessa afirmação é o trecho do texto de Sylvio Romero, encontrado em *História da literatura brasileira*, em que o autor se demonstra menos otimista em relação ao processo de miscigenação da população brasileira que João Batista de Lacerda:

> Manda a verdade, porém, afirmar que uma almejada unidade, só possível pelo mestiçamento, só se realizará em futuro mais ou menos remoto; pois será mister que se dêem poucos cruzamentos dos dois povos inferiores entre si, produzindo-se assim a natural diminuição destes, e se dêem, ao contrário, em escala cada vez maior com indivíduos da raça branca(...) E mais ainda, manda a verdade afirmar ser o mestiçamento uma das causas de certa instabilidade moral na população pela desarmonia das índoles e das aspirações no povo, que traz a dificuldade de formação de um ideal nacional comum. (*Apud* SEYFERTH, 1996: 51)

A tese do branqueamento ganhou muita força no Brasil do início do século XX, contribuindo para o grande fluxo migratório citado acima, vindo da Europa e incentivado pelos governos brasileiros de então. É interessante notar como os movimentos negros, ainda na década de 1920, tinham que dialogar constantemente com as teorias raciais que informavam o senso-comum da época. José Correia Leite, um dos fundadores do jornal *O Clarim d'Alvorada*, em 1924, e da Frente Negra Brasileira (FNB), em 1931, diz o seguinte: "Houve um tempo em que eu ouvia muita gente dizer que a nossa luta não tinha razão de ser porque o negro ia desaparecer. Foi uma ideia gerada por estudiosos." (LEITE, 1992: 21)

Nem todos os "estudiosos" da época, entretanto, acreditavam na superioridade da raça branca sobre todas as outras. As obras dos autores Alberto Torres (1865-1917) e Manoel Bomfim (1867-1932), que são considerados por Sérgio Costa como "precursores de um pensamento antirracista no Brasil", são interessantes exemplos de um olhar com uma motivação abertamente nacionalista, que tinha o intuito de comprovar e defender a viabilidade do projeto nacional brasileiro, ao mesmo tempo em que tentavam articular uma linha de argumentos que confrontasse um certo olhar colonial sobre o Brasil. Segundo Costa, o que ambos os autores buscam fazer, fundamentalmente,

> é mostrar que o desenvolvimento tecnológico e material superior dos países europeus não decorre da supremacia biológica inata de seus povos, nem tampouco de qualquer superioridade cultural imanente. Ao contrário, é produto de circunstâncias históricas particulares e de injunções sociais específicas, causalidade aplicada também como fonte de explicação das desigualdades de condição de vida dos diferentes grupos populacionais no Brasil. (COSTA, 2006: 188)

Ao usar a expressão "antirracista", Costa avisa que não pretendia ocultar que "os dois autores não negavam plenamente a ideia de raças humanas nem que, em algumas passagens incorressem em explicações pautadas pelo determinismo biológico", mas afirma que ambos os autores negavam de forma veemente "qualquer hierarquia biológica entre as supostas raças, depreendendo a desigualdade nos níveis de desenvolvimento material e tecnológico exclusivamente da história e do ambiente físico e social" (Idem: 187), como se pode observar no trecho abaixo da obra de Manoel Bomfim:

> Ao examinar a influência de cada uma das raças sobre as novas sociedades, importa pouco o estudo das qualidades positivas dos selvagens e dos negros; o essencial é saber qual o valor absoluto dessas raças, em si – a sua capacidade progressista: se são civilizadas ou não. Tanto vale discutir logo toda a célebre teoria das *raças inferiores*. Que vem a ser esta teoria? A resposta a estas questões nos dirá que tal teoria não passa de um sofisma abjeto do egoísmo humano, hipocritamente mascarado de ciência barata, e covardemente aplicado à exploração dos fracos pelos fortes. (BOMFIM, 2005: 267,268)

Sérgio Costa afirma ainda que:

> Ao contrário de Alberto Torres, que não busca marcar sua oposição àquela doutrina nacionalista de corte nitidamente racista, como a professada pelos influentes Sylvio Romero e Oliveira Vianna, Manoel Bomfim distancia-se claramente desses

dois autores, fato que, seguramente, concorreu para que sua obra permanecesse esquecida. (Idem: 188)

Essas discussões teóricas, sobre a viabilidade ou não do projeto nacional brasileiro no que se refere à questão racial e sobre que caminhos seguir para alcançar o seu sucesso, geravam muitos conflitos. Não somente entre os "estudiosos", mas também entre os militantes do movimento negro, que desde as primeiras décadas do século XX também refletiam, produziam textos em jornais, realizavam congressos etc., com o objetivo de discutir sobre essas questões. Um exemplo signficativo sobre esses conflitos está na interpretação de Marcos Chor Maio sobre o Teatro Experimental do Negro (TEN), fundado em 1944 por Abdias do Nascimento no Rio de Janeiro. Durante as décadas de 1940 e 1950 o TEN é considerado, por diversos autores, como a mais importante instituição da luta antirracista e pela valorização da população negra no Brasil,[46] tendo sido responsável pela publicação de um importante jornal nesse período, o jornal *Quilombo*, e pela realização da I e da II Convenção Nacional do Negro (1945 e 1946) e do I Congresso do Negro Brasileiro em 1950.[47] Ainda assim Maio diz que

> [i]deologicamente o TEN viveu durante os anos 1940 e 50 uma situação ambígua. Em vários momentos, sua liderança política e intelectual oscilou entre o reconhecimento dos legítimos direitos dos negros à cidadania plena e o diagnóstico da incapacidade temporária dos mesmos ao exercício da política por terem uma mentalidade pré-lógica, pré-letrada (...) Portanto, o TEN viveu o dilema entre a afirmação política da identidade negra e a influência do etnocentrismo europeu adaptado à realidade brasileira, ou seja, a "ideologia do branqueamento". (MAIO, 1996: 181)

---

[46] Ver: SANTOS, 1994; PEREIRA, 2008; MAIO, 1996 entre outros.
[47] Em um artigo publicado no jornal *Quilombo* meses antes do I Congresso do Negro Brasileiro, Abdias do Nascimento diz que este seria: "[u]ma iniciativa sem precedentes na história do homem de cor no Brasil. Pretende dar uma ênfase toda especial aos problemas práticos e atuais da vida da nossa gente de cor. (...) Dará uma importância secundária, por exemplo, às questões etnológicas e menos palpitantes, interessando menos saber qual seja o índice encefálico do negro, ou se Zumbi suicidou-se realmente ou não, do que indagar quais os meios que poderemos lançar mão para organizar associações e instituições que possam oferecer oportunidades para a gente de cor se elevar na sociedade." (*Apud* PEREIRA, 2008: 39)

Nos debates sobre a tese do branqueamento na sociedade brasileira, talvez o nome mais citado seja o de Francisco José de Oliveira Vianna. Não por ele ter inventado algo cuja paternidade pertence aos predecessores mencionados acima, mas por ter sido o sistematizador e enfatizador de um complexo de ideias racistas que já teriam sido superadas pela antropologia de sua época.[48] Partindo da ideia de que entre as numerosas nações negras trazidas ao Brasil existiam enormes diversidades, tanto somáticas quanto psicológicas, comparativamente aos brancos, Vianna concluiu que o cruzamento entre os elementos dessas nações e os lusos deu também origem a uma variedade correspondente de mestiços.

Baseando-se nessa formulação, Vianna acreditava na existência do mulato inferior e do superior. O primeiro, resultado do cruzamento do branco com o negro do tipo inferior, seria um mulato incapaz de ascensão, degradado nas camadas mais baixas da sociedade. O segundo, produto do cruzamento entre branco e negro do tipo superior, seria ariano pelo caráter e pela inteligência, ou pelo menos suscetível de arianização; portanto, capaz de colaborar com os brancos na organização e civilização do país. Esses, segundo Oliveira Vianna, "são aqueles que em virtude de caldeamentos felizes mais se aproximam pela moralidade e pela cor do tipo da raça branca superior." (*Apud* MUNANGA, 1999: 67)[49]

Segundo Kabengele Munanga, foi Oliveira Vianna quem acrescentou uma nova dimensão ao arcabouço ideológico de então, centrado no branqueamento, que viria a gerar ecos no futuro: a igualdade e a harmonia existente entre todos os segmentos étnico-raciais da sociedade brasileira. Diz Oliveira Vianna:

> Em nenhum país do mundo coexistem, uma tamanha harmonia e tão profundo espírito de igualdade, entre os representantes de raças tão distintas. Homens de raça branca, homens de raça vermelha, homens de raça negra, homens mestiços dessas três raças, todos têm aqui as mesmas oportunidades econômicas, as mesmas oportunidades sociais, as mesmas oportunidades políticas. Está, por exemplo, ao alcance de todos a propriedade da terra. Franqueados a todos os vários campos de trabalho, desde a lavra da terra às mais altas profissões. (*Apud* MUNANGA, 1999: 71)[50]

---

[48] Ver, por exemplo: BOAS, 1965 e BOAS, 2004.
[49] VIANNA, Francisco José de Oliveira. *Populações Meridionais no Brasil*. São Paulo: Edições da revista do Brasil – Monteiro Lobato e Cia. Editores, 1920, p.69.
[50] VIANNA, Francisco José de Oliveira. "O typo brasileiro. Seus elementos formadores." In: *Dicionário histórico, geográfico e etnológico do Brasil* – Volume I, Rio de Janeiro: Imprensa Nacional, 1922. p. 277, 290.

A ideia de raça e suas diferentes implicações

O darwinismo social exercia muita influência entre os acadêmicos brasileiros naquele período, e tinha entre seus adeptos mais ilustres o próprio Oliveira Vianna, que reproduzia muito desse darwinismo social em seu pensamento. Nesse sentido, se os brancos dominavam as relações de poder na sociedade brasileira, isso era fruto da lei da "sobrevivência dos mais aptos". Oliveira Vianna acreditava que os gravíssimos problemas do ponto de vista antropológico e psicológico surgiam por causa das diferenças inconfundíveis entre as três raças, já que a igualdade de oportunidade entre todos no plano sócio-econômico, e a diversidade racial brasileira não criavam nenhum problema do ponto de vista político. É evidente que ele não contemplava em suas análises o processo histórico do pós-abolição no Brasil,[51] e a permanência da estigmatização da população negra em função da grande influência que as teorias raciais predominantes na época tinham sobre o senso comum na sociedade brasileira. Vianna também não contemplava em suas análises as consequências sócio-econômicas, políticas e psicológicas provenientes do enorme fluxo imigratório de europeus para o Brasil, que vinham, entre outras coisas, ocupar os melhores postos de trabalho disponíveis na sociedade brasileira, naquele momento.

No que se refere às ideias de "harmonia e igualdade" que, segundo Kabengele Munanga, teriam sido introduzidas no arcabouço ideológico brasileiro de então por Oliveira Vianna, é possível dizer que elas já pairavam no senso-cumum antes mesmo da abolição da escravatura em 1888, ou pelo menos eram reivindicadas pelos representantes do Conselho de Estado do Império como justificativa para a manutenção do *status quo* no que se refere à questão racial no Brasil daquela época, como percebeu Flávio Gomes, em seu livro *Negros e política*, ao nos informar a respeito de um caso interessante que toca nas ideias de igualdade e harmonia no Brasil:

> Em 24 de setembro de 1874, o estatuto da Associação Beneficente Socorro Mútuo dos Homens de Cor era enviado para consulta e aprovação do Conselho de Estado do Império. (...) A resposta do Conselho foi a rejeição, num parecer final de 16 de janeiro de 1875. (...) Na parte final do parecer dos conselheiros Visconde de Souza Franco, Marquês de Sapucaí e Visconde de Bom

---

[51] Para uma interessante revisão historiográfica sobre a situação da população negra no pós-abolição, ver: RIOS e MATTOS, 2005.

Retiro, encontra-se o que talvez seja a principal justificativa para a rejeição do estatuto e da Associação: "Os homens de cor livres, são no Império cidadãos que não formam classe separada, e quando escravos não têm direito a associar-se. A Sociedade especial é pois dispensável e pode trazer os inconvenientes da criação de antagonismo social e político: dispensável, porque os homens de cor devem ter e de fato têm admissão nas Associações Nacionais, como é seu direito e muito convêm à harmonia e boas relações entre os brasileiros." (GOMES, 2005: 7, 8 e 9)

Da mesma forma, a afirmação de que seria possível encontrar harmonia e igualdade entre as diferentes raças no Brasil, ou pelo menos a ausência de preconceito racial antes mesmo da abolição da escravatura, era reproduzida inclusive em outros países, como demonstra Célia Maria de Azevedo, que em seu artigo "O abolicionismo transatlântico e a memória do paraíso racial brasileiro" apresenta alguns exemplos, como a opinião do francês Quentin, em 1867, segundo a qual "o que facilitará singularmente a transição [para o trabalho livre] no Brasil é que lá não existe nenhum preconceito de raça"; e a palestra feita em Nova York em 1858 por Frederik Douglas (1818-1895) – o abolicionista negro norte-americano mais reconhecido em sua época –, na qual ele diz o seguinte:

> Mesmo um país católico como o Brasil – um país que nós, em nosso orgulho, estigmatizamos como semibárbaro – não trata as suas pessoas de cor, livres ou escravas, do modo injusto, bárbaro e escandaloso como nós tratamos. (...) A América democrática e protestante faria bem em aprender a lição de justiça e liberdade vinda do Brasil católico e despótico. (*Apud* AZEVEDO, 1996: 150).

Como se verá no terceiro capítulo, ainda no início do século XX, em dois dos principais veículos de informação acessados por negros norte-americanos, os jornais *The Baltimore Afro-American* e o *Chicago Defender*, já apresentavam o Brasil aos seus leitores como um verdadeiro "paraíso racial", um país onde não haveria a terrível "linha de cor" encontrada de norte a sul dos Estados Unidos. A partir de 1914 e até meados do século XX, esses dois jornais publicaram dezenas de matérias sobre as relações raciais no Brasil. Uma das principais referências para essas publicações foi o artigo intitulado "Brazil and the Negro", publicado por Theodore Roosevelt (1858-1919), que havia sido presidente dos Estados Unidos entre 1901 e 1909, na então popular revista *Outlook*, em fevereiro de 1914, e republicado, ainda em 28 de fevereiro do mesmo ano, no próprio *Chicago Defender*. Nesse artigo Roosevelt afirmava que a diferença entre os Estados Unidos e o Brasil seria a tendência do Brasil absorver os negros, e completava seu raciocínio dizendo que "é o negro que está absorvendo o homem branco." Ele reconhecia que "a grande maioria dos homens e mulheres nas mais altas posições sociais eram tão brancos quanto as classes correspondentes em Paris, Madri ou Roma", mas percebia, de acordo com sua experiência pessoal no Brasil durante a sua famosa expedição ao "Amazon Valley" no ano anterior, a existência de muitos casamentos inter-raciais nas classes mais baixas e que entre as classes trabalhadoras os negros não seriam discriminados pelos seus pares brancos, pois no Brasil "aparentemente" não haveria a então chamada "linha de cor", tal como a vivenciada nos Estados Unidos naquela época. Este artigo foi tão importante para Robert Abbot, editor do *Chicago Defender*, que na mesma edição de seu jornal, de 28 de fevereiro de 1914, ele chega a propor o seguinte: "Nosso governo está há muito investigando, então deverá ser bom enviar uma comissão ao Brasil para nos dizer se eles encontram condições como as que *Colonel Roosevelt* descreve, e se for verdade, para trazer um modelo de trabalho e nos dar uma demonstração."[52] Alguns anos depois, como já foi dito acima, Robert Abbot foi ao Brasil para ver com seus próprios olhos o que imaginava ser um verdadeiro "paraíso racial", fato que também será tratado no terceiro capítulo.

❦

Segundo Renato Ortiz (1994), em 1930 opera-se no Brasil um movimento que buscava novos caminhos na orientação política do país, tendo como preocupação principal o desenvolvimento social. Uma tal orientação não podia mais se adequar às teorias raciais do fim do século XIX, tornadas obsoletas. Nesse momento Gilberto Freyre surge com instrumentos teóricos para atender a essa nova demanda. Segundo Antônio Sérgio Guimarães, "[n]a sociologia moder-

---

[52] "*Our government is long on investigating, so it might be well to send a commission to Brazil and report if they find conditions as Colonel Roosevelt describes, and if so bring back a working model and give a demonstration.*"

na, Gilberto Freyre foi o primeiro a retomar a velha utopia do paraíso racial, cara ao senso comum dos abolicionistas, dando-lhe uma roupagem científica." (GUIMARÃES, 2003: 4) Ele retoma a temática racial, até então considerada não apenas como chave para a compreensão do Brasil, mas também para toda a discussão em torno da questão da identidade nacional. Porém, muito influenciado por Franz Boas – com quem conviveu pessoalmente durante seus estudos na Universidade de Columbia –, Gilberto Freyre teria deslocado o eixo da discussão, operando a passagem do conceito de "raça" ao conceito de cultura, que marcaria o distanciamento entre o biológico e o cultural, como afirma em sua obra: "Nesse critério de diferenciação fundamental entre raça e cultura, assenta todo o plano deste ensaio." (FREYRE, 1978: 24)

A grande contribuição, e uma das maiores inspirações de Freyre, em *Casa grande e senzala*, segundo Guimarães, é ter afirmado que negros, índios e mestiços tiveram contribuições positivas na cultura brasileira, reconhecendo assim a dívida cultural que a nação brasileira tem com essas populações. (GUIMARÃES, 2000: 26) Ao mesmo tempo, segundo Kabengele Munanga, "ao transformar a mestiçagem num valor positivo e não negativo sob o aspecto da degenerescência, o autor de *Casa-grande & senzala* permitiu completar definitivamente os contornos de uma identidade que há muito vinha sendo desenhada." Nesse sentido, ainda segundo Munanga, "sua análise servia principalmente, para reforçar o ideal de branqueamento, mostrando de maneira vívida que a elite (primitivamente branca) adquirira preciosos traços culturais do íntimo contato com o africano (e com o índio, em menor escala)." (MUNANGA, 1999: 79, 80) Como afirma Verena Alberti em um artigo publicado no jornal *O Globo* em 18/06/2005:

> (...) nesse momento [durante a década de 1930], e nas décadas seguintes, era comum falar da "contribuição" do negro e do índio à cultura nacional. Como se o cerne da nação fosse o branco. O clássico *Casa-grande & senzala*, de Gilberto Freyre, publicado em 1933, é um exemplo disso. Apesar do título, Freyre não se dedica propriamente à senzala. A "casa-grande" muitas vezes aparece como sinônimo de "Brasil", e seu proprietário, de "brasileiro": a ama negra, o negro velho, a mucama, a cozinheira "se sucediam na vida do *brasileiro* de outrora", diz Freyre. [grifo da autora]

Discordando de muitos intérpretes de Freyre, Antônio Sérgio Guimarães não entende que ele opera de fato uma inflexão definitiva no discurso racista dominante. Segundo afirma, Freyre rompe com o biologicismo, mas não com a ideia de raça. Para Guimarães, Freyre defende uma "concepção eurocêntrica de embranquecimento" que

> passou, portanto, a significar a capacidade da nação brasileira (definida como uma extensão da civilização europeia em que uma nova raça emergia) de absorver e integrar mestiços e pretos. Tal capacidade requer, de modo implícito, a concordância das pessoas de cor em renegar sua ancestralidade africana ou indígena. "Embranquecimento" e "democracia racial" são, pois, conceitos de um novo discurso racialista. (GUIMARÃES, 1999:53)

Alguns autores afirmam ainda que Freyre nem mesmo teria rompido completamente com o biologicismo inerente à ideia de raça, tal qual formulada em fins do século XIX. Ricardo Benzaquen de Araújo, por exemplo, afirma que Freyre "(...) ambiciona tornar-se o autor do primeiro grande trabalho de cunho sociológico que consiga romper com o racismo que caracterizava boa parte da nossa produção erudita sobre o assunto até 1933" (ARAÚJO, 1994: 28), consagrando-se dessa forma como aquele que tenta recuperar positivamente as contribuições oferecidas pelas diversas culturas negras para a formação da nossa nacionalidade. Ao mesmo tempo, Araújo demonstra as ambiguidades expostas em *Casa-grande & senzala* citando trabalhos anteriores e trechos do próprio livro de Freyre, afirmando que "(...) Gilberto Freyre realmente preserva em *Casa-grande & senzala* todo um vocabulário, marcado pelo louvor à biologia, que parece muito mais compatível com o determinismo racial do século XIX que com o elogio da diversidade cultural que ele desde o início procurou endossar." (ARAÚJO, 1994: 32)

Um exemplo dessa afirmação, dado por Araújo, é o seguinte trecho de *Casa-grande & senzala*, no qual Freyre aproxima-se enfaticamente do discurso biologicizante do século XIX: "Pode-se juntar à (...) superioridade técnica e de cultura dos negros, sua predisposição como que biológica e psíquica para a vida nos trópicos. Sua maior fertilidade nas regiões quentes. Seu gosto de sol. Sua energia sempre fresca e nova quando em contato com a floresta tropical." (FREYRE, 1978: 307, 308; *apud* ARAÚJO, 1994: 32)

Luiz Costa Lima, na apresentação do livro de Ricardo Benzaquen de Araújo citado acima, afirma que "(...) embora *Casa-grande & senzala* se diga fundada em uma interpretação social da cultura, há na maneira de trabalhá-la uma afirmação de lastro étnico, portanto biológico, que a contradita." Em um esforço de elucidar as ambiguidades relativas à utilização do conceito de raça por Freyre, Araújo introduz nessa discussão a categoria de "meio físico". Ele afirma que Freyre utiliza-se dessa categoria e que, em sua obra que se tornou clássica – *Casa-grande & senzala* –, o "meio físico" deve ser entendido "como uma espécie de [categoria] *intermediária* entre os conceitos de raça e cultura, relativizando-os, modificando o seu sentido mais frequente e tornando-os relativamente *compatíveis* entre si." [grifos do autor]; e diz ainda que:

> Isto só é possível porque Gilberto trabalha com uma definição fundamentalmente *neolamarckiana* de raça, isto é, uma definição que, baseando-se na ilimitada aptidão dos seres humanos para se *adaptar* às mais diferentes condições ambientais, enfatiza acima de tudo a sua capacidade de incorporar, transmitir e herdar as características adquiridas na sua – variada, discreta e localizada – interação com o meio físico. (ARAÚJO, 1994: 39)

Gilberto Freyre também é constantemente citado e é considerado o intelectual brasileiro mais importante quando se trata da construção da ideia de democracia racial no Brasil. Antônio Sérgio Guimarães analisa a origem e a disseminação do termo "democracia racial", devido à importância que esse termo acabou ganhando nas ciências sociais no Brasil, e diz que

> [a]o que parece o termo foi usado pela primeira vez por Arthur Ramos, em 1941, durante um seminário de discussão sobre a democracia no mundo pós-fascista. Roger Bastide, num artigo publicado no Diário de S. Paulo em 31 de março de 1944, no qual se reporta a uma visita feita a Gilberto Freyre, em Apipucos, Recife, também usa a expressão, o que indica que apenas nos 1940 ela começa a ser utilizada pelos intelectuais. Teriam Ramos ou Bastide cunhado a expressão ou a ouvido de Freyre? Provavelmente, trata-se de uma tradução livre das ideias de Freyre sobre a democracia brasileira. Este, como é sabido, desde o meados dos 1930, já falava em "democracia social" com o exato sentido que Ramos e Bastide emprestavam à "democracia racial"; ainda

que, nos seus escritos, Gilberto utilize a expressão sinônima "democracia étnica" apenas a partir de suas conferências na Universidade da Bahia, em 1943. (GUIMARÃES, 2003: 1 e 2)

Essa ideia de democracia racial, baseado na dupla mestiçagem, biológica e cultural entre as três raças originárias (mas pendendo "claramente" para o padrão-branco-europeu como modelo de brasileiro, este que foi "premiado" com as contribuições das outras duas raças), dificulta a percepção das desigualdades raciais existentes na sociedade, em função das próprias ideias que ostenta de "democracia" e "igualdade". Segundo Munanga, o mito da democracia racial "encobre os conflitos raciais, possibilitando a todos se reconhecerem como brasileiros e afastando das comunidades subalternas a tomada de consciência de suas características culturais que teriam contribuído para a construção e expressão de uma identidade própria." Para ele, "essas características são 'expropriadas', 'dominadas' e 'convertidas' em símbolos nacionais pelas elites dirigentes. (MUNANGA, 1999: 80)

Para Florestan Fernandes, a ideia de democracia racial "(...) se tornou um *mores*, como dizem alguns sociólogos, algo intocável, a pedra de toque da 'contribuição brasileira' ao processo civilizatório da Humanidade." (FERNANDES, 1989: 13) Ela, muito associada ao livro de Gilberto Freyre, tornou-se o centro de construção da própria identidade nacional. Por quê? Joel Rufino dos Santos afirma que esse conjunto de imagens

> (...) idealizadas, consensual e bastante eficaz, que convencionamos chamar mito da democracia racial, elaborou-se, com efeito, no bojo da Revolução de 1930(...) Nem importa a identificação de diversos intelectuais – Gilberto Freyre à frente – que lhe deram acabamento científico e literário: a crença na democracia racial decorria do senso-comum brasileiro, naquelas circunstâncias históricas; e, ao mesmo tempo, estava entretecida a outros conjuntos de imagens idealizadas, como o da história incruenta, o da benignidade da nossa escravidão, o da cordialidade inata do brasileiro, o do destino manifesto etc. (SANTOS, 1985: 287)

É no contexto histórico posterior ao fim da ditadura do Estado Novo (1937-1945) no Brasil e principalmente após o final da Segunda Guerra Mundial – uma guerra profundamente marcada pela moderna ideia de raça, vista acima, que era muito utilizada para legitimar a ação do Estado Alemão sob a liderança de Adolf Hitler e do Partido Nazista – que foram realizadas tentativas de se apresentar o Brasil como exemplo ao mundo "devastado" por uma Guerra "racial", como o país da "harmonia entre as raças". A mais importante tentativa levada a cabo com esse objetivo foi a realizada sob os auspícios da Organização das Nações Unidas para a Educação, a Ciência e a Cultura (UNESCO), que patrocinou a partir de 1950 um conjunto de pesquisas sobre as relações raciais no Brasil, conhecidas como "Projeto Unesco". Em setembro de 1949, recém empossado num cargo de direção na Unesco, Artur Ramos, que compreendia o Brasil como um "laboratório de civilização", uma vez que teria "apresentado a solução mais científica e mais humana para o problema, tão agudo em outros povos, das misturas de raças e de culturas" (RAMOS, 1934: 179), apresentou a proposta de construção de uma pesquisa, financiada pela Unesco, sobre as relações de raça no Brasil. Segundo Costa Pinto: "O objetivo do estudo (...) era conhecer, através de análise de uma situação nacional, os diversos fatores – econômicos, psicológicos, políticos, culturais – que influem no sentido da harmonia ou desarmonia nas relações de raça." (PINTO, 1952: 9)

É interessante observar que, a partir de meados da década de 1950, Florestan Fernandes, que despontou no cenário nacional como um importante intelectual da área das ciências sociais no Brasil justamente em função de seu trabalho de pesquisa realizado no âmbito do Projeto Unesco, tornou-se o principal expoente do grupo de intelectuais que primeiro denunciou a existência de desigualdades raciais no Brasil, opondo-se ao "mito da democracia racial". Ao fim e ao cabo, o Projeto Unesco acabou funcionando no sentido inverso ao que foi pensado por Arthur Ramos e outros dirigentes da Unesco, pois como afirmou Oracy Nogueira, um dos responsáveis pelo Projeto Unesco no interior do estado de São Paulo,

> a principal tendência que chama a atenção, nos estudos patrocinados pela Unesco, é a de reconhecerem seus autores a existência de preconceito racial no Brasil. Assim, pela primeira vez, o depoimento de cientistas sociais vem, francamente, de encontro [*sic*, o correto seria "ao encontro de"] e em reforço ao que, com base em sua própria experiência, já proclamavam, de um modo geral, os brasileiros de cor." (NOGUEIRA, 1985: 77.) [grifo meu]

1.2. Movimento negro e identidade racial no Brasil contemporâneo

Sou Negro
meus avós foram queimados
pelo sol da África
minh'alma recebeu o batismo dos tambores atabaques,
gonguês e agogôs

Contaram-me que meus avós
vieram de Luanda como mercadoria de baixo preço
plantaram cana pro senhor do engenho novo
e fundaram o primeiro Maracatu.

Depois meu avô brigou
como um danado nas terras de Zumbi
Era valente como quê
Na capoeira ou na faca
Escreveu não leu o pau comeu.
Não foi um pai João humilde e manso.
Mesmo vovó não foi de brincadeira
Na guerra dos Malês
ela se destacou
Na minh'alma ficou
o samba
o batuque
o bamboleio
e o desejo de libertação...[53]

(Solano Trindade)

O combate à discriminação racial e a denúncia do mito da democracia racial, ao mesmo tempo em que se busca a afirmação de uma identidade ra-

---

[53] Poema "Sou Negro" de Solano Trindade, publicado no livro *Cantares ao meu povo* (1961). O terceiro parágrafo do poema foi colocado no cartaz da "1ª Semana do Negro", promovida pela prefeitura de Porto Alegre (RS) em 1986, durante o primeiro ano do mandato de Alceu Collares como prefeito (1986-89).

cial negra positivada, como no poema de Solano Trindade, são características fundamentais do movimento negro contemporâneo que se constitui no Brasil na década de 1970. Naquele momento, a opção pela utilização da ideia de raça como um instrumento para construção de uma identidade negra positiva, e com o objetivo de combater as desigualdades estruturais que atingiam a população negra no Brasil, foi uma saída encontrada pelo movimento social negro que se constituía em meio às propagandas oficias da "democracia racial" brasileira, levadas a cabo pelos sucessivos governos durante o regime militar instaurado em 1964. Nesse sentido, o racialismo presente nos discursos do movimento negro contemporâneo é evidente.

Abordando um outro aspecto relacionado à questão racial, e falando sobre a validade da utilização da ideia de raça no Brasil, Sérgio Costa afirma que embora a realidade brasileira em relação à questão racial seja complexa e diversificada, "[q]uando se trata da perpetuação das desigualdades estruturais, no lugar do recorrentemente reclamado '*continuum* de cor', pode-se enxergar efetivamente, ao lado de outras clivagens, a polarização racial." Ainda segundo Costa, "é exatamente nesse âmbito que se situa o campo da validação teórica da ideia de raça." (COSTA, 2002: 55) A essa realidade, que tem por base as "desigualdades estruturais" de que fala Costa, se seguem consequências políticas. É nesse contexto que se constitui na década de 1970 o movimento negro contemporâneo no Brasil.

Antônio Sérgio Guimarães afirma que "(...) para os afro-brasileiros, para aqueles que chamam a si mesmos de 'negros', o anti-racismo tem que significar, antes de tudo, a admissão de sua 'raça', isto é, a percepção racializada de si mesmo e dos outros." (GUIMARÃES, 1995: 43) O historiador Petrônio Domingues afirma que "para o movimento negro, a 'raça', e, por conseguinte, a identidade racial, é utilizada não só como elemento de mobilização, mas também de mediação das reivindicações políticas. Em outras palavras, para o movimento negro, a 'raça' é o fator determinante de organização dos negros em torno de um projeto comum de ação." (DOMINGUES, 2007:101,102)

Já era assim antes mesmo da década de 1930, quando a Frente Negra Brasileira tornou-se a maior organização política dos negros brasileiros. O historiador George Andrews afirma que as organizações de negros criadas no início do século XX surgiram "como reação à discriminação e à segregação raciais" e que "várias delas deixaram evidências – em seus registros e em seus jornais – da infelicidade e da inquietação entre seus membros com respeito à desigualdade social e às barreiras de côr em São Paulo." (ANDREWS, 1998:222) Nesse sentido, podemos afirmar que a "raça" ou a "cor" formam o elemento aglutinador para a criação dessas organizações de negros em São Paulo no início do século XX.

Mais tarde, principalmente a partir de meados da década de 1970, cada vez mais a busca da chamada "consciência da negritude" em oposição à ideia de "branqueamento" – que, juntamente com a ideia de "democracia racial", segundo Antônio Sérgio Guimarães, seriam "conceitos de um novo discurso racialista" presente na obra de Gilberto Freyre –, tornava-se um aspecto fundamental para a construção de identidades negras positivadas. Como sintetiza o antropólogo Jacques d'Adesky,

> assumir a negritude como fator ideológico pode ser visto, entre os negros, como modo de afirmação e de legitimação de uma especifidade cultural de grupo que pode ter um papel integrador, num contexto social onde as desigualdades baseadas na raça são a expressão sócio-política de um sistema de discriminação no qual a cor da pele, apesar que de caráter variável e socialmente construído, sustenta implicitamente uma escala hierárquica e um sistema de valores. (D'ADESKY, 1996:164)

O combate à essa escala hierárquica em termos raciais, ao mesmo tempo em que se buscava a valorização das diferenças e a construção de uma "autêntica democracia racial" – até certo ponto de maneira semelhante ao que propunham os panafricanistas como W.E.B. Du Bois –, parecem ser os principais elementos do discurso racialista majoritário no movimento negro contemporâneo no Brasil, como se verá por exemplo nos documentos do MNU citados nos próximos capítulos. Um exemplo emblemático deste discurso racialista, muito presente no movimento negro, em busca de igualdade na sociedade e de valorização das diferenças, pode ser encontrado no cartaz intitulado "Consciência Negra no Brasil", elaborado pelo Centro de Estudos e Defesa do Negro do Pará (Cedenpa) – organização criada em Belém em 1980 – e divulgado no final dos anos 1990, que trazia um texto de Nilma Bentes, uma das principais lideranças desta organização. O texto do cartaz contém os seguintes trechos:

> Ter consciência negra significa compreender que somos diferentes, pois temos mais melanina na pele, cabelo pixaim, lábios carnudos e nariz achatado, mas que essas diferenças não significam inferioridade. Que ser negro não significa defeito, significa apenas pertencer a uma raça que não é pior e nem melhor que outra, e sim, igual.(...)

Ter consciência negra significa compreender que não se trata de passar da posição de explorados para a posição de exploradores, e sim de lutar, junto com os demais oprimidos, para fundar uma sociedade sem explorados nem exploradores. Uma sociedade onde tenhamos, na prática, iguais direitos e iguais deveres.(...)

Ter consciência negra significa compreender que a luta contra o racismo não é uma luta somente dos negros, e sim de toda a sociedade que se quer livre, pois não há sociedade livre onde exista racismo.(...)

Ter consciência negra significa compreender que a luta contra o racismo é longa e árdua, mas que nela devemos depositar a máxima energia possível, para que futuras gerações de negros possam viver livres das humilhações que marcaram a vida de nossos antepassados e marcam as nossas hoje.

Ter consciência negra significa juntar as nossas forças, a força milenar da crença nas transformações de Exu, na justiça de Xangô, na tenacidade guerreira de Ogum, Iansã, Oxossi e todos os Deuses das religiões africanas, para levar a luta até a vitória total.

Ter consciência negra significa, sobretudo, sentir a emoção indescritível, que vem do choque, em nosso peito, da tristeza de tanto sofrer, com o desejo férreo de alcançar a igualdade, para que se faça justiça ao nosso Povo, à nossa Raça. Axé.

Cartaz de 62 centímetros de altura por 45 centímetros de largura, com texto de Nilma Bentes, divulgado no final da década de 1990 pelo Centro de Estudos e Defesa do Negro do Pará (Cedenpa), com apoio da Secretaria Especial de Promoção Social do Governo do Estado do Pará.

A ideia de raça e suas diferentes implicações

Levando em consideração as características específicas do movimento negro contemporâneo, o ano de 1978, que será melhor analisado no capítulo 4, é considerado um marco: no dia 7 de julho, nas escadarias do Teatro Municipal de São Paulo, foi realizado um ato público em protesto contra a morte de um operário negro em uma delegacia de São Paulo e contra a proibição da entrada de quatro jovens jogadores de vôlei no Clube de Regatas Tietê pelo simples fato de serem negros.[54] O ato, que teve repercussão nacional e internacional, acabou resultando na formação, no mesmo ano, do Movimento Negro Unificado (MNU),[55] uma organização presente até hoje em vários estados e cuja formação parece ter sido responsável pela difusão da noção de "movimento negro" como designação genérica para diversas entidades e ações a partir daquele momento.[56] Vale ressaltar que, segundo Regina Pahim Pinto, o termo "movimento negro" apareceu pela primeira vez ainda em 1934, num texto publicado no jornal *A Voz da Raça*, que era o órgão de divulgação da Frente Negra Brasileira (FNB). (PINTO, 1993: 213) Entretanto, esse termo passou a ser utilizado recorrentemente pelos militantes que se engajaram na luta contra o racismo durante a década de 1970 "para designar o seu conjunto e as suas atividades". (PEREIRA, 2008: 26)

Para Santos, a fundação, em 1978, do MNU "teria sido o desfecho natural de um longo caminho ascendente, evolutivo, que transitou por entidades recreativas, assistencialistas e culturais, em direção à organização explicitamente político-ideológica de hoje." (SANTOS, 1985: 287) Segundo Guimarães, "o movimento social negro que irrompe na cena política brasileira, em julho de 1978, com o nome de Movimento Negro Unificado Contra a Discriminação Racial, represen-

---

[54] A discriminação dos quatro jovens negros pelo Clube de Regatas Tietê foi comentada pelo jornal *Versus* nº 23, edição de julho/agosto de 1978, na p. 33: "Os quatro meninos atletas negros chegaram à porta do Clube de Regatas Tietê. Há muito esperavam para serem considerados militantes do clube, um dos melhores de São Paulo. Por que o negro não pode querer o melhor? Só porque nasceu na miséria? Muitos garotos praticam esportes no Clube Tietê. Garotos brancos. Ao chegar, o porteiro explicou que não poderiam entrar. Um deles burlou o porteiro e chamou um dos técnicos, que os mandou entrar. O diretor do clube chamou o técnico para lhe explicar que os garotos não poderiam ser aprovados porque eram negros. Os técnicos, os atletas protestaram. (...) Um dos diretores do Clube explicou: 'Se deixo um negro entrar na piscina, cem brancos saem imediatamente'..."
[55] Durante a sua criação, o MNU propunha ser um movimento nacional unificado, e conseguiu contar com a participação de militantes de alguns estados. Todavia, com as diferentes visões em relação à luta contra o racismo, existentes no meio da militância negra, o MNU tornou-se uma entidade, como várias outras, com ramificações em diferentes regiões do país.
[56] Sobre esse marco, ver: PEREIRA, 2008; SANTOS, 1985; CARDOSO, 2002; HANCHARD, 2001, entre outros.

ta realmente algo de novo no sistema político brasileiro." (GUIMARÃES, 2002: 157) Como se verá no capítulo 4, para que fosse possível a fundação do MNU em 1978, esse "algo novo" já vinha se constituindo ao longo de toda a década de 1970, além de também haver aí, como apontou Santos, uma certa continuidade em relação ao que foi construído pelas entidades e organizações do movimento negro que foram anteriores ao período de repressão imposto pelo regime militar na década de 1960.

É possível perceber, nas entrevistas de história oral que serão analisadas no decorrer deste livro, além das influências das teorias acerca da moderna ideia de raça, diferentes formas através das quais a consciência racial e a posterior construção da identidade negra foram levadas a cabo pelos militantes entrevistados. Esse fato nos leva a vislumbrar a complexidade existente nos processos de construção identitária, que é sempre relacional, sempre ligada a como o sujeito vê a si próprio e como ele é visto pelos outros nos diferentes contextos, lugares e momentos. Um importante alerta, em relação à associação direta entre a construção da moderna ideia de raça e as relações raciais no Brasil é feito por Hebe Mattos, que diz o seguinte:

> A maioria das abordagens sobre raça e nacionalidade na história do Brasil tem sido desenvolvida no âmbito de pesquisas sobre o pensamento social brasileiro relativo à questão. Neste contexto, a emergência de uma noção "científica" de raça, durante o século XIX, é colocada como elemento central das interpretações. É evidente, porém, que o pensamento racial assim delimitado tem uma existência datada. Obviamente, não é possível conceber as práticas racistas nas sociedades contemporâneas ou as identidades ditas raciais nelas presentes como meros epifenômenos daquele pensamento social. A abordagem do processo de construção de identidades racializadas vai muito além de uma história da ideia da moderna concepção de raça. A própria noção oitocentista de raça foi precedida de outras, próprias do Antigo Regime. (MATTOS, 2007: 3)

Nesse sentido, ela afirma que "compreende a noção de raça e as relações de base raciais no mundo atlântico como fruto de um processo de construção social diretamente ligado às formas de apropriação da memória da escravidão." Este processo, "em diferentes momentos e lugares, foi capaz de informar sistemas distintos de classificação, bem como processos diferenciados de construção de identidades coletivas." (Idem: 3) Paul Gilroy, trabalhando com o que ele chamou de *Atlântico Negro*, ou seja, o conjunto cultural e político transnacional de elementos e ações produzidos pela diáspora negra desde o final do século XV, compreende a identidade negra como uma construção política e histórica marcada pelas trocas culturais através do Atlântico. Ele utiliza a ideia de diáspora como fundamental para a sua concepção e, ao justificar a sua utilização, afirma que

> o conceito de diáspora pode oferecer alternativas reais para a inflexível disciplina do parentesco primordial e a fraternidade pré-política e automática. A popular imagem de nações, raças ou grupos étnicos naturais, espontaneamente dotados de coleções intercambiáveis de corpos ordenados que expressam e reproduzem culturas absolutamente distintas é firmemente rejeitada. Como uma alternativa à metafísica da "raça", da nação e de uma cultura territorial fechada, codificada no corpo, a diáspora é um conceito que ativamente perturba a mecânica cultural e histórica do pertencimento. Uma vez que a simples seqüência dos laços explicativos entre o lugar, posição e consciência é rompida, o poder fundamental do território para determinar a identidade pode também ser rompido. (GILROY, 2001:18)

Ao posicionar-se contra qualquer tipo de essencialismo racial, para Paul Gilroy, mais importante do que as origens para explicar as construções identitárias, são as experiências vividas e trocadas ao longo dos últimos séculos pelas populações que compõe a diáspora negra.[57] As experiências vividas em função da resistência à escravidão e ao terror racial na América, segundo ele, teriam sido fundamentais para a construção da identidade e da cultura negra. O filósofo ganense Kwame Anthony Appiah, ao tratar das "identidades africanas", afirma que:

> Toda identidade humana é construída e histórica; todo o mundo tem seu quinhão de pressupostos falsos, erros e imprecisões que a cortesia chama de "mito", a religião de "heresia", e a ciência, de "magia". Histórias inventadas, biologias inventadas e afinidades culturais inventadas vêm junto com toda identidade; cada qual é uma espécie de papel que tem que ser roteirizado, estruturado por convenções

---

[57] Nesse sentido, a noção de "diáspora" utilizada por Gilroy se aproxima da definição dada ao termo pelo dicionário Houaiss (2001), segundo o qual diáspora seria a "dispersão de um povo em consequência de preconceito ou perseguição política, religiosa ou étnica."

de narrativa a que o mundo jamais consegue conformar-se realmente. (APPIAH, 1997: 243)

Hebe Mattos afirma que "a emergência de uma identidade negra no Brasil atual só pode ser entendida como construção política." (MATTOS, 2007: 30) Ao analisar as 38 entrevistas de história oral realizadas com os militantes negros de diferentes partes do Brasil, que fazem parte do acervo de fontes com o qual trabalho neste livro, é possível perceber que todas as afirmativas teóricas citadas acima são pertinentes, na medida em que se reflete sobre o processo de construção política da identidade negra das lideranças entrevistadas para esta pesquisa.

Um breve parêntese: música e raça no Brasil contemporâneo

A partir da década de 1970, informando e sendo informados pelo contexto histórico e social, muitos artistas negros brasileiros expressaram suas diferentes compreensões sobre a questão racial em nosso país. Apresentarei aqui apenas alguns poucos exemplos, a começar pela música Raça, composta por Milton Nascimento e Fernando Brant e escolhida pelo cantor para ser justamente a música de abertura do disco "Milton", gravado em Los Angeles, nos Estados Unidos, lançado em 1976, e que contou com a participação de dois grandes nomes da música negra norte-americana, o pianista Herbie Hancock e o saxofonista Wayne Shorter:

> Lá vem a força, lá vem a magia / Que me incendeia o corpo de alegria / Lá vem a santa maldita euforia / Que me alucina, me joga e me rodopia.
> Lá vem o canto, o berro de fera / Lá vem a voz de qualquer primavera / Lá vem a unha rasgando a garganta / A fome, a fúria, o sangue que já se levanta.
> De onde vem essa coisa tão minha / Que me aquece e me faz carinho? / De onde vem essa coisa tão crua / Que me acorda e me põe no meio da rua?
> É um lamento, um canto mais puro / Que me ilumina a casa escura / É minha força, é nossa energia / Que vem de longe prá nos fazer companhia.
> É Clementina cantando bonito / As aventuras do seu povo aflito / É Seu Francisco, boné e cachimbo / Me ensinando que a luta é mesmo comigo.
> Todas Marias, Maria Dominga / Atraca Vilma e Tia Hercília / É Monsueto e é Grande Otelo / Atraca, atraca que o Naná vem chegando...

A ideia de raça e suas diferentes implicações

Aqui temos uma série de possibilidades de interpretação em relação ao que os autores entendem como raça: desde a própria dúvida que se configura nas perguntas sobre "de onde vem essa coisa tão minha?", passando pelo "sangue que já se levanta" e pelo aspecto positivo "que me aquece e me faz carinho"; passando também pela ancestralidade "que vem de longe para nos fazer companhia" e chegando em aspectos culturais presentes, por exemplo, no "canto bonito" de Clementina de Jesus ou no "boné e cachimbo" de Seu Francisco. Contudo, justamente nessa estrofe em que os autores explicitam o aspecto cultural relacionado à ideia de raça que eles compartilham e divulgam em sua canção, podemos observar o que Hebe Mattos nos diz em respeito à importância da "apropriação da memória da escravidão" e da luta política resultante dos conflitos sociais e disputas de oportunidades que negros e negras brasileiros (as) travam todos os dias: "É Clementina cantando bonito / As aventuras do seu povo aflito / É Seu Francisco, boné e cachimbo / Me ensinando que a luta é mesmo comigo".

A música Olhos Coloridos, lançada pela cantora Sandra de Sá com grande sucesso em 1982, foi composta por Macau, então um jovem artista negro bastante influenciado pela música negra norte-americana e adepto do movimento Black Rio, e revela uma estratégia de enfrentamento do racismo muito comum no seio da militância negra do final da década de 1970:

> Os meus olhos coloridos / Me fazem refletir / Eu estou sempre na minha / E não posso mais fugir...
> Meu cabelo enrolado / Todos querem imitar / Eles estão baratinados / Também querem enrolar... Você ri da minha roupa / Você ri do meu cabelo / Você ri da minha pele / Você ri do meu sorriso...
> A verdade é que você / (Todo brasileiro tem!) / Também tem sangue crioulo / Tem cabelo duro / Sarará crioulo...

Essa mesma estratégia pode ser observada no discurso de Mundinha Araújo, liderança do movimento negro em São Luís, que começou a frequentar o curso de comunicação social na Federação das Escolas Superiores do Maranhão no início da década de 1970:

> Tudo foi um processo. Quando entrei para a universidade já comecei a falar da questão racial. Alguns diziam: "Que nada. Isso está só na sua cabeça." E eu sempre

saía em defesa. O Flávio Cavalcanti tinha um programa, e tinha o Erlon Chaves como jurado, que era negro, um excelente músico.[58] Ele morreu ainda novo, eu acho. E o Erlon Chaves era rigoroso nas suas avaliações. Quando chegava na faculdade, ouvia: "Aquele preto! Viu aquele preto? É só ele que dá nota baixa. Mas é porque é preto." Bem, a essas alturas eu já não suportava esse negócio de ouvir falar de preto perto de mim. Aí eu dizia: "Mas ele é quem sabe mais de música ali." Aí eu comecei logo cortando: "Porque ele é preto?" Eu já comecei com uma atitude, toda vez que falavam de preto perto de mim, fosse local de trabalho, fosse onde fosse, eu já dizia: "Sim, porque é preto? E tu és branca?" Aí eu comecei também nessa, como se fosse uma caça de pureza de sangue, dizendo: "Quem é branco aqui? Todo mundo quer ser descendente de português, de francês, que passou aqui só dois anos. E de índio e preto? Ninguém descende de preto? E teu nariz? E esse teu cabelo?" Mas era uma luta solitária, era eu sozinha.[59]

Para fechar este breve parêntese sobre música e questão racial num período recente da história do Brasil, vale lembrar o que dizia em sua mais famosa composição, escrita em meados da década de 1980, o sambista Jorge Aragão: "Podemos sorrir, nada mais nos impede / Não dá para fugir dessa coisa de pele / Sentida por nós, desatando os nós..." (Coisa de pele, 1986). Em outra canção, gravada em 1992 e intitulada Identidade (um samba interessante, que em sua versão original começa com uma cadência rítmica diferenciada, juntando o batuque do samba ao som do berimbau numa "levada" bastante próxima às músicas tocadas durante rituais do candomblé, evidenciando intencionalmente, portanto, a valorização das diferentes "heranças" culturais de origem africana e afro-brasileiras), Jorge Aragão, já bastante informado pelos discursos formulados pelo movimento negro nas décadas anteriores, discute alguns temas importantes para sua compreensão

---

[58] Erlon Chaves (1933-1974), arranjador e músico, foi um dos críticos musicais do *Programa Flávio Cavalcanti*, do jornalista e apresentador de rádio e televisão Flávio Cavalcanti (1923-1986). Como diretor musical, foi um dos responsáveis pela realização do I Festival Internacional da Canção, em 1966. Disponível em: www.dicionariompb.com.br, acesso em 2/7/2007.

[59] Maria Raimunda (Mundinha) Araújo nasceu em São Luís em 8 de janeiro de 1943. Formada em comunicação social pela Federação das Escolas Superiores do Maranhão em 1975, Mundinha Araújo, como é conhecida, foi fundadora do Centro de Cultura Negra do Maranhão (CCN), em 1979, a primeira vice-presidente da entidade, de 1980 a 1982, e ocupou a presidência no mandato seguinte, de 1982 a 1984. Foi diretora do Arquivo Público do Estado do Maranhão entre 1991 e 2003. A entrevista foi gravada em 10 de setembro de 2004, na Biblioteca Eugênio Araújo, em São Luís do Maranhão.

das relações raciais na sociedade brasileira, articulando a denúncia de um verdadeiro símbolo das relações sociais no Brasil, o elevador de serviço, com a história e a memória da escravidão e com uma espécie de "chamado" a um resgate para a construção de uma identidade negra positivada:

> Elevador é quase um templo / Exemplo pra minar teu sono / Sai desse compromisso / Não vai no de serviço / Se o social tem dono, não vai...
> Quem cede a vez não quer vitória / Somos herança da memória / Temos a cor da noite / Filhos de todo açoite / Fato real de nossa história.
> Se o preto de alma branca pra você / É o exemplo da dignidade / Não nos ajuda, só nos faz sofrer / Nem resgata nossa identidade.

⁂

Em seus depoimentos, os militantes do movimento negro brasileiro apresentam algumas formas a partir das quais iniciaram o processo de construção de sua identidade racial negra e de sua militância política. Há casos relatados em que, por exemplo, essa identidade foi construída desde a infância, no seio da própria família negra, ao mesmo tempo em que há vários depoimentos que relatam que esse processo precisou de diferentes fatores externos para que pudesse ter início; houve a necessidade de um acontecimento ou de um momento emblemático para o que alguns entrevistados chamaram de "despertar da consciência racial".

Entre os relatos de construção da identidade negra, carregada de um aspecto político e inspirada pelo convívio familiar e pela reprodução de vivências e experiências das gerações anteriores, sempre relacionadas à violência do racismo, destacam-se, por exemplo, o caso de Antônio Carlos dos Santos, mais conhecido como Vovô, fundador e presidente do primeiro "bloco afro", o Ilê Aiyê, criado no bairro do Curuzu, na cidade de Salvador, Bahia, em 1974; e Flávio Jorge Rodrigues da Silva, fundador do Grupo Negro da PUC de São Paulo em 1979 e da Soweto Organização Negra em 1991. Vovô, filho de uma importante ialorixá baiana, mãe Hilda, fez o seguinte relato:

> Minha mãe, mãe Hilda, é uma pessoa muito especial, uma mulher guerreira, batalhadora e muito responsável pelo que eu represento hoje. Nos anos 1960, 70, era

muito complicado assumir que era de candomblé. A própria comunidade negra fazia gozação, chamava de feiticeiro. Sempre teve um sincretismo aqui, ninguém nunca deixou de ir à igreja, de ser batizado. Na própria escola você tinha aulas de catecismo, porque a Igreja sempre foi muito poderosa. Às vezes, a gente ia fazer primeira comunhão até mais de uma vez só porque ia ganhar farda nova.[60] O pessoal não estava nem preocupado com a questão da religião. Mas você assumir que era de candomblé... Lá em casa nós sempre assumimos, sou nascido num terreiro de candomblé. Então não tinha como dizer que não era. Para nós não foi muito difícil ter essa consciência da questão da luta, da resistência, numa época em que o candomblé era muito perseguido pela polícia e você tinha que tirar licença na delegacia para fazer candomblé. Uma vez eu estava falando com o pessoal: "Eu não estudei para ser negro, nasci negro. Nasci numa família negra." É diferente de muitos negros que eu ajudei a ter consciência, a começar a ter orgulho de ser negro, a se assumir como negro, o que é complicado aqui na Bahia, aqui no Brasil.[61]

Nesse caso, a reprodução de uma cultura estabelecida no espaço familiar com um forte discurso de resistência – necessário para sobrepor tanto a estigmatização e as ofensas em função de sua religião quanto a própria violência racial em si, aqui representada pela perseguição da polícia –, baseado nas experiências vividas por ele e pelos seu familiares foi fundamental para a contrução da identidade racial negra do entrevistado. Perecebe-se também nesse trecho uma valorização das raízes histórico-familiares, o que também teria sido importante para a construção identitária do entrevistado, segundo ele mesmo afirma. Flávio Jorge traz outro relato, no qual a percepção de sua avó acerca das relações entre negros e brancos – informada mesmo que inconscientemente pela moderna ideia de raça e informada principalmente pela sua própria experiência de vida como mulher negra numa sociedade racista –, o conduziu até um episódio que marcou sua vida

---

[60] Farda é o mesmo que uniforme.
[61] Antonio Carlos dos Santos (Vovô) nasceu na cidade de Salvador em 14 de junho de 1952. Filho de mãe Hilda, uma importante Iyalorixá – sacerdotisa e chefe de um terreiro de candomblé –, Vovô, como é chamado, foi fundador, com Apolônio de Jesus – já falecido –, em 1974, do primeiro "bloco afro" na cidade de Salvador, o Ilê Aiyê, do qual ainda é presidente. Antes de fundar o Ilê, Vovô foi estudante de engenharia eletromecânica e trabalhou no Pólo Petroquímico da Bahia. Vovô foi também consultor para a criação de blocos afro em vários estados e membro do Grupo de Trabalho Interministerial para Valorização da População Negra, em Brasília, entre 1995 e 1998. A entrevista foi gravada em 16 de setembro de 2006, na sede do Ilê Aiyê, no bairro da Liberdade, em Salvador.

e que, posteriormente, ele considera importante para sua construção identitária e política como negro:

> Minha avó paterna, Mariana, foi uma pessoa muito importante na minha vida. Ela teve 13 filhos, dos quais 12 morreram. Ela era filha de escravo. O Jorge que faz parte do meu nome é oriundo dessa pessoa que foi escrava, o pai dela, que se chamava Joaquim Jorge. A influência dela é bastante grande, e eu acho que a primeira atividade anti-racismo que eu tive foi motivada pela minha avó. Só para vocês terem uma ideia de como ela tinha, do jeito dela, uma consciência racial: quando eu fiz sete anos e comecei a freqüentar a escola, teve um episódio que marcou bastante a minha vida. Naquele tempo, a gente tinha umas bolsas de couro pequenas, eram bolsas tradicionais que todo menino ou menina tinha. No primeiro dia em que fui para a escola, eu recebi um caderno, um lápis e, estranhamente, a minha avó colocou na bolsa um pedaço de madeira. Ela pegou um cabo de vassoura, cortou em dois pedaços, um para mim e outro para o meu irmão, e falou: "Agora vocês vão para a escola. Vocês vão passar por momentos muito difíceis. Quando alguém chamar vocês de neguinhos, você pega esse pau e desça o sarrafo." A partir daquele momento comecei a ter contato com o racismo e com a diferença existente entre brancos e negros.[62]

Em ambos os trechos citados acima, assim como afirma Gilroy, fica evidente o papel das "experiências vividas e trocadas ao longo dos últimos séculos pelas populações que compõe a diáspora negra" na construção das identidades negras dos entrevistados. Entre os depoimentos, aparecem diferentes formas de contato com

---

[62] Flávio Jorge Rodrigues da Silva nasceu na cidade de Paraguaçu Paulista (SP) em 7 de fevereiro de 1953. Com 17 anos foi sozinho viver na cidade de São Paulo, "em busca de emprego e educação". Formado em ciências contábeis pela PUC de São Paulo em 1981, participou do movimento estudantil durante a segunda metade da década de 1970 e foi um dos fundadores do Grupo Negro da PUC, em 1979. Fez parte da diretoria da Federação de Órgãos de Assistência Social e Educacional (FASE), como coordenador do Programa Urbano de São Paulo, de junho de 1988 a maio de 1998. Em 1991 foi um dos fundadores da Soweto – Organização Negra e participou da comissão de organização do I Encontro Nacional de Entidades Negras (Enen), realizado em São Paulo. Foi eleito primeiro secretário da Secretaria Nacional de Combate ao Racismo do Partido dos Trabalhadores (PT), criada em 1995, e permaneceu como secretário por dois mandatos, até 1999. À época da entrevista fazia parte do Diretório Nacional do PT, era diretor da Fundação Perseu Abramo, em São Paulo, e diretor de projetos da Soweto. A entrevista foi gravada em 20 de julho de 2004, na Fundação Perseu Abramo, na cidade de São Paulo.

a "negritude" ainda na infância, mesmo quando em casa não havia uma consciência racial explicitada pelos pais ou avós. É o caso de dois relatos interessantes, de Luiz Silva, mais conhecido como Cuti, poeta e escritor de São Paulo, e Marcos Cardoso, militante de Belo Horizonte. Ambos vivenciaram, desde a infância, contatos com a cultura negra, principalmente através da música e dos referenciais que, a partir dela, se constituíam. Cuti diz o seguinte:

> Na minha casa não havia discussão sobre a questão racial. Muito pelo contrário, havia a manifestação do racismo introjetado. Era a ignorância do meu pai, querendo que o pente de osso passasse até a nuca, com o cabelo crespo. Eram as minhas irmãs com a ideia de namorar pessoas brancas. Enfim, era isso. Agora, tinha uma coisa importante que era a manifestação cultural e também a presença do coletivo. Era uma família grande e os meus irmãos e minhas irmãs tinham muitos amigos. Então a casa vivia cheia de negros. Essa era a época do *jazz*, Louis Armstrong aparecendo. Em geral, domingo, a sala onde se comia virava um salão de festas. Domingo à tarde se dançava muito *rock*, Little Richard, muito *jazz*. Ali eu aprendi a dançar. Foi nesse ambiente que, pequeno, eu já dançava no colo das minhas irmãs e das amigas. Era realmente um ambiente cultural muito rico. Também com os negros que moravam na mesma rua havia uma troca muito intensa de contatos mesmo, uma coisa muito forte. Havia uma figura, dona Sinhá, que até está presente em um livro infanto-juvenil que escrevi, chamado *A pelada peluda no largo da bola*.[63] Nesse livro eu retrato uma coisa que acontecia muito em Santos quando eu era garoto, que era uma partida de futebol entre negros e brancos. Às vezes, estávamos lá e dizíamos: "Vamos tirar um preto contra branco?" "Vamos!" Aí montávamos os grupos de negros, os grupos de brancos e fazíamos uma partida de futebol. Tinha aqueles que ficavam no meio e não sabiam onde iam jogar. Então eu resolvi, depois de muitos anos, transformar isso num livro infanto-juvenil, que é uma disputa, no fundo. E no livro aparece essa figura, que é a dona Sinhá, uma senhora negra que vendia cocadas e que, na rua, era quase considerada uma santa. Era uma pessoa de porte de rainha, que colocava aqueles panos na cabeça, aquele vestido de baiana. Ela saía para vender cocadas e, quando voltava, todas as crianças corriam para pegar a cesta da dona Sinhá, porque depois ganhavam umas cocadas. Ela dava. Eu transformei isso numa história, onde há essa disputa entre

---

[63] Cuti. *A pelada peluda no largo da bola* (São Paulo, Editora do Brasil, 1988).

crianças e depois há uma briga muito forte, um fica com raiva do outro e tal. E a dona Sinhá chega com a cocada e acaba a briga ali dizendo umas palavras e dando a cocada branca para o negro, e a cocada escura para o branco.

No relato acima, mesmo sem a marca da experiência de violência racial que está explícita nos dois primeiros depoimentos, o contexto social e familiar e as experiências culturais vividas dão o tom do processo de construção identitária do entrevistado. Já Marcos Cardoso, associa as experiências culturais às discriminações sofridas, que juntas dariam um impulso para o seu processo de conscientização política, ainda no final da década de 1970, durante o regime militar:

> Minha família conversava muito pouco sobre a questão racial, porque também era uma família muito voltada para a luta cotidiana da sobrevivência. Agora, era uma família, na época, muito festiva. Minha mãe era uma pessoa muito ligada à umbanda; meu pai, muito ligado à música, ligado ao samba. O Barreiro, por exemplo, onde eu morava, hoje é um bairro que tem três ou quatro terreiros de candomblé autênticos. Só que depois, com o tempo, você vai descobrindo uma presença forte da Igreja, das Comunidades Eclesiais de Base, presença sindical... Então, como é que eu vou tomando consciência disso? Primeiro, através da música. Através da identificação, por exemplo, com o Michael Jackson, quando criança, que era da minha época, com o James Brown, com a música *soul*, daí os bailes e a tentativa de organizar a juventude naquele momento.[64] Aí é que começa esse processo de discussão. Além disso, como eu morava num bairro operário, a violência era muito presente. No período final da ditadura era um bairro onde a polícia estava constantemente prendendo, averiguando, pegando documentos, humilhando operários... Isso vai criando uma revolta, você acaba virando um rebelde sem causa, e daí começou um processo de formação da consciência para dar o salto para a organização.[65]

---

[64] O cantor, compositor e dançarino Michael Jackson (1958) começou a carreira aos cinco anos de idade, como líder vocal do grupo The Jackson Five, e se lançou em carreira solo nos anos 1970. James Brown (1933-2006) foi um ícone da música negra americana nas décadas de 1960 e 1970 e símbolo do movimento *soul* e do funk.

[65] Marcos Cardoso nasceu em Belo Horizonte em 11 de setembro de 1956. Formado em filosofia e mestre em história pela UFMG, foi um dos fundadores do MNU na cidade de Belo Horizonte, em 1979. Foi assessor da Secretaria Municipal de Cultura da Prefeitura de Belo Horizonte entre 1993 e 1996 e coordenador geral do Projeto Tricentenário de Zumbi dos Palmares e do I Festival

Vale ressaltar que tanto Cuti quanto Marcos Cardoso, ao falarem da construção de sua identidade negra, consideraram importante em seus depoimentos a experiência cultural e os referenciais negros norte-americanos, como Luis Armstrong e James Brown. As relações com esses referenciais vindos de fora do Brasil serão analisadas nos capítulos seguintes. Outro interessante relato foi o feito por Carlos Alberto Medeiros, militante no Rio de Janeiro desde o início da década de 1970, a respeito de sua experiência vivida durante a infância nos momentos em que ia com sua mãe ao Rio Grande do Sul:

> Uma coisa que me marcou foram as viagens ao Rio Grande do Sul. Minha mãe é de Jaguarão, na fronteira do Rio Grande do Sul com o Uruguai. Eu nunca fui a Jaguarão, mas a Porto Alegre, porque tinha muitas pessoas da família lá. Eu até estava pensando nessa experiência, porque havia duas coisas sobre as quais nos advertiam sobre o Rio Grande do Sul: uma era o frio e a outra era o racismo. E eu tive experiências ambíguas com as duas. Por quê? O frio, eu descobri que também podia ser uma coisa legal. Descobri lá que gosto de frio. Claro, bem agasalhado, se não estivesse chovendo, você podia curtir bem o friozinho. E a coisa do racismo como era? Era uma situação completamente diferente daqui, porque havia uma linha nítida de separação. Negros e brancos podiam conviver no trabalho, podiam até, de repente, torcer pelo mesmo time de futebol, mas o que as pessoas chamam de vida social – as festas e os clubes – era absolutamente segregado. Ou seja, não aprendi sobre segregação lendo alguma coisa sobre os Estados Unidos. Eu vivi a segregação. Você tinha os clubes de negros, como o Floresta Aurora, Marcílio Dias, Satélite Prontidão e, nas festas, tanto em casa quanto nos clubes, você não via brancos. Eles não iam. Não eram convidados, assim como os negros não iam aos clubes dos brancos, nem tampouco eram convidados. Não era por classe, era por raça. Porque mesmo na favela havia festas para negros e festas para brancos. E mesmo nos sindicatos. Era absolutamente segregado. Aí eu descobri outra coisa. Gostam de dizer que a diferença entre Brasil e Estados Unidos está no fato de que

---

Internacional da Arte Negra de Belo Horizonte. Analista de políticas públicas da prefeitura de Belo Horizonte desde 2001, entre 2004 e 2005 foi gerente de projetos da Secretaria Especial de Políticas de Promoção da Igualdade Racial (Seppir), órgão vinculado à Presidência da República com *status* de ministério, ocupando a Subsecretaria de Articulação Institucional. Foi ainda secretário executivo do Conselho Nacional de Promoção da Igualdade Racial (CNPIR) no mesmo período. Entrevista gravada em 29 de março de 2007, na residência do entrevistado na cidade de Belo Horizonte.

aqui a visão é multipolar, você tem várias categorias, e lá você tem negro e branco. Não é nem bem assim lá, nem bem assim aqui. Porque aqui eu descobri que, no Rio Grande do Sul – e depois eu vi que isso não era só lá –, havia uma divisão bipolar. Foi lá que eu comecei a identificar pessoas com a pele mais clara, com a aparência menos negróide, como negras, porque elas não podiam ir nas festas dos brancos.

Ao mesmo tempo, eu descobri que, tal como o frio, aquilo também tinha um lado muito interessante, porque eu me sentia muito bem naquelas festas, naqueles ambientes. Uma coisa que estava clara, logo de cara, é que era um ambiente seguro, no qual eu não seria discriminado. Mas era mais do que isso: era um lugar onde eu me sentia valorizado, onde a menina mexia comigo, onde eu tinha um tipo que não tinha nos lugares misturados. Porque aí você tem essa situação: é misturado, mas há uma hierarquia. Está todo mundo no mesmo espaço, mas há uma valorização diferente.[66]

É interessante notar como as experiências vividas pelo entrevistado em função das relações sociais baseadas na ideia de raça, nesse caso em específico, segundo ele, foram importantes para a construção de sua identidade como negro. Outro ponto interessante neste trecho é a comparação com os Estados Unidos, ao mesmo tempo em que se complexifica tanto a experiência brasileira quanto a experiência norte-americana no que se refere à questão racial. Todos os relatos citados até aqui trazem ainda a possibilidade de reflexão a partir de algumas experiências vividas em momentos específicos, e todos eles apresentam episódios considerados pelos entrevistados como emblemáticos dentro de um processo de tomada de

---

[66] Carlos Alberto Medeiros nasceu na cidade do Rio de Janeiro em 4 de agosto 1947. Formado em comunicação pela UFRJ em 1972, participou da fundação da Sinba e do IPCN, ambos na cidade do Rio de Janeiro, em 1974 e 1975. Foi chefe de gabinete da Secretaria de Estado Extraordinária de Defesa e Promoção das Populações Negras (Sedepron), posteriormente denominada Seafro, no segundo governo Leonel Brizola no Rio de Janeiro (1991-1994), durante a gestão de Abdias do Nascimento, de quem também foi assessor no Senado Federal (1997-1999). Assessor do ministro Extraordinário dos Esportes Edson Arantes do Nascimento (Pelé), foi membro do Grupo de Trabalho Interministerial para a Valorização da População Negra entre 1995 e 1996. Foi subsecretário adjunto de Integração Racial na Secretaria de Estado dos Direitos Humanos e da Cidadania do governo Anthony Garotinho (1999), no Rio de Janeiro. Tornou-se mestre em sociologia e direito pela Universidade Federal Fluminense (UFF) em 2003 e na época da entrevista era doutorando em ciências sociais pela Uerj. A entrevista foi gravada em 15 de abril de 2004, na sala de entrevistas do CPDOC/FGV, no Rio de Janeiro.

consciência da negritude. A metodologia da história oral tem essa característica especialmente interessante: a de permitir o conhecimento de realidades sociais através da narrativa de histórias que cristalizam determinados significados sobre o passado.[67] São momentos especiais de uma entrevista, como destaca Verena Alberti, breves narrativas inseridas na grande narrativa de história de vida, que encerram uma riqueza tal, que se tornam especialmente "citáveis" para dar conta de determinadas realidades sociais. No caso das entrevistas aqui analisadas, é interessante observar que muitas vezes os entrevistados têm clara consciência de que os episódios emblemáticos que relatam têm um grande poder elucidativo, que permite a eles explicarem-se, a si e a sua militância no movimento negro.

Nesse sentido, destacam-se dois interessantes relatos feitos por militantes negras que, a partir de um determinado evento emblemático e especialmente citável, passam a ter como referencial político e identitário uma mesma personagem: Lélia Gonzalez.[68] O primeiro trecho citado é momento emblemático para a trajetória política de Sueli Carneiro, fundadora do Geledés Instituto da Mulher Negra e uma das principais lideranças do movimento de mulheres negras na atualidade; e o segundo trecho será o relatado por Jurema Batista, ex-deputada estadual pelo PT do Rio de Janeiro e liderança do movimento negro. Sueli Carneiro, no trecho citado abaixo, também demonstra uma forma de construção política da identidade negra, através da descoberta de um referencial de militância política dentro do próprio movimento social:

> Mas o ponto mesmo emblemático para mim, na trajetória que fiz como militante, foi quando eu vi pela primeira vez a Lélia Gonzalez numa palestra na Biblioteca Municipal de São Paulo. Isso deve ter sido entre 1978 e 79. De fato, quando eu ouvi a Lélia Gonzalez, descobri o que eu queria ser quando crescesse! Politi-

---

[67] Ver, a esse respeito, ALBERTI, 2004-a: 91.
[68] Lélia de Almeida Gonzalez (1935-1994), militante do movimento negro, era graduada em história e geografia pela Universidade do Estado do Rio de Janeiro (Uerj), fez mestrado em comunicação na Universidade Federal do Rio de Janeiro (UFRJ) e doutorado em antropologia na Universidade de São Paulo (USP). Foi professora em escolas e em instituições de ensino superior no Rio de Janeiro, como a PUC, a Uerj e a UFRJ. Candidatou-se a deputada federal pelo Rio de Janeiro nas eleições de 1982, na legenda do Partido dos Trabalhadores (PT), e a deputada estadual nas eleições de 1986, na legenda do Partido Democrático Trabalhista (PDT). Publicou *Lugar de Negro*, em co-autoria com Carlos A. Hasenbalg (Rio de Janeiro, Editora Marco Zero, 1982), e *Festas populares no Brasil* (Rio de Janeiro, Index – livro promocional da Coca-Cola, premiado na Alemanha, 1987). Ver http://www.leliagonzalez.org.br/, acesso em 23/9/2007.

camente, do ponto de vista político. Porque a Lélia veio resolver o pedaço que faltava em toda efervescência desse debate, e que era fundamental para minha experiência pessoal, para minhas inquietações: como pensar a questão de gênero, a questão específica da mulher negra no contexto da luta racial? E quando eu ouvi a Lélia, parecia que ela estava dentro do meu cérebro organizando tudo o que me inquietava, tudo o que eu sentia, que eu não conseguia formular. Parece que ela botou ordem na casa. E a partir daquele dia eu sabia perfeitamente o que eu iria fazer: construir a minha militância articulando as duas questões, de gênero e de raça. Dali surgiu um engajamento mais profundo com o movimento de mulheres, com o movimento feminista, e passei a pensar formas de organização específicas de mulheres negras.[69]

Da mesma forma, Lélia Gonzalez também foi o principal referencial político de militância negra para Jurema Batista, como ela relata em seu depoimento:

Virei presidente da Associação de Moradores do Morro do Andaraí em 1980. Nesse mesmo ano, eu estava na Faculdade Santa Úrsula, e a questão racial ainda não estava na minha cabeça. Nós tínhamos o Centro Acadêmico de História Luiz Gama, que era dirigido por um grupo de negros da Bahia.[70] Um dia ia ter um debate e me convidaram: "É para discutir sobre esse negócio de negro." Eu falei: "Eu? Não quero saber disso. Está ficando maluco?" Disseram: "Porque tem racismo no Brasil." Eu falei: "Que racismo? Onde é que vocês inventaram esse negócio? Era só o que faltava. Vocês estão trazendo coisas dos Estados Unidos para cá. Não tem

---

[69] Sueli Carneiro nasceu na cidade de São Paulo em 24 de junho de 1950. Formada no curso de filosofia da Universidade de São Paulo (USP) em 1980, foi uma das fundadoras do Coletivo de Mulheres Negras em São Paulo, em 1984, e conselheira e secretária geral do Conselho Estadual da Condição Feminina do estado. Coordenou o Programa da Mulher Negra do Conselho Nacional dos Direitos da Mulher de março de 1988 a julho de 1989, e é uma das sócias fundadoras do Geledés Instituto da Mulher Negra, localizado em São Paulo, onde ocupa os cargos de coordenadora executiva e coordenadora do Programa de Direitos Humanos/SOS Racismo desde 1988. É doutora em filosofia da educação pela USP. A entrevista foi gravada em 20 de julho de 2004, no Geledés Instituto da Mulher Negra, em São Paulo.
[70] Luiz Gonzaga Pinto da Gama (1830-1882), rábula, jornalista e escritor negro, foi importante personagem do movimento abolicionista no Brasil. Destacou-se pela defesa de inúmeros cativos, que conseguiu libertar com base na Lei Diogo Feijó, de 7 de novembro de 1831, que determinava que todos os escravos que entrassem no Brasil a partir daquela data seriam livres. Sobre Luiz Gama, Julio Romão, um de nossos entrevistados, escreveu *Crítica à crítica*: Luís Gama, o mais consequente poeta satírico brasileiro (Teresina, Gráfica e Editora Júnior Ltda, 2004).

esse negócio aqui não, só na África do Sul." Nisso, começou a aula. Daqui a pouco entra um *rastafari* na minha sala e diz: "Vamos lá que a gente está te esperando. Vai ser um debate maravilhoso." Fui para o debate a laço! Cheguei lá e quem estava na mesa? Carlos Alberto Medeiros, Lélia Gonzalez e esse rapaz que foi me chamar na sala, que depois veio a ser meu assessor no meu primeiro mandato de vereadora e foi até assassinado, o Hermógenes.[71] Cheguei lá com o Carlos Alberto Medeiros falando daquela forma com a qual ele falava, e ainda por cima era muito bonito na época, muito rapazinho. E a Lélia falando daquele jeito com que ela falava, maravilhosa. Aquela forma contundente com que ela falava, apaixonada. Mas eu briguei emocionalmente com ela. Eu falei: "Essa mulher está ficando doida. Onde é que essa mulher arrumou isso?" Foi muita resistência, mas, ao mesmo tempo, alguma coisa ela falou que me tocou tão profundamente que eu comecei a ir aonde eu sabia que ela estava. Se eu soubesse assim: "A Lélia Gonzalez fará uma palestra na Fundação Getulio Vargas." Eu vinha e ficava ouvindo. Aí entendi tudo. Foi exatamente nesse momento que eu tomei consciência da questão racial. E fiquei muito brava. Era uma "militante pitbull". Porque eu fiquei com muita raiva. Depois é que entendi isso, no processo psicanalítico, inclusive. Porque fui enganada. A vida inteira eu bebi na tal história de que no Brasil não tinha racismo. Quando eu descobri que existia... As pessoas faziam as denúncias e eu comecei a ver: realmente, eu morava na favela, e via como a polícia tratava as pessoas, qual era o nível de escolaridade delas etc. Eu vivia ali no caldeirão e sabia que aquilo era verdade.[72]

O episódio do "despertar da consciência racial" relatado por Frei David, um dos personagens mais conhecidos no Brasil, no que se refere à implementação

---

[71] Hermógenes de Almeida e Silva, poeta e militante do movimento negro, foi vítima de um assassinato a tiros no Rio de Janeiro no ano de 1994. Ver http://www.cultura.rj.gov.br/atabaquevirtual/junho.html, acesso em 22/7/2007.

[72] Jurema Batista nasceu na cidade do Rio de Janeiro em 9 de agosto de 1957. Foi fundadora e presidente da Associação de Moradores do Morro do Andaraí em 1980 e, nesse mesmo ano, entrou no curso de letras da Universidade Santa Úrsula, que concluiu em 1983. Participou da fundação do Nzinga – Coletivo de Mulheres Negras, também em 1983. Foi vereadora da cidade do Rio de Janeiro na legenda do PT durante três mandatos consecutivos: 1992-1996, 1996-2000 e 2000-2002 – este último interrompido na metade, quando se elegeu deputada estadual pelo Rio de Janeiro. Em dois mandatos foi presidente da Comissão de Defesa dos Direitos Humanos da Câmara Municipal. À época da entrevista ocupava uma cadeira na Assembleia Legislativa do Estado do Rio de Janeiro (Alerj), onde presidia a Comissão de Combate às Discriminações e Preconceitos de Raça, Cor, Etnia, Religião e Procedência Nacional. A entrevista foi gravada em 26 de abril e 11 de novembro de 2004, na sala de entrevistas do CPDOC/FGV, no Rio de Janeiro.

de políticas de ação afirmativa para negros, é especialmente elucidativo, no que tange à sua trajetória política posterior como militante negro:

> Entrei para o seminário e, no meu primeiro embate lá dentro, arrumei a mala para vir embora. Entrei em março, e em 13 de maio, a turma, cuja maioria era de origem alemã e italiana, do Sul do Brasil, inventou de comemorar a Lei Áurea no refeitório ao meio-dia. Pegaram uma mesa, botaram no meio do refeitório e deram o toque de navio negreiro. E naquele dia os negros seminaristas deveriam sentar naquela mesa para almoçar. Era a mesa navio negreiro, uma homenagem, uma brincadeirinha que eles iam fazer com os negros. E como eu nunca me imaginei negro, sempre me vi como alguém "queimadinho da praia", das praias capixabas, e não muito mais do que isso... Eu pensava: "Sou moreno porque sou mais de praia e ponto final." Não assumia minha negritude. E então, frente a esse fato, criou-se um clima muito difícil. Na verdade, eu nem tomei para mim a missão de sentar naquela mesa do meio. Sentei normalmente nas mesas laterais, como os demais brancos. E na hora da brincadeira alguém gritou: "Êpa, tem uma cadeira vazia. Falta alguém. É o David." Então foi lá meia dúzia de alemães grandões me puxar pelas pernas, pelos braços e me botar na cadeira, no meio da mesa. Eu disse: "Espera aí. Vocês estão me ofendendo publicamente. Vocês estão me agredindo, estão me chamando de negro diante de todo mundo. Isso é agressão. Não aceito uma coisa dessas." E assim que me soltaram no meio daquela mesa, eu enfiei a mão na jarra de água, derrubei uns dois copos, quebrei algumas coisas e saí, fui para o meu quarto para arrumar a mala e vir embora.
>
> E ali teve um formador que foi um cara muito estratégico, muito capaz, muito bem preparado. Eu já estava arrumando a mala, e ele disse: "O que houve?" Eu disse: "Me chamaram de negro, me agrediram, portanto estou ofendido e vou embora." Ele disse: "Tudo bem, se você quer ir embora, você vai. Mas faz o seguinte: fica ao menos até hoje à noite para a gente conversar. Vamos conversar um pouquinho, eu quero sentir melhor o que está acontecendo. Depois você vai embora. Não tem nenhum problema. Você quer ir, vai. Você é adulto." À noite, fui lá para o quarto dele, após o jantar. E ele criou todo um clima tranqüilo: "Qual é o seu time?" Eu disse: "Sou Flamengo." Elogiou o Flamengo e, de repente, ele disse: "Você tem aí a foto de sua mãe?" Eu disse: "Tenho sim." Enfiei a mão na carteira, peguei a foto da mãe e mostrei para ele. Ele olhou: "Sua mãe é branca?" Eu disse: "Lógico. Eu sou branco, minha mãe tem que ser branca." Ele cortou o assunto e,

assim que percebeu que eu estava totalmente descontraído, fez a seguinte pergunta: "Tem uma foto do seu pai?" Eu disse: "Não tenho, não." Ele disse: "Não tem?" Eu disse: "É, frei, ter, eu tenho, mas está lá na mala." "Vai lá buscar." Eu disse: "Mas a mala já está fechada e eu estou pronto para ir embora..." "Você vai embora, e eu quero conhecer pelo menos o seu pai de foto." Eu abro a mala, pego lá no fundo a foto do pai, trago e mostro para ele, todo humilhado. E ele diz: "Seu pai é negro!" Aí deu um choque geral. Parado, nem saí do lugar, nem para frente, nem para trás, nem baixava. Ele pegou um copo d'água e disse: "O que está acontecendo?" Eu não conseguia falar, e ele disse: "Olha, você sofre de uma doença grave de que você não é culpado. Você sofre de uma doença perigosíssima, contagiante. Ela chama-se 'ideologia do embranquecimento'. E só você tem o remédio para derrubar essa doença. Se você não trabalhar, não atacar essa doença, vai te estragar todo e você vai ser uma pessoa sempre sofrida." Eu disse: "E como é essa doença?" Ele falou: "Essa doença leva a pessoa a rejeitar seu povo, sua raça, sua etnia." Ele apontou para ele: "Eu, alemão, leio livro em alemão sobre meu povo toda semana. Tudo ligado à Alemanha eu estou lendo, estudando minha cultura, meu povo. Estou alimentando e mantendo. E você faz isso?" "Não senhor. Eu nunca li um livro sobre o negro." E aquilo ali começou a me despertar uma questão estranha: "Puxa vida, meu pai é negão, nunca falou nada sobre o negro para mim." Aí comecei a fazer a releitura, voltar na história: meu pai praticamente neutralizou os filhos dele da família dele. Ou seja, nós todos nascemos sem conhecer a família dele. Ele se afastou de vez da família dele e nos ligou de vez à família da mãe, que são brancos. Comecei a entender como se desenvolvia em nós, em mim e em meus irmãos, a rejeição da questão racial.

Ali, em 1976, começou o despertar da consciência racial, a leitura crítica das relações raciais no Brasil e o quanto isso estava muito mal resolvido, o quanto isso era uma fonte de estrago de vida, porque o bonito é a pessoa se amar conforme Deus a criou. E se eu vivia aquilo, comecei a me perguntar: "Como é que vivem os demais negros?" E descobri que todos os negros do seminário – eram poucos, éramos oito, comigo – também negavam sua cultura racial. E comecei, na sociedade, na cidade, em reuniões, aonde eu ia, tentava me aproximar de pessoas negras e puxar o tema do negro. E descobri que, de cada dez, nove não queriam nem papo sobre esse assunto. Então eu percebi que a rejeição estava em grau exageradamente forte, era um problema, um problema nacional. Decidi que a partir dali eu não queria ser franciscano porque São Francisco tem uma proposta de vida e tem um projeto de sociedade. Eu queria ser franciscano porque eu queria botar essa estrutura de Igreja e de franciscano a serviço de um assunto que não é bem trabalhado, que é a questão do negro.[73]

Um relato interessante, que apresenta outra possibilidade de construção da identidade negra – essa através do contato com outros militantes – e que também demonstra uma das estratégias muito utilizadas pelo movimento negro contemporâneo nas décadas de 1970 e 1980 em todo o Brasil – a realização de encontros de estudos e discussões –, foi feito por Magno Cruz, importante referência do movimento negro maranhense:

> Eu entrei efetivamente para o Centro de Cultura Negra do Maranhão, CCN, em 1983. Aí já conhecia Mundinha Araújo porque um amigo lá do bairro da Madredeus era primo dela.[74] A família da Mundinha gostava muito de festas e se reunia sempre. A gente se encontrava e ela sempre me convidava para o CCN. A Mundinha andava com o livro de ata de fundação do CCN para ter um número suficiente de pessoas. Inclusive, até cheguei a assinar a ata em 1980. Eu sou fundador fictício, porque não fui fundador orgânico que estava lá no início, nas primeiras reuniões, que tiveram as participações de Gilberto Gil e outras figuras de nível nacional que estavam por aqui e participaram realmente da fundação do

---

[73] Frei David nasceu na cidade de Nanuque (MG) em 17 de outubro de 1952. Quando ainda tinha um ano e meio foi com a família para Vila Velha (ES), onde foi criado. Entrou para o Seminário da Ordem Franciscana em Guaratinguetá, São Paulo, e formou-se em Filosofia e Teologia pelo Instituto Teológico e Filosófico Franciscano, em 1983. Participou da formação dos Agentes Pastorais Negros e do Grupo União e Consciência Negra, fundados nos anos 1980. Desde meados da década de 1980, vem atuando em paróquias da Baixada Fluminense, no Rio de Janeiro, região onde participou da criação do Pré-Vestibular para Negros e Carentes (PVNC) no início da década de 1990. No final da década de 1990 fundou a Educafro (Educação e Cidadania de Afro-descendentes e Carentes), que também atua como pré-vestibular no Rio de Janeiro e em São Paulo. Em 1994 foi eleito para compor a Secretaria Executiva Latino-Americana da Pastoral Afro-Latino Americana e Caribenha. Participou da coordenação da coleção Negros em Libertação, da Editora Vozes. A entrevista foi gravada em 11 de maio e 12 de julho de 2004, na sala de entrevistas do CPDOC/FGV, no Rio de Janeiro.

[74] Maria Raimunda (Mundinha) Araújo foi uma das entrevistadas para esta pesquisa. Formada em comunicação social pela Federação das Escolas Superiores do Maranhão em 1975, Mundinha Araújo, como é conhecida, foi a fundadora do Centro de Cultura Negra do Maranhão (CCN), em 1979, a primeira vice-presidente da entidade, de 1980 a 1982, e ocupou a presidência no mandato seguinte, de 1982 a 1984.

CCN, no dia 19 de setembro de 1979. Aí, quando tinha alguns seminários, ela me convidava. Eu participava dos seminários.

Qual era a minha resistência em me engajar no trabalho do CCN? Eu não me considerava negro. Inclusive o meu apelido na faculdade era "Moreno". As pessoas que não conheciam meu nome, sempre me chamavam de Moreno. E eu era crente que eu era moreno. Essa questão da identidade é muito complicada, não é? Eu não dizia que não ia porque não me considerava negro. Mas no fundo eu tinha essa resistência. Pensava: como ia participar de uma entidade do movimento negro se eu não me considerava negro? Mas, com os seminários e com as palestras, que houve muito, eu fui mudando. Vieram vários historiadores, o Joel Rufino veio dar cursos etc.[75] A Mundinha deu o encaminhamento que eu acho que foi o melhor possível, porque foi de formação.

As primeiras reuniões que eu fui no CCN eram reuniões de estudo. Era uma sala, talvez um pouquinho maior do que essa aqui; quando iam mais de 30 pessoas, tinha que ficar gente do lado de fora. E era texto para a gente ler, jornal para a gente ler, para discutir, livros... Eu tinha que levar um livro para casa e, na outra semana, eu devolvia para alguém ler. Então foi formação mesmo, para a gente aprender. Ninguém sabia nada sobre a história do negro. E aí, com esses cursos, esses seminários de que eu fui participando, eu fui percebendo que era negro.

Uma questão presente no depoimento de Magno Cruz, e relacionada à sua dificuldade inicial em se engajar no trabalho do CCN é a seguinte: "o que é ser negro no Brasil?" Essa era uma questão que se colocava desde o início para os militantes que se engajavam no movimento. Ao mesmo tempo em que para os

---

[75] Joel Rufino dos Santos (1941), historiador e jornalista negro, integrou a equipe de historiadores que elaborou a *História nova do Brasil*, conjunto de livros produzidos entre 1962 e 1964 pelo Departamento de História do Instituto Superior de Estudos Brasileiros (Iseb) (criado em 1956 e extinto em 1964), com a finalidade de renovar o ensino da história no nível médio. Após o golpe político-militar de 1964, com a invasão e a extinção do Iseb, os livros foram apreendidos e seus autores, presos — com exceção de Pedro Celso Uchoa Cavalcanti e Rubem César Fernandes, que se exilaram. Joel Rufino foi professor da Escola de Comunicação da Universidade Federal do Rio de Janeiro (UFRJ) e presidente da Fundação Cultural Palmares, fundada em 1988. Publicou, entre outros: *Zumbi* (1985), *O que é racismo?* (1985) e *Épuras do social – como podem os intelectuais trabalhar para os pobres* (2004). Ver Nelson Werneck Sodré, *História da história nova* (Petrópolis, Vozes, 1986) e Nei Lopes. *Enciclopédia brasileira da diáspora africana*. São Paulo, Ed. Selo Negro, 2004.

chamados "negros indisfarçáveis"[76] não havia muito espaço para dúvidas, no caso dos "morenos", "mulatos" ou "pardos", a resposta em geral aparecia quando eles se davam conta de experiências de discriminação racial. Magno Cruz, contou na sua entrevista que passou a compreender, por exemplo, por que, sempre que chegava na casa de seus colegas do Liceu Maranhense para estudar, os amigos logo avisavam: "Aqui é Magno e ele é o melhor aluno da turma."

> Todo mundo fazia questão de estudar comigo e, para me apresentar para uma família branca, eles tinham que justificar por que eu estava ali. (...) Fazendo parte do movimento negro, eu vou descobrir que aquilo já era uma forma de discriminar, como quem diz: "Apesar de ser negro, ele..." Isso foi um choque para mim. Porque ser militante não é aquele deslumbramento, você também descobre muita coisa ruim.

A descoberta de Magno Cruz como "negro", como foi visto acima, foi decorrência direta dos seminários e reuniões promovidos pelo Centro de Cultura Negra (CCN) do Maranhão. É possível perceber então que um dos efeitos dessas reuniões do movimento era o de ajustar o olhar para as modalidades de discriminação racial existentes no Brasil. Ou seja, a identidade de "negro" vai sendo construída também à medida em que o "moreno" percebe que também é objeto de racismo. (ALBERTI & PEREIRA, 2007-b: 646)

Todas essas entrevistas citadas possibilitam a percepção de diversas formas a partir das quais foi levada a cabo a construção da identidade negra das lideranças entrevistadas para esta pesquisa. As entrevistas demonstram também que para realizar uma análise consistente desses processos de construção identitária é necessário que levemos em consideração os diferentes contextos sócio-históricos nos quais eles têm início e mesmo os aspectos subjetivos neles presentes. A importância que a ideia de raça acaba tomando na experiência de vida e no processo de construção identitária de cada entrevistado fica evidente, assim como também ficam evidentes nos trechos citados acima algumas formas de luta que foram desenvolvidas pela população negra, seja individualmente (como no caso da avó que dá o porrete para Flávio Jorge), seja coletivamente (como o caso dos clubes de negros criados no Rio Grande do Sul e em outras partes do país), para lidar

---

[76] Categoria utilizada por Kabengele Munanga (1999).

com as consequências geradas pela questão racial em diferentes contextos e momentos. Nos próximos capítulos o foco estará sobre a constituição do movimento negro em si, e nas formas e estratégias criadas por indivíduos e organizações para combater o racismo na sociedade brasileira. Formas e estratégias de luta que só se tornaram possíveis após a concretização do processo de construção da identidade negra e do engajamento desses ativistas no movimento negro brasileiro.

Capítulo 2

O movimento negro no Brasil, a partir do início do século XX

Canto da Gente Negra

Salve! Salve! Hora gloriosa em que aponta no país,
Esta aurora luminosa que fará a pátria feliz.
Os herdeiros dos Lauréis, do trabalho, a ciência, a Guerra,
Surgem nobres e fiéis pelo amor da Pátria Terra.
Gente Negra, Gente Forte, ergue a fronte varonil.
És a impávida coorte – Honra e glória do Brasil.
São do sangue escravo herdeiros, de Tupis e de africanos,
Que confiantes brasileiros bradam soberbos e ufanos.
Cesse a voz dos preconceitos! Caia a bastilha feroz,
Que o valor dos nossos feitos ruge altivo dentro em nós.
Nossa cor é o estandarte que entusiasma Norte e Sul;
Une a todos para o marte sob o cruzeiro do azul.
Ouve – os clarins dos Palmares vêm falar da pátria nova!
Ressoa o clangor nos ares chamando os bravos à prova!
Seja o toque da alvorada que diga a todos – "Reunir",
E a Nação alvoroçada, corra a voz de ressurgir.[77]

Hino da Frente Negra Brasileira (1931-1937)
Letra: Arlindo Veiga dos Santos
Música: Alfredo Pires

---

[77] *Apud* FERNANDES, 1965:342, 343.

Neste capítulo serão apresentadas algumas características do movimento negro brasileiro organizado ao longo do século XX. Nesse sentido, serão discutidos alguns aspectos que permitem a diferenciação entre o movimento negro contemporâneo e o movimento negro existente em períodos anteriores à década de 1970 no Brasil. Para começar este capítulo, devo dizer que considero o movimento negro organizado como um movimento social que tem como particularidade a atuação em relação à questão racial. Sua formação é complexa e engloba o conjunto de entidades, organizações e indivíduos que lutam contra o racismo e por melhores condições de vida para a população negra, seja através de práticas culturais, de estratégias políticas, de iniciativas educacionais etc.; o que faz da diversidade e pluralidade características desse movimento social. O sociólogo Jeffrey Alexander afirma que o termo "movimento social"

> diz respeito aos processos não institucionalizados e aos grupos que os desencadeiam, às lutas políticas, às organizações e discursos dos líderes e seguidores que se formaram com a finalidade de mudar, de modo freqüentemente radical, a distribuição vigente das recompensas e sanções sociais, as formas de interação individual e os grandes ideais culturais. (ALEXANDER, 1998:1)

Ele diz ainda que "(...) os mais importantes sociólogos das últimas duas décadas interpretaram os movimentos sociais como respostas práticas e coerentes à distribuição desigual das privações sociais criada pela mudança institucional." (Idem:5) É exatamente neste contexto, de luta contra o racismo e pela melhoria das condições de vida da população negra, ou de luta por mudança na "distribuição vigente das recompensas e sanções sociais" e nas "formas de interação individual e [nos] grandes ideais culturais" que se constitui o movimento social negro brasileiro ao longo do século XX. Em cada momento da história do Brasil no século XX, de acordo com as diferentes conjunturas sócio-históricas e com as possibilidades de atuação construídas, o movimento social negro organizado possuía características distintas, que serão aqui apresentadas.

Mas seria correto utilizarmos o termo "movimento negro" ou "movimentos negros"? De acordo com a perspectiva adotada acima e considerando a multiplicidade de estratégias, ações e formas de organização, a utilização do termo no plural, "movimentos negros", estaria correta. Entretanto, nesse sentido, também seria correto utilizarmos o termo "movimentos de mulheres", por exemplo, por ambos se tratarem de movimentos sociais plurais. Lélia Gonzalez, antropóloga e importante liderança do movimento negro e do movimento de mulheres, até sua morte precoce em 1992, advogando a utilização do termo "movimento negro", afirmava que a gente fala no singular

> exatamente porque está apontando para aquilo que o diferencia de todos os outros movimentos; ou seja, a sua especificidade. Só que nesse movimento, cuja a especificidade é o significante *negro*, existem divergências, mais ou menos fundas, quanto ao modo de articulação dessa especificidade. (GONZALEZ, 1982:19)

Durante as pesquisas para este livro foi verificado que, assim como Lélia Gonzalez, as lideranças e os militantes desse movimento social se autodenominam e são denominados majoritariamente como militantes do "movimento negro", no singular. Sendo assim, adotei neste trabalho o termo no singular, inclusive tendo em vista o respeito à forma como as próprias lideranças entrevistadas se reconhecem e também o respeito à sua perspectiva política de busca por alguma "unidade" dentro da pluralidade que é o movimento. Vale lembrar, como disse acima, que todos, com suas variadas formas de concepção e de ação, dedicam-se ao combate ao racismo e à luta por melhores condições de vida para a população negra. Também utilizo o termo no singular para demarcar meu objeto de pesquisa, o "movimento negro contemporâneo", diferenciando-o assim do movimento social negro que existiu em períodos anteriores à década de 1970.

Joel Rufino dos Santos, em seu artigo escrito em 1985, partindo da afirmação de que "movimento negro é, antes de mais nada, aquilo que seus protagonistas dizem que é movimento negro", verificava nos discursos das lideranças do movimento da época, duas definições existentes para o termo "movimento negro". A primeira, e que ele chama de movimento negro "no sentido estrito" e diz ser "excludente", considerava "movimento negro exclusivamente o conjunto de entidades e ações dos últimos cinquenta anos, consagrados explicitamente à luta contra o racismo." (SANTOS, 1985:287) A segunda definição, a de movimento negro no "sentido amplo", que ele afirma ser "a melhor definição de movimento negro", é a seguinte:

> Todas as entidades, de qualquer natureza, e todas as ações, de qualquer tempo (aí compreendidas mesmo aquelas que visam à auto-defesa física e cultural do negro),

fundadas e promovidas por pretos e negros. (Utilizo preto, neste contexto, como aquele que é percebido pelo outro; e negro como aquele que se percebe a si). Entidades religiosas, assistenciais, recreativas, artísticas, culturais e políticas; e ações de mobilização política, de protesto anti-discriminatório, de aquilombamento, de rebeldia armada, de movimentos artísticos, literários e "folclóricos" – toda esta complexa dinâmica, ostensiva ou invisível, extemporânea ou cotidiana, constitui movimento negro. (Idem: 303)

Podemos afirmar, nesse sentido, que existiu "movimento negro" no Brasil desde que os primeiros seres humanos escravizados na África chegaram à costa brasileira, como diz Abdias do Nascimento:

Não existe o Brasil sem o africano, nem existe o africano no Brasil sem o seu protagonismo de luta anti-escravista e antirracista. Fundada por um lado na tradição de luta quilombola que atravessa todo o período colonial e do Império e sacode até fazer ruir as estruturas da economia escravocrata e, por outro, na militância abolicionista protagonizada por figuras como Luiz Gama e outros, a atividade afro-brasileira se exprimia nas primeiras décadas deste século sobretudo na forma de organização de clubes, irmandades religiosas e associações recreativas. (NASCIMENTO & NASCIMENTO, 2000:204)

Sérgio Costa, concordando com a definição ampla de "movimento negro", também destaca as rebeliões de escravos e a criação de quilombos como "indicações importantes da resistência à opressão e à exploração", e reafirma a importância das "irmandades religiosas como forma mais difundida de organização da solidariedade entre escravos e, mais tarde, entre estes e negros libertos." (COSTA, 2006:142) Embora concorde com a definição de movimento negro no "sentido amplo" feita por Joel Rufino dos Santos e também concorde que desde que há negros no Brasil há luta por liberdade e por melhores condições de vida, optei, neste trabalho, por enfocar justamente as organizações políticas (ou político-culturais) negras e suas lideranças, ao longo do século XX.

✥

Ainda de acordo com a primeira definição de Joel Rufino dos Santos, o movimento negro "no sentido estrito" teria nascido em 1931, com a fundação da Frente Negra Brasileira (FNB), e teria sido "uma resposta, em condições históricas dadas, ao mito da democracia racial." Esse mito ganhou força na sociedade brasileira especialmente após a publicação do livro *Casa grande & senzala*, de Gilberto Freyre, em 1933, e acabou se constituindo em um dos pilares de nossa "identidade nacional", como se viu acima, no capítulo 1. Ainda segundo Joel Rufino dos Santos, o mito da democracia racial seria composto de três "peças fundamentais": "1ª) nossas relações de raça são harmoniosas; 2ª) a miscigenação é nosso aporte específico à civilização planetária; 3ª) o atraso social dos negros, responsável por fricções tópicas, se deve, exclusivamente ao seu passado escravista". (SANTOS, 1985:288)

O historiador Petrônio Domingues fez, em sua tese de doutorado, um levantamento bibliográfico de todos os trabalhos de pesquisa já realizados sobre a FNB, e afirma que, com fins analíticos, a primeira investigação que se debruçou sobre a trajetória da FNB foi *Estudos de atitudes raciais de pretos e mulatos em São Paulo*, uma tese de Virgínia Leone Bicudo, iniciada em 1941 e terminada quatro anos depois. (DOMINGUES, 2005:12) Segundo Domingues, trata-se de uma das primeiras pesquisas científicas desenvolvidas em São Paulo sobre as relações raciais envolvendo negros e brancos e foi orientada por Donald Pierson que, na época, era considerado um dos maiores especialista em relações raciais no Brasil.[78] Ele diz ainda que:

> Bicudo argumenta que os líderes da FNB primeiramente conduziram o negro a lutar contra o branco, "demonstrando-lhe a condição de inferioridade social em que viviam em conseqüência da opressão e da discriminação do branco". Como conseqüência, aumentou, reciprocamente, a animosidade entre o "preto" e o "branco". Já em um segundo momento, os líderes da FNB imprimiram uma nova orientação: "consideraram que a luta devia dirigir-se não diretamente contra o branco, mas contra o negro antagonista do próprio negro. Os dirigentes do movimento, considerando a ignorância e o sentimento de inferioridade como geradores de antagonismo entre os negros, passaram a empenhar-se em enaltecer a raça, em promover a educação e desenvolver a instrução". Com a elevação do nível intelectual e moral, os líderes teriam almejado desenvolver laços de solidariedade

---

[78] Donald Pierson foi professor de sociologia e antropologia social na Escola Livre de Sociologia e Política de São Paulo entre 1939 e 1959. Pierson fez o PhD na Universidade de Chicago sobre relações raciais na Bahia e publicou o livro, resultado da tese em 1942 (PIERSON, Donald. *Negroes in Brazil: A Study of Race Contact in Bahia*. Chicago, University of Chicago Press).

e "impor-se ao branco, para cuja finalidade se constituíram em entidade política". (DOMINGUES, 2005:13)

Ainda segundo a leitura de Domingues sobre o trabalho de Virgínia Bicudo, a FNB teria sido o ensaio de um movimento coletivo maior, liderado por negros "conscientes de seus *status* ligado à barreira da cor". Depois de "íntimo" convívio com o branco, do qual teria introjetado a cultura, o negro se sentia repelido. Tal circunstância teria feito com que ele adquirisse consciência racial e procurasse se mobilizar na perspectiva de conseguir ascensão social e "acesso em todas as esferas sociais, a partir do *status* ocupacional das classes sociais intermediárias que alguns desfrutavam". (Idem, ibidem)

O trabalho de pesquisa mais denso, e com maior repercussão, que se dedicou à formação de "movimentos sociais no meio negro" no início do século XX, foi certamente *A integração do negro à sociedade de classes*, de Florestan Fernandes, publicado em 1965, mas que, originalmente, foi apresentado como parte das "provas de concurso da Cadeira de Sociologia I da Faculdade de Filosofia, Ciência e Letras da Universidade de São Paulo", em 1964. Em relação à criação da Frente Negra Brasileira em 1931, segundo a análise que Antônio Sérgio Guimarães faz deste livro de Fernandes,

> a Frente Negra foi, até certo ponto, (...) uma reação à permeabilidade da estrutura social brasileira a [principalmente italianos, portugueses, espanhóis e sírio-libaneses], e a sua rápida integração na nacionalidade, através do domínio da cultura luso-brasileira. O fato é que, um pouco mais de 40 anos depois da abolição e quase 100 anos depois da Independência, os afrodescendentes continuavam, em sua maioria, nas camadas subalternas e marginais da sociedade paulista, onde estavam também, de início, os imigrantes europeus. Estes, entretanto, já tinham rompido, a essa altura, a barreira de classe. A impermeabilidade da estrutura social brasileira à mobilidade dos afrodescendentes de traços negróides (mas não dos mais claros, que podiam se classificar como "brancos") foi, certamente, se não o estímulo maior, ao menos a grande justificativa para que se formasse um movimento social negro com o objetivo de educar e integrar socialmente os negros. (GUIMARÃES, 2002:90, 91)

Florestan Fernandes, que estudou o movimento negro de São Paulo desde o início da década de 1950, ainda com o Professor Roger Bastide e sob os auspícios do Projeto Unesco, acreditava que a FNB não tinha a intenção de modificar a ordem social vigente. Ao contrário, segundo Fernandes, "a crítica à situação presente passava para o plano secundário e subsidiário. O que tinha importância real consistia na impulsão para absorver os padrões de vida dos 'brancos' e, através deles, redefinir a posição do 'negro' na estrutura social e as imagens negativas, que circulavam a seu respeito." (FERNANDES, 1965:350). Ou seja, a FNB tinha o objetivo de desenvolver na população negra tendências que a organizassem como uma "minoria racial integrada" na ordem vigente. Ainda segundo Fernandes:

> O repúdio ao padrão tradicionalista e assimétrico de dominação racial e as aspirações de integração social rápida, em escala coletiva, convertiam a Frente Negra, inapelavelmente, num movimento reivindicatório de tipo assimilacionista. No fundo, portanto, ela atuou como um mecanismo de reação societária do "meio negro". Visava consolidar e difundir uma consciência própria e autônoma da situação racial brasileira; desenvolver na "população de cor" tendências que a organizassem como uma "minoria racial integrada"; e desencadear comportamentos que acelerassem a integração do negro à sociedade de classes. Para atingir este fim ela operava em três níveis distintos: no solapamento da dominação racial tradicionalista, através do combate aberto às manifestações de "preconceito de cor" e da desmoralização dos valores ou das técnicas sociais em que ele se assentava; na reeducação do "negro", incentivando-o a concorrer com o "branco", em todas as esferas da vida, e emulando-o, psicologicamente, para enfrentar a "barreira de cor"; na criação de formas de arregimentação que expandissem e fortalecessem a cooperação e a solidariedade no seio da "população de cor". (FERNANDES, 1965: 343, 344)

É importante ressaltar o contexto histórico no qual está inserida a criação da FNB, na medida em que ela se dá logo após a Revolução de 1930 e a chegada ao poder de Getúlio Vargas, que marcou o enfraquecimento das oligarquias cafeeiras paulistas no cenário político nacional. Vale lembrar também que havia se passado apenas um pouco mais de 40 anos desde o fim da abolição da escravatura. Sobre a agitação no meio negro, nesse contexto histórico, José Correia Leite diz o seguinte:

> 1929 tinha sido o ano de uma recessão muito grande e as conseqüências na situação do negro foram graves (...) Então, o movimento político fez a gente ir esmo-

recendo a ideia da realização do Congresso [da Mocidade Negra naquele ano]. O Getúlio perdeu as eleições e veio a Revolução de 1930. Aí foi uma fase que a gente pode distinguir o movimento negro antes de 1930 e depois de 1930. Este tomou outra feição. O negro, por intuição ou qualquer coisa, na Praça da Sé se reunia em grupos e as discussões eram calorosas. Estava sempre à frente o Isaltino Veiga dos Santos, o que mais agitava os grupos. Foi um sujeito que lutou muito. Sem ele não teria existido a Frente Negra Brasileira. Em 1930 não se tinha a ideia do nome, mas estava-se discutindo de como o negro poderia participar. Não se queria ficar marginalizado na transformação que se esperava. Havia um contentamento de ver aquelas famílias de escravagistas apeadas do poder. Era claro que na transformação tudo ia mudar. O negro sentia isso. (LEITE, 1992:91)

Podemos perceber no trecho acima uma articulação também com contexto internacional, marcado pela Crise de 1929. Levando em consideração o depoimento acima, para que fosse possível a criação da Frente Negra Brasileira em 1931 foram fundamentais a existência de dois tipos de organizações criados por negros antes mesmo do final do século XIX: a "imprensa negra" e os "grêmios, clubes ou associações de negros". Joel Rufino dos Santos afirma que a "imprensa negra" que surge em São Paulo no início do século XX foi fundamental para a criação mais tarde da FNB, e diz o seguinte:

> A luta organizada contra o racismo nasce às vésperas da Revolução de Trinta. Semi-intelectuais e subproletários se juntam em São Paulo, então caminhando rapidamente no sentido de se tornar a maior cidade do país, numa "imprensa negra". Jornais como *O Clarim d'Alvorada* [fundado em 1924] e o *Getulino* [fundado em 1923], de Campinas – ainda hoje motivos de orgulho dos movimentos – denunciavam as discriminações raciais mais chocantes do nosso quadro urbano, no emprego, na moradia, na educação nos locais de lazer. Foi essa imprensa, o embrião da primeira instituição de luta contra o racismo brasileiro – apresentado então, eufemisticamente, como discriminação racial –, a Frente Negra Brasileira. (SANTOS, 1994: 89)

E, em muitos casos, esses jornais da "imprensa negra" eram veículos de informação constituídos por organizações como os grêmios, clubes ou associações, que surgiram em algumas partes do país desde o final do século XX, tendo objetivos semelhantes aos que se consolidaram com a fundação da FNB em São Paulo e com sua expansão pelos seguintes estados brasileiros: Rio de Janeiro, Minas Gerais, Espírito Santo, Pernambuco, Rio Grande do Sul e Bahia. Petrônio Domingues listou algumas dessas organizações:

> Em São Paulo, apareceram o Club 13 de Maio dos Homens Pretos (1902), o Centro Literário dos Homens de Cor (1903), a Sociedade Propugnadora 13 de Maio (1906), o Centro Cultural Henrique Dias (1908), a Sociedade União Cívica dos Homens de Cor (1915), a Associação Protetora dos Brasileiros Pretos (1917); no Rio de Janeiro, o Centro da Federação dos Homens de Cor; em Pelotas/RG, a Sociedade Progresso da Raça Africana (1891); em Lages/SC, o Centro Cívico Cruz e Souza (1918). Em São Paulo, a agremiação negra mais antiga desse período foi o Clube 28 de Setembro, constituído em 1897. As maiores delas foram o Grupo Dramático e Recreativo Kosmos e o Centro Cívico Palmares, fundados em 1908 e 1926, respectivamente. (DOMINGUES, 2007:103)

O Centro Cívico Palmares merece um destaque, pois, segundo George Andrews, esta organização teria sido um marco importante para a mobilização política dos negros em São Paulo, justamente durante o período que antecede a Revolução de 1930. Nesse sentido, o Centro Cívico Palmares viria a contribuir significativamente para a criação mais tarde da FNB, também em São Paulo. Com muitos participantes em comum nas duas organizações, inclusive em sua liderança, já que Arlindo Veiga dos Santos havia sido presidente do Centro Cívico Palmares e fora também o primeiro presidente da FNB, alguns de seus militantes propunham inclusive uma ligação direta entre a criação de ambas as organizações, como no trecho abaixo, publicado na primeira página do jornal *A Voz da Raça* de 3 de fevereiro de 1937: "A F.N.B. surgiu no Estado de São Paulo, graças a perspicácia da alma Paulista, que, desde 1926, já havia fundado o CENTRO CIVICO PALMARES, com o mesmo objetivo da aludida organização." [grifos do autor] George Andrews diz o seguinte sobre as origens do Centro Cívico Palmares:

> Em 1925, *O Clarim d'Alvorada* clamava pela criação do Congresso da Mocidade dos Homens de Côr, "um grande partido político composto exclusivamente de homens de côr". Esses apelos não produziram resultados imediatos, mas sem dúvida foram parte do impulso subjacente à fundação, em 1926, do Centro Cívico

Palmares. Assim chamado em homenagem ao quilombo de Palmares do século XVII, o centro originalmente destinava-se a proporcionar uma biblioteca cooperativa para a comunidade negra. A organização logo progrediu e passou a patrocinar encontros e conferências sobre questões de interesse público, e em 1928 lançou uma campanha para derrubar um decreto que proibia aos negros ingressar na milícia do Estado, a Guarda Civil. O centro foi bem sucedido ao requerer do governador Júlio Prestes que suspendesse o decreto, e depois o convenceu a derrubar uma proibição similar que impedia as crianças negras de participar de uma competição patrocinada pelo Serviço Sanitário de São Paulo para encontrar o bebê mais "robusto" e eugênicamente desejável do Estado. (ANDREWS, 1998:227)

Analisando o trecho acima, podemos perceber alguns elementos comuns, certas continuidades entre organizações como o Centro Cívico Palmares, a Frente Negra Brasileira e mesmo organizações do movimento negro contemporâneo. O primeiro seria a busca por uma atuação política e a apresentação de demandas do movimento à sociedade e aos poderes públicos, estratégia essa que ganharia maior vulto com a FNB na década de 1930 e que permanece no seio do movimento negro organizado até os dias de hoje. Embora os militantes do Centro Palmares tenham conseguido em 1928 a suspensão do decreto que proibia negros de entrarem na Guarda Civil do estado de São Paulo, somente em 1932 foi que os militantes da Frente Negra conseguiram, após reunião com o próprio presidente Getúlio Vargas, que negros fossem contratados para a Guarda Civil, como relata o sociólogo Ahyas Siss:

> A Frente Negra Brasileira (FNB) (...) obteve algumas conquistas sociais importantes como por exemplo, a inclusão de afro-brasileiros nos quadros da Guarda Civil de São Paulo, antiga aspiração dos negros paulistas. O corpo administrativo da Guarda Civil de São Paulo era composta, na sua maioria, por imigrantes e negavam a admissão de afro-brasileiros aos quadros dessa instituição. Recebidos em delegação pelo então Presidente da República, Sr. Getúlio Vargas, os representantes da FNB apelaram ao Presidente no sentido de ser oferecido aos afro-brasileiros, igualdade de acesso àquela instituição. Vargas então ordenou à Guarda o imediato alistamento de 200 recrutas afro-brasileiros. Nos anos 30, cerca de 500 afro-brasileiros ingressaram nos quadros dessa instituição, com um deles chegando a ocupar o posto de coronel." (SISS, 2003:9)

Outra continuidade em relação à organização criada em 1926 é a perceptível valorização da história do quilombo dos Palmares como exemplo de luta dos negros no Brasil, que ganha outra dimensão para o movimento negro nos anos 1970, como se verá abaixo. A importância dada à educação e a valorização de estratégias como a organização de encontros, conferências, centros de estudos etc. também podem ser observadas como elementos característicos do movimento negro brasileiro ao longo de todo o período republicano. Um exemplo interessante nesse sentido, é a própria continuidade da campanha feita pelo jornal *O Clarim d'Alvorada* em 1929, ainda em prol da realização do primeiro Congresso da Mocidade Negra do Brasil em São Paulo. Este jornal, que afirmava ter como função a "Congregação da raça para a raça", reiniciava a tal campanha na primeira página de sua edição de 3 de março de 1929, com o seguinte texto:

> *O Clarim d'Alvorada*, à frente de um pugilo de moços bem intencionados, lança, com fé de realizar, as primeiras sementes para a concretização de um antigo sonho nosso: a organização do 1º Congresso da Mocidade Negra do Brasil. Isto porque, para tratarmos de assuntos de grandes vultos e de interesses patrióticos e raciais, é nosso dever, é dever de todos negros e mestiços sensatos, apoiarem esta iniciativa.

É interessante notar que já naquele momento se via como estratégica a procura pela aglutinação de "negros e mestiços" em torno de assuntos de "interesses raciais". Fato que continua a ser buscado pelo movimento negro até os dias de hoje. Assim como também é interessante perceber que a "educação dos negros" também já ocupava um lugar de destaque na pauta de reivindicações, como se verá no trecho abaixo. Esses componentes da "Mocidade Negra" seriam, segundo o jornal, "os pioneiros da raça heróica e menoscabada dentro de sua própria pátria." E na edição de 7 de abril de 1929 o jornal continuava a campanha com o seguinte discurso:

> Em quarenta anos de liberdade, além do grande desamparo que foi dado aos nossos maiores, temos a relevar, com paciência, a negação de certos direitos que nos assistem, como legítimos filhos da grande pátria do cruzeiro. *Se os conspícuos patriotas desta República não cuidaram da educação dos negros, o nosso congresso tratará desse máximo problema que está latente na questão nacional...* Para os relegados filhos e netos dos épicos e primitivos plantadores do café, que foi e é a base de toda

a riqueza econômica do nosso país, essa é a marcha do porvir. (...) O Congresso da Mocidade Negra tem que se realizar, muito embora os trânsfugas pensem que a raça não esteja preparada para o certame, dentro da estabilidade essencial. Porém, a raça espoliada fará o seu congresso, entre as angústias e as glórias do seu antepassado, baseando-se nas esperanças de uma nova redenção para a família negra brasileira. [grifo meu]

Esse Congresso da Mocidade Negra, proposto pelo grupo do jornal *O Clarim d'Alvorada* nunca aconteceu. Mas a própria proposição e a campanha construída em torno dela, podem ser vistas como referenciais para a realização, anos mais tarde, de vários congressos de negros, como o I Congresso do Negro Brasileiro, promovido pelo Teatro Experimental do Negro (TEN), sob a liderança de Abdias do Nascimento, no Rio de Janeiro em 1950, como nos informa o próprio Abdias:

> Minhas primeiras experiências de luta foram na Frente Negra Brasileira. Alguns dos dirigentes da FNB desde a década de vinte se esforçavam tentando articular um movimento. Houve, assim, um projeto de reunir o Congresso da Mocidade Negra, em 1928, em São Paulo, o que não chegou a se concretizar. Somente em 1938 eu e outros cinco jovens negros realizamos o I Congresso Afro-Campineiro e, em 1950, o Teatro Experimental do Negro promoveu o I Congresso do Negro Brasileiro, no Rio de Janeiro.[79]

A trajetória política de Abdias do Nascimento, sempre relacionada à questão racial no Brasil, pode ser vista, ela própria, como um elemento de continuidade no movimento negro que se constituiu nos diferentes períodos do Brasil republicano. Nascido em Franca, no estado de São Paulo, em 1914, Abdias participou como um jovem militante da Frente Negra Brasileira. Em 1944 ele foi a principal liderança na criação do Teatro Experimental do Negro e, em 1978, também participou da criação do Movimento Negro Unificado (MNU) em São Paulo. Amauri Mendes Pereira (2008) e Petrônio Domingues (2007) identificam três diferentes fases do movimento negro brasileiro, com características distintas, ao

---

[79] Trecho do depoimento de Abdias do Nascimento, publicado no livro Memórias do Exílio (Lisboa: Arcádia, 1976), disponível em http://www.abdias.com.br/movimento_negro/movimento_negro.htm Acesso em 20/01/2010.

longo do século XX, e Abdias do Nascimento participou de maneira ativa em todas elas: a primeira, do início do século até o Golpe do Estado Novo, em 1937; a segunda, do período que vai do processo de redemocratização, em meados dos anos 1940, até o Golpe militar de 1964; e a terceira, o movimento negro contemporâneo, que surge na década de 1970 e ganha impulso após o início do processo de Abertura política em 1974. A primeira fase teria tido como ápice a criação e a consolidação da FNB como uma força política em âmbito nacional, exemplificada na sua transformação em partido político em 1936. Essa primeira fase foi encerrada logo após a implantação do Estado Novo em 1937, pelo presidente Getúlio Vargas, e o consequente fechamento da FNB, juntamente com todas as outras organizações políticas no país. O movimento social negro brasileiro, nessa primeira fase, teria como principais características a busca pela inclusão do negro na sociedade, com um caráter "assimilacionista", sem a busca pela transformação da ordem social, como já foi destacado acima; outra característica era a existência de um nacionalismo declarado pela Frente Negra Brasileira e por outras organizações da época. Essas duas características podem ser vislumbradas no próprio órgão de divulgação da FNB, o jornal *A Voz da Raça* n° 1, de 18 de março de 1933, que trazia o seguinte texto em sua primeira página:

> A Nação acima de tudo. E a Nação somos nós com todos os outros nossos patrícios que conosco, em quatrocentos anos, criaram o Brasil. (...) O Frentenegrino, como o negro em geral, deve estar atento nas suas reivindicações de direitos que definimos em nosso manifesto do ano passado; mas, para que seja digno de alcançar esses legítimos direitos no campo social, econômico e político, – é mister cumpra os Mandamentos da Lei que definem, antes de tudo, os deveres do homem, base da legitimidade dos direitos do homem.

É evidente que esse nacionalismo exacerbado não era completamente hegemônico no movimento negro da época, tendo em vista, por exemplo, o grupo do jornal *O Clarim d'Alvorada*, que circulou entre 1924 e 1932 e que tinha como principal liderança José Correia Leite. O movimento negro brasileiro na década de 1930 também era plural e complexo. A Frente Negra, sem dúvida alguma, tornou-se a maior expressão desse movimento em sua época, até mesmo em função da dimensão nacional e do grande número de participantes que conquistou entre 1931 e 1937, que, segundo depoimentos da época, variavam entre 40 e até

200 mil sócios – o que permite caracterizá-la como um movimento de massa. Mas além da existência de outras organizações menores e distintas, houve ainda algumas dissidências da própria FNB. Correia Leite também foi fundador da FNB em 1931. Porém, logo durante a aprovação dos estatutos da organização, ele rompeu com a Frente Negra em função de sua discordância em relação à "inclinação fascista" que a organização estava tomando, como ele mesmo contou em seu livro:

> Nós do grupo d'*O Clarim d'Alvorada*, no dia em que foram aprovados os estatutos finais, fomos combater porque não concordávamos com as ideias do Arlindo Veiga dos Santos. Era um estatuto copiado do fascismo italiano. Pior é que tinha um conselho de 40 membros e o presidente desse conselho era absoluto. A direção executiva só podia fazer as coisas com ordem desse conselho. O presidente do conselho era o Arlindo Veiga dos Santos, o absoluto. (LEITE, 1992:94)

Como disse acima, a FNB era uma organização com forte caráter nacionalista, cuja estrutura lembrava a de agremiações de inclinação fascista, como a Ação Integralista Brasileira (AIB), fundada em outubro de 1932. Seu estatuto, datado de 12 de outubro de 1931, previa um "Grande Conselho" e um "Presidente" que era "a máxima autoridade e o supremo representante da Frente Negra Brasileira", como alertava Correia Leite. Seu jornal, *A Voz da Raça*, que circulou entre 1933 e 1937, mantinha em destaque, no cabeçalho, a frase "Deus, Pátria, Raça e Família", diferenciando-se do principal lema integralista apenas no termo "Raça". Correia Leite fundou, com outros militantes, outra organização, o Clube Negro de Cultura Social, em 1º de julho de 1932 em São Paulo. Ainda em 1932 foi criada, também em São Paulo, a Frente Negra Socialista, outra dissidência da FNB. Correia Leite buscava contatos, referenciais e divulgava informações sobre a luta contra o racismo em outros países, como se verá no capítulo 3.

Já o contemporâneo de José Correia Leite e também fundador da FNB, Francisco Lucrécio, lembrou em entrevista concedida a Márcio Barbosa na década de 1980 de contatos da FNB com Angola e com o movimento de Marcus Garvey. Mas seu depoimento mostra que a aproximação com a África, por exemplo, não passava pelos planos de grande parte do movimento nos anos 1930. Acredito que seja possível que esse nacionalismo exacerbado tenha afastado afinidades com a África. Como dizia Francisco Lucrécio anos depois, na Frente Negra não tinha essa discussão de volta à África. Tínhamos correspondência com Angola, conhecíamos o movimento de Marcus Garvey, mas não concordávamos. Nós sempre nos afirmamos como brasileiros e assim nos posicionávamos com o pensamento de que os nossos antepassados trabalharam no Brasil, se sacrificaram, lutaram desde Zumbi dos Palmares aos abolicionistas negros, então nós queríamos, nos afirmaríamos, sim, como brasileiros.[80] (BARBOSA, 1998:46)

A ideia de que existe incompatibilidade entre a "afirmação como brasileiro" e o "retorno à África" aparece com frequência na discussão sobre a questão racial no Brasil, e não podemos esquecer que Francisco Lucrécio emitiu sua opinião sobre os anos 1930 informado pelo debate dos anos 1980. (ALBERTI & PEREIRA, 2007-d) Como se verá no capítulo 3, o movimento negro brasileiro têm sido acusado, em diferentes momentos, de "importar" questões estranhas à nacionalidade brasileira.[81]

A segunda fase do movimento negro brasileiro no século XX, para Pereira e Domingues, teve início no período final do Estado Novo (1937-1945). Entretanto, os autores citados destacam organizações diferentes como principais expoentes dessa segunda fase do movimento. Para Amauri Mendes Pereira (2008), o Teatro Experimental do Negro (TEN), criado por Abdias do Nascimento em 1944, no Rio de Janeiro, e o Teatro Popular Brasileiro, criado por Solano Trindade em 1943,[82] assim como a Associação dos Negros Brasileiros, também criada em São Paulo em 1945 por Correia Leite e outros militantes, são as organizações citadas pelo autor para caracterizar a segunda fase do movimento. Pereira diz ainda que "nenhum desses movimentos, apesar de aglutinar negros conscientes, possuía o mesmo sentido da Frente Negra. Não buscavam decididamente mobilizar a massa. Representavam mais a vontade de afirmação da dignidade, de busca de

---

[80] Francisco Lucrécio, nascido em Campinas em 1909, foi diretor da FNB de 1934 a 1937.
[81] O próprio José Correia Leite era acusado de importar problemas dos Estados Unidos por publicar os textos sobre o movimento pan-africanista de Marcus Garvey (LEITE, 1992:77-78). Sobre a acusação de importação de modelos norte-americanos ou africanos, ver o capítulo 3.
[82] Francisco Solano Trindade (1908-1974), poeta, militante, ator e diretor de teatro, participou dos congressos afro-brasileiros realizados em 1934 e 1937 em Recife, onde nasceu, e em Salvador, respectivamente. Foi o criador da Frente Negra de Pernambuco e do Centro de Cultura Afro-Brasileiro, em 1936, do Teatro Popular Brasileiro, em 1943, e também participou da fundação do Teatro Experimental do Negro (TEN), em 1944, no Rio de Janeiro. Ao longo de sua trajetória como poeta publicou, entre outros: *Poemas de uma vida simples* (1944) e *Seis tempos de poesia* (1958).

reconhecimento social e igualdade, da grande maioria dos negros." (PEREIRA, 2008:38)

Já Petrônio Domingues (2007) cita o Teatro Experimental do Negro e a União dos Homens de Cor (UHC), fundada em Porto Alegre em 1943 e com ramificações em 11 estados da federação, como sendo as principais organizações dessa segunda fase do movimento. Antônio Sérgio Guimarães, referindo-se ao período de redemocratização, em 1945, e às organizações negras criadas naquele contexto histórico, afirma que o "Teatro Experimental do Negro é sem dúvida a principal dessas organizações" (GUIMARÃES, 2002:141), e diz o seguinte em relação ao TEN:

> De fato, os propósitos de integração do negro na sociedade nacional e no resgate da sua auto-estima foram marcas registradas do Teatro Experimental do Negro. Através do teatro, do psicodrama e de concursos de beleza, o TEN procurou não apenas denunciar o preconceito e o estigma de que os negros eram vítimas, mas, acima de tudo, oferecer uma via racional e politicamente construída de integração e mobilidade social dos pretos, pardos e mulatos. (Idem:93)

Sérgio Costa afirma que o TEN buscava inspiração no movimento *Négritude*, que teve enorme importância nos debates intelectuais contra o racismo e o colonialismo na primeira metade do século XX, principalmente no mundo francófono, e diz ainda que:

> No Brasil, o movimento articulado pelo TEN e organizado em torno de simpósios e oficinas de teatro nunca teve as características de uma organização que contasse com uma base ampla. Não obstante, revestiu-se de enorme importância no âmbito da mobilização de intelectuais, sobretudo, nas cidades de São Paulo e Rio de Janeiro. (COSTA, 2006: 143)

Nesse sentido, destacam-se a realização pelo TEN da I e da II Convenção Nacional do Negro (1945 e 1946) e do I Congresso do Negro Brasileiro em 1950. Michael Hanchard afirma que o TEN foi fundado com o objetivo primário de ser uma companhia de produção teatral, mas que assumiu outras funções culturais e políticas logo depois que foi criado, e que "além de montar peças como *O Imperador Jones*, de Eugene O'Neill (1945), e *Calígula*, de Albert Camus (1949), o

TEN foi a força propulsora do jornal *Quilombo* (1948-1950) e de campanhas de alfabetização em pequena escala, além de cursos e 'iniciação cultural' entre 1944 e 46." (HANCHARD, 2001:129) É interessante observar a própria explicação dada por Abdias do Nascimento sobre o episódio que o teria motivado a criar o Teatro Experimental do Negro:

> Várias interrogações suscitaram ao meu espírito a tragédia daquele negro infeliz que o gênio de Eugene O'Neill transformou em *O Imperador Jones*. Isso acontecia no Teatro Municipal de Lima, capital do Peru, onde me encontrava com os poetas Efraín Tomás Bó, Godofredo Tito Iommi e Raul Young, argentinos, e o brasileiro Napoleão Lopes Filho. Ao próprio impacto da peça juntava-se outro fato chocante: o papel do herói representado por um ator branco tingido de preto. Àquela época, 1941, eu nada sabia de teatro, economista que era, e não possuía qualificação técnica para julgar a qualidade interpretativa de Hugo D'Evieri. Porém, algo denunciava a carência daquela força passional específica requerida pelo texto, e que unicamente o artista negro poderia infundir à vivência cênica desse protagonista, pois o drama de Brutus Jones é o dilema, a dor, as chagas existenciais da pessoa de origem africana na sociedade racista das Américas. Por que um branco brochado de negro? Pela inexistência de um intérprete dessa raça? Entretanto, lembrava que, em meu país, onde mais de vinte milhões de negros somavam a quase metade de sua população de sessenta milhões de habitantes, na época, jamais assistira a um espetáculo cujo papel principal tivesse sido representado por um artista da minha cor. Não seria, então, o Brasil, uma verdadeira democracia racial? Minhas indagações avançaram mais longe: na minha pátria, tão orgulhosa de haver resolvido exemplarmente a convivência entre pretos e brancos, deveria ser normal a presença do negro em cena, não só em papéis secundários e grotescos, conforme acontecia, mas encarnando qualquer personagem – Hamlet ou Antígona – desde que possuísse o talento requerido. (NASCIMENTO, 2004:209)

Já a União dos Homens de Cor (UHC), tinha outra perspectiva de ação, um tanto distante da do TEN, que embora também oferecesse curso de alfabetização para os atores negros, pautava sua atuação no campo do protesto político e cultural. A UHC tinha uma perspectiva de atuação social mais próxima a da FNB, no sentido da busca de integração do negro na sociedade brasileira através de sua "educação" e sua inserção no mercado de trabalho. Embora a FNB tenha conseguido uma dimensão muito mais significativa em termos de número de membros associados, a UHC também se expandiu por várias regiões do Brasil. Petrônio Domingues diz o seguinte em relação à União dos Homens de Cor:

> Também intitulada Uagacê ou simplesmente UHC, foi fundada por João Cabral Alves, em Porto Alegre, em janeiro de 1943. Já no primeiro artigo do estatuto, a entidade declarava que sua finalidade central era "elevar o nível econômico, e intelectual das pessoas de cor em todo o território nacional, para torná-las aptas a ingressarem na vida social e administrativa do país, em todos os setores de suas atividades". A UHC era constituída de uma complexa estrutura organizativa. A diretoria nacional era formada pelos fundadores e dividia-se nos cargos de presidente, secretário-geral, inspetor geral, tesoureiro, chefe dos departamentos (de saúde e educação), consultor jurídico e conselheiros (ou diretores). (DOMINGUES, 2007:108)

Da mesma forma que na fase anterior, como podemos perceber nos trechos citados acima, a inclusão da população negra na sociedade brasileira, tal como ela se apresentava, continuava sendo uma característica importante do movimento. Mas, por outro lado, a valorização de experiências vindas do exterior, principalmente da África e dos Estados Unidos, aparece com frequência em fontes das décadas de 1940 e 1950. O próprio episódio narrado por Abdias do Nascimento acima, que o motivou a criar o TEN no Brasil, se deu em solo estrangeiro e assistindo a uma peça de um autor norte-americano que tratava da situação dos negros nos Estados Unidos. Como Verena Alberti e eu demonstramos em artigo publicado em 2007 sobre o tema, já em dezembro de 1948, o primeiro número do jornal *Quilombo*, fundado por Abdias do Nascimento, dedicou quatro parágrafos ao periódico francês *Présence Africaine*, que tinha em sua direção o intelectual senegalês Alioune Diop.[83] Seguindo a mesma linha, *Quilombo* publicou em janeiro de 1950 um resumo de "Orfeu negro", como ficou conhecida a introdução de Jean Paul Sartre à antologia de poetas negros de língua francesa organizada pelo senegalês Léopold Senghor em 1948. Nessa mesma época, poemas de Léopold Senghor, do martinicano Aimé Césaire e do guianense Léon Damas eram declamados na

---

[83] O jornal *Quilombo* era publicado no Rio de Janeiro e circulou entre 1948 e 1950. Ver a edição fac-similar do jornal: QUILOMBO, 2003: 21.

Associação Cultural do Negro (ACN), outra organização criada em 1954 por José Correia Leite em São Paulo.[84] (ALBERTI & PEREIRA, 2007-d:28)

José Correia Leite lembrou ainda, em entrevista concedida na década de 1980 ao poeta e militante Luiz Silva, o Cuti, de um protesto organizado pela ACN em 1958, contra a discriminação racial na África do Sul e nos Estados Unidos. Nesse evento foi sugerida a criação de um comitê de solidariedade aos povos africanos. Esse protesto acabou resultando na criação de contatos entre a ACN e a principal organização na luta pela libertação do colonialismo português em Angola, como contou em sua entrevista Correia Leite: "Creio que essa proposta deve ter chegado à África portuguesa, pois nós passamos a receber publicações do Movimento Popular de Libertação de Angola (MPLA), não endereçadas à Associação, mas ao Comitê de Solidariedade aos Povos Africanos."[85] (LEITE, 1992:175) Correia Leite sintetizou dessa forma o significado da descoberta da África para os negros brasileiros no início dos anos 60:

> 1960 foi considerado o ano africano. Foi quando ocorreu o maior número de independências dos países da África negra. Toda a atenção estava voltada para esses acontecimentos. Inclusive na África portuguesa estava começando o movimento de libertação de Angola e Guiné Bissau.[86] (...) Aquela movimentação deixou os negros daqui entusiasmados. A África era bem desconhecida. Parecia que estava sendo descoberta naquele momento. (Idem: 177)

---

[84] A Associação Cultural do Negro foi criada em 1954, em resposta ao fato de nenhum negro ter sido indicado como importante para a formação da cidade de São Paulo durante as comemorações do quarto centenário da cidade, mas só começou a funcionar em 1956. Ver: LEITE, 1992:167.

[85] O Movimento Popular de Libertação de Angola (MPLA) foi fundado em 1956, quando foi publicado seu primeiro manifesto.

[86] Em Angola, a luta pela independência começou no início dos anos 1960, com a participação de três organizações divergentes: o MPLA, de orientação marxista e pró-soviético; a Frente Nacional de Libertação de Angola (FNLA), anti-comunista, apoiada pelos Estados Unidos e pela República Democrática do Congo; e a União Nacional para a Independência Total de Angola (Unita), inicialmente de orientação maoísta, e, depois, anti-comunista, apoiada pelo regime sul-africano do *apartheid*. Em 11 de novembro de 1975, o MPLA proclamou a independência e seu líder Agostinho Neto tornou-se presidente da República Popular de Angola, que adotou o regime socialista. Em Guiné-Bissau, a luta pela libertação começou em 1956, com a fundação do Partido para a Independência da Guiné Portuguesa e Cabo Verde (PAIGC), por Amilcar Cabral (1924-1973). O braço armado do partido desencadeou a guerra pela libertação em 1961 contra as tropas coloniais portuguesas, proclamando a independência do país em 26 de setembro de 1973. Em 10 de setembro de 1974, o governo português entregou oficialmente o poder ao PAIGC.

Embora a organização de certos "quadros" explicativos, com datas e marcos significativos, seja bastante útil para facilitar a compreensão de processos históricos, especificamente no caso desta pesquisa é muito difícil estabelecer uma cronologia fechada que enquadre a constituição do movimento negro brasileiro ao longo do século XX em fases muito definidas. Como já foi visto acima, entre as diferentes fases do movimento, durante todo o período investigado, é possível constatar a presença de muitos elementos comuns, muitas continuidades em relação às formas de atuação e estratégias adotadas por ativistas e organizações. Ao mesmo tempo, como se verá adiante, é possível perceber a existência de diversos intercâmbios ocorridos através de militantes mais velhos e jovens, que informaram e contribuíram para a construção de organizações negras em diversos momentos e regiões do Brasil. A experiência da FNB na década de 1930, por exemplo, foi importante para os militantes mais jovens que criaram o TEN e a AHC na década posterior. Da mesma forma, encontramos ao longo da pesquisa alguns relatos de militantes que eram em sua maioria bastante jovens na década de 1970 e que estabeleceram trocas, algumas vezes de maneira bastante crítica, com militantes que criaram organizações negras em períodos anteriores. Este fato torna ainda mais complexa a constituição do movimento negro brasileiro ao longo das diferentes épocas e em diferentes contextos históricos. Um bom exemplo desses intercâmbios entre militantes de diferentes períodos pode ser observado no relato de Maria Raimunda Araújo, mais conhecida como Mundinha Araújo, fundadora do Centro de Cultura Negra (CCN), em 1979 em São Luís do Maranhão. Mundinha contou em sua entrevista que aprendeu muito com Cesário Coimbra, médico negro em São Luís, que havia participado da União dos Homens de Cor, no Rio Grande do Sul:

> Tinha um médico, o doutor Cesário Coimbra, que era o médico da família e era negro.[87] Eu acredito que ele foi o primeiro médico negro daqui de São Luís, não

---

[87] Cesário Guilherme Coimbra (1908) formou-se em medicina e ingressou no Exército como primeiro-tenente-médico em 1947. Elegeu-se deputado estadual pelo Maranhão no pleito de 1954 e assumiu a cadeira em fevereiro do ano seguinte. Entre 1957 e 1961 foi secretário de Saúde e Assistência do Maranhão, durante o governo de José de Matos Carvalho. Candidatou-se a deputado federal nas eleições de 1958 e 1962, alcançando a terceira e a segunda suplências, respectivamente. Assumiu a cadeira de deputado federal em 1960, 1962, 1964 e 1966-1967. Nas eleições de 1982, candidatou-se ao governo do Maranhão, mas não obteve êxito. Ver *DHBB*.

tenho certeza, porque teve também o Nunes Freire.[88] Mas acho que ele era mais velho que o Nunes Freire. O doutor Cesário Coimbra ocupou cargos, foi deputado estadual, deputado federal, era rico, tinha fazendas no interior e estudou no Rio Grande do Sul. E quando estudou lá, ele foi de movimento, de uma associação dos negros de cor.[89] Uma vez ele me mostrou o estatuto. Ele já tinha alguma vivência de organização. E quando eu ia me consultar, ele gostava muito de conversar comigo, e dizia para a minha mãe: "Sua filha é muito inteligente, gosto de conversar com ela." E nós começávamos a falar de preconceito, discriminação, e ele dizia: "Olha, aqui se precisa criar um grupo. Nós precisamos criar um grupo para ver essas questões." Se teve alguém que me influenciou foi o doutor Cesário Coimbra.

É interessante acompanhar, através das entrevistas como as redes de relacionamento entre os militantes negros brasileiros foram se constituindo em âmbito nacional a partir da década de 1970. Essas redes possibilitaram a difusão de informações e elementos importantes para a organização do movimento em todo o país. No trecho seguinte da entrevista de Mundinha Araujo, é possível perceber, por exemplo, que o estatuto da UHC que informou Mundinha na década de 1970 não foi o único a ajudá-la a criar o estatuto de sua própria organização, o CCN do Maranhão:

Em dezembro de 1979, eu fui para o Rio em mais uma de minhas viagens e disse: "Agora eu vou procurar as entidades que estão lá." Falei com o pessoal: "Vou pegar estatutos, vou conversar..." Porque o Neiva Moreira tinha orientado que a gente se formalizasse: "Não vão ficar o tempo todo. Vocês estão pretendendo o quê? Criem um grupo formal, regularizem, tenham um estatuto, uma diretoria, vão logo pensando nisso."[90] Porque a gente pensava em ser só grupo de estudos.

---

[88] Oswaldo da Costa Nunes Freire (1911-1986), nascido em Grajaú (MA), formou-se pela Faculdade de Medicina da Bahia em 1938. Retornando ao Maranhão, foi secretário de Saúde do estado em duas ocasiões (1946 e 1966), deputado estadual por quatro mandatos consecutivos (1951-1967), deputado federal por dois mandatos consecutivos (1967-1975) e governador do estado (1975-1979). Ver *DHBB*.

[89] Trata-se da União dos Homens de Cor (UHC), que, como foi visto acima, foi criada em Porto Alegre, em 1943.

[90] José Guimarães Neiva Moreira (1917), jornalista, foi deputado federal pelo Maranhão de 1955 a 1964, quando foi cassado pelo Ato Institucional nº 1 (AI-1), de 9 de abril. No final de 1964, após vários meses de prisão no Rio de Janeiro e em Brasília, exilou-se, primeiramente na Bolívia, depois no Uruguai, onde morou dez anos, em seguida na Argentina, no Peru e no México. Retornou ao

Quando chegou dezembro de 1979, a gente já estava pensando em realmente se transformar numa entidade, existindo juridicamente. E fui para o IPCN, onde encontrei o Amauri, o Yedo e o Orlando, que era o presidente do IPCN.[91] E conversei muito com eles, eles me deram uma cópia do estatuto e procuraram me mostrar as dificuldades. Nessa vez, no Rio, conheci a Lélia Gonzalez também, e já algumas pessoas que eles me apresentaram. E fiquei muito feliz. Para vocês verem: esse intercâmbio, que vai se prolongar por muitos anos, começa logo aí, antes do CCN estar formalizado. Ainda não tinha nome, não tinha nada. Mas a gente já sabia que queria fazer pesquisa, queria ir para a comunidade negra, queria fazer denúncia de racismo, de preconceito, não era uma coisa só.

O estatuto do CCN do Maranhão, elaborado em 1979 a partir de diferentes modelos, como os estatutos da UHC e do IPCN – ambos citados por Mundinha –, acabou sendo a base para a elaboração do estatuto do Centro de Estudos da Cultura Negra (Cecun), criado em Vitória, no Espírito Santo, em 1983, como relatou Luiz Carlos Oliveira, liderança do movimento negro naquele estado desde o início da década de 1980 e fundador da organização citada:

> Conheci a Mundinha Araújo no Rio, porque ela ficou na casa da Lucila Beato quando teve um encontro na Candido Mendes, no início da década de 1980.[92] Ah, foi ela quem me deu o modelo de estatuto para criar o Centro de Estudos da Cultura Negra, Cecun, em Vitória. Eu me baseei no modelo de estatuto do CCN do Maranhão. Lucila tinha convidado Miriam Cardoso para o evento, mas ela não quis ir e me falou: "Recebi um convite para ir lá no Rio, num encontro assim,

---

Brasil após a Anistia de agosto de 1979. Segundo Mundinha Araújo, Neiva Moreira participou, em outubro de 1979, de uma das primeiras reuniões do grupo que logo depois formou o Centro de Cultura Negra (CCN) do Maranhão e, na ocasião, falou sobre África. Na época, era editor da revista *Cadernos do Terceiro Mundo*, que havia relançado no México. Depois da redemocratização do país, Neiva Moreira voltou à vida política e candidatou-se a deputado federal pelo Maranhão na legenda do Partido Democrático Trabalhista (PDT). Em algumas eleições alcançou apenas uma suplência e em outras, foi eleito. Exerceu o mandato em diferentes legislaturas, com algumas interrupções, de 1993 a 1994 e de 1997 a 2007. Ver http://www2.camara.gov.br/deputados, acesso em 25/7/2007.
[91] Orlando Fernandes, sargento do Exército cassado após o golpe militar de 1964, foi presidente do IPCN entre 1979 e 1980.
[92] Lucila Bandeira Beato integrou a Subsecretaria de Promoção e Defesa dos Direitos Humanos da Secretaria Especial dos Direitos Humanos da Presidência da República durante o governo Luiz Inácio Lula da Silva.

assado, mas eu não estou mais militando..."⁹³ Aí eu fui para o Rio de Janeiro. Fiquei num hotel, com a negrada toda. Lá, a Lucila, que era a pessoa na Candido Mendes, falou: "Vamos dormir lá em casa?" Eu sei que nós dormimos na casa de Lucila, naquele bairro de Martinho da Vila, Vila Isabel, e lá eu conheci Mundinha. Isso foi antes de fundarmos o Cecun, em fevereiro de 1983.⁹⁴

2.1. Especificidades do movimento negro contemporâneo

Embora tenha existido desde o final do século XIX uma séria de diferentes organizações do movimento negro brasileiro, como se viu acima, podemos afirmar a existência de um "movimento negro contemporâneo" surgido no Brasil dos anos 1970, com algumas especificidades. É possível afirmar também que, tanto nos períodos anteriores quanto a partir dos anos 1970, a circulação de referenciais no chamado "Atlântico negro" (GILROY, 2001) foi fundamental para a construção do movimento negro no Brasil, nos Estados Unidos e em muitos outros países, como se verá no próximo capítulo.

A tradição de luta contra o racismo, que contou com diferentes tipos de organizações políticas e culturais em vários setores da população negra brasileira desde o final do século XIX, foi importante para o surgimento, em meio a um período de ditadura militar, do movimento negro contemporâneo no Brasil no início da década de 1970. No entanto, podemos encontrar várias características específicas nesse movimento contemporâneo, como por exemplo o fato de que, diferentemente de momentos anteriores, a oposição ao chamado "mito da democracia racial" e a construção de identidades político-culturais negras foram o fundamento a partir do qual se articularam as primeiras organizações. Sobre a relação entre a

---

⁹³ Miriam Cardoso foi secretária de Cidadania e Segurança Pública de Vitória, no Espírito Santo, e integrou o Comitê Nacional de Combate à Discriminação instalado em Brasília pelo Ministério da Justiça, em 2000. Ver www.vitoria.es.gov.br/secretarias/cidadania/negrosensino.htm, acesso em 19/4/2007.

⁹⁴ Luiz Carlos Oliveira nasceu em Vitória em 10 de julho de 1944. É formado no curso técnico em eletrotécnica e no curso superior de administração. Como eletrotécnico e sindicalista, teve importante atuação para a conquista da regulamentação de sua profissão em âmbito nacional. Foi fundador do Centro de Estudos da Cultura Negra do Espírito Santo (Cecun), em 1983. À época da entrevista era coordenador da Rede de Educação Étnico-Racial, Reer/ES, do Fórum de Entidades Negras do Espírito Santo e do Cecun. A entrevista foi gravada em 15 de setembro de 2006, no *Campus* da UNEB, em Salvador, durante o IV Copene.

constituição do movimento negro e a denúncia do mito da democracia racial, Joel Rufino dos Santos diz o seguinte:

> O movimento negro, no sentido estrito, foi, na sua infância (1931-45) uma resposta canhestra à construção desse mito. Canhestra porque sua percepção das relações raciais, da sociedade global e das estratégias a serem adotadas, permanecem no ventre do mito, como se fosse impossível olhá-lo de fora – e, de fato, historicamente, provavelmente o era. Para as lideranças do movimento negro, catalisadas pela imprensa negra que desembocou na FNB, o preconceito anti-negro era, com efeito, residual tendendo para zero à medida em que o negro vencesse o seu "complexo de inferioridade"; e através do estudo e da auto-disciplina, neutralizasse o atraso causado pela escravidão. Na sua visão – comprovando a eficácia do mito – o preconceito era "estranho à índole brasileira"; e, enfim, a miscigenação (que marcou o quadro brasileiro) nos livraria da segregação e do conflito (que assinalavam o quadro norte-americano), sendo pequeno aqui, portanto, o caminho a percorrer. (...) Foi só nos anos 1970 que o movimento negro brasileiro decolou para atingir a densidade e amplitude atuais. (SANTOS, 1985:289)

A denúncia do "mito da democracia racial" como um elemento fundamental para a constituição do movimento a partir da década de 1970 pode ser observada, por exemplo, em todos os documentos do Movimento Negro Unificado (MNU), criado em 1978 em São Paulo e que contou com a participação de lideranças e militantes de organizações de vários estados. Desde a "Carta Aberta à População", divulgada no ato público de lançamento no MNU, realizado nas escadarias do Teatro Municipal de São Paulo em 7 de julho de 1978, podemos encontrar em todos os documentos a frase "por uma verdadeira democracia racial" ou "por uma autêntica democracia racial".

É importante ressaltar que o surgimento do MNU em 1978 é considerado, tanto pelos próprios militantes quanto por muitos pesquisadores, como o principal marco na formação do movimento negro contemporâneo no Brasil na década de 1970. Reconhecendo a criação do MNU como um marco fundamental na transformação do movimento negro brasileiro – em meio a um contexto histórico-social de lutas contra a ditadura militar, então vigente no país –, e comparando-o com organizações anteriores como a FNB e o TEN, Sérgio Costa afirma que o MNU se "constitui como um movimento popular e democrático", e acrescenta:

Além do caráter popular, ausente no projeto do Teatro Experimental do Negro, o MNU se distingue do TEN por sua crítica ao discurso nacional hegemônico. Isto é, enquanto o TEN defendia a plena integração simbólica dos negros na identidade nacional "híbrida", o MNU condena qualquer tipo de assimilação, fazendo do combate à ideologia da democracia racial uma das suas principais bandeiras de luta, visto que aos olhos do movimento, a igualdade formal assegurada pela lei entre negros e brancos e a difusão do mito de que a sociedade brasileira não é racista teria servido para sustentar, ideologicamente, a opressão racial. Assim, os conceitos "consciência" e "conscientização" passam a ocupar, desde a fundação do MNU, lugar decisivo na formulação das estratégias do movimento. (COSTA, 2006:144)

A "Carta de princípios" do MNU, criada nos meses seguintes ao ato público, ainda em 1978, é um bom exemplo do esforço de definição do que seria um "movimento negro" e do que era ser negro, assim como nos possibilita observar algumas diferenças fundamentais em relação às tentativas anteriores de organização da população negra no Brasil:

> Nós, membros da população negra brasileira – entendendo como negro todo aquele que possui na cor da pele, no rosto ou nos cabelos, sinais característicos dessa raça –, reunidos em Assembléia Nacional, convencidos da existência de discriminação racial, marginalização racial, (...) mito da democracia racial, resolvemos juntar nossas forças e lutar pela defesa do povo negro em todos os aspectos (...); por maiores oportunidades de emprego; melhor assistência à saúde, à educação, à habitação; pela reavaliação do papel do negro na história do Brasil; valorização da cultura negra (...); extinção de todas as formas de perseguição (...), e considerando enfim que nossa luta de libertação deve ser somente dirigida por nós, queremos uma *nova* sociedade onde *todos* realmente participem, (...) nos solidarizamos com toda e qualquer luta reivindicativa dos setores populares da sociedade brasileira (...) e com a luta internacional contra o racismo. Por uma autêntica democracia racial! Pela libertação do povo negro! (MNU, 1988:19) [grifos transcritos como no documento original]

Uma característica importante do movimento negro contemporâneo é a reivindicação pela "reavaliação do papel do negro na história do Brasil", contida na "Carta de princípios" do MNU. Essa foi a própria razão do surgimento de uma das primeiras organizações do movimento negro contemporâneo brasileiro, o Grupo Palmares. Este Grupo foi fundado por Oliveira Silveira, junto com outros militantes, em 1971, em Porto Alegre, e teve como primeiro e principal objetivo propor o 20 de novembro, dia da morte de Zumbi dos Palmares (em 1695), como a data a ser comemorada pela população negra, em substituição ao 13 de maio (dia da abolição da escravatura); fato que engloba uma ampla discussão sobre a valorização da cultura, política e identidade negras, e provoca objetivamente uma revisão sobre o papel das populações negras na formação da sociedade brasileira, na medida em que desloca propositalmente o protagonismo em relação ao processo da abolição para a esfera dos negros (tendo Zumbi como referência), recusando a imagem da princesa branca benevolente que teria redimido os escravos. O 13 de maio passou então a ser considerado pelo movimento negro como um dia nacional de denúncia da existência de racismo e discriminação em nossa sociedade.

O Grupo Palmares elegeu o Quilombo dos Palmares como passagem mais importante da história do negro no Brasil e realizou ainda em 1971 o primeiro ato evocativo de celebração do 20 de Novembro. Em seu depoimento para esta pesquisa, Oliveira Silveira relatou, com riqueza de detalhes, como foi o início da trajetória do Grupo Palmares em 1971, ainda durante o governo do general Médici (1969-1974), sob o período mais duro do regime militar no Brasil:

> Nessa altura, eu já tinha até publicado um livro chamado *Banzo saudade negra* e tinha ganhado uma menção honrosa da União Brasileira de Escritores no Rio de Janeiro. (...) Isso me entusiasmou. Eu publiquei em 1970 e, nesse livro, já tinha um poema feito no dia 13 de maio de 1969 com esse título: "13 de Maio". É um poema longo, mas três versos dele são bastante conhecidos e dizem assim: "13 de Maio traição / Liberdade sem asas / e fome sem pão." Ao mesmo tempo, talvez por estarmos por volta de maio, época em que o oficialismo nos propunha comemorar a Lei Áurea, homenagear a princesa Isabel, essas coisas, eu sei que a discussão se tornou muito interessante a esse respeito. O Jorge Antônio dos Santos, que era uma das pessoas que freqüentava seguidamente essa roda [um grupo informal que se encontrava na rua da Praia], era um dos principais críticos do 13 de Maio: com bastante veemência afirmava que não devíamos comemorar, não devíamos considerar como uma data tão importante.
>
> Isso me levou a trabalhar um pouco a questão da história do Brasil e a verificar como estava a história do negro nesse contexto todo. E um fascículo da Editora

Abril foi importante, ele fez parte da série *Grandes personagens da nossa história*, e é um número dedicado a Zumbi.[95] Estava ali a história de Palmares e a morte de Zumbi em 20 de novembro. Então me chamou muito a atenção. Mas era uma obra que não poderia ser tomada como uma fonte que a academia, por exemplo, exigiria para se fazer a defesa de uma data dessas. Então fui procurar a fonte. Como gostava de folclore, já conhecia o Édison Carneiro. E na bibliografia dele aparecia o livro *Quilombo dos Palmares*.[96] Falando ao Antônio Carlos Cortes, ele me disse que o livro estava na Biblioteca Pública de Porto Alegre. Fui verificar e lá estava mesmo a história de Palmares, tinha sido a base para o fascículo, e o 20 de novembro estava lá. Então, já passei a ter certeza, porque o Édison Carneiro era um etnógrafo consagrado. E, para corroborar isso, lembrei que tinha em casa um livro que nunca pegava e que tinha sido emprestado pelo meu sogro, a essa altura já falecido, o professor José Maria Viana Rodrigues, que era negro. E no livro, que é de Ernesto Ennes, e se chama *As guerras nos Palmares*,[97] o autor não só contava como foi a campanha de Palmares durante aqueles anos todos, como transcrevia documentos. E lá estava a morte de Zumbi no dia 20 de novembro. Então corroborou.

Sem ter mais dúvidas, propus àquele grupo que a gente fizesse uma reunião para examinar a possibilidade de formar um grupo de estudos ou coisa parecida. Nessa primeira reunião éramos quatro pessoas: Antônio Carlos Cortes, estudante de direito na época, Ilmo da Silva, que era funcionário público, e Vilmar Nunes – acho que também era funcionário público. Tinha mais uma pessoa, um outro amigo, que não quis se integrar. Já nas reuniões seguintes nós convidamos outras pessoas que não quiseram aderir. Mas aderiu uma estudante chamada Nara Helena Medeiros Soares, falecida já. Cerca de dois meses depois ingressou outra componente chamada Anita Leocádia Prestes Abad. Então essas seis pessoas são consideradas as iniciadoras do Grupo Palmares, as fundadoras, digamos assim. E o Grupo se reuniu nessa primeira oportunidade, no dia 20 de julho de 1971. Se não é essa data, é em torno dela. Adotamos essa data porque esquecemos de registrar.

---

[95] "Zumbi." In: *Grandes Personagens da Nossa História*. Volume I (São Paulo, Editora Abril Cultural, 1969. p.141-156).
[96] CARNEIRO, Édison. *O quilombo dos Palmares*. Rio de Janeiro: Civilização Brasileira, 1966.
[97] ENNES, Ernesto. *As guerras nos Palmares (subsídios para sua história)*. São Paulo: Companhia Editora Nacional, 1938.

Na reunião seguinte (...) já foi dado o nome "Grupo Palmares", justamente porque reconhecíamos ou entendíamos que Palmares era a passagem mais importante da história do negro no Brasil. E também, logo em seguida, passamos a estabelecer um programa de trabalho para aquele ano. Seriam três atos: uma homenagem a Luiz Gama, em agosto, que acabou acontecendo no início de setembro; uma a José do Patrocínio, em 9 ou 10 de outubro, no aniversário de nascimento; e a homenagem a Palmares, que seria realizada em 20 de novembro de 1971. Nós cumprimos esse calendário nesse ano e realizamos, então, em novembro, o primeiro ato evocativo de celebração do 20 de Novembro, no Clube Náutico Marcílio Dias. Um jornal noticiou como sendo uma atividade de teatro: "Zumbi, a homenagem dos negros do teatro". Como o teatro era muito visado pelo governo militar, nós fomos chamados a registrar a programação para obter a liberação da censura na sede da Polícia Federal. Fomos lá, conseguimos a liberação e realizamos o ato, que não era uma atividade teatral. Nós íamos contar a história de Palmares e defender a data de 20 de Novembro, como fizemos. Então passamos a marcar essa data a partir de 1971.

Seguindo a proposição do Grupo Palmares, durante a segunda Assembleia Nacional do MNU, realizada no dia 4 de novembro de 1978, em Salvador, foi estabelecido o 20 de Novembro como "Dia Nacional da Consciência Negra" – que hoje é feriado em mais de 200 municípios do país –, como podemos observar no documento divulgado ao final da Assembleia:[98]

> Nós, negros brasileiros, orgulhosos por descendermos de ZUMBI, líder da República Negra de Palmares, que existiu no estado de Alagoas, de 1595 a 1695, desafiando o domínio português e até holandês, nos reunimos hoje, após 283 anos, para declarar a todo povo brasileiro nossa verdadeira e efetiva data: 20 de Novembro, DIA NACIONAL DA CONSCIÊNCIA NEGRA! Dia da morte do grande líder negro nacional, ZUMBI, responsável pela PRIMEIRA E ÚNICA tentativa brasileira de estabelecer uma sociedade democrática, ou seja, livre, e em

---

[98] Um fato interessante em relação a essa Assembleia, que nos leva a contextualizar a história do movimento negro, é que a sua realização foi proibida pela polícia, amparada pela Lei de Segurança Nacional, que no Decreto-Lei nº 510, de 20 de março de 1969, determinava em seu artigo 33º a pena de detenção de 1 a 3 anos por "incitar ao ódio ou à discriminação racial". A Assembleia acabou sendo realizada nas instalações do Instituto Cultural Brasil-Alemanha (ICBA), graças à intervenção de seu diretor, Roland Shaffner. Como o ICBA era considerado território alemão, a polícia brasileira não pôde impedir a realização da Assembleia, como se verá no capítulo 4.

que todos – negros, índios, brancos – realizaram um grande avanço político e social. Tentativa esta que sempre esteve presente em todos os quilombos.[99] [ênfases transcritas como no documento original]

Cartaz do primeiro 20 de Novembro como "Dia Nacional da Consciência Negra", celebrado após a segunda Assembleia Nacional do MNU, realizada em Salvador, na Bahia, em 4 de novembro de 1978.

É interessante observar, por exemplo, a demanda por "uma *nova* sociedade" explicitada na "Carta de princípios" do MNU, tendo em vista que era predominante no meio da militância negra, antes da década de 1960, a ideia de integração do negro na sociedade tal como ela se apresentava. Tanto na chamada "imprensa negra" quanto nas organizações do movimento criadas na primeira metade do século XX, embora houvesse denúncias de discriminações sofridas e a luta por melhores condições de vida, é evidente, como se viu acima, a busca pela integração da população negra na sociedade.

A ideia de transformação social, de construção de "uma *nova* sociedade onde *todos* realmente participem", está diretamente ligada ao momento histórico e ao contexto social no qual ela surge. Durante a ditadura militar, que se estabeleceu no Brasil a par-

---

[99] O documento foi transcrito e pode ser encontrado em: GONZALEZ, 1982:51.

tir de 1964, e no bojo do processo de Abertura iniciado dez anos depois, é facilmente observável, no seio da militância negra que então se constituía, um enfático discurso de transformação das relações sócio-raciais. Não somente no que tange à denúncia do mito da democracia racial, mas também com relação à transformação da própria sociedade como um todo, o que demonstra uma guinada de visão política e uma consequente aproximação com "qualquer luta reivindicativa dos setores populares da sociedade brasileira" e principalmente com grupos de esquerda que se opunham ao regime vigente. A perspectiva de luta que passou a articular as categorias de raça e classe é uma importante característica da política negra que se constitui no Brasil a partir da década de 1970. Em relação a essa mudança, Michael Hanchard diz o seguinte:

> O "novo" caráter do movimento negro no Brasil foi, na verdade, um velho traço latente que se desenvolveu e se acentuou nos anos setenta. Esse traço foi a política de esquerda que avançara aos trancos e barrancos nas margens de várias organizações negras desde a década de 1940, mas que (...) era um fator "residual" na cultura política negra. O que se revelou sem precedentes no despontar de grupos e organizações de protesto nos anos setenta foi a confluência de discursos baseados na raça e na classe dentro do movimento negro. Tanto os ativistas quanto os seguidores abandonaram os credos de conformismo e de ascensão social que haviam prevalecido nas décadas de 1930 e 1940, respectivamente. (HANCHARD, 2001:132)

Um bom exemplo dessa aproximação entre movimento negro e agrupamentos de esquerda na década de 1970 pode ser observado no depoimento de Flávio Jorge Rodrigues da Silva, uma liderança do movimento negro contemporâneo atuante desde o final dos anos 1970. É interessante notar no depoimento abaixo que, no contexto da ditadura militar e de construção de possibilidades de oposição ao regime, Flávio Jorge inclusive torna-se militante do movimento negro a partir de sua atuação em grupos de esquerda, a começar pelo movimento estudantil; e destaca, entre outras coisas, a importância da coluna "Afro-Latino-América", editada no jornal *Versus* a partir de 1978, que também é considerada uma importante referência por lideranças do movimento em diferentes estados do Brasil:

> Ingressei em 1974 na PUC de São Paulo. A PUC começava a ter um movimento de abertura política, movido pelos alunos e professores que atuavam lá dentro. E participei do primeiro trote, sem ser violento, que foi organizado na época por um núcleo

dentro da Faculdade de Economia, Administração e Ciências Contábeis, que estava tentando reorganizar o diretório acadêmico. Eles tinham um grupo de teatro e, nesse trote, entrei no grupo. Sete meses depois fui passar umas férias com esse pessoal do grupo de teatro e fui convidado para entrar na Liga Operária.[100] Era um grupo clandestino que atuava dentro da universidade. Um grupo trotskista até. Para mim foi um choque, porque eu não tinha nem noção de que existiam grupos clandestinos dentro da universidade. Já era o final da luta armada no Brasil, 1974. Era governo Geisel.

Esse núcleo era contrário à luta armada porque tinha uma outra visão de organização política e estava investindo muito na organização estudantil. Chamava-se Liga Operária, mas tinha uma ligação muito frágil com os operários. Se vocês estudarem a formação da Convergência Socialista, verão que esse grupo é um dos núcleos que, aqui em São Paulo, estruturam a Convergência Socialista.[101] Agora, o que esse grupo tem de importante? Eu comecei a militar no movimento estudantil da época e, um ano e meio depois, a gente conseguiu criar uma primeira diretoria dentro do diretório acadêmico, que era um diretório que centralizava as escolas de Economia, Administração e Ciências Contábeis, e, na seqüência, o primeiro centro acadêmico da universidade, construído por uma aliança desse grupo com o grupo do PC do B lá dentro. O governo da época não permitia a existência de centros acadêmicos, que eram considerados centros livres, na concepção que a gente tinha. Já o diretório acadêmico era totalmente atrelado à universidade: a diretoria, para ser eleita, tinha que passar pelo crivo da reitoria. Se a reitoria não permitisse, você não criava o diretório. Então, a gente aproveitou as brechas da lei da época e criou o diretório da Faculdade de Economia, Administração e Ciências Contábeis, em 1976, e, em 1977, transformou o diretório em centro acadêmico. Começamos um movimento de criação de centros acadêmicos nas outras faculdades, criamos a primeira comissão pró-DCE da PUC e eu me integrei a essa comissão. Pela participação, eu já comecei a virar uma liderança dentro da escola a que eu pertencia, que era a Escola de Ciências Contábeis. Fui estudando e entrando na militância política.

---

[100] A Liga Operária foi uma organização de inspiração trotskista constituída no final de 1973 por brasileiros exilados na Argentina, que já haviam integrado a Ação Popular, o Partido Comunista Brasileiro Revolucionário e o Movimento Nacionalista Revolucionário. Mas foram, sobretudo, os ex-militantes dessa última organização que compuseram sua diretoria.

[101] A Convergência Socialista foi uma organização política criada em 28 de janeiro de 1978, em São Paulo, e uma das correntes atuantes no Partido dos Trabalhadores a partir de 1980. Deixou de existir em 1994, quando seus membros passaram a integrar o recém-criado Partido Socialista dos Trabalhadores Unificados (PSTU).

A USP também já tinha um movimento de criação do DCE, e a gente começou a ampliar essa organização. Aí eu concorri para a primeira chapa do DCE da PUC. A gente já não estava mais com o PC do B, e a Liga Operária já se aproximava do grupo que seria a Convergência mais à frente. A gente perdeu a direção do DCE, mas eu conheci duas pessoas que foram muito importantes na minha vida: o falecido Hamilton Cardoso, que vinha da Universidade de São Paulo, e o Milton Barbosa, que também já estava dentro da Faculdade de Economia da USP. E eles tinham um núcleo já da questão racial, dentro da universidade. Tinha o Rafael Pinto, o Milton Barbosa, o Hamilton e, dentro da PUC, tinha uma pessoa que hoje mora no Rio, o Astrogildo. Ele estudava na PUC, fazia ciências sociais. E o Astrogildo um dia me falou assim: "Flavinho, você não tem interesse nenhum pela questão racial? Você vai ser o tempo todo do movimento estudantil?" Eu fiquei meio chocado, porque a minha cabeça era totalmente dirigida para o movimento estudantil. Aí eu falei para o Astrogildo: "Nem sei da existência de movimento..." Ele disse assim: "Nós temos um agrupamento dentro da Liga Operária que começa a discutir movimento negro." Esse grupo se chamava Núcleo Negro Socialista, que foi, na minha opinião, o grupo que começou esse movimento mais à esquerda dentro do movimento negro brasileiro. Era um núcleo que impulsionava, aqui em São Paulo, o surgimento do Movimento Negro Unificado, do qual o Miltão e o Hamilton faziam parte. E o Astrogildo me convidou para fazer parte desse agrupamento dentro da Liga Operária.

E quem começou isso dentro da Liga Operária, o senhor tem ideia?

Foi um jornalista que veio do exterior. O nome dele é Jorge Pinheiro.[102] (...) Ele era da direção da Liga Operária, e eu não sei por onde ele anda. Ele era negro, se reivindicava negro, e teve uma passagem pelo Chile – um auto-exílio –, morou na França e, por essa passagem, começou a ter contatos com os movimentos ne-

---

[102] Jorge Pinheiro dos Santos foi militante da Ação Popular, da Liga Operária e do Movimento Nacionalista Revolucionário durante o regime militar. Em 1970 exilou-se no Chile e concluiu o curso de ciências sociais na Universidad de Chile (1973). Em 1974 voltou ao Brasil. Em 1977 foi viver na Europa, onde tomou contato com as ideias que o levaram à Convergência Socialista, da qual foi um dos fundadores no Brasil, no ano seguinte. Trabalhou como jornalista na revista *Manchete* e nos jornais *Folha de S. Paulo* e *Versus*, do qual, além de um dos editores, foi também diretor, justamente a partir do n° 23 (julho/agosto de 1978), após a saída do criador do jornal, o jornalista Marcos Faerman. Em 2001 concluiu a graduação em teologia pela Faculdade Teológica Batista de São Paulo (2001), tornando-se pastor. Fez também mestrado (2001) e doutorado (2006) em ciências da religião na Universidade Metodista de São Paulo. Atualmente é professor da Faculdade Teológica Batista de São Paulo. Ver www.pastoral.org.br/2006/t_text/a12.htm e www.cnpq.br, "Plataforma Lattes", acesso em 29/8/2007.

gros lá de fora e já voltou com essas ideias na cabeça. E, por influência dele, esse pessoal – Hamilton, Milton, Rafael, Astrogildo –, começou a discutir a questão racial. Ele foi um dos responsáveis pela organização daquele jornal *Versus*, que foi um núcleo bastante importante do debate racial aqui no Brasil.[103] Dentro desse jornal foi criada uma sessão que se chamava "Afro-Latino-América". Foi um jornal fundamental para existência do movimento negro; ele centralizava o debate mais teórico sobre o racismo no Brasil em textos muito importantes.

O trecho acima é interessante em vários sentidos e, além de apresentar um importante exemplo de articulação entre o movimento negro e grupos de esquerda – o Núcleo Negro Socialista – e de ressaltar o papel da "imprensa negra" – no caso, da coluna "Afro-Latino-América" do jornal *Versus* –, nos leva também a refletir sobre a importância das influências externas para a constituição do movimento negro contemporâneo no Brasil. Ele destaca as influências trazidas pelo jornalista Jorge Pinheiro, que em função do exílio, viajou pelo mundo e conheceu discussões e ações dos movimentos negros no mundo Atlântico. A circulação de referenciais pelo "Atlântico negro" tem um papel importante para a constituição do movimento negro contemporâneo no Brasil e é outra característica importante, que também já estava, de certa forma, presente na "Carta de princípios" do MNU, quando se afirma a deliberada solidariedade e a busca pela aproximação com "a luta internacional contra o racismo".

Observei muito, durante minhas pesquisas nos Estados Unidos, o que Michael Hanchard (2002) chama de transnacionalismo negro, quando ele fala da importância de se pensar os movimentos negros como reflexos da política negra transnacional e não como entidades restritas aos seus respectivos Estados-nação. E no acervo de entrevistas de história oral aqui utilizado percebe-se que as lutas envolvendo as populações negras, na África e nos Estados Unidos a partir de meados do século XX, fazem parte de uma "memória coletiva" e são recorrentemente citadas pelos entrevistados como importantes referenciais para a construção de suas próprias identidades como negros e como militantes políticos, como se verá no próximo capítulo.

---

[103] O jornal *Versus* circulou de outubro de 1975 a outubro de 1979, e chegou a ter circulação nacional, com edições de 35 mil exemplares. Ver www.cce.ufsc.br/~nelic/Boletim_de_Pesquisa_6_7/versus6_7.htm, acesso em 13/8/2012.

Capítulo 3

Circulação de referenciais: Brasil, Estados Unidos e África

> *O piloto de Colombo, Pedro Nino, era africano. Desde então, a história do Atlântico negro, constantemente ziguezagueado pelo movimento de povos negros – não só como mercadoria, mas engajados em várias lutas de emancipação, autonomia e cidadania – propicia um meio para reexaminar os problemas de nacionalidade, posicionamento [location], identidade e memória histórica.*
>
> Paul Gilroy (*O Atlântico negro*)[104]

> *Que bloco é esse? Eu quero saber.*
> *É o mundo negro que viemos cantar pra você.*
>
> *Branco, se você soubesse o valor que o preto tem.*
> *Tu tomavas banho de piche e ficava negro também.*
> *E não te ensino a minha malandragem.*
> *Nem tão pouco minha filosofia.*
> *Quem dá luz a cego é bengala branca em Santa Luzia.*
>
> *Somos crioulos doidos e somos bem legal.*
> *Temos cabelo duro, somos Black Power.*
>
> (Música do bloco Ilê Aiyê no carnaval de 1975, de autoria de Paulinho Camafeu)

---

[104] GILROY, 2001: 59

O objetivo deste capítulo é refletir sobre as relações entre o movimento negro contemporâneo no Brasil e as influências externas, com o intuito de analisar essas influências a partir da perspectiva da circulação de referenciais existente no chamado "Atlântico negro". Ainda é muito comum no Brasil, em diversos meios de comunicação e mesmo na academia, a afirmação de que o movimento negro brasileiro na contemporaneidade seria uma cópia, em menores proporções, do movimento negro norte-americano pelos direitos civis, que – principalmente durante as décadas de 1950 e 60 – mobilizou a atenção de populações negras pelo mundo afora. Não há dúvidas de que o hoje chamado "movimento negro contemporâneo", que se constituiu no Brasil a partir da década de 1970, recebeu, interpretou e utilizou informações, ideias e referenciais produzidos na diáspora negra de uma maneira geral, especialmente nas lutas pelos direitos civis nos Estados Unidos e nas lutas por libertação nos países africanos, sobretudo nos países então colonizados por Portugal. Entretanto, as informações e referenciais que contribuíram e ainda contribuem para a luta contra o racismo no mundo inteiro nunca estiveram numa "via de mão-única". Pelo contrário, podemos verificar nitidamente até os dias de hoje a circulação de pessoas, informações e ideias pelo chamado "Atlântico negro".[105] Como se pode perceber na epígrafe acima, a metáfora do "navio" como um espaço privilegiado para essa circulação já foi utilizada por Paul Gilroy (2001), que analisou vários exemplos dessa circulação, basicamente no hemisfério Norte, desde as "Grandes Navegações".

Da mesma forma, podemos encontrar diversos exemplos nos quais essa circulação ultrapassa os limites do hemisfério Norte e que merecem ser mais estudados, como por exemplo a trajetória de Mohammah Gardo Baquaqua, que foi escravizado na África ocidental, aparentemente entre o início e meados dos anos 1840, e transportado para o Brasil por volta de 1845. Baquaqua alcançou a sua liberdade na cidade de Nova Iorque em 1847, migrou para o Haiti, onde viveu por dois anos, e estudou por três anos (1850-53) no Central College, em McGrawville, no estado de Nova Iorque, onde tornou-se um abolicionista. Em 1854 Baquaqua publicou sua própria autobiografia em Detroit e depois viajou para Liverpool, na Inglaterra, no ano seguinte (LOVEJOY, 2002:12). Outra trajetória interessante,

---

[105] Para Paul Gilroy, o "Atlântico negro" seria o conjunto cultural e político transnacional de elementos e ações produzidos pela diáspora negra desde o final do século XV. Ver GILROY, 2001.

nesse sentido, é a de João Cândido Felisberto, que, antes de se tornar o principal líder da Revolta da Chibata em 1910 – que paralizou a capital da República do Brasil durante uma semana, reivindicando o fim dos castigos corporais herdados dos tempos da escravidão e que ainda eram utilizados com frequência na Marinha brasileira –, ainda como aprendiz de marinheiro, em 1908, foi enviado à Inglaterra, onde tomou conhecimento do movimento reivindicando melhores condições de trabalho, realizado pelos marinheiros britânicos entre 1903 e 1906.[106]

O Próprio Paul Gilroy (2001), no prefácio à edição brasileira de seu *O Atlântico negro*, nos incentiva a caminhar no sentido de buscarmos a ampliação do número de pesquisas históricas que nos permitam observar os mais diferentes e variados papéis do Brasil no "Atlântico negro", e destaca dois possíveis elementos históricos a serem investigados nesse processo, as histórias das relações entre Brasil e África e a história do futebol:

> A longa e específica história do Brasil sobre os contínuos contatos com a África deveria também ser produtivamente acrescentada às narrativas fundamentais da história do "Atlântico negro". A história do futebol, que se transformou de maneira tão bonita aqui, após sua apresentação à elite brasileira pelos ingleses, fornece algumas instigantes possibilidades analíticas. (GILROY, 2001:12)

No mesmo parágrafo, Gilroy, intelectual negro nascido em Londres, na Inglaterra, em 1956, se diz "um dos dissidentes pós-coloniais que sem nenhuma vergonha, entusiasticamente, escolheu torcer pelo Brasil na Copa do Mundo de 1970, quando eles tiraram de um time inglês formado apenas por brancos aquilo que acreditávamos ser uma posição totalmente imerecida: o título de campeão do mundo." (Idem, ibidem) Um dos entrevistados para esta pesquisa, Anani Dzidzienyo, cientista político nascido em Gana em 1941 e radicado nos Estados Unidos desde fins da década de 1970, revelou o quanto o futebol e as seleções brasileiras de 1958 e 1970, ambas com vários negros, foram importantes para que ele inclusive optasse por conhecer e estudar o Brasil anos mais tarde; sem perder de vista o fato de que seu país, Gana, acabara de conquistar a independência deixando de ser uma colônia inglesa apenas um ano antes da Copa do Mundo de 1958:

---

[106] Ver: NASCIMENTO, 2000.

Copa de 1958, isso é importante! Porque nessa época não tinha seleções africanas, viu? Então para nós, a gente tinha que ficar acompanhando os jogos através dos jornais, de rádio, de vez em quando de *cinema clips*. E quando dava para olhar para todas as seleções nessa época, não tinha negros. Só o time do Brasil tinha negros! Nós contamos, e eram uns cinco. Então para nós o Brasil virou "o time", como a gente dizia: "we are going to support Brazil!" O garoto Pelé, Garrincha... Aí o Brasil começou a aparecer... "Ah, tem um país com tantos negros..." Então, desde essa época, eu nunca mais desisti de ler, de assistir, de pensar sobre aquele 1958. E para mim, o futebol brasileiro de 1958 e 1970 são os dois anos que eu gosto muito mais. E depois, quando comecei a estudar no Brasil as coisas, os problemas, as relações raciais dentro da CBF, como numa época os negros podiam jogar futebol mas não podiam entrar nos salões dos clubes... Então, tudo isso para mim foi, digamos, abrindo os meus olhos.[107]

Ainda durante o início do século XX já era possível notar a importância dessa circulação de referenciais para a construção das lutas por melhores condições de vida para as populações negras pelo mundo afora. Um bom exemplo é o trazido por George Fredrickson, que afirma que alguns dos fundadores do African National Congress (o ANC, Congresso Nacional Africano em português, e originalmente chamado de South African Native National Congress) em 1912 estavam "sob o encanto de Booker T. Washington e sua doutrina de auto-ajuda negra e acomodação à autoridade branca.[108] Em seu discurso de posse, o primei-

---

[107] Anani Dzidzienyo nasceu na Costa do Ouro, então colônia britânica na África, atual Gana, em 22 de dezembro de 1941. Aos 18 anos de idade, em 1959, Anani ganhou, em Gana, um concurso de redação promovido pelo jornal norte-americano *Herald Tribune* em vários países do mundo. Como prêmio, viveu nos Estados Unidos por quatro meses juntamente com um grupo de jovens representantes de 37 outros países. No ano seguinte foi cursar a graduação no Willians College, em Massachusetts, e anos mais tarde concluiu um mestrado em Ciência Política na Universidade Essex, na Inglaterra. Entre 1970 e 71 viveu no Brasil onde fez as pesquisas que resultaram em seu livro *The position of blacks in Brazilian society*. Publicado na Inglaterra em 1971, este livro gerou grande polêmica por ser um dos primeiros a afirmar a existência de racismo no Brasil em âmbito internacional. Desde o final da década de 1970 Anani Dzidzienyo é professor de estudos africanos, portugueses e brasileiros, na Brown University, em Providence, RI, Estados Unidos. A entrevista foi gravada em 21 e 22 de outubro de 2008, no Centro de Estudos Africanos da Brown University.
[108] Booker T. Washington (1856-1915) foi um ex-escravo liberto que se tornou um dos mais importantes educadores norte-americanos e uma das principais lideranças negras daquele país no final do século XIX. Washington liderou a construção da Tuskegee University, criada em 1881 no estado do Alabama para atender a população negra.

ro presidente Congresso Nacional Africano chamou Washington de sua 'estrela guia', porque ele era 'o mais famoso e o melhor exemplo vivo de nossos filhos da África'."[109] (FREDRIKSON, 1997: 150)

As relações entre os movimentos negros nos Estados Unidos e na África do Sul, desde a primeira metade do século XX, nesse sentido, são especialmente interessantes para a demonstração da importância das constantes trocas exercidas entre as comunidades negras, dos dois lados do Atlântico, como combustível para a dinâmica de transformação dessas lutas por emancipação. Nos anos 1940, o ANC foi dirigido pelo Dr. A. B. Xuma, um médico sul-africano formado nos Estados Unidos, na Universidade de Minnesota, onde conheceu Roy Wilkins, futuro dirigente da National Association for the Advancement of Colored People (NAACP), que se tornou um grande amigo seu. Xuma foi muito inspirado pelas atividades realizadas pela NAACP em prol da luta pelos direitos civis para os negros norte-americanos. Ele foi presidente do ANC de 1940 até 1949, e era casado com uma negra norte-americana, fato que o ajudava a continuar em contato com as lutas pelos direitos civis nos EUA. Mais tarde, no início da década de 1950, mais precisamente em 1952, já sob uma nova liderança, mais militante e confrontadora que as lideranças anteriores, o ANC começou uma série de ações numa campanha de resistência não-violenta. Essas ações tinham inspiração em Mahatma Gandhi (1869-1948) e nas ações e protestos de resistência não-violenta que ele protagonizou e liderou a partir de 1907, quando atuava como advogado da comunidade indiana na África do Sul. Desde essas primeiras ações, Gandhi desenvolveu e aperfeiçoou sua estratégia de atuação política, tendo recebido inclusive influência do filósofo norte-americano Henry Thoreau (1817-1862) e de seu livro *A desobediência civil* (1849).[110]

---

[109] *"Under the spell of Booker T. Washington and his doctrine of Black self-help and accommodation to white authority. In his acceptance speech, the first president of the Congress called Washington his 'guiding star', because he was 'the most famous and the best living example of our Africa's sons.'"*

[110] Vale ressaltar aqui que a circulação de referenciais, tão importante para a constituição de movimentos negros em diferentes países, nunca esteve restrita somente aos descendentes de africanos. Gandhi, Ho Chi Min, Mao Tse Tung, entre outros líderes, bem como livros e ideias vindos de diversas partes do planeta foram também importantes fontes de inspiração para grupos e organizações negras formados na contemporaneidade, da mesma forma em que Martin Luther King Jr. Malcom X, Kwame Nkrumah e Nelson Mandela, entre outros, também serviram de referenciais para diversas lutas que extrapolaram a diáspora negra.

As ações de resistência não-violenta realizadas na África do Sul por Ghandi e mais tarde pelo ANC, formaram uma referência fundamental para as ações que começariam a ser executadas sob a liderança de Martin Luther King Jr. nos EUA a partir de meados da década de 1950, após o episódio da prisão de Rosa Parks e do boicote aos ônibus da cidade de Montgomery, no estado do Alabama.[111] Porém, vivendo sob um regime altamente violento e repressivo como o vigente na África do Sul da década de 1950, essas ações de resistência não-violenta acabaram culminando no massacre de Sharpeville em 21 de março de 1960. Em função desse massacre, onde 69 pessoas desarmadas foram friamente assassinadas e mais 186 feridas pela polícia sul-africana durante um ato de protesto não-violento, a ONU decretou o dia 21 de Março como Dia Internacional de Luta Contra a Discriminação Racial. Segundo James Meriwether, embora a ONU tenha declarado o ano de 1960 como o "ano da África" devido à independência de nada menos que 17 países africanos – Benin, Burkina Faso, Camarões, República Centro-Africana, Chade, República Popular do Congo, Congo (Zaire), Gabão, Costa do Marfim, Madagascar, Mali, Mauritânia, Niger, Nigéria, Senegal, Somália e Togo – ocorridas durante esses 12 meses, o evento que mais marcou esse ano na África foi o massacre de Shaperville. (MERIWETHER, 2002:181)

A repressão violenta a essas ações de resistência não-violenta na África do Sul e nos Estados Unidos durante a década de 1960, e o grande número de mortos e feridos durante os protestos, acabaram incentivando a criação de grupos de negros que defendiam outra postura em relação às lutas, inclusive em alguns casos com o uso de armas de fogo para suas ações na África do Sul, como o próprio ANC a partir de então, e para a sua auto-defesa nos Estados Unidos, como o Black Panther Party for Self-Defense, criado em 1966, por exemplo. George Fredrickson diz ainda que Martin Luther King Jr. sempre foi mais admirado na

---

[111] No dia 1 de dezembro de 1955, Rosa Parks, costureira e antiga militante da NAACP, estava retornando do trabalho para casa sentada na parte da frente do ônibus, que era então reservada para os brancos. Quando entrou um homem branco no mesmo ônibus, o motorista exigiu que Rosa cede-se seu lugar. Rosa Parks recusou-se a ceder seu lugar e foi presa por desobedecer a lei segregacionista, então vigente no estado do Alabama. O episódio da prisão de Rosa Parks acabou gerando o boicote aos ônibus da cidade de Montgomery, que é considerado um dos principais marcos da luta dos negros pelos direitos civis nos Estados Unidos. Nesse momento, um jovem pastor local, com apenas 26 anos de idade, Martin Luther King Jr., destacou-se como a principal liderança desse boicote e começou assim sua trajetória como uma liderança negra reconhecida em âmbito nacional e internacional.

Europa do que no Terceiro Mundo, onde muitas populações estavam pegando em armas para lutar contra os colonizadores europeus na década de 1960. (FREDRIKSON, 1997:151)

A dinâmica das transformações, tanto nas formulações políticas quanto nas estratégias adotadas nas diferentes lutas por emancipação das populações negras, é sempre muito complexa. No decorrer deste capítulo apresentarei mais alguns exemplos que permitem a observação dessa dinâmica e tratarei também das relações entre o movimento negro contemporâneo no Brasil e as lutas norte-americanas e africanas nas décadas de 1960 e 1970. Mas antes, voltarei à primeira metade do século XX, para demonstrar a importância que era dada pela imprensa negra norte-americana ao movimento negro e às relações raciais no Brasil da época.

3.1. A imprensa negra no Brasil e nos Estados Unidos

A partir dos anos de 1920 e 1930, a circulação de informações na diáspora negra se ampliou muito. Podemos verificar objetivamente essa circulação, por exemplo, na imprensa negra do Brasil e dos Estados Unidos na primeira metade do século XX, onde ocorreram inclusive intercâmbios entre jornais dessa imprensa negra nos dois países. Um de meus objetivos neste capítulo é apresentar alguns elementos que nos permitam observar como negros norte-americanos olhavam para o Brasil durante a primeira metade do século XX, interpretavam o que viam e, ao mesmo tempo em que nos enviavam informações e referenciais sobre a luta contra o racismo, também recebiam informações e referenciais brasileiros, que, muitas vezes, eram até mesmo tomados como exemplos a serem seguidos. Todo esse processo evidencia de maneira objetiva a circulação a que me refiro. Para alcançar meu objetivo, utilizarei basicamente os arquivos de dois dos mais importantes jornais da imprensa negra norte-americana, o *The Baltimore Afro-American*, fundado em 1896 na cidade de Baltimore, e o *Chicago Defender*, fundado em 1905 na cidade de Chicago. Ambos os jornais continuam em circulação até hoje, sendo o primeiro o jornal de maior longevidade (com a exceção do jornal *The Philadelphia Tribune*, fundado em 1884 e ainda em atividade), e o segundo, o jornal de maior circulação da imprensa negra nos Estados Unidos.

Vale ressaltar ainda o alerta fundamental de Angela de Castro Gomes e Hebe Mattos, que, ao comentarem os conceitos de "circulação de ideias" vindo dos trabalhos de Carlo Ginzburg e "apropriação", vindo das reflexões de Roger Chartier, e as formas como ideias sobre o que é e sobre o que deve ser o mundo são "percebidas e reelaboradas pelos numerosos e muito diferenciados cidadãos comuns", nos lembram:

> As premissas teóricas embutidas em tais conceitos, mesmo considerando-se sua variação, são a de que os receptores da mensagem nunca são passivos neste processo, atribuindo sentidos próprios a elas, conforme as experiências de vida de que são portadores. Daí que uma "mesma" ideia possa ganhar múltiplas leituras ou, o que é um outro lado da moeda, que o produtor de "uma ideia" não possa nela inscrever um único sentido, mesmo que ele assim o deseje. (GOMES e MATTOS, 1998: 121)

Desde o final do século XIX há registros de periódicos editados por negros, que tinham como principais temas a "raça negra" e o preconceito. Foi o caso de *Treze de Maio*, fundado no Rio de Janeiro em 1888; *A Pátria*, em São Paulo, em 1889, e *O Exemplo*, em Porto Alegre, em 1892. (GOMES, 2005) Ainda no início do século XX houve a criação dos vários jornais da chamada "imprensa negra paulista", tais como *O Menelick*, em 1915, *A Liberdade*, em 1919, *O Getulino*, em 1923, e *O Clarim d'Alvorada*, em 1924, por exemplo. Segundo Joel Rufino dos Santos, essa imprensa negra do início do século XX teria sido o "embrião" para a criação, um pouco mais tarde, da primeira grande organização política do movimento negro brasileiro, a Frente Negra Brasileira (FNB), que foi criada em 16 de setembro de 1931. (SANTOS, 1994: 89) Com ramificações em vários estados do país, a FNB foi transformada em partido político em 1936, mas extinta no ano seguinte, juntamente com todos os outros partidos, após o golpe do Estado Novo.[112]

Já nos Estados Unidos, embora haja registros de jornais publicados por negros desde 1827, quando Samuel Cornish e John Russworm publicaram na cidade de Nova York o *Freedmen's Journal*, segundo James Meriwhether, os jornais que surgiram a partir daí tiveram que lutar arduamente por sua sobrevivência, que em geral era bastante curta. Todavia, ainda segundo Meriwhether, durante as décadas de 1930 e 1940, a imprensa negra norte-americana chegou ao "seu auge de poder e influência". (MERIWHETER, 1998:8) Gunnar Myrdal afirmava em 1944, em seu livro *An American Dilemma*, que esses jornais passavam de família para família e poderiam ser encontrados em barbearias, igrejas, lojas etc. Seus conteúdos eram

---

[112] Sobre a FNB, ver Barbosa, 1998, e Ferreira, 2005.

transmitidos pelo boca a boca entre aqueles que não podiam ler. Para Myrdal, "a importância da imprensa negra para a formação de opinião entre os negros, para o funcionamento de todas as outras instituições negras, para as lideranças negras e para as ações geralmente conjuntas é enorme". (MYRDAL, 1944: 909) Ele acreditava inclusive que a imprensa era "o maior poder dentro da comunidade negra". (Idem: 923-24) Já W.E.B. Du Bois (1868-1963), primeiro negro a receber o grau de doutor (Ph.D. em História) na Universidade Harvard, em 1895, e uma das principais lideranças negras norte-americanas no início do século XX, em matéria publicada no dia 20/02/1943 no *Chicago Defender* dizia que "houve um tempo, mesmo antes da Reconstrução",[113] em que "só um negro aqui e outro lá lia um jornal da imprensa negra, e mesmo assim pedia desculpas por isso", e terminava dizendo: "Hoje provavelmente é verdade que raramente há um negro nos Estados Unidos que sabe ler e escrever e que não lê a imprensa negra. Ela tornou-se uma parte vital da sua vida." Nas palavras de Hayward Farrar, "a imprensa negra tem mostrado o mundo para a comunidade negra, a comunidade para si mesmo, e a comunidade para o mundo." (FARRAR, 1998:12)

Ainda no início do século XX é possível encontrar um intercâmbio entre dois jornais criados por negros, no Brasil e nos Estados Unidos: foi o estabelecido entre os jornais *O Clarim d'Alvorada* e *Chicago Defender*. Alguns anos depois de uma viagem de três meses realizada em 1923 por Robert Abbot, fundador e editor do *Chicago Defender*, pela América do Sul, e especialmente pelo Brasil, Abbot passou a receber *O Clarim d'Alvorada* e a enviar o *Chicago Defender* para José Correia Leite, fundador e editor d'*O Clarim*.[114] No livro *...E disse o velho militante José Correia Leite* (1992), ele conta que havia um colaborador no Rio de Janeiro, um padre negro chamado Olímpio de Castro, que o colocou em contato com Robert Abbot para que *O Clarim d'Alvorada* mandasse notícias para os Estados Unidos

---

[113] A Reconstrução (1865-1877) é como é chamado o período posterior à Guerra Civil norte-americana (1861-1865), quando os vencedores, do Norte, direcionavam seus esforços para a abolição da escravatura, para a eliminação da Confederação dos Estados do Sul e para a reconstrução do país e da Constituição dos Estados Unidos.
[114] José Correia Leite, nascido em São Paulo em 1900, foi também um dos fundadores da FNB, em 1931. Contudo, desligou-se da FNB ainda no momento da aprovação do estatuto da entidade, por divergir de sua inclinação ideológica, e fundou então o Clube Negro de Cultura Social, em 1932. Participou da Associação do Negro Brasileiro, fundada em 1945. Em 1954 fundou em São Paulo, com outros militantes, a Associação Cultural do Negro (ACN), e em 1960 participou da fundação da revista *Niger*.

sobre a "movimentação em torno da proposta do monumento à Mãe Negra", que Abbot havia conhecido durante sua estada no Brasil.[115] Diz Correia Leite:

> Então o padre, escrevendo para *O Clarim d'Alvorada*, confessa que não tinha lá no Rio de Janeiro onde entrar em contato com alguém que informasse a ele o andamento do monumento. E, justamente no momento que a gente estava com um número d'*O Clarim d'Alvorada* dando notícia sobre o monumento à Mãe Negra. Enviamos a ele que, por sua vez, mandou para os Estados Unidos. Dali nós começamos a receber o *Chicago Defender*. Foi o primeiro contato que nós tivemos com o negro norte-americano. E houve depois uma permuta. A gente também mandava *O Clarim d'Alvorada* para lá. (LEITE, 1992: 79).

Pesquisando nos arquivos do *Chicago Defender* e do *The Baltimore Afro-American*, encontra-se uma grande quantidade de matérias, não somente comparando as relações raciais no Brasil e nos Estados Unidos, mas também exaltando a forma com a qual os brasileiros tratavam a questão racial no início do século XX. No arquivo do *Chicago Defender* encontrei 114 matérias relacionadas à questão racial no Brasil publicadas durante o período que vai de 1914 a 1978. Entre 1914 e 1934 há 61 matérias sobre o assunto, mais da metade do total, e o Brasil é apresentado pelo *Chicago Defender* nesse período como o melhor exemplo de "harmonia racial", de liberdade e de igualdade de oportunidades para os negros. Há matérias publicadas com os seguintes títulos: "Brazil Welcomes Afro-Americans" (14/03/1914); "Brazil Ideal Country for Black Man" (22/01/1916); "Brazil the Goal for our People" (24/05/1919); "Brazil open to those who are well prepared" (23/04/1921); "Brazilians are told the meaning of Liberty Statue" (28/04/1923); "Race prejudice is unknown in Brazil" (21/01/1928); "Says Brazil, not U.S., is Home of Liberty"

---

[115] Sobre a repercussão nos Estados Unidos, provocada por Robert Abbot e pelo *Chicago Defender*, ao movimento em torno da construção do monumento à Mãe Negra, ver o artigo de Micol Siegel, que afirma: "Graças a Robert Abott, editor do *Chicago Defender*, esse jornal é que deu grande repercussão no exterior à existência de um monumento à mãe preta no Brasil." (SIEGEL, 2007:330) Segundo o *website* da Prefeitura de São Paulo, "O movimento negro pretendia erigir um monumento à Mãe Negra no Rio de Janeiro, então Capital Federal, no final dos anos 1920, e trabalhava na divulgação da proposta. Os governos federal e estaduais iriam contribuir com verbas, mas, com a Revolução de 1930, a mobilização foi abandonada." O monumento foi inaugurado em 1955 no Largo do Paissandu, na cidade de São Paulo, após a realização de um concurso público para a escolha do melhor projeto, feito durante o governo de Jânio Quadros na prefeitura, em 1953. Ver http://www.prefeitura.sp.gov.br, acesso em 22/7/2011.

(10/03/1928). Da mesma forma, no *The Baltimore Afro-American* encontrei 55 matérias relacionadas à questão racial no Brasil e publicadas entre 1916 e 1978, entre as quais 36 matérias publicadas de 1916 até 1939, sempre apresentando o Brasil como lugar ideal para a população negra, em função da ausência da chamada "linha de cor", como podemos verificar em reportagens como: "Brazil is a real paradise; no racial problem" (10/12/1920); "Brazil a land which has no color line" (19/01/1929); "Brazil is God's country" (18/02/1939).[116]

Entre meados da década de 1930 e início da década de 1940, justamente durante o período em que James Meriwhether, Hayward Farrar e Gunnar Myrdal consideram ser o ápice da imprensa negra nos EUA, há uma nítida mudança na abordagem editorial dos dois jornais: no *The Baltimore Afro-American* encontrei 14 reportagens publicadas somente entre 1940 e 1942 discutindo se o Brasil seria ou não o "paraíso racial" que se afirmava anteriormente. Nesse conjunto de reportagens chama a atenção o número de matérias publicadas pelo jornalista Ollie Stewart, que foi ao Brasil enviado pelo *The Baltimore Afro-American* e, logo ao chegar no Rio de Janeiro, foi recusado em "exatamente 11 hotéis" pelo fato de ser negro.[117]

O historiador David J. Hellwig fez pesquisas durante mais de uma década em diversos arquivos de jornais da imprensa negra norte-americana e também trabalhou com livros e artigos de intelectuais afro-americanos para organizar a coleção de artigos publicada em seu livro, *African American Reflections on Brazil's Racial Paradise* (1992). Durante suas pesquisas ele percebeu que a forma como os afro-americanos observavam as relações raciais no Brasil mudou muito ao longo do século XX, e dividiu seu livro em três partes: The Myth of the Racial Paradise Affirmed (1900-1940); The Myth Debated (1940-1965) e The Myth Rejected (1965-). Algumas das reportagens de Ollie Stewart publicadas no *The Baltimore Afro-American* entre 22 de junho e 10 de agosto 1940, como, por exemplo, as intituladas "Afro man meets Brazil prejudice" (22/06/1940) e "Brazil rates hair first" (06/07/1940), foram inclusive utilizadas por David Hellwig para demarcar em seu livro o início do período que ele chama de "O Mito Debatido (1940-1965)".

Ao mesmo tempo em que, entre 1935 e 1961, ainda era possível encontrar algumas matérias que continuavam a apresentar o Brasil como "paraíso racial" nos dois jornais norte-americanos, o *Chicago Defender* reportou também alguns casos

---

[116] Vale ressaltar que o jornal *The Baltimore Afro-American* era publicado semanalmente.
[117] "Afro man meets Brazil prejudice", The Baltimore Afro-American, 22/06/1940. p.1.

de racismo ocorridos no Brasil, sofridos por negros norte-americanos, como, por exemplo, o caso da antropóloga Irene Diggs, que, por ser negra, não foi aceita no Hotel Serrador no Rio de Janeiro, em março de 1947. Houve também um destaque, na edição de 14/07/1951, para a criação da Lei Afonso Arinos, que havia sido assinada pelo presidente Getúlio Vargas no dia 3 de julho daquele ano.[118] Segundo o jornal, a lei teria sido "levada ao Congresso Brasileiro como resultado de um número de reclamações de discriminação – incluindo o caso de um hotel em São Paulo que recusou registrar Katherine Dunham, conhecida dançarina americana." O historiador Petrônio Domingues reafirma essa versão e complementa: "A primeira lei antidiscriminatória do país, batizada de Afonso Arinos, só foi aprovada no Congresso Nacional em 1951, após o escândalo de racismo que envolveu a bailarina negra norte-americana Katherine Dunham, impedida de se hospedar num hotel em São Paulo." (DOMINGUES, 2007:111)

Entretanto, o que mais me chamou a atenção durante a pesquisa no arquivo do *Chicago Defender* foi o período entre 1934 e 1937, no qual encontrei 41 reportagens falando sobre a questão racial no Brasil, mais de um terço do total. Nesse período já é possível perceber que a desigualdade entre os grupos raciais é vista e, em alguns momentos, é explicada a partir da chave da "diferença de classes". Os eventuais exemplos de racismo explícito, reportados pelo jornal, eram explicados como resultados da propaganda racista norte-americana, como fica evidente na matéria intitulada "American Race Prejudice seen gaining in Brazil – U.S. influence stirs hatreds betwen racial groups", publicada em 24/02/1934. Outro exemplo é a reportagem publicada no *Chicago Defender* em 26/10/1935 sobre uma manifestação realizada pela Frente Negra Brasileira (FNB) no Rio de Janeiro e que, segundo o jornal, mobilizou dez mil pessoas:

> Esta organização, composta exclusivamente por brasileiros negros, tem direcionado suas energias contra a invasão dos direitos civis e constitucionais. Batendo na tecla da solidariedade nacional, ela tem conseguido eminentemente derrotar as forças do preconceito que, por pouco, ameaçaram minar o tradicional espírito de jogo limpo e igualdade pelo qual o Brasil foi conhecido antes do advento da insidiosa propaganda norte-americana.[119]

---

[118] A Lei nº 1.390 de 3 de julho de 1951 incluía "entre as contravenções penais a prática de atos resultantes de preconceitos de raça ou de cor." Ver www.senado.gov.br, "Legislação Federal", acesso em 22/6/2008.

[119] *This organization composed exclusively of Brazilian blacks, has directed its energy against the invasion of constitutional and civil rights. Beating upon the anvil of the national solidarity, it has*

Circulação de referenciais: Brasil, Estados Unidos e África

É interessante perceber a referência à luta por "direitos civis" [*civil rights*] levada a cabo pela FNB no Brasil. Segundo o jornal, a luta era pela manutenção de direitos civis e constitucionais, enquanto nos EUA esses direitos ainda eram negados à população negra. O texto da reportagem seguia apresentando a FNB para o leitor negro norte-americano da seguinte forma: "A Frente Negra é hoje a organização mais poderosa em todo o Brasil, exercendo uma influência política que mantém afastados todos aqueles que poderiam negar as garantias específicas da Constituição nacional." Somente entre os anos de 1935 e 1937 a Frente Negra Brasileira esteve presente em nada menos do que 20 reportagens do *Chicago Defender*, em matérias como, por exemplo, "Brazilian politics seeking support of the Black Front" (20/03/1937), que, ao referir-se às eleições que se aproximavam, afirmava que "os associados à Frente Negra, de acordo com fontes autênticas, vão muito além dos 40 mil, com novos membros se associando diariamente", e que "com sua solidez, esta organização representa hoje uma das forças mais poderosas a serem consideradas no Brasil". Essa e outras reportagens foram publicadas sempre em sua edição semanal com circulação nacional.[120]

'BLACK FRONT' MEETING PLACE

A edição do dia 09/11/1935 do *Chicago Defender*, na matéria "Black Front in meeting", repercutiu na primeira página os resultados do Congresso realizado um dia antes pela Frente Negra Brasileira (FNB), e publicou, na página 3, uma foto do prédio onde o Congresso foi realizado (foto ao lado).

—A Noite Photo.
The official building of the Fronte Negra in San Paulo, Brazil, where that great organization recently held an inter-sectional congress.

É impressionante como os editores do *Chicago Defender* olhavam para o Brasil até meados dos anos 1930 e viam muitos exemplos a serem seguidos, tanto no

---

succeeded eminently in the derouting the forces of prejudice which for a while threatened to undermine the traditional spirit of fair play and equity for which Brazil was known prior to the advent of insidious American propaganda.

[120] O *Chicago Defender* tinha uma edição diária, que era distribuída na região da cidade de Chicago, e uma edição nacional que circulava semanalmente, sempre aos sábados.

que se refere à possibilidade de viver num contexto de "harmonia racial" quanto a algumas formas de luta implementadas por negros brasileiros – e, em especial, demonstravam abertamente sua adimiração pela Frente Negra Brasileira. Um bom exemplo, nesse sentido, é a edição do dia 11/01/1936, que trazia no topo da primeira página, em letras garrafais, a seguinte manchete: "American Race Group takes cue from Brazil; Maps drive to shake off shackles in 1936",[121] que apresentava para seus leitores os planos da "North American Fronte Negra" para o ano de 1936! Ainda na mesma edição, na página 24, havia outra matéria interessante: "Puerto Ricans organize Black Militant Front", na qual o jornal afirmava que a criação da nova organização em Porto Rico também "foi inspirada no sucesso alcançado pela Frente Negra no Brasil."[122]

American Race Group Takes Cue From Brazil;
Maps Drive To Shake Off Shackles In 1936

GIRDS FORCES TO DESTROY COLOR STIGMA

24 PAGES IN THIS ISSUE
Ten Cents—and Worth It.

Chicago Defender
WORLD'S GREATEST WEEKLY

NATIONAL EDITION

VOL. XXXI, No. 37   CHICAGO, ILL., SATURDAY, JANUARY 11, 1936   PRICE TEN CENTS

Assim como no início do século XX o Brasil aparecia, para muitos norte-americanos, como referencial para se pensar as relações raciais, nesse mesmo período, personagens como Booker T. Washington e Marcus Garvey, tornavam-se importantes referências para negros brasileiros.[123] Ainda durante a década de 1920, por

---

[121] "Grupo Racial Americano segue exemplo do Brasil; Mapeia campanha para livrar-se dos grilhões em 1936". Até meados do século XX ainda era comum na imprensa negra norte-americana a utilização dos termos "Race people" ou "colored people" para se referir à população negra. Somente a partir de meados dos anos 1960 o termo "Black" passou a ser o mais usado para falar da população negra nos Estados Unidos.

[122] Vale ressaltar que em pelo menos duas matérias, "Told Brazilians to organize" (06/11/1937) e "Editor Abbot an inspiration abroad" (09/03/1940), o jornal *Chicago Defender* reivindica o papel de "inspirador" para a criação da Frente Negra Brasileira para seu editor, Robert Abbot.

[123] O jamaicano Marcus Garvey (1887-1940) fundou a Universal Negro Improvement Association e a African Communities League. Estabelecendo-se nos Estados Unidos, chegou a fundar uma companhia de navegação em 1919, a Black Star Line Steamship Corporation, para promover o transporte dos afrodescendentes para a África. A empresa, contudo, foi processada por irregularidades, e Garvey foi deportado para a Jamaica. Em 1935 fixou-se em Londres, onde faleceu.

exemplo, *O Clarim d'Alvorada*, também publicava uma seção intitulada *O Mundo Negro*. Sobre este fato, José Correia Leite diz o seguinte:

> Certa vez, na redação d'*O Clarim d'Alvorada*, apareceu um grupo de baianos que se prontificou a colaborar. (...) Por intermédio deles, *O Clarim d'Alvorada* entrou em contato com um poliglota, o Mário de Vasconcelos. E foi daí que começamos a conhecer melhor o movimento panafricanista, o movimento do Marcus Garvey. Tudo por meio desse Mario de Vasconcelos, porque lá da Bahia ele começou a mandar colaboração já traduzida para o nosso jornal sobre o trabalho do movimento negro nos Estados Unidos e em outras partes. (...) Nós fizemos uma seção dentro d'*O Clarim d'Alvorada* com o título "O Mundo Negro", que era justamente o título do jornal que o Marcus Garvey tinha nos Estados Unidos: "*The Negro World*". (...) O movimento garveysta entre nós ficou restrito, mas serviu para tirar certa dubiedade do que nós estávamos fazendo. (...) As ideias do Marcus Garvey vieram reforçar as nossas. Com elas nós criamos mais convicção de que estávamos certos. Fomos descobrindo a maneira sutil do preconceito brasileiro, a maneira de como a gente era discriminado. (LEITE, 1992: 77,78, 80 e 81)

Continuei a pesquisa nos arquivos dos dois jornais até o final do ano de 1978, mas de 1961 em diante as relações raciais no Brasil praticamente desaparecem das páginas do *Chicago Defender* e do *The Baltimore Afro-American*. Por que isso acontece? Hellwig, referindo-se à década de 1960, afirma que "em um tempo de 'Black Power' e 'Black is Beautiful', o Brasil tornou-se menos e menos atraente", e diz ainda que "na verdade, a relativa ausência de consciência racial e organização no Brasil e a ênfase no embranquecimento eram vistas como males ou armadilhas a serem evitados, e não como características dignas de imitação." (HELLWIG, 1992: 169)

Certamente as questões internas nos Estados Unidos, o movimento pelos direitos civis, que vinha conquistando uma grande dimensão na sociedade norte-americana desde meados da década de 1950, e a consequente busca por estratégias e possibilidades de luta contra o racismo específicas para aquele contexto social fizeram com que não fosse mais necessário "olhar" para o Brasil da mesma forma, e sim focar todas as energias no processo interno que estava em andamento naquele momento. Outra possibilidade é o fato de que, durante a década de 1960, muitos negros norte-americanos passaram a procurar referenciais nas lutas contra o colonialismo travadas pelo mundo afora, principalmente nas lutas de libertação ocorridas nos países africanos. O historiador James Meriwether, em seu livro *Proudly we can be Africans: Black Americans and Africa, 1935-1961* (2002), faz um trabalho muito interessante no qual apresenta – através de uma ampla pesquisa e de alguns casos específicos, como o da luta na Etiópia contra a invasão italiana em 1935 e a independência de Gana em 1957, por exemplo – como a África contemporânea "imaginada" passou a ser vista por muitos negros norte-americanos como uma importante fonte de influências, em função das lutas por libertação e das experiências bem-sucedidas. Ele afirma que "cartas públicas para a imprensa negra e cartas enviadas para líderes revelam que muitos negros americanos tomaram orgulho e inspiração das lutas na África e pressionaram seus líderes para agirem mais agressivamente com respeito aos interesses africanos – tanto quanto nas lutas internas." (MERIWETHER, 2002: 3)

É interessante notar que Martin Luther King Jr. esteve em Gana entre 4 e 12 de março de 1957, para as comemorações pela independência deste país. Lá em Acra, capital de Gana, King conheceu o presidente Kwame N'Krumah, e relatou em sua autobiografia que ficou muito impressionado com essa experiência vivenciada em Gana. James Meriwether explora esse assunto em seu livro e nos conta que, ao voltar de Gana, Luther King passou a ver com muito interesse o que se passava na África do Sul:

> Alguns líderes negros trabalharam com a abertamente não-comunista ACOA [Comitê Americano sobre África] para manter linhas de contato abertas.[124] Depois da prisão de 156 pessoas na África do Sul em dezembro de 1956, que iniciou o inquérito de Traição que durou mais de quatro anos, negros americanos apoiaram os esforços da ACOA para levantar dinheiro para a defesa legal dos réus e seus familiares. Seria através da ACOA que Martin Luther King Jr. aumentaria o seu

---

[124] O American Committee on Africa (Comitê Americano sobre a África, ACOA), fundado em 1953 e sediado em Nova York, proporcionou um apoio contínuo durante várias décadas às lutas de libertação africanas contra o colonialismo e o *apartheid*. O ACOA nasceu do grupo Americans for South African Resistance (Americanos em prol da Resistência Sul-Africana, AFSAR), formado em 1952 com o objetivo de apoiar a Campanha de Desafio às Leis Injustas contra o African National Congress (Congresso Nacional Africano). Após o término da Campanha de Desafio em 1953, o AFSAR criou o ACOA, com o intuito de apoiar as lutas anti-coloniais em todo o continente africano. Ver www.aluka.org, acesso em 09/12/2008.

crescente interesse e contato com a África. Voltando de Gana, King passou a olhar com especial interesse para a situação na África do Sul. A tradição do gandismo, as campanhas de protesto não-violento durante os anos 1950 e a liderança de Albert Lutuli tornaram a luta na África do Sul ideologicamente atraente. Enquanto King se envolvia mais e mais com questões africanas, ele colaborava com a ACOA.[125] (MERIWETHER, 2002:188)

Com o passar dos anos e com o fim das lutas de libertação ocorridas na África em meados da década de 1970, muitos setores da comunidade negra norte-americana pararam até mesmo de "olhar" para a África e passaram a se concentrar no desenvolvimento de uma memória das lutas pelos direitos civis nos Estados Unidos. Dois exemplos marcantes nesse sentido são o feriado nacional do dia de Martin Luther King Jr.,[126] que é celebrado na terceira segunda-feira do mês de janeiro em todo o país desde 1986, e a construção do Black History Month [Mês da História Negra], celebrado durante todo o mês de fevereiro e que foi criado em 1976, durante as comemorações pelos 200 anos dos Estados Unidos da América. O Black History Month, que tem sua raiz na Black History Week, criada em 1926 pelo historiador negro norte-americano Carter G. Woodson, tinha o objetivo de relembrar e manter viva a importância de pessoas e eventos na história da diáspora africana.

Entretanto, como pude observar durante o mês de fevereiro de 2008, quando estive em Baltimore, Maryland, o que se vê nas escolas, universidades e até mesmo na televisão, de uma maneira geral, é uma celebração quase exclusiva da luta pelos direitos civis levada a cabo por negros norte-americanos entre as décadas de

---

[125] *Some black leaders worked with the avowedly noncommunist ACOA [American Committee on Africa] to keep lines of contact open. After the arrest of 156 persons in South Africa in December 1956, which triggered the more than four-year-long Treason Trial, black Americans supported ACOA efforts to raise money for the defendants' legal defense and their families. It would be through ACOA that Martin Luther King Jr. extended his growing interest in and contact with Africa. Returning from Ghana, King took as a special interest the situation in South Africa. The tradition of Gandhism, the nonviolent protest campaigns during the 1950s, and the leadership of Albert Lutuli made the struggle in South Africa ideologically appealing. (...) As King involved himself more and more with African issues, he collaborated with ACOA.*

[126] É interessante notar que há somente três feriados nacionais nos EUA em homenagem a indivíduos que foram personagens históricos. São os feriados em homenagem ao próprio Martin Luther King Jr., a George Washington considerado o principal "pai" da nação, e a Cristóvão Colombo, o "descobridor" da América.

1950 e 1970, sendo a figura de Martin Luther King Jr. quase onipresente durante todas as comemorações. Muitas vezes me perguntei, durante a minha estada nos Estados Unidos, por que praticamente não havia nessas comemorações nenhuma menção a nenhum aspecto da diáspora negra ou das lutas travadas por populações negras em outros países? Creio que a centralização da celebração do Black History Month num passado recente de luta e de avanço da população negra norte-americana – quando se compara a situação atual ao quadro de segregação racial a que a sua sociedade estava submetida até cerca de 40 anos atrás –, tem um caráter político de afirmação das conquistas e de construção de uma memória dessas lutas, que valoriza a identidade do negro norte-americano, mas que ao mesmo tempo o aliena em relação aos outros povos de origem africana na diáspora. Por outro lado, James Meriwether, referindo-se às relações entre as lutas de libertação africanas e as lutas pelos direitos civis nos EUA, entende que os negros norte-americanos em suas lutas por direitos civis "absorveram conhecimentos e lições das lutas de libertação africanas", e complementa:

> Relatos históricos geralmente têm subestimado o papel que as lutas de libertação africanas tiveram para promover a ação de negros americanos, talvez em parte devido ao compreensível desejo de realçar os esforços dos próprios afro-americanos durante as lutas. Infelizmente, a subestimação das forças internacionais que informavam a América negra separa o nosso entendimento das lutas negras por liberdade na América do contexto internacional mais amplo. Os movimentos internos pelos direitos civis na verdade absorveram conhecimento e lições das lutas de libertação africanas, as quais, uma de cada vez, ajudaram a moldar as interpretações das lutas internas em curso.[127] (MERIWETHER, 2002: 6)

※

---

[127] *Historical accounts generally have understated the role that African liberation struggles played in promoting action by black Americans, perhaps in part due to the understandable desire to highlight African-Americans' own efforts during the struggle. Unfortunately, the downplaying of the international forces that informed black America divorces our understanding of the black freedom struggle in America from the broader, worldwide context. The domestic civil rights movements in fact absorbed knowledge and lessons from African liberation struggles, which in turn helped shape ongoing interpretations of the domestic struggle.*

Circulação de referenciais: Brasil, Estados Unidos e África

Voltando ao início do século XX, acredito que, de certa forma, tanto Robert Abbot quanto outros editores de jornais da imprensa negra norte-americana buscavam no Brasil daquela época aquilo que precisavam ver: alguma possibilidade de vida em sociedade sem a existência da enorme violência racial e da segregação oficial então vigentes em leis nos Estados Unidos.[128] Segundo David J. Hellwig, em seu artigo "A New Frontier in a Racial Paradise: Robert S. Abbott's Brazilian Dream", com os Estados Unidos ainda no período pós I Guerra Mundial, um momento em que as condições econômicas pioravam e a violência racial crescia, os negros norte-americanos, mais do que nunca, procuravam uma alternativa para o padrão de relações raciais a que estavam submetidos naquele país. Interpretação semelhante fez o cientista político ganense Anani Dzidzienyo, professor da Brown University e um dos entrevistados para esta pesquisa:

> Esse país [os Estados Unidos] também é muito contraditório. Muitas vezes eles não querem saber nada sobre o mundo lá fora. Mas os afro-americanos aqui sempre tiveram interesse sobre o mundo negro. Não só sobre a África, mas também sobre o Brasil. Nas décadas de 1920 e 30 nesse país havia grande interesse sobre o Brasil. O Robert Abbot viajando, escrevendo negócios para o *Chicago Defender* por exemplo. Na década de 1940, viajantes como Irene Diggs... Porque os afro--americanos sempre ficaram pensando assim: "Deve ter um lugar nesse mundo aonde as relações raciais já sejam resolvidas, com uma maneira um pouco mais confortável para a nossa gente." Então, eu chamo esse tipo de coisa de "paradise hypothesis of race relations". Ter um lugar quase paradisíaco lá... então eles iam para lá, chegavam lá... Até Franklin Frazier chegou na Bahia, entende? Ele chegou lá, professor americano, com *status* e tal, e não percebeu bem as sutilezas.

Sendo assim, o "entusiasmo de Abbot pelo Brasil [durante a década de 1920] e sua aceitação acrítica da nação como uma democracia racial foi resultado de várias circunstâncias": por não haver no Brasil "tradição de segregação formal ou violência racial"; pelo fato de ele "nunca ter ido ao Nordeste do país, a antiga área

---

[128] Sobre o racismo implícito na lei brasileira até pelo menos a primeira metade do século XX, ver Silva Jr., 2000. O autor observa que, até aquele momento, "a função da lei, especialmente da lei penal, e também do Poder Judiciário, foi basicamente legitimar e institucionalizar os interesses dos brancos brasileiros, ao mesmo tempo em que servia de instrumento de controle sobre o corpo e a mente da população negra brasileira". (SILVA, 2000: 360)

de *plantation*, com a maior concentração de não-brancos e de pobreza do Brasil"; e finalmente por ele, "como um norte-americano rico", ter sido bem tratado ao chegar em terras brasileiras. (HELLWIG, 1988: 60 e 62) Tudo isso a despeito de situações de discriminação que ele vivenciou ainda em 1923, quando teve seu pedido de visto negado pelo cônsul brasileiro em Chicago, na primeira tentativa que fez, e quando, ao chegar no hotel no Rio de Janeiro, "ele e sua esposa foram barrados enquanto seus companheiros de viagem brancos foram acomodados". Segundo Hellwig, Abbot atribuía a causa desses acontecimentos à "influência corruptiva dos Estados Unidos" e viu esses eventos como algo extraordinário e não como um indicativo do teor das relações raciais no Brasil. (HELLWIG, 1988: 62)

O historiador norte-americano George Reid Andrews problematiza a afirmação de que afro-americanos viam o que queriam ou precisavam ver no Brasil do início do século XX, em termos de relações raciais, ao apresentar dados estatísticos comparando as desigualdades raciais no Brasil e nos Estados Unidos ao longo do século XX, através dos dados dos censos oficiais realizados nesses dois países. (ANDREWS, 1992) Em outro artigo, este publicado em português, Andrews comentou a respeito de seu próprio trabalho de comparação das estatísticas de desigualdades raciais no Brasil e nos EUA:

> Outra inversão nos termos tradicionais de comparação entre os Estados Unidos e o Brasil é um recente estudo dos indicadores estatísticos, o qual constata que durante a primeira metade dos anos 1900, o Brasil foi, em termos raciais, o mais igualitário dos dois países. Desde a década de 1950, contudo, tal relação se inverteu, tornando os Estados Unidos, em termos estatísticos, "a sociedade racialmente mais igual – ou, numa melhor colocação, a menos desigual – entre as duas". Depois de cair durante os anos 1960 e 70, os índices de desigualdade racial aumentaram nos Estados Unidos durante a década de 80. Não obstante, continuaram mais baixos que os do Brasil, levando o autor a concluir que os Estados Unidos oferecem "evidências mais convincentes de democracia racial" que o Brasil. (ANDREWS, 1997: 108)

O fato de não observarem no Brasil o mesmo tipo de segregação oficial e violência racial – exemplificado na ausência dos linchamentos de negros – encontradas nos Estados Unidos, e de, segundo os dados estatísticos, o Brasil apresentar no início do século XX indicadores de desigualdades raciais menores do que os norte-americanos, tudo isso somado ao fato de haver um número razoável de negros ocupando cargos com algum prestígio social em cidades como Rio de Janeiro e São Paulo, por exemplo, teria contribuído para as interpretações feitas por negros norte-americanos no início do século XX sobre as relações raciais no Brasil. O Próprio Robert Abbot, quando esteve por aqui em 1923, segundo Petrônio Domingues,

> fez rapidamente amizade com pessoas de distinção da cidade. Uma delas foi o Dr. Alfredo Clendenden, um negro norte-americano que veio de Nova York no último quartel do século XIX e era ex-dentista do imperador D. Pedro II. Foi por intermédio dele que Abbott conheceu alguns "homens de cor" de sucesso, como José do Patrocínio Jr., jornalista e filho do famoso abolicionista José do Patrocínio; Juliano Moreira, doutor em medicina e considerado um dos médicos neurologistas mais ilustres do Brasil; Eloy de Souza, senador da República, escritor e jornalista; Sampaio Correia, também senador da República e professor da Escola Superior de Engenharia; Evaristo de Moraes, advogado, tido como um dos maiores criminologistas brasileiros; Dr. Olympio de Castro, um padre de grandes honras acadêmicas. O jornalista afro-americano não ocultou sua admiração em saber que os negros – "negros no sentido literal da palavra", como qualificou – galgavam a posições tão eminentes no Brasil, utilizando-se somente de suas habilidades e competências nos momentos oportunos. (DOMINGUES, 2006:163)

A realidade portanto, no que se refere às entusiasmadas impressões desses negros norte-americanos sobre sua experiência no Brasil no início do século XX, é bastante complexa. Ao mesmo tempo, um exemplo interessante de que parte da imprensa negra norte-americana via no Brasil "o que queria ver" foi o fato de que ambos os jornais aqui citados publicaram matérias em abril de 1922 destacando a vitória de Nilo Peçanha, visto nos EUA como um "homem de cor", nas eleições presidenciais realizadas no dia 1º de março daquele ano. Na verdade, o vencedor foi o candidato do governo, Arthur Bernardes. E embora muitos militares, assim como o movimento de oposição "Reação Republicana", que havia lançado a candidatura de Nilo Peçanha, não tenham aceitado o resultado e tenham pressionado o governo para que houvesse uma revisão do resultado eleitoral, isso nunca aconteceu.[129] No entanto, no dia 14/04/1922 o *The Baltimore Afro-American*

---

[129] Ver: http://www.cpdoc.fgv.br/nav_historia/htm/anos20/ev_crisepol001.htm, acesso em 10/10/2008.

trazia como a principal manchete na primeira página "Colored President elected in Brazil" [Presidente de cor eleito no Brasil] e trazia ainda a reportagem com o seguinte título: "Brazil elects colored man to Presidency" [Brasil elege homem de cor para a presidência], dizendo que a eleição era "considerada como uma evidência de como a República via a 'linha de cor'". No dia seguinte o *Chicago Defender* publicou uma matéria semelhante, que era praticamente a cópia de uma parte da reportagem do jornal de Baltimore.

⁓⁂⁓

Um importante elemento que deve ser levado em consideração nas análises sobre a formação dos diferentes movimentos sociais são as informações e referenciais que chegam até os militantes através dos meios de comunicação. Nesse sentido, a criação de seus próprios jornais, divulgando informações a partir de seus objetivos, sempre foi uma estratégia fundamental. No caso do movimento negro brasileiro, essa estratégia foi utilizada nos diferentes momentos de sua história, desde o século XIX, como se viu acima. Veículos de informação constituídos por negros tiveram um papel fundamental para a circulação de informações, ideias e referenciais para a luta contra o racismo no Brasil e em outras partes do planeta. Se levarmos em consideração a importância da imprensa negra para a formação do movimento negro politicamente organizado nos Estados Unidos, principalmente nas décadas de 1930 e 1940, e a cobertura dada às relações raciais e ao movimento negro no Brasil nos importantes jornais aqui citados, é possível perceber que o movimento negro brasileiro nunca foi apenas receptor, mas que também contribuiu para essa circulação com estratégias, informações, ideias e até mesmo servindo como referencial para outros negros em suas lutas na diáspora. Certamente, não podemos desconsiderar as relações de poder existentes e os consequentes desequilíbrios proporcionados por elas, que acabam fornecendo maior visibilidade aos acontecimentos históricos ocorridos no, mais rico e poderoso, hemisfério Norte. Entretanto, no que se refere às relações raciais no Brasil, considero absolutamente pertinente a afirmação do historiador George Andrews:

> Fluxos de ideias, imagens, práticas e instituições transnacionais constituem parte indissociável da causalidade histórica em todas as sociedades modernas. Foram particularmente importantes nas sociedades periféricas do Terceiro Mundo que,

devido à sua dependência histórica, dedicam grande atenção às tendências e aos eventos nos países centrais e são fortemente afetadas por eles. Essa dependência não significa, contudo, que as sociedades periféricas sejam receptoras passivas das forças e influências intelectuais e políticas (e, nesse sentido, econômicas) que emanam do centro. Pelo contrário, engajam-se em um complexo diálogo com atores metropolitanos, filtrando, avaliando e re-elaborando ideias e asserções importadas de fora e transformando-as em novos organismos (freqüentemente, bem originais) de pensamento e preceitos para a ação. Muitas vezes, este é um diálogo essencialmente unilateral, no qual as sociedades centrais falam, mas não ouvem. No caso das relações raciais brasileiras, contudo, eruditos e intelectuais dos países centrais *de fato ouviram* e dedicaram atenção àquilo que estava acontecendo no Brasil. (ANDREWS, 1997:96) [grifo do autor]

Por outro lado, no que diz respeito à luta contra o racismo, acredito que o cientista político Michael Hanchard tem razão quando fala da importância de se pensar os movimentos negros como reflexos da política negra transnacional e não como entidades restritas aos seus respectivos Estados-nação. Para ele a circulação de referenciais pelo mundo é fundamental para que possamos compreender as configurações das lutas contra o racismo em diferentes lugares e momentos da história. Segundo Michael Hanchard, o desafio específico para muitos acadêmicos brasileiros e brasilianistas, ao considerar os movimentos sociais negros brasileiros como faceta da política negra transnacional, está em ver a participação de organizações tais como a Frente Negra Brasileira (FNB) "não só como forma de apresentação de história nacional e regional, mas também como faceta integral de uma comunidade multinacional, multilingue, ideológica e culturalmente plural – uma comunidade imaginada, se quiserem, mas não necessariamente limitada por um país territorial singular." (HANCHARD, 2002:88 e 89) Ele apresenta ainda, para subsidiar sua argumentação, uma série de importantes influências estrangeiras recebidas pelos movimentos negros norte-americanos nas décadas de 1950 e 60:

Um dos pilares filosóficos da mais conhecida tradição de ativismo político negro, a saber, a desobediência civil da Southern Christian Leadership Conference (SCLC) e do Student Non-Violent Coordinating Commitee (SNCC), foi a filosofia da desobediência civil de Mohandas Ghandi, ele próprio influenciado por Henry

Thoreau e Ralph Waldo Emerson. Ideias "estrangeiras" das obras de Frantz Fanon, Albert Memmi, Ho Chi Minh e Amilcar Cabral (incluindo até mesmo autores franceses, como Sartre e Régis Debray), penetraram nos debates no interior de movimentos e associações como Panteras Negras, Exército Simbionês de Libertação, Oficina de Escritores Watts (Watts Writers Workshop), Oficina de Escritores do Harlem (Harlem Writers Workshop) e outros grupos, durante os anos 1960, e integraram o desenvolvimento ideológico e tático da luta pela libertação dos negros. (Idem: 74)

Hanchard afirma também que é importante que vejamos o transnacionalismo negro, não como um aspecto disparatado, isolado, ou das histórias nacionais ou da história das relações internacionais, e sim

> como traço contínuo, recorrente, da política dos séculos XIX, XX e, agora, XXI, em que tópicos como livre associação, reconhecimento cultural e religioso, autonomia territorial e acesso igual a bens, serviços e recursos manifestam-se, completamente ou em parte, como foi o caso em movimentos sociais na África do Sul, Jamaica, Brasil, Colômbia, Reino Unido e muitos outros Estados-nação. (HANCHARD, 2002:89)

Os exemplos até aqui citados corroboram a afirmação de Hanchard, no sentido em que apresentam evidências dessa circulação de referenciais, que sempre foi tão importante para a luta contra o racismo e para a constituição dos movimentos negros nos diferentes países. Ao mesmo tempo, também indicam que é necessária a realização de novos estudos comparativos e transnacionais, para que possamos vir a compreender melhor os meios pelos quais essa circulação ocorre e também as várias e diferentes consequências possibilitadas por ela.

Esses novos estudos comparativos e transnacionais, ao ampliarem os conhecimentos sobre diferentes histórias transnacionais, deverão contribuir também para subsidiar de maneira mais adequada discussões como as geradas pelo artigo "Sobre as artimanhas da razão imperialista", de autoria de Pierre Bourdieu e Loïc Wacquant, publicado pela primeira vez em 1998 na França e republicado posteriormente em vários países, inclusive no Brasil, na revista *Estudos Afro-Asiáticos* em 2002. (BOURDIEU & WACQUANT, 2002) Bourdieu e Wacquant, nesse artigo, fazem uma crítica contundente ao imperialismo cultural norte-americano, denunciam o império e a influência simbólicos dos Estados Unidos sobre toda espécie de produção erudita e semi-erudita, e resolvem citar como exemplo desse imperialismo "a maior parte das pesquisas recentes sobre a desigualdade etno--racial no Brasil, empreendidas por americanos e latino-americanos formados nos Estados Unidos", especialmente o trabalho de doutorado de Michael Hanchard (2001) que, segundo eles, "ao aplicar categorias raciais norte-americanas à situação brasileira, o autor erige a história particular do Movimento em favor dos Direitos Civis como padrão universal da luta dos grupos de cor oprimidos." (BOURDIEU & WACQUANT, 2002: 19).

Para os autores franceses, esses pesquisadores – e Hanchard em especial – estariam aplicando categorias raciais norte-americanas (a dicotomia entre brancos e negros) à situação brasileira, ao passo que a "identidade racial" no Brasil seria definida por um "*continuum* de 'cor'", com um "grande número de categorias intermediárias". Segundo os autores, "contrariamente à imagem que os brasileiros têm de sua nação", as pesquisas influenciadas pelos Estados Unidos estariam se esforçando em provar que o Brasil "não é menos 'racista' do que os outros" e que, ainda pior, o "'racismo mascarado' à brasileira seria, por definição, mais perverso, já que dissimulado e negado". (Idem, ibidem)

Mesmo considerando o fato de que nem Bourdieu nem Wacquant são especialistas em Brasil, o artigo revela um grande desconhecimento dos autores sobre a realidade brasileira. Esse artigo foi publicado em diversas línguas e provocou um grande debate, assim como também recebeu muitas críticas, inclusive por deixar de mencionar toda uma série de estudos das relações raciais no Brasil – o único autor brasileiro citado no artigo é Gilberto Freyre, e seu clássico *Casa grande & senzala* – e sugerir que os intelectuais latino-americanos "consomem" a produção norte-americana sem qualquer crítica ou transformação. Os autores franceses em questão não conseguiram enxergar, por exemplo os vários diálogos transnacionais levados a cabo ao longo do século XX por negros – intelectuais, ativistas, jornalistas, artistas etc. – brasileiros, norte-americanos, de países africanos e na diáspora como um todo. Diálogos esses, que informaram e subsidiaram a luta contra o racismo no mundo e que precisam ser melhor estudados e compreendidos. É justamente em sua resposta ao artigo de Bourdieu e Wacquant que Micheal Hanchard (2002) defende a importância de pensarmos os movimentos negros como reflexos da política negra transnacional.

3.2. Influências externas e o movimento negro contemporâneo no Brasil

É interessante perceber, ao tratar da circulação de ideias e referenciais, como já foi dito acima, como "uma mesma ideia possa ganhar múltiplas leituras". Um exemplo interessante, nesse sentido, é o conjunto de ideias contido no *slogan* "Black Power", criado em meados da década de 1960 nos Estados Unidos. Enquanto em sua formulação original a expressão "Black Power" resumia um projeto político de setores da comunidade negra norte-americana, que estavam em busca de acesso às instâncias de poder numa sociedade racialmente segregada, no Brasil essa mensagem era traduzida de diferentes formas durante a década de 1970. A tradução mais popular, um tanto distante de sua formulação original, dizia respeito a um tipo específico de corte de cabelo, o cabelo "black power" – ou "blequepau", como ainda é chamado na Bahia –, com o qual negros e negras brasileiros, militantes ou não, apresentavam orgulhosos sua identidade racial à sociedade.[130] Nesse sentido, é fundamental ressaltarmos a importância das influências político-culturais que percorriam o mundo nas décadas de 1960 e 1970, com destaque, por exemplo, para o "movimento" *Soul*, um gênero de música negra norte-americana que mexia com a juventude negra através de músicas como *Say it loud – I'm Black and I'm Proud* ("Diga em voz alta – Sou negro e tenho orgulho"), composta e lançada em 1968 por James Brown, um dos principais ídolos desse "movimento".

Essas influências recebidas também foram recorrentemente citadas pelas lideranças do movimento negro brasileiro entrevistadas para esta pesquisa, e algumas delas serão apresentadas ao longo deste capítulo. O "movimento" *Soul*, que trazia em seu cerne afirmações como "*black is beautiful*" e "*black power*", na década de 1970 teve um impacto grande para a população negra que vivia na periferia de algumas capitais brasileiras. Particularmente no Rio de Janeiro, onde influenciou diretamente o movimento *Black Rio*. Joel Rufino dos Santos afirma que "esta influência se deu menos por intermédio da mensagem política que pelo convite a uma 'atitude negra', que trazia, por sua vez, embutida as questões de identidade." (SANTOS, 1985: 289) Carlos Alberto Medeiros, relembrando sua própria

---

[130] Vale ressaltar que nos Estados Unidos esse tipo de corte de cabelo é chamado de "cabelo afro", "natural afro" ou simplesmente "natural".

experiência de contato com a música *soul* e com todos os elementos culturais que ela trazia, também analisou a importância desses referenciais para a construção de identidades negras no Brasil:

> Embora eu visse com muita identificação o que acontecia nos Estados Unidos, via como algo de fora, algo que os negros brasileiros resistiriam muito a fazer. Não haveria aqui o mesmo grau de solidariedade, talvez por não haver segregação oficial – embora a gente já visse que a segregação existia em algumas situações na prática. Mas em 1974 fui parar no Clube Renascença.[131] Uma vez fui a um ensaio na Mangueira e, nesse ensaio, conheci várias pessoas, entre elas um negro americano chamado Jimmy Lee. E foi também quando conheci o Filó, que era quem fazia, no Renascença, os bailes chamados "A noite do Shaft".[132] Shaft era aquele detetive negro no cinema – foi o primeiro filme a apresentar um negro como detetive particular.[133] (...) A festa do Filó era aos domingos à noite no Renascença e era um negócio emocionante. (...) Aí, poderia haver um ou outro branco, mas era um ambiente em que quem dava o tom eram, sem dúvida, os negros, com os cabelos afro, aquela afirmação de identidade negra, às vezes com coisas africanizadas. E o Filó, diferentemente de outras eqüipes de *soul*, era um dos poucos que tinha um trabalho racial consciente. Ele passava *slides*, por exemplo, com fotos de famílias

---

[131] O Clube Renascença foi criado em 1951, no bairro Lins de Vasconcelos, no Rio de Janeiro, por um grupo de negros da classe média, com o objetivo de dispor de um espaço para atividades sociais em que não se sentissem discriminados. Logo atraiu a elite social e intelectual negra do Rio de Janeiro. Na década de 1960, o clube se transferiu para o bairro do Andaraí e suas atividades, como festas, bailes de carnaval e concursos de beleza, atraíam artistas, políticos, jogadores de futebol, intelectuais e grupos de diferentes classes sociais da cidade. No entanto, foi na década de 1970 que surgiu a proposta de resgatar atividades especificamente voltadas para a juventude negra que oferecessem novas formas de identificação étnica. Ver Sonia Maria Giacomini, "Elite negra e o drama de ser dois", I Simpósio Internacional O Desafio da Diferença (Salvador, abril 2000), em www.desafio.ufba.br/gt6-004-html, acesso em 08/7/2005.
[132] Asfilófio de Oliveira Filho (1949), conhecido como Filó, nasceu no Rio de Janeiro e foi mentor do movimento sociocultural Black Rio, que eclodiu nos subúrbios do Rio de Janeiro na década de 1970, no rastro dos movimentos de afirmação dos negros norte-americanos e a partir da moda da *soul music*. Nos anos 1990 foi presidente do Instituto Nacional de Desenvolvimento Esportivo (Indesp) e, em 2002, presidente da Superintendência de Esportes do Estado do Rio de Janeiro (Suderj).
[133] *Shaft*, lançado em 1971, foi o primeiro filme da trilogia que tinha Richard Roundtree no papel principal. Os outros dois foram *Shaft's Big Score* (1972) e *Shaft in Africa* (1973). A série de TV protagonizada pelo detetive John Shaft foi produzida entre 1973 e 1974. Ver www.wikipedia.org, acesso em 24/7/2007.

negras, de crianças negras, e botava palavras como "estude e cresça". Então era um negócio que trazia uma mensagem muito positiva.

Acho que a Polícia Federal e os órgãos de informação ficaram meio preocupados. Foi um choque quando a sociedade carioca tomou conhecimento disso, graças a uma reportagem que saiu no *Jornal do Brasil*, que deu o nome ao movimento – chamou de "Black Rio".[134] Apareceu ali pela primeira vez. As pessoas não chamavam assim, chamavam de "festa *black*", "festa de *soul*". E virou "Black Rio". Causou um impacto, tanto à direita, quanto à esquerda. Aí foi interessante porque se levantou o *establishment* branco. Você via críticas no jornal *Movimento*.[135] O *Movimento* chegou a publicar uma matéria idiota, dizendo que o *soul* era a pior forma de música negra. O *soul* é lindo! É claro que há um montão de bobagens, mas o melhor do *soul* é uma coisa maravilhosa. Ray Charles é *soul*, Aretha Franklin, aquela música que vem da igreja e que, todas as vezes que vou lá, me faz chorar... E a direita achava que era uma parte da conspiração comunista, enquanto os comunistas rejeitavam como uma expressão do imperialismo americano. Gilberto Freyre publicou um artigo em que dizia que estava havendo uma invasão, estavam trazendo dos Estados Unidos uma "música melancólica" – essa era uma tradução curiosa para *soul*, porque algumas coisas de *soul* podiam ser melancólicas, outras eram revolucionárias.[136]

Havia até um setor do movimento negro que também criticava, não era todo mundo que gostava disso. No início dos anos 1970, enquanto James Brown estava cantando "*Say it loud: I'm black and I'm proud*" – "Diga em voz alta: sou negro e tenho orgulho" –, o Salgueiro teve um samba-enredo que era assim: "Ô, ô, ô...

---

[134] No dia 17 de julho de 1976, o Caderno B do *Jornal do Brasil* publicou uma reportagem de quatro páginas, assinada por Lena Frias, intitulada "Black Rio – o orgulho (importado) de ser negro no Brasil". Ver Hermano Vianna, "O mundo funk carioca", em www.multirio.rj.gov.br/seculo21/texto_link.asp?cod_link=136&cod_chave=1&letra=c, acesso em 24/7/2007.

[135] O jornal *Movimento* foi um semanário de São Paulo que circulou entre os anos de 1975 e 1981. Foi reconhecido por sua linha editorial de combate à ditadura.

[136] Em artigo intitulado "Atenção, brasileiros", publicado no *Diário de Pernambuco* em 15 de maio de 1977, Gilberto Freyre pergunta: "Será que estou enxergando mal? Ou terei realmente lido que os Estados Unidos vão chegar ao Brasil, (...) norte-americanos de cor, (...) para convencer os brasileiros também de cor de que seus bailes e suas canções afro-brasileiras teriam de ser de 'melancolia' e de 'revolta'?". E prossegue: "O que se deve destacar, nestes tempos difíceis que o mundo está vivendo, com uma crise terrível de liderança, (...) é que o Brasil precisa estar preparado para o trabalho que é feito contra ele, não apenas pelo imperialismo soviético, (...) mas também pelo dos Estados Unidos." O artigo está citado em MEDEIROS, 2004: 70.

Que saudade da fazenda do senhor."[137] (...) Não dava para competir. Então o *soul* trazia uma outra coisa. Eu falo do *soul* e seus filhotes. O *reggae* é um filhote do *soul* – o Bob Marley era cantor de *soul*. Eu estava conversando outro dia com o Vovô, fundador do Ilê Aiyê, recuperando essa história, porque tem um livro do Antônio Risério, *Carnaval Ijexá*, em que ele mostra como o *soul* está ligado ao próprio surgimento dos blocos afro.[138] E o Vovô confirmou: "Nós dançávamos o Brown." E a coisa do Brown é tão forte que "Carlinhos Brown" é por causa do James Brown.[139]

Como se viu na segunda epígrafe que abre este capítulo, a música da primeira apresentação do bloco afro Ilê Aiyê no carnaval de Salvador, em 1975, trazia as expressões "mundo negro" e "*black power*". Expressões que demonstram certa influência do movimento *soul*.[140] O bloco afro Ilê Aiyê articulava influências africanas e norte-americanas, sempre com um forte caráter político de enfrentamento e afirmação da identidade negra. O Ilê tornou-se importante referência para diversos outros blocos que foram criados posteriormente por todo o Brasil. Muitas lideranças do movimento negro participavam diretamente dos bailes *soul* e dos blocos afro, enfatizando, nessas manifestações, um discurso político de valorização da identidade negra, como no exemplo do Clube Renascença, no Rio de Janeiro, lembrado por Carlos Alberto Medeiros acima. (ALBERTI & PEREIRA, 2007-b:646) O próprio Antônio Carlos dos Santos, o Vovô, como é conhecido, em sua entrevista, confirmou a informação contida no trecho citado acima e também comentou sobre as influências externas que recebia:

---

[137] Trata-se do samba "Batuque do Morro Velho", de Adil de Paula, Zuzuca do Salgueiro, gravado no disco *Zuzuca*, de 1974. A letra diz: "Ô, ô, ô, / Que saudade da fazenda do Sinhô, / Morro Velho das Palmeiras, / Onde canta o sabiá, / Morro Velho, das jaqueiras, / De Sinhô e de Sinhá, / Morro Velho, das fazendas, / Como é doce recordar, / Os negros em dias de festa, / Cantando em promessas aos nossos Orixás, / No mato tem, / Oi, no mato mora, / Mestre Dourado, / Lambari que puxa tora." Ver www.dicionariompb.com.br e http://musicasantigaseletras.com.br/carnaval/morro_velho.html, acesso em 24/7/2007.
[138] RISÉRIO, Antônio. *Carnaval Ijexá*. Salvador: Corrupio, 1981.
[139] O Dicionário Cravo Albin da Música Popular Brasileira confirma que o cantor, percussionista e compositor Antônio Carlos Santos de Freitas (1962) adotou o nome artístico de Carlinhos Brown nos anos 1970 inspirado em James Brown. Ver www.dicionariompb.com.br, acesso em 02/02/2009.
[140] A música "Que bloco é esse", de Paulinho Camafeu, tinha como refrão os versos: "Que bloco é esse / Eu quero saber / É o mundo negro / Que viemos cantar para você. / Somos crioulos doidos / Somos bem legal / Temos cabelo duro / Somos *black power*." Ver www.ileaiye.com.br, acesso em 14/12/2008.

Na década de 1970 tinha a influência, a gente já ficando rapazinho, do movimento negro americano. Com toda a dificuldade da ditadura, mas a gente já tinha acesso, na época, às músicas que chegavam, aos discos, às nossas festas, porque todos nós aqui usávamos cabelo *black*, todo mundo curtia o [James] Brown. Todo mundo se vestia à moda do negro americano. Mas, quando fundamos o Ilê Aiyê, nós optamos pela África: "Vamos trabalhar com a origem, com a mãe África." Nós viemos falar em Estados Unidos, acho que foi em 1991 ou 93.[141] Na verdade, a ideia não era nem essa, a ideia era falar sobre o sonho africano de Marcus Garvey, que queria retornar, comprou aquele navio...[142] Mas aí, na discussão, resolvemos falar da "América negra", mostramos a evolução do negro americano, da época da escravidão, esse ciclo todo. Mas a nossa busca sempre foi essa relação com a ancestralidade, com a África, com a religião. Isso sempre foi muito mais forte.

Vale ressaltar que o Brasil vivia um período de repressão, sob uma ditadura militar com seus órgãos de segurança e informações, que também observavam de perto as movimentações no seio da comunidade negra brasileira. Essa afirmação pode ser confirmada verificando o documento do Serviço Nacional de Informações (SNI)[143] intitulado "Apreciação especial" de 2 de janeiro de 1978, classificado como dizendo respeito ao assunto "Opinião Pública", "retrospecto de 1977 e perspectivas para 1978", e que consta no Arquivo Ernesto Geisel do CPDOC/FGV, como Verena Alberti e eu já demonstramos num artigo publicado em 2008.[144] (ALBERTI & PEREIRA, 2008:76) No documento citado, na página 4, item f, encontramos uma apreciação sobre as "manifestações de racismo negro" no Rio de Janeiro, em São Paulo e na Bahia. O item se segue a outros que vinham relatando a infiltração comunista nos meios de comunicação, a atuação da imprensa alternativa, de rádios e emissoras de TV, que, entre outras coisas, vinham dando cobertura ao movimento estudantil. Diz a apreciação:

---

[141] O tema de 1993 recebeu o título "América negra – o sonho africano". Ver www.ileaiye.com.br, acesso em 23/1/2007.
[142] O jamaicano Marcus Garvey (1887-1940) fundou a Universal Negro Improvement Association e a African Communities League. Estabelecendo-se nos Estados Unidos, chegou a fundar uma companhia de navegação em 1919, a Black Star Line Steamship Corporation, para promover o transporte dos afrodescendentes para a África. A empresa, contudo, foi processada por irregularidades, e Garvey foi deportado para a Jamaica. Em 1935 fixou-se em Londres, onde faleceu.
[143] O SNI foi criado em junho de 1964, cerca de dois meses depois do início da ditadura militar.
[144] O documento está disponível para consulta no Portal do CPDOC (www.cpdoc.fgv.br).

> Continuando o acompanhamento que vinha sendo feito, com mais intensidade, desde o ano passado, foram detectadas várias manifestações de Racismo Negro, exteriorizado de forma mais concreta no movimento "Soul", que tomou conta da juventude negra do RIO DE JANEIRO e SÃO PAULO, e começou a espalhar-se para o Nordeste com o movimento "BLACK BAHIA". Também os institutos de cultura afro-brasileira, ampliando-se, ultimamente, têm, em muitos casos, parcela de responsabilidade no estímulo a atitudes racistas e revanchistas, por parte de jovens negros, que vêem neles e no movimento "Black" uma maneira de auto-afirmação racial. Esses movimentos, caso continuem a crescer e se radicalizar, poderão vir a originar conflitos raciais. [os grifos foram reproduzidos como no documento original]

Voltando ao movimento pelos direitos civis nos Estados Unidos, havia entre os militantes norte-americanos, assim como entre os militantes brasileiros, setores considerados radicais que também se dedicavam à colocar no centro das discussões sobre os direitos civis questões que circulavam em âmbito internacional, como as ideias de revolução, comunismo, anti-colonialismo, nacionalismo negro...[145] Robin Kelley diz o seguinte: "Parafraseando Malcom X, os radicais negros não estavam interessados em se integrar numa casa pegando fogo; eles queriam uma transformação revolucionária e reconheciam que tal revolução era inexoravelmente ligada às lutas dos povos colonizados pelo mundo afora."[146] (KELLEY, 2002: 62, 63)

Esses setores radicais não eram majoritários nos movimentos pelos direitos civis. Entretanto, sua contribuição chega a ser apontada como fundamental por muitos historiadores, quando destacam por exemplo "a passagem de *'civil rights'* para *'Black Power'*", como afirma Kelley. (Idem: 60) Essa mudança no discurso das lideranças negras, objetivando uma atuação política mais intensa no sentido de buscar de fato a transformação da sociedade através da chegada de negros ao poder, é vista como um elemento fundamental para obtenção das conquistas auferidas pela população

---

[145] O "nacionalismo negro" é um conjunto ideias que surge nos Estados Unidos no final do século XIX e ganha grande força durante a década de 1960, em meio às lutas dos negros pelos direitos civis naquele país. Esse conjunto de ideias variou bastante durante o século XX, mas sempre teve como pontos fundamentais o "orgulho de ser negro" [*the Black Pride*] e a busca pela independência cultural, política, social e econômica da comunidade negra em relação aos brancos.

[146] "*To paraphrase Malcom X, black radicals were not interested in integrating into a burning house; they wanted revolutionary transformation and recognized that such a revolution was inextricably linked to the struggles of colonized people around the world.*"

negra norte-americana a partir de meados dos anos 1960. Em 1964, Stokely Carmichael – que mais tarde se tornaria uma das principais referências do nacionalismo negro nos EUA, assumindo até uma outra identidade em 1969 (Kwame Toure), em homenagem aos líderes africanos Kwame N'Krumah e Sékou Touré – foi uma das lideranças do Student Nonviolent Coordinating Committee (SNCC) que contribuiu para a criação do Mississippi Freedom Democratic Party (MFDP). O MFDP foi criado com o objetivo de incentivar a população negra a se registrar e votar nas eleições, participando assim das decisões políticas no estado e contribuindo para a melhoria de suas condições de vida, ao mesmo tempo em que tentavam ganhar assentos durante a Convenção Nacional do Partido Democrata, realizada naquele ano em Atlantic City, New Jersey. Na convenção nacional do Partido Democrata os assentos foram negados ao MFDP.

Em 1966, mais uma vez, Carmichael participou da criação da Lowndes County Freedom Organization (LCFO), em Lowndes County, no estado do Alabama. A organização tinha o objetivo de levar, pela primeira vez, pessoas negras ao poder no condado, já que lá eles formavam a maioria da população. Uma pantera negra foi adotada como símbolo da organização, em contraposição direta ao galo branco, símbolo do Partido Democrata do Alabama, que era favorável à segregação racial. O LCFO acabou ficando mais conhecido como "Black Panther Party", e serviu de inspiração para a criação, um ano mais tarde, do Black Panther Party for Self Defense (BPP, que são os Panteras Negras conhecidos em todo o mundo) por Huey P. Newton e Bobby Seale em Oakland, Califórnia. É justamente nesse contexto, da metade para o final da década de 1960 nos EUA, de luta aberta pelo poder, que ganha força nas comunidades negras de todo o país o *slogan* "Black Power".

O mesmo Carmichael também foi uma importante referência para o movimento negro contemporâneo no Brasil, onde ele esteve inclusive em 1988 – ano do centenário da abolição da escravatura no Brasil –, visitando a Serra da Barriga, em Alagoas, onde existiu por cerca de cem anos, até 1694, o Quilombo dos Palmares. Carmichael, que até o final da década de 1960 continuava a ser considerado uma das maiores referências de liderança do "nacionalismo negro" e que havia sido convidado a ocupar um cargo especial honorífico no BPP, rompeu com o partido e deixou de ser o "primeiro-ministro honorário" dos Panteras Negras em 1969, por causa das alianças feitas pelos Panteras com brancos radicais de esquerda. Segundo George Fredrickson:

Aqueles que começaram como *black power radicals* cada vez mais dividiam-se em duas facções em conflito – aqueles que enfatizavam o separatismo racial e o nacionalismo cultural e aqueles que, seguindo os Panteras Negras, foram em direção à concepção marxista de uma revolução anticapitalista – mas com a condição de que a revolução nos Estados Unidos seria conduzida pelos negros dos guetos ao invés da classe trabalhadora industrial predominantemente branca, e que a luta internacional das "pessoas de cor" estaria na vanguarda ao invés dos segmentos mais avançados do proletariado.[147] (FREDRICKSON, 1997: 194)

O historiador Robin Kelley afirma que a aproximação dos Panteras Negras com o marxismo fazia com que, para esse grupo, influências vindas da China, de Cuba e do Vietnan por exemplo, fossem em vários momentos consideradas mais importantes até mesmo do que o que acontecia naquele momento nos países africanos. É interessante o trecho abaixo, onde Kelley comenta a aproximação de Huey P. Newton, fundador e principal líder dos Panteras Negras, com o processo revolucionário em Cuba e na China:

> Para o futuro líder dos Panteras Negras Huey Newton, a revolução Africana parecia ser até menos crucial do que eventos em Cuba e na China. Não surpreendentemente, Newton começara a ler literatura marxista vorazmente. Mao, em particular, deixou uma impressão definitiva: "Minha conversão foi completa quando eu li os quatro volumes do Mao Tse-tung para aprender mais sobre a Revolução Chinesa." Dessa forma, bem antes de fundar o BPP, Newton estava impregnado no pensamento de Mao assim como nos escritos de Che Guevara, o revolucionário cubano e teórico dos movimentos de guerrilha, e Frantz Fanon, o psiquiatra martinicano que se mudou para a Argélia e participou da revolução lá. Fanon era famoso por dois de seus livros, *Pele negra, máscaras brancas* e *Os condenados da terra*, ambos reflexões sobre os impactos social, cultural, econômico e psicológico do colonialismo.[148] (KELLEY, 2002: 69)

---

[147] "*Those who had begun as black power radicals increasingly divided into two warring factions – those who stressed racial separatism and cultural nationalism, and those who following the Black Panthers, moved toward the Marxist conception of an anticapitalism revolution – but with the provisos that the revolution in the United States would be led by blacks from the ghettos rather than by the predominantly white industrial working class and that the international struggle people of color rather than the most advanced segments of the proletariat would be in the vanguard.*"

[148] "*For future Black Panther Party leader Huey Newton, the African revolution seemed even less crucial than events in Cuba and China. (...) Not surprisingly, Newton began to read Marxist literature*

É interessante perceber, ao analisar as lutas das populações negras na diáspora, como algumas referências circulam literalmente e, em casos como os dos livros de Mao Tse-tung, citado acima por exemplo, ultrapassam até mesmo os limites do chamado "Atlântico negro". As lutas por emancipação que ocorriam simultaneamente na África, na Ásia e nas Américas durante as décadas de 1960 e 70, poderiam contribuir umas para as outras através desses referenciais que circulavam de diversas formas. Zélia Amador, liderança do movimento negro no Pará desde o final da década de 1970, foi militante de esquerda e chegou a fazer treinamento para participar da luta armada durante a ditadura militar no Brasil e, antes de tornar-se uma liderança negra, também tomou contato com referências como Mao Tse-tung por exemplo. Ao mesmo tempo, também podemos perceber no trecho abaixo uma certa tensão, que será melhor analisada no capítulo 4, entre a questão racial e a questão de classe no âmbito das esquerdas no Brasil contemporâneo, como relata Zélia Amador:

> Dentro da Ação Popular, AP, não havia discussão em relação à questão racial.[149] A questão era "classe", não é? E essa continua sendo até hoje a grande premissa da esquerda brasileira. Quando entrei na AP, o livro de referência era o *Livrinho Vermelho* de Mao Tse-Tung. E não se discutia a questão racial. Essa era uma falta que eu sentia, inclusive. A grande máxima, digamos assim, era rejeitar o imperialismo dos Estados Unidos. E esse era um drama que eu carregava, porque tinha um lado daquela sociedade de que eu gostava. Eu gostava dos Panteras Negras, eu gostava da luta pelos direitos civis, e carreguei comigo este drama durante todo o meu período de participação, porque você rejeitava o imperialismo mas aquela era uma sociedade que tinha algo que agradava. E o algo que me agradava era a luta racial. Acredito que todos os negros daquele momento, que participavam, que tinham atividade política mais forte, também sentiam isso.

---

voraciously. Mao, in particular, left a last impression: "My conversion was complete when I read the four volumes of Mao Tse-tung to learn more about the Chinese Revolution." Thus well before the founding of the BPP, Newton was steeped in Mao's thought as well as the writings of Che Guevara, the Cuban revolutionary and theorist of guerrilla movements, and Frantz Fanon, the Martinican-born psychiatrist who moved to Algeria and participated in the revolution there. Fanon was well known for two books, Black Skin, White Masks [Pele negra, máscaras brancas] *and* The Wretched of the Earth [Os condenados da terra]*, both reflections on the social, cultural, economic and psychological impact of colonialism.*

[149] A Ação Popular (AP) foi fundada em 1962 e reunia membros da Juventude Universitária Católica (JUC) e da Juventude Estudantil Católica (JEC). Após o 31 de março de 1964 muitos de seus membros foram presos, ou passaram à clandestinidade. Ver *DHBB*.

Naquele período estava começando todo o processo de libertação das colônias do neocolonialismo. Aí, claro, você vai ler Senghor, Agostinho Neto, todo aquele pessoal da *négritude*. Então isso alimentou a gente durante muito tempo. Tanto que eu acho que, quando o movimento negro ressurge em 1978, essas são as referências. Além dos Estados Unidos, a grande referência são as lideranças dos movimentos de libertação na África.[150]

Gilberto Leal, militante do movimento negro na Bahia desde o início da década de 1970, faz um relato de como as referências como o livro *Os condenados da Terra* de Frantz Fanon, que eram consideradas muito importantes para Huey Newton do BPP, por exemplo, poderiam ser as mesmas tomadas pelo movimento negro brasileiro na década de 1970 para a constituição e o fortalecimento da identidade negra desses militantes:

Nós líamos não só livros, mas artigos de Clóvis Moura, Florestan Fernandes etc.,[151] das pessoas que eram referências na literatura nacional em termos da questão racial. Sobre

---

[150] Zélia Amador de Deus nasceu na Ilha do Marajó, no município de Salva Terra (PA) em 24 de outubro de 1951. Quando tinha cerca de um ano e meio de idade, mudou-se com a família para a cidade de Belém, onde foi criada. Formada em letras pela Universidade Federal do Pará (UFPA) em 1974, foi uma das fundadoras do Cedenpa, em 1980. Participou do Grupo de Trabalho Interministerial para a Valorização da População Negra, criado em 1995 pelo governo federal, e foi a propositora do sistema de cotas, recentemente implantado, na UFPA, onde foi vice-reitora de 1993 a 1997 e é professora do Departamento de Artes desde 1978. Mestre em teoria da literatura, à época da entrevista era doutoranda em antropologia na UFPA, desenvolvendo tese sobre ações afirmativas e cotas para negros na universidade. A entrevista foi gravada em 29 de agosto de 2006, no Hotel Hilton em Belém do Pará.
[151] Clóvis Steiger de Assis Moura (1925-2004), nascido em Amarante (PI), era filho de mãe branca e pai negro. Filiou-se ao Partido Comunista Brasileiro (PCB) em 1945 e atuou como jornalista na Bahia e em São Paulo. Em 1959 publicou *Rebeliões da senzala: quilombos, insurreições, guerrilhas*, livro pioneiro no tratamento da história social do negro no Brasil. Escreveu diversos livros de sociologia e história, como *Introdução ao pensamento de Euclides da Cunha* (1964), *A sociologia posta em questão* (1978), *Brasil: raízes do protesto negro* (1983), entre outros. Ver Érika Mesquita, "Clóvis Moura e a sociologia da práxis", *Estudos Afro-Asiáticos* (Rio de Janeiro, 2003, v.5, n.3), em www.scielo.br, acesso em 24/7/2007. Florestan Fernandes (1920-1995) nasceu em São Paulo, filho único de uma imigrante portuguesa. Começou a trabalhar aos seis anos para ajudar a mãe, como ajudante de barbeiro, engraxate, num açougue e em diversos locais. Como não pôde frequentar a escola normalmente, aos 17 anos matriculou-se num curso de madureza e em 1940 concluiu os estudos. Cursou a Faculdade de Filosofia, Ciências e Letras da USP de 1941 a 1943, formando-se em ciências sociais. Em 1947 obteve o título de mestre pela Escola Livre de Sociologia e Política de São Paulo, com uma dissertação sobre os Tupinambá, tema sobre o qual também versou sua tese de doutorado, defendida na USP em 1951. Em 1953 tornou-se

África nós líamos livros traduzidos; por exemplo, *Os condenados da terra* de Frantz Fanon, que era quase uma bíblia. Então a gente lia muito. E também lia muitas matérias, a gente conseguiu revistas sobre África. Então, o movimento negro, seu pensamento de afrobrasilidade, formou-se muito com referência em algumas lideranças negras americanas e em lideranças dos países da linha de frente nos processos de libertação africana. As referências eram Amilcar Cabral, Agostinho Neto, Samora Machel...[152] A gente tinha que acompanhar o legado que eles deixavam na época para a formação da consciência negra.[153]

---

livre docente da cadeira de sociologia da USP. Envolvido desde o início da década de 1950 com o Programa de Pesquisa sobre Relações Raciais no Brasil, patrocinado pela Unesco, Florestan Fernandes desmentiu a tese sobre a inexistência de racismo no Brasil. Em 1955, publicou com Roger Bastide *Negros e brancos em São Paulo*, no qual inverteu a ideia de que o negro constituía um "problema" social, afirmando que a sociedade é que constituía um problema para a população negra. Em 1964 tornou-se catedrático em sociologia, com a tese *A integração do negro na sociedade de classes*, demonstrando como a desigualdade de acesso de negros e mulatos ao mercado de trabalho constituía obstáculo para a realização de uma sociedade democrática no Brasil. Foi preso por ocasião do movimento político-militar de 1964, mas não ficou muito tempo na cadeia devido à grande repercussão de uma carta aberta que fez circular pela imprensa. Não obstante, em 1969 foi afastado da USP e aposentado pelo Ato Institucional nº 5 (AI-5). Entre 1969 e 1972 atuou como professor visitante nos EUA e no Canadá. Após a redemocratização do país, elegeu-se deputado constituinte (1987-1988) e deputado federal (1988-1994) por São Paulo na legenda do Partido dos Trabalhadores (PT). Ver *DHBB*.

[152] Amilcar Cabral (1924-1973) fundou o Partido Africano para a Independência da Guiné e Cabo Verde (PAIGC), em 1956, e foi um dos dirigentes da luta pela libertação da Guiné-Bissau. Em 1972, anunciou a criação de um governo provisório nos territórios controlados pela guerrilha do PAIGC, mas foi assassinado pouco depois, em janeiro de 1973. Agostinho Neto (1922-1979), médico e poeta, fundou o Movimento Popular de Libertação de Angola (MPLA) e foi o primeiro presidente da República Popular de Angola, de 1975 a 1979. Samora Moisés Machel (1933-1986) tornou-se líder da Frente de Libertação de Moçambique (Frelimo) após a morte de Eduardo Mondlane (1920-1969), que havia sido seu primeiro dirigente. Machel foi o primeiro presidente de Moçambique após a proclamação da independência, em 25 de junho de 1975, permanecendo no cargo até sua morte por acidente de avião, na África do Sul. Ver: *Almanaque Abril*. São Paulo, Editora Abril, 2002; *Enciclopédia Abril*. São Paulo, Editora Abril Cultural, 1971; Nei Lopes. *Enciclopédia... (op.cit.)*; *Grande Enciclopédia Larousse Cultural*. s/l, Nova Cultural, 1998.

[153] Gilberto Leal nasceu na cidade de Salvador em 15 de agosto de 1945. Formou-se em geologia na Universidade Federal da Bahia, onde ingressou em 1965. Durante a década de 1970, participou do Núcleo Cultural Afro-Brasileiro e integrou o grupo Malê Cultura e Arte. Participou da institucionalização do MNU na Bahia, mas rompeu com a entidade ainda no final de 1979. Em 1984 fundou a Niger Okan, entidade que dirigia à época da entrevista. Participou da comissão de organização do I Encontro Nacional de Entidades Negras (Enen), em São Paulo, e da construção da Coordenação Nacional de Entidades Negras (Conen), ambos em 1991. A entrevista foi gravada em 16 de setembro de 2006, em Salvador, no *Campus* da UNEB, durante o VI Copene.

Assim como para Gilberto Leal a leitura de livros de Florestan Fernandes, Frantz Fanon, entre outros, era importante para a "formação da consciência negra", é interessante notar como para o cientista político negro norte-americano Michael Mitchell, o próprio fato de conhecer o Brasil e, posteriormente, o fato de ler um livro de Florestan foram elementos que ele destacou em sua entrevista como importantes para a formação de sua própria identidade:

> Mas a coisa mais importante para a minha história, para a minha biografia é que uma das razões porque eu comecei a interessar-me em coisas do mundo panafricano é porque estava tentando achar o meu lugar. Não encontrei o meu lugar no meu meio dos negros de Nova Iorque. Então quando tive a oportunidade de conhecer a América Latina, eu descobri: "Ah, há muitas maneiras de ser negro... Há negros que moram no Brasil e eles falam um idioma assim meio esquisito..." E eu comecei a achar uma aproximação. Outra coisa: os meus pais eram católicos. Então chegando no Brasil, um país católico, eu encontrei uma aproximação cultural: o serviço era o mesmo, os dogmas, a teologia era a mesma coisa, os termos religiosos que a gente usava eram os mesmos. Então eu me senti muito comum no meio dos negros brasileiros.

E eu li, quando eu entrei no programa de pós-graduação, o livro de Florestan Fernandes, que já havia sido traduzido para o inglês. Foi um dos primeiros livros que eu li no programa de pós-graduação. *A integração do negro na sociedade de classes* foi como uma bomba! Li que havia negros, que há uma tradição de luta, de política, e, antes disso, tudo que eu tinha lido sobre o negro no Brasil era pelo óculos da democracia racial.[154]

O mesmo livro de Florestan Fernandes foi também um marco para a decisão de Diva Moreira tornar-se uma ativista negra no Brasil e, posteriormente, uma importante liderança do movimento negro em Minas Gerais, na segunda metade da década de 1980, quando fundou a Casa Dandara, uma das maiores organi-

---

[154] Michael Mitchell viveu em São Paulo, no Brasil, entre 1971 e 1972, quando fez sua pesquisa de campo para o doutorado, defendido na Indiana University, com o título "Racial consciousness and the political attitudes and behavior of Blacks in São Paulo, Brazil". Mitchell foi professor no Department of Politics da Princeton University entre 1977 e 1984, e desde 1988 é professor de ciência política na Arizona State University. A entrevista foi gravada em 29 de agosto de 2008, no Hotel Hyatt na cidade de Boston, MA, nos Estados Unidos.

zações do movimento negro em Belo Horizonte entre os anos 1980 e 90. Diva Moreira disse o seguinte em sua entrevista:

> Eu ainda não tinha politizado a questão racial. Tinha um interesse teórico apenas. Mas eu não tinha me engajado nas lutas antirracistas. Isto vai acontecer sabe quando? Tardiamente. Eu já tinha 40, 41 anos no surgimento da Casa Dandara. E como isso acontece na minha vida? Eu estava lendo um livro de Florestan Fernandes, *A integração do negro na sociedade de classes*. E o Florestan, vocês conhecem esse livro, é um clássico da sociologia brasileira no que diz respeito à questão racial, então ele fala que no pós-abolição as entidades do movimento negro que surgiram tinham dificuldade de se manter porque faltavam quadros qualificados, faltava dinheiro. Então havia a dificuldade "de institucionalizar o meio social negro". Isso é uma expressão do Florestan Fernandes. Aí eu, de novo, caí do cavalo. Aí eu não estava em nenhum caminho, eu estava aqui em casa mesmo. Eu falei: "Puxa vida, eu com 40 anos, com toda esta bagagem, com toda esta capacidade, eu não fiz nada em termos concretos para o meu próprio povo."[155]

O contexto internacional das lutas contra o colonialismo na Ásia e na África em meio à Guerra Fria e às constantes disputas entre os Estados Unidos e a antiga União Soviética, também nos fornece interessantes elementos para a análise do processo de circulação de referenciais, que é o objeto deste capítulo. Robin Kelley demonstra também a auto-associação que era feita, nesse contexto, entre alguns

---

[155] Diva Moreira nasceu na cidade de Bocaiúva (MG) em 8 de junho de 1946. Em 1950 mudou-se com a mãe para Belo Horizonte, onde foi criada. Formada em comunicação social pela Universidade Federal de Minas Gerais (UFMG), em 1970, e mestre em ciência política pela mesma universidade, em 1973, fez um curso de especialização no Instituto de Política Social da Universidade Johns Hopkins, EUA, em 1993, e participou do Programa de Pós-doutorado sobre Raça, Direitos e Recursos nas Américas, no Instituto de Estudos Latino-Americanos da Universidade do Texas, entre 2001 e 2002. Foi técnica de pesquisa e planejamento da Fundação João Pinheiro, em Belo Horizonte, entre 1975 e 1988. Participou de vários movimentos sociais, alguns ligados à Igreja Católica, desde a década de 1960 e foi integrante do Partido Comunista Brasileiro entre 1968 e 1987, quando fundou a Casa Dandara – Projeto de Cidadania do Povo Negro, uma entidade do movimento negro em Belo Horizonte. Foi presidente da Casa Dandara entre 1987 e 1995 e titular da Secretaria Municipal para Assuntos da Comunidade Negra de Belo Horizonte, criada por lei em 1998 e extinta em 2000. Entre 2003 e 2006 foi oficial de programa e ponto focal em raça e gênero do Programa das Nações Unidas para o Desenvolvimento, PNUD. É empreendedora social da Ashoka e consultora independente na área da diversidade racial e de gênero. A entrevista foi gravada em 29 de março de 2007, na residência da entrevistada na cidade de Sabará (MG).

setores da comunidade negra norte-americana com os países não-alinhados que se reuniram em Bandung em 1955.[156] O exemplo do Revolutionary Action Movement (RAM), que foi um grupo formado por "black radicals" intelectuais e ativistas que receberam influências do maoismo, é emblemático:

> Como sujeitos colonizados em busca da auto-determinação, o RAM via a Afro-América como um membro *de facto* das nações não-alinhadas. Eles até mesmo se identificavam como parte do *"Bandung world"*, até o ponto de sediar uma conferência em novembro de 1964 em Nashville sobre *"The Black Revolution's Relationship to the Bandung World."* Em um artigo de 1965 publicado no jornal do RAM, *Black America*, eles começaram a desenvolver uma teoria do *"Bandung humanism"* ou "internacionalismo negro revolucionário", que argumentava que a batalha entre o imperialismo Ocidental e o Terceiro Mundo – mais do que a luta entre trabalho e capital – representava a contradição mais fundamental do nosso tempo. Eles ligavam a luta dos afro-americanos por liberdade com o que estava acontecendo na China, Zanzibar, Cuba, Vietnam, Indonésia e Argélia, e eles caracterizavam seu trabalho como parte da estratégia internacional de Mao de cercar os países capitalistas Ocidentais desafiando o imperialismo. Esta posição ecoou num particularmente emocionante e eloquente ensaio de Rolland Snellings (mais conhecido como Askia Muhammad Toure, o extraordinário poeta e líder do Black Art Movement) intitulado "Afro-American Youth and the Bandung World".[157] (KELLEY, 2002:81,82)

---

[156] A Conferência de Bandung, ocorrida em 1955, na Indonésia, tinha como objetivo promover a cooperação econômica e cultural afro-asiática, como forma de oposição às influências dos Estados Unidos e da União Soviética durante o período da Guerra Fria.

[157] *"As colonial subjects with a ride of self-determination, RAM saw Afro-America as a de facto member of the nonaligned nations. They even identified themselves as part of the "Bandung world", going so far as to hold a conference in November 1964 in Nashville on "The Black Revolution's Relationship to the Bandung World." In a 1965 article published in RAM's journal Black America, they started to develop a theory of "Bandung humanism" or "revolutionary black internationalism", which argued that the battle between Western imperialism and the Third World – more than the battle between labor and capital – represented the most fundamental contradiction in our time. They linked the African-American freedom struggle with what was happening in China, Zanzibar, Cuba, Vietnam, Indonesia, and Algeria, and they characterized their work as part of Mao's international strategy of encircling Western capitalist countries and challenging imperialism. This position was echoed in a particularly moving, eloquent essay by Rolland Snellings (better known as Askia Muhammad Toure, the extraordinary poet and leader in the Black Art Movement) titled "Afro-American Youth and the Bandung World".*

Sobre a relação dos movimentos pelos direitos civis nos Estados Unidos com os movimentos revolucionários pelo mundo afora, inclusive com a China de Mao Tsé Tung, Robin Kelley diz o seguinte:

> Como a África, a China estava mudando e havia um sentimento geral de que os chineses apoiavam os movimentos de libertação por todo o mundo negro, inclusive nos Estados Unidos. Em 1957, dois anos após o histórico encontro dos países não-alinhados em Bandung, a China formou a Afro-Asian People's Solidarity Organization. Mao não só convidou W.E.B. Du Bois para passar seu nonagésimo aniversário na China. Mas três semanas antes da grande marcha sobre Washington em 1963, Mao emitiu uma declaração criticando o racismo americano e elencando os movimentos libertários afro-americanos como parte da luta contra o imperialismo no mundo. "O sistema do mal do colonialismo e imperialismo", disse Mao, "surgiu e prosperou com a escravização e o tráfico de negros, e ele certamente chegará ao seu fim com a completa emancipação do povo negro."[158] (KELLEY, 2002: 66, 67)

Kelley diz também que vários grupos de "black radicals" (inclusive o RAM) convergiram para formar o Black Panther Party for Self-Defense in Okland, Califórnia, em 1966, a organização negra com maior visibilidade nos Estados Unidos no final dos anos 1960. (Idem: 93) Bobby Seale, um dos fundadores do Black Panther Party (juntamente com Huey P. Newton), era um ex-membro do RAM. É interessante observar que no jornal do Black Panther Party podemos verificar a importância dada a certas influências externas recebidas pelo movimento, como por exemplo as capas dos jornais de 3 de março de 1969 e de 16 de março do mesmo ano em que aparecem, Ho Chi Minh e Mao Tsé Tung, líderes revolucionários do Vietnam e da China respectivamente, e matérias falando sobre esses dois países. (HILLIARD, 2007:16 e 19)

---

[158] *Like Africa, China was on the move and there was a general sense that the Chinese supported the liberation movements throughout the black world, including in the United States. In 1957, two years after the historic meeting of nonaligned nations in Bandung, China formed the Afro-Asian People's Solidarity Organization. Mao not only invited W.E.B. Du Bois to spend his ninetieth birthday in China. But three weeks before the great march on Washington in 1963, Mao issued a statement criticizing American racism and casting the African-American freedom movements as part of the worldwide struggle against imperialism. "The evil system of colonialism and imperialism", Mao stated, "arose and throve with the enslavement of Negroes and the trade in Negroes, and it will surely come to its end with the complete emancipation of the black people."*

Uma importante organização negra criada nos Estados Unidos na década de 1970, e que teve relação direta com as lutas de libertação ocorridas naquele momento nos países africanos de língua oficial portuguesa, foi a African Libertation Support Committe (ALSC), fundada em 1971, e da qual participou Amiri Baraka, poeta e importante liderança na luta pelos direitos civis. Segundo Kelley:

> Ele teve origem com um grupo de nacionalistas negros liderados por Owusu Sadaukai, director da Malcom X Liberation University em Greensboro, na Carolina do Norte, que viajou para Moçambique sob a proteção da Frelimo (Frente de Libertação de Moçambique). O presidente da Frelimo, Samora Machel (que coincidentemente estava na China no mesmo tempo que Huey Newton) e outros militantes convenceram Sadaukai e seus colegas de que o papel mais útil que os afro-americanos poderiam ter no apoio ao anticolonialismo era desafiar o capitalismo americano de dentro e fazer o mundo conhecer a verdade sobre a guerra justa da Frelimo contra a dominação portuguesa. Um ano depois, durante sua última visita aos Estados Unidos, Amilcar Cabral, o líder do movimento anticolonial na Guiné-Bissau e em Cabo Verde, disse essencialmente a mesma coisa.[159] (KELLEY, 2002: 104)

---

[159] "*It originated with a group of black nationalists led by Owusu Sadaukai, director of Malcom X Liberation University in Greensboro, North Carolina, who traveled to Mozambique under the aegis of Frelimo (The Front for the Liberation of Mozambique). Frelimo's president Samora Machel (who, coincidentally, was in China at the same time as Huey Newton) and other militants persuaded Sadaukai and his colleagues that*

A figura de Amilcar Cabral, assassinado em 20 de janeiro de 1973 e chamado pelo jornal *The New York Times*, de 28/01/1973, de "Símbolo da esperança" e de "um dos mais originais pensadores políticos e estrategistas militares", pode ser um bom exemplo da amplitude da circulação de referenciais a que me refiro neste capítulo.

Após discursar, em outubro de 1972, perante a IV Comissão da Assembleia Geral das Nações Unidas em Nova Iorque e receber o título de doutor *honoris causa* da Lincoln University na Pensilvânia, nos Estados Unidos, Amilcar Cabral viajou em dezembro para Moscou, onde recebeu o mesmo título de doutor *honoris causa* da Academia de Ciências da URSS, fato bastante incomum durante a "guerra fria". Amilcar Cabral, além de viajar pelo mundo buscando apoio e divulgando a luta contra o colonialismo português na África, também escreveu artigos e livros que se tornaram importantes referências para a luta contra o colonialismo e o racismo nos Estados Unidos, no Brasil e em vários outros países.

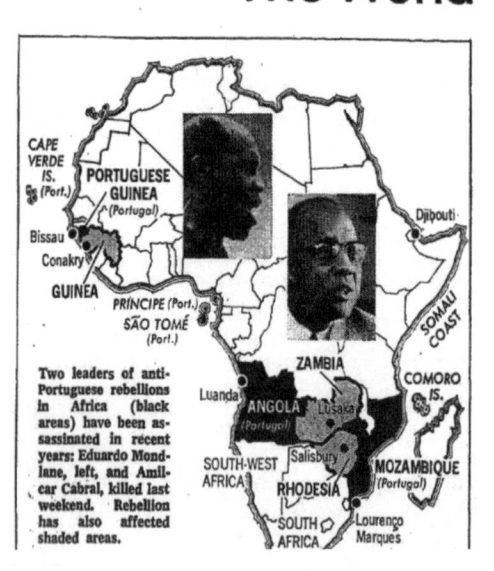

Parte da matéria publicada no jornal *The New York Times*, de 28/01/1973, na página 207.

---

the most useful role African American could play in support anti colonialism was to challenge American capitalism from within and let the world know the truth about Frelimo's just war against Portuguese domination. A year later, during his last visit to the United States, Amilcar Cabral, the leader of anti colonial movement in Guinea-Bissau and the Cape Verde island, set essentially the same thing."

Circulação de referenciais: Brasil, Estados Unidos e África

Tanto o *The New York Times* quanto o *The Washington Post* do dia 22/01/1973 afirmavam que Amilcar Cabral era "considerado o mais brilhante e bem sucedido líder" da luta por idependência nos países africanos então colonizados por Portugal, e destacaram também o fato de ele ter sido o representante de todos os movimentos de libertação africanos a falar na Assembleia Geral da Organização das Nações Unidas (ONU), em Nova York, em outubro de 1972, meses antes de ser assassinado em Conakry, na Guiné. É interessante notar que mesmo tendo grande repercussão na imprensa internacional, a morte de Amilcar Cabral praticamente não foi noticiada nos grandes jornais da imprensa brasileira. Ainda assim, o tamanho da influência exercida pela figura de Amilcar Cabral no seio da militância negra que se organizava em meados da década de 1970 pode ser observado no trecho da entrevista de Amauri Mendes Pereira, em que ele relata uma das formas de ação levadas a cabo pelos ativistas negros durante o período da ditadura militar:

> Outra ação que a gente fazia era entrar, por exemplo, na Associação Brasileira de Imprensa, ABI. Naquele período da luta contra a ditadura, da resistência democrática, os jornalistas se reuniam na ABI. Aí o Olímpio vinha falar para a gente: "Tem isso lá na ABI. Doutor Barbosa está na mesa."[160] E a gente ia lá. Fazer o quê? Gritar. Em dado momento a gente ia entrando pelo plenário. Não podia, mas a gente falava: "Por que não pode? Nós somos negros e temos direito. Aí não tem negro!" Num momento que a gente achava melhor, invadia, ia entrando. E aí pausadamente, porque eu tinha sempre na minha cabeça o Amilcar Cabral em Havana. Imagina: Ho Chi Min, Fidel, Sukarno, os que fizeram as revoluções no mundo inteiro estavam em 1966 na Tricontinental de Havana.[161] Todo mundo ia lá e falava: "O imperialis-

---

[160] Olímpio Marques dos Santos (1919-1981) atuou com Solano Trindade no Centro Democrático Afro-brasileiro, nos anos 1950, e trabalhou em vários jornais cariocas como revisor. Nas décadas de 1970 e 1980 participou do IPCN. Alexandre José Barbosa Lima Sobrinho (1897-2000), bacharel em ciências jurídicas e sociais pela Faculdade de Direito do Recife (1917), foi advogado, jornalista, escritor, historiador, professor e político. Deputado federal por Pernambuco (1935-1937, 1946-1948, 1959-1963) e governador do mesmo estado (1948-1951), foi presidente da Associação Brasileira de Imprensa (ABI) entre 1926 e 1927, 1930 e 1932 e de 1978 até 2000, ano de sua morte. Ver *DHBB* e www.abi.org.br/paginaindividual.asp?id=203, acesso em 11/8/2007.

[161] A Conferência de Solidariedade aos Povos da África, Ásia e América Latina, conhecida como Conferência Tricontinental, foi realizada em Havana, Cuba, em janeiro de 1966, sob o impacto das vitórias das revoluções cubana e argelina e da ocupação militar dos Estados Unidos no Vietnã. Antes dela, haviam sido realizadas quatro Conferências de Solidariedade dos Povos Afro-Asiáticos, a

mo...!" O Amilcar Cabral, com seu um metro e cinquenta e poucos, vinha andando serenamente – na minha mente, não tem filme sobre isso –, chegava no palco e dizia o discurso dele escrito, que eu tinha decorado: "Não viemos aqui nos pegar contra o imperialismo. Isso nós fazemos de arma na mão na nossa terra. Nós viemos aqui mostrar para vocês a importância da arma da teoria." Para mim isso era o máximo.

Durante a década de 1970, com os êxitos obtidos pelo movimento negro pelos direitos civis nos Estados Unidos e com o avanço das lutas de libertação nos países africanos durante a década anterior, tudo isso somado às lutas internas contra a ditadura militar e ao processo de Abertura política, que se iniciou em 1974, fez com que todas essas influências externas já citadas acabassem ganhando uma outra dimensão no processo de constituição do movimento negro contemporâneo no Brasil. Embora a circulação de referenciais já não fosse a mesma das duas décadas anteriores, tendo em vista o desfecho da grande maioria das lutas por independência nos países africanos – com excessão das lutas que ainda permaneciam nas então colônias portuguesas –, e o arrefecimento das lutas dos negros norte-americanos em função dos assassinatos de várias lideranças e da repressão imposta às organizações negras pelo governo do presidente Richard Nixon (1969-1974), é interessante perceber como o movimento negro que surgia nesse momento no Brasil procurava informações sobre as lutas que foram travadas por populações negras pelo mundo afora, para informar o próprio movimento e também para sensibilizar a sociedade brasileira sobre a questão racial no país. Hédio Silva Júnior, militante do movimento negro desde o final da década de 1970, por exemplo, fala sobre as influências externas recebidas pelo movimento, da seguinte forma:

> Nós podemos identificar três matrizes de pensamento no discurso da geração que se engaja no movimento negro nos anos 1970 e 80. Três diferentes fontes, diferentes influências externas. Você tem o movimento pelos direitos civis nos Estados

---

primeira delas em Bandung, Indonésia, em 1955. A quinta conferência incorporou ao movimento a América Latina e dela resultou a Organização de Solidariedade com os Povos de Ásia, África e América Latina (Ospaaal). Entre outras personalidades presentes, estavam Amilcar Cabral, líder revolucionário de Cabo Verde e Guiné-Bissau; Ho Chi Minh, chefe de estado do então Vietnã do Norte; Fidel Castro, líder da Revolução Cubana de 1959, e Ahmed Sukarno, líder da independência e primeiro presidente da Indonésia, entre 1945 e 1967. Ver Emir Sader et al. (org.) *Enciclopédia contemporânea da América Latina e do Caribe* (Rio de Janeiro, Uerj; São Paulo, Boitempo, 2006) e www.wikipedia.org, acesso em 10/8/2007.

Unidos, que sempre mobilizou a atenção da militância; você tem as lutas independentistas no continente africano, sobretudo, até pela facilidade da proximidade linguística, nos países lusófonos, notadamente Angola, Moçambique, São Tomé e Príncipe, Guiné-Bissau. (...) E por fim, o movimento pela *négritude*, que a rigor sempre foi um movimento literário na verdade, um movimento cultural de intelectuais de África e das Antilhas que se encontram em Paris nos anos 1930 do século passado e que vão formular algumas ideias a respeito do que seria o ocidentalismo, o orientalismo na perspectiva africana, nos valores africanos. Enfim, um modo africano de ser por meio de várias linguagens.

Entre essas influências citadas acima, Oliveira Silveira, liderança do movimento negro no Rio Grande do Sul desde o início da década de 1970, destacou em sua entrevista a importância do seu contato com a literatura produzida pelo movimento da *négritude* para a construção de sua própria identidade negra:

> Na universidade é que comecei a despertar mesmo para a questão racial. Teve um livro importante para mim, que foi emprestado por uma escritora, a poetisa Lara de Lemos, gaúcha, que foi inclusive professora do Colégio Estadual Júlio de Castilhos. Uma vez eu falei com ela e ela me emprestou esse livro, *Reflexões sobre o racismo*, de Jean Paul Sartre. O livro é importante porque, na segunda parte, contém o *Orfeu negro*, que é a apresentação que Sartre faz para a *Antologia da poesia negra e malgaxe*, de Léopold Sédar Senghor – o poeta senegalês que foi presidente do país e é uma das expressões da *négritude*, que surgiu na França, mas é de matriz antilhana e africana.[162] Aimé Césaire, Léon Damas e Léopold Sédar Senghor são os três nomes básicos da *négritude*.[163] Então, a leitura desse *Orfeu negro* foi importante

---

[162] Trata-se do prefácio escrito por Jean Paul Sartre para a *Anthologie de la nouvelle poésie nègre et malgache de langue française* (*Antologia da nova poesia negra e malgaxe de língua francesa*), organizada por Léopold Sédar Senghor e publicada originalmente pela editora Presses Universitaires de France (PUF) de Paris, em 1948. Léopold Senghor (1906-2001), poeta senegalês e um dos líderes do movimento literário *négritude*, foi o primeiro presidente da República do Senegal, cuja independência ajudou a proclamar, em 1960, permanecendo no poder, após sucessivas reeleições, até 1981.

[163] O poeta Aimé Césaire (1913), natural da Martinica, foi também deputado pelo Partido Comunista (1945-1993) e prefeito da capital de Martinica, Fort-de-France. Léon Damas (1912-1978) nasceu em Cayenne, na Guiana Francesa, e fez seus estudos secundários na Martinica, onde conheceu Césaire. Ambos conheceram Senghor em Paris na década de 1930. Ver www.wikipedia.org, acesso em 23/7/2007.

não só pelo texto de Sartre, mas principalmente pelos fragmentos de poesia negra que ele apresentava ao longo da sua análise, do seu trabalho. E isso foi realmente um impulso muito grande para a minha conscientização. Depois eu pedi ao meu professor de francês, que trabalhava como adido no consulado da França, que encomendasse pelo malote livros de Senghor e de Césaire. Os livros vieram por preço muito acessível, de modo que eu pude ler não só biografia, estudo crítico sobre a obra de Senghor e de Césaire, mas também o "Cahier d'un retour au pays natal", que é o famoso poema de Aimé Césaire, que eu até andei tentando traduzir para melhor compreender. Então, durante o período de universidade, de 1962 a 65, foi que eu tomei contato com a literatura negra. Tanto com esses autores de língua francesa como com outros, inclusive brasileiros: Solano Trindade, Cruz e Sousa...

Quando Luther King foi assassinado, em 1968, eu publiquei um poema sobre ele. Eu acho que o poema foi feito logo no dia seguinte da morte dele, e foi publicado dois, três dias depois num jornal aqui em Porto Alegre, o *Correio do Povo*. Eu não me lembro do poema, mas o título era "Réquiem para Luther King". Começava assim: "Martin Luther King Júnior, mártir Luther King Júnior..." Foi um poema muito saudado.

Um exemplo de como a imprensa negra brasileira nos anos 1970 buscava e transmitia informações e referenciais para construções identitárias entre os militantes negros e a população mais ampla, pode ser encontrado no jornal *Sinba*, publicado entre julho de 1977 e dezembro 1980 pela Sociedade de Intercâmbio Brasil-África (Sinba), uma das primeiras entidades do movimento negro contemporâneo surgida no Rio de Janeiro, ainda em 1974. Ao questionar as informações que ajudariam a formar um senso comum preconceituoso em relação à África, logo em seu primeiro número, na matéria intitulada "O que é a África?", o jornal dizia: "Falar de África como terra de nossos escravos, mãe de nosso folclore, e outros lugares comuns, é tentar manter uma imagem completamente superada no tempo. E no entanto, é a única que ocorre aos mais bem informados brasileiros." O texto prossegue questionando a ausência de informações sobre a África contemporânea, e diz o seguinte:

> (...) nós negros brasileiros somos sempre chamados a nos identificar com a África Ancestral e seus valores correspondentes da época do tráfico ou anterior. Se somos conscientes que a história não pára, por que ficarmos presos àquela épo-

ca e desconhecermos o seu desenvolvimento histórico? (...) Se cultural, étnica e historicamente temos tantas afinidades, se geograficamente somos tão próximos, climaticamente tão parecidos; se no campo econômico muito podemos realizar, por que ainda estamos tão mal informados e preconceituosos com relação à África? Por que quase tudo desconhecemos sobre sua história recente, sobre povos, das suas conquistas, enfim, da sua atualidade? (*Sinba*, 1977, p. 5)

A memória que se buscava construir em relação à África, como importante elemento para a construção de identidades negras positivas, deveria se basear nas lutas protagonizadas por negros africanos, não só no passado longínquo, mas principalmente naquele momento histórico de descolonização, de luta por liberdade e pela conquista de melhores condições de vida. Michael Pollak, em seu artigo "Memória e identidade social", afirma que a "memória é um fenômeno construído", e que ela "também sofre flutuações que são função do momento em que ela é articulada, em que ela está sendo expressa. As preocupações do momento constituem um elemento de estruturação da memória." (POLLAK, 1992: 204)

O jornal *Sinba*, ainda em seu primeiro número, apresentou sete matérias tratando sobre as lutas contemporâneas em diferentes países africanos; desde a matéria de capa, intitulada "Depoimento de um líder estudantil de Soweto", denunciando os horrores do regime do *apartheid* na África do Sul, até matérias sobre as lutas na Namíbia e na Rodésia, e também sobre Moçambique e Nigéria, ressaltando o valor das lutas e as conquistas alcançadas. Amauri Mendes Pereira, um dos fundadores da Sinba e um dos redatores do jornal, refletiu, em sua entrevista, sobre a importância das influências externas para a sua trajetória política posterior:

> Eu fiquei muito impressionado com a morte do Luther King, com os Panteras Negras, aquilo me galvanizou. Eu acompanhava tudo, ponto por ponto: Muhammad Ali era Cassius Clay; a Angela Davis, que saltou do tribunal para fugir; o julgamento e a luta dos Panteras Negras; os assassinatos...[164] E acompa-

---

[164] Nascido Cassius Clay (1942), o boxeador Muhammad Ali mudou de nome após ter se tornado membro da Nação do Islã, organização religiosa de muçulmanos negros, em 1964. Em 1966 recusou-se a servir no Exército norte-americano e a lutar na Guerra do Vietnã. Na ocasião não atendeu ao comando de um oficial que o chamou pelo nome antigo, alegando que "Clay" era um nome dado a um antepassado seu por um homem branco. Em abril do ano seguinte, não atendeu

nhava na revista *Realidade*, que era uma revista meio contestadora no período da resistência democrática. Em 1972, a Neusa, minha esposa, não queria parar de estudar e foi para a escola Anabral, pertinho da nossa casa, em Irajá. Um dia fui encontrá-la e, no caminho, ela vinha com um cara grandão, o Artur, que era uma espécie de secretário particular do Ênio Silveira.[165] Eles estavam terminando o primário. Quando ela disse "meu marido gosta de estudar", ele deve ter pensado: "Como é que uma moça que está no primário é casada com um rapaz que está na universidade e que gosta de estudar?" Aí o Artur me trouxe um monte livros da editora Civilização Brasileira. Entre esses tinha o *Alma no exílio*, de Eldridge Cleaver, e *Os condenados da terra*, de Frantz Fanon.[166] Eu comecei a ler *Alma no exílio*, que foi a experiência do Cleaver, que era uma das principais lideranças dos Panteras Negras, e logo depois "entrei" no Fanon. Li os dois ao mesmo tempo. Foi uma loucura! Aquilo era demais! Fanon era a crucialidade: "a violência como a parteira da História." O Fanon era um pouco mais para mim do que era Che Guevara. Porque o Che era um revolucionário que tinha morrido, portanto perdeu, e foi aqui na América, e não era negro. O Fanon era negro. Foi uma proximidade maior que eu tive com ele. O Fanon não foi morto na luta, eles ganharam, fizeram a revolução. E na minha cabeça, aquilo me apaixonou. Vivia com os livros debaixo dos braços. Tinha todo um folclore de que, na ditadura, quem vivia com livros, tinha que ler encobrindo os nomes, olhando para os lados. Havia todo um temor.

---

três vezes ao pronunciamento de seu nome antigo por ocasião de uma luta em Houston. Em razão dessas recusas, permaneceu três anos sem poder atuar nos EUA e perdeu o título de campeão dos pesos pesados que tinha conquistado em 1964.Quanto a Angela Davis, em agosto de 1970, ela passou a integrar a lista dos dez fugitivos mais procurados do Federal Bureau of Investigation (FBI), acusada de participar do sequestro e do homicídio de um juiz durante a tentativa de fuga de um tribunal de três militantes dos Panteras Negras. Desapareceu por dois meses, mas acabou sendo presa em outubro. Seu julgamento mobilizou a opinião pública mundial e durou 18 meses, ao final dos quais foi inocentada de todas as acusações. Ver www.wikipedia.org, acesso em 23/7/2007.
[165] Ênio Silveira (1925-1996) foi proprietário da editora Civilização Brasileira de 1948 até 1996.
[166] Eldridge Cleaver (1935-1998) foi um dos fundadores e o porta-voz do movimento Panteras Negras, criado em 1966. *Alma no exílio* (Soul on Ice) foi escrito enquanto esteve preso condenado por assalto, entre 1957 e 1966. Frantz Fanon (1925-1961), médico e militante negro nascido na Martinica francesa, nas Antilhas, atuou na guerra de independência da Argélia e escreveu obras de referência sobre as lutas de libertação africanas, como *Pele negra, máscaras brancas* (1954), um estudo sobre a psicologia dos negros antilhanos, e *Os condenados da terra* (1961), obra que influenciou as ações revolucionárias dos países do chamado terceiro mundo na década de 1960. Ver www.wikipedia.org, acesso em 28/11/2007.

Circulação de referenciais: Brasil, Estados Unidos e África

Já na região Norte do Brasil, por exemplo, onde a escassez de informações era muito grande na década de 1970, todas essas notícias e livros chegavam com muita dificuldade, como relata Nilma Bentes, importante liderança do movimento negro no estado do Pará desde o final da década de 70:

> Eu tinha pouco acesso, aqui em Belém, às informações que vinham de fora sobre os Estados Unidos, direitos civis, muito pouco. Uma das coisas que me motivaram muito nesse aspecto foi aquela Olimpíada em que apareceu aquele pessoal dos Estados Unidos que ganhou, mas estavam protestando.[167] A minha visão dos norte-americanos, nesse período, era esses atletas olímpicos que protestaram e o Cassius Clay, Muhammad Ali, que, naquele tempo, não quis ir e perdeu o cinturão. Então era assim uma coisa bem forte para nós aqui, apesar da distância. Mas Martin Luther King muito pouco chega aqui, Malcom X também não chegava. Chegavam só essas figuras, e pouco, muito pouco. A gente teve sorte de ter até esse pouquinho. Porque, de qualquer maneira, o pessoal diz: "Vocês se baseiam nos norte-americanos." Não. Porque, no processo político no Brasil, quando foi caindo a ditadura, quase todos os movimentos se articularam: movimento de direitos humanos, de mulheres, e nós fomos também.[168]

A transformação das informações recebidas em referência para os militantes fica evidente no depoimento de Lúcia Xavier, militante desde o início da década de 1980, que lembra a dinâmica das discussões no Instituto de Pesquisa das Culturas Negras, IPCN, fundado em 1975 no Rio de Janeiro:

---

[167] Nilma Bentes foi atleta em várias modalidades de esporte, de salto em distância até esportes coletivos, como vôlei e basquete. Na Olimpíada de 1968, realizada na cidade do México, os atletas norte-americanos Tommy Smith e John Carlos, respectivamente medalhistas de ouro e bronze na prova dos 200 metros rasos, subiram ao pódio de punho erguido, com luvas negras, cabisbaixos e descalços, em protesto contra o racismo. Em apoio ao protesto, o atleta australiano Peter Norman, medalha de prata, subiu ao pódio com um adesivo a favor da igualdade racial. Ver Dorrit Hazarim. "O terceiro homem: Peter Norman, o branco solidário com o protesto negro." *Revista Piauí*, novembro de 2006, em http://www.revistapiaui.com.br/2006/nov/despedida.htm, acesso em 25/7/2007.
[168] Nilma Bentes nasceu em Belém em 28 de janeiro de 1948. Formada em agronomia pela Universidade Federal Rural da Amazônia em 1971, fez parte do quadro técnico do Banco da Amazônia durante 26 anos, onde fazia análise de projetos rurais. Em 1980 foi uma das fundadoras do Centro de Estudos e Defesa do Negro do Pará (Cedenpa) e, desde então, tornou-se uma referência do movimento negro na região Norte do Brasil. A entrevista foi gravada em 28 de agosto de 2006, no Hotel Hilton em Belém do Pará.

[O IPCN] não foi onde "fechei" melhor a minha identidade, mas foi onde terminei de estruturar melhor esse meu compromisso com a questão racial. O IPCN sempre teve uma biblioteca, muito mal utilizada, mas razoável. Na verdade, os que são os nossos intelectuais hoje já estavam lá. Então você vivia o tempo inteiro essas discussões. Lá eu pude acompanhar toda a trajetória africana de mudança de governo, de ação política, todo o processo de apoio à luta contra o *apartheid* – tudo lá dentro, nessa experiência política. O IPCN foi importante para perceber que nós não estávamos sozinhos nessa história, o mundo inteiro vivia esse drama e havia várias formas de solução desse problema. Principalmente esse grupo, que tinha como ponte os revolucionários africanos: Amilcar Cabral, Patrice Lumumba...[169] O Amauri fazia uma releitura do ponto de vista intelectual. Ele pegava os escritos, relia a realidade brasileira e re-traduzia as ideias. Não que a gente não tivesse acesso às ideias, mas, como ele era a liderança em torno da qual nós estávamos e ele é aquele tipo de pessoa que tira as frases de efeito – como a famosa "há muitos perigos na vida" –, ele pegava aquelas frases desses revolucionários, você estava no maior caos e, de repente, ele dizia: "Porque Amilcar Cabral falava...!" Isso ia nos ajudando a ter essas referências. A gente tinha uma África mítica, mas sob o ponto de vista da releitura dos nossos heróis e heroínas. (...) Essa vivência, no IPCN, foi possível. A gente não sabia como o Mandela era, porque era um desenho, mas a gente tinha o entendimento da luta contra o *apartheid*. O IPCN era um ponto de referência – era a única organização que tinha lugar fixo, que não se perdia nas mudanças, nem nas desestruturações dos grupos, que tinha informação, mesmo que muito precária. Era um ponto de difusão, de irradiação de informação. Nos ajudou a ampliar o leque de entendimento. Ao mesmo tempo, tinha as referências americanas e as coisas que aconteciam no continente europeu. A gente tinha lá um caldo profundo de releitura teórica sobre as maneiras de superar o racismo, de enfrentar, e de pensar que nação nós queríamos, que mundo nós queríamos – se mais à esquerda, se mais à direita.[170]

---

[169] Patrice Émery Lumumba (1925-1961), líder nacionalista do Congo Belga, lutou pela independência de seu país durante a década de 1950. Fundou o Movimento Nacional Congolês (MNC) em 1958. Após a independência da República do Congo, em 30 de junho de 1960, foi eleito primeiro-ministro. Em setembro de 1960, o general Joseph Désiré Mobutu tomou o poder, após um golpe de estado com apoio norte-americano, e, em janeiro do ano seguinte, Patrice Lumumba foi preso e assassinado. Ver *Almanaque Abril*. São Paulo, Editora Abril, 2002; *Enciclopédia Abril*. São Paulo, Editora Abril Cultural, 1971; *Grande Enciclopédia Larousse Cultural*. s/l, Nova Cultural, 1998.
[170] Lúcia Xavier nasceu na cidade do Rio de Janeiro em 1º de janeiro de 1959. Integrante do IPCN na década de 1980, em 1992 foi uma das fundadoras da Criola, entidade do movimento de

Circulação de referenciais: Brasil, Estados Unidos e África

⁂

Angela Gilliam, antropóloga e ativista negra norte-americana que viveu no Brasil em 1963 e em 1973, conviveu com muitos militantes negros brasileiros e também participou da luta contra o racismo em nosso país. Na entrevista concedida para esta pesquisa, Angela Gilliam contou, por exemplo, como foram as discussões que teve com Amilcar Cabral em 1972 nos Estados Unidos e como foi a experiência de ter sido a tradutora nos encontros entre Abdias Nascimento e Amiri Baraka, poeta negro norte-americano e importante liderança na luta pelos direitos civis, em Nova York no final dos anos 1960.[171] Angela conheceu Milton Barbosa – um dos fundadores do MNU e também entrevistado para esta pesquisa – em São Paulo em 1973, enquanto fazia pesquisas para sua tese de doutorado, defendida em 1975, e que tinha como título "Language Attitudes, Ethnicity and Class in São Paulo and Salvador da Bahia (Brazil)". Ele sugeriu a ela que, como uma estrangeira e professora da Universidade do Estado de Nova York, seria importante para o movimento que ela desse uma entrevista falando sobre as relações raciais no Brasil ao jornal de esquerda mais popular naquele momento, *O Pasquim*, ainda em 1973. Ambos foram então para o Rio de Janeiro, e nessa entrevista – que teve grande repercussão e que causou, por exemplo, a demissão do general-censor Juarez Paz Pinto e a transferência da censura d'*O Pasquim* direto para Brasília, em função da sua publicação – ela afirmou a existência de racismo no Brasil, durante o período mais duro da ditadura militar, num momento em que essa afirmação poderia ser considerada crime, segundo a Lei de Segurança Nacional sancionada em 1969.[172] (GILLIAM e GILLIAM, 1995: 537)

---

mulheres negras que ocupava, à época da entrevista, a função de secretaria executiva da Articulação Nacional de Organizações de Mulheres Negras. Assistente social formada pela UFRJ em 1984, foi vice-presidente do Conselho Estadual da Criança e do Adolescente, no Rio de Janeiro, entre 1996 e 1997. A entrevista foi gravada em 5 de dezembro de 2003, na sala de entrevistas do CPDOC/FGV, no Rio de Janeiro.

[171] Entrevista gravada com Angela Gilliam em Seattle, WA, em 17 e 18 de junho de 2008.

[172] O Decreto-Lei nº 510, de 20 de março de 1969, determinava em seu artigo 33º a pena de detenção de 1 a 3 anos por "incitar ao ódio ou à discriminação racial". Ver www.senado.gov.br, "Legislação federal", acesso em 20/3/2008.

E impressiona o fato de que Angela Gilliam tinha consciência do risco que ela estava correndo de ser presa ao conceder essa entrevista ao *Pasquim*, na medida em que ainda em 1970 ela já havia publicado um artigo nos Estados Unidos, "Angela M. Gilliam, from Roxbury to Rio – and Back in a Hurry", publicado no *Journal of Black Poetry* (Winter-Spring, 1970) e republicado no livro de David Hellwig (1992), *African American reflections on Brazil's Racial Paradise*, no qual ela dizia o seguinte: "É uma vergonha o Brasil ter aprovado uma lei no ano passado tornando ilegal falar em público sobre a discriminação racial brasileira e prevendo condenação de um a três anos, mais a metade da sentença original se as

Circulação de referenciais: Brasil, Estados Unidos e África

frases forem ditas para um grupo de pessoas e/ou na mídia."[173] (*Apud* HELLWIG, 1992: 180) Mesmo consciente do perigo que corria, Angela relatou, na entrevista que concedeu para esta pesquisa, a razão que a levou até o *Pasquim* em 1973:

> Assim que cheguei no Brasil, eu vi que tinha baseado quase todas as perguntas da minha pesquisa em perguntas que ninguém podia responder sem quebrar ou romper o regulamento do AI-5. Ou seja, da Lei de Segurança Nacional. Porque falar sobre racismo no Brasil ia contra o AI-5, que era para, da maneira que fosse, unificar o país. Ninguém podia dizer nada que furasse essa chamada "unidade". Já sabemos que essa unidade não existia, mas isso foi em parte o raciocínio do AI-5, eu acho. E o que isso significava? Significava que conseguir pessoal para eu entrevistar era difícil, era muito complicado. (...) Eu tenho orgulho porque eu mesma fiz as entrevistas, eu não precisava de alguém que traduzisse, para fazer todo esse trabalho. Eu que fiz. Mas eu dependia muito de outras pessoas conseguirem pessoal para eu entrevistar. Eu não lembro se o Milton conseguiu... mas ele ajudou muito. E quando ele me pediu (...) eu senti um sentido de dever. Eu sabia que não era só porque éramos amigos, e com o Nelinho [José Augusto Gonçalves da Silva] e tudo mais. Não era só isso, mas eu tinha um dever, porque essa gente tinha me ajudado com os meus esforços de não voltar aos Estados Unidos sem uma entrevista. E era um pessoal que tinha que confiar em mim, porque essa foi uma época perigosa, muito perigosa. E então eu disse ao Milton: "Eu vou, eu faço essa entrevista ao Pasquim. Mas tem que ser na noite antes da minha partida." Então estávamos postergando, postergando para isso. (...) Um dia antes o Milton e o Nelinho tinham prometido ir comigo. Eu estava com muito medo. Imagina o que nós íamos fazer... Eu sou muito covarde, não tenho nada de valentona, nada. Mas eu senti que devia. Era um dever, porque eu tinha sido tão abraçada, tão ajudada. Como é que eu não ia fazer isso. Isso não foi minha ideia, foi ideia do Milton. (...) Mas o Jaguar disse, eu não sei onde tenho escrito isso, que eles souberam que eu estava em encrenca e esperaram até eu sair do país para publicar. Porque a revista foi presa em todo o país.[174]

---

[173] "*It is shame on Brazil to have to pass a law last year making it illegal to speak out on Brazilian racial discrimination an adjudicating one to three years as the corresponding sentence, plus one half of the original sentences added on if said statements are made before a group of people and/or get into the media!*"

[174] Angela Gilliam nasceu na cidade de Boston, em 2 de setembro de 1936. Após viver no México, onde cursou um mestrado em antropologia, mudou-se para o Brasil em 1963 como imigrante. Mas desistiu de viver aqui e voltou aos Estados Unidos ainda no mesmo ano. Durante o ano de 1973

Nessa polêmica entrevista concedida ao *Pasquim* em 1973, quando perguntada se os problemas que os negros enfrentavam no Brasil seriam de uma situação isolada, ela respondeu o seguinte:

> Eu não acho que a situação do negro [no Brasil] seja particular. Porque eu vejo, experimento e observo sociologicamente os mesmos processos se passando nos EUA. Embora muitos brasileiros achem que os problemas lá são diferentes. Quando eu vou ao México, à Vera Cruz, ao estado de Guerreiro ou ao Caribe, ou à Venezuela, à Colômbia, ao Panamá, ou quando falo com pessoas africanas, eu vejo os mesmos processos, os mesmos problemas do colonialismo. E também aprendo mais como me definir e como definir a minha situação particular como mulher negra nos EUA, através de experiências compartilhadas com outras pessoas no que eu chamo de *Diáspora Africana*. Não só em termos culturais, mas também em termos dos problemas sociais que existem atualmente. (*O Pasquim*, ano V, nº 227, 12/11/1973, p.13)

O próprio título do artigo citado acima, escrito por Angela e publicado em 1970, que em minha tradução livre fica "Angela M. Gilliam, de Roxbury para o Rio – e de volta correndo", é bastante elucidativo sobre sua própria experiência em relação à questão racial no Brasil em 1963. Ela conta que havia migrado naquele ano disposta a ficar, e esperando encontrar aqui o "paraíso racial" do qual ela ouvira falar nos Estados Unidos e principalmente no México, onde conhecera alguns estudantes brasileiros brancos. Qual não foi sua surpresa quando, logo ao desembarcar em Santos, já sofrera discriminação racial. Após alguns meses vivendo por aqui, acabou resolvendo voltar para os Estados Unidos, ainda em 1963, a tempo de acompanhar a grande marcha à Washington, realizada pelo movimento negro norte-americano em 28 de agosto, e onde Martin Luther King Jr. proferiu seu mais famoso discurso, "*I have a dream*", e tornou-se a principal liderança nacional na luta pelos direitos civis dos negros naquele país. Angela Gilliam foi

---

voltou a morar no Brasil para realizar as pesquisas para sua tese de doutorado defendida em 1975, que tinha como título "Language Attitudes, Ethnicity and Class in São Paulo and Salvador da Bahia (Brazil)". Foi professora visitante na Universidade de Coimbra em 1976 e na Universidade de Papua Nova Guiné entre 1978 e 80. Foi professora de antropologia da Universidade do Estado de Nova York entre 1970 e 1988, e desde 1988 é professora de antropologia da Evergreen State University, em Olympia, no estado de Washington. A entrevista foi gravada em 17 e 18 de junho de 2008, na residência da entrevistada na cidade de Seattle, WA, nos Estados Unidos.

Circulação de referenciais: Brasil, Estados Unidos e África

uma das primeiras intelectuais negras naquele país a publicar, ainda em 1970, um artigo, como o já citado acima, falando sobre a existência de racismo no Brasil. Ela já iniciava o artigo chamando a ideia de "democracia racial" de mito e complementava logo na segunda página: "Não havia linchamentos no Brasil como nós conhecemos. Ainda assim, no dia-a-dia, a gente podia ouvir as frases mais humilhantes sobre a negritude que podem ser ouvidas aqui em qualquer lugar."[175]

É interessante notar, por exemplo, que segundo o que foi relatado no jornal *Jornegro* nº 4, de setembro de 1978, Carlos Alberto Medeiros, representando o IPCN na Reunião Anual da Sociedade Brasileira para o Progresso da Ciência, SBPC, ocorrida em São Paulo em 12 de julho daquele ano, e referindo-se à "movimentação atual" dos negros, creditava "a maior consciência existente em nossa comunidade [negra]" à "influência dos movimentos afro-americanos e das libertações africanas." Vinte e seis anos depois, na entrevista cedida em 2004, o mesmo Carlos Alberto Medeiros diz o seguinte em relação ao movimento negro contemporâneo na cidade do Rio de Janeiro no início dos anos 1970:

> Então, tínhamos muita inspiração tanto na luta na África, quanto na luta nos Estados Unidos. Como é que a gente traduziria aquilo, como é que a gente pegaria as informações interessantes daquilo? Em nenhum momento se imaginou que fosse possível copiar as formas de luta nos Estados Unidos, muito menos na África – particularmente na África do Sul, que é mais semelhante com a questão daqui, do que a questão da luta anti-colonial. Mas eram referências. Por exemplo: a valorização da história africana, que era uma coisa que valia lá na África e nos Estados Unidos e também era válida aqui. Aqui a gente poderia acrescentar a história afro-brasileira, adaptar essa ideia e trazer isso para cá. Isso era absolutamente válido e necessário. A valorização de uma estética negra, isso era uma coisa que cabia... Certas formas de luta, certas coisas específicas podiam ser trocadas. Inclusive num movimento que acabou sendo não de mão única, mas algo de mão-dupla: os negros americanos, curiosamente, têm vindo muito para cá. Salvador está virando uma espécie de meca dos negros americanos. Então não é uma coisa subserviente de imitação do estrangeiro. É contato, é troca. E isso a gente começou a fazer naquela época, e estava claro para a gente.

---

[175] "There were no lynchings in Brazil as we know them. Yet in daily life one hears the most demeaning statements about blackness that can be heard anywhere."

Como vimos acima, esses contatos e trocas ocorriam desde a década de 1920, através, principalmente, da imprensa negra no Brasil e nos Estados Unidos. Já a partir do início da década de 1970, talvez a principal forma de manutenção desses intercâmbios tenha sido através das pontes estabelecidas entre intelectuais e ativistas negros no Brasil e nos Estados Unidos. Essas pontes possibilitavam trocas de ideias e de referenciais, ao mesmo tempo em que promoviam a internacionalização do movimento negro brasileiro e de sua luta contra o racismo. Um bom exemplo dessas pontes foi a estabelecida pela já citada Angela Gilliam, que em sua entrevista concedida para esta pesquisa fez questão de afirmar que aprendeu muito com os militantes negros brasileiros desde 1963, quando viveu pela primeira vez no Brasil.

Outro intelectual a promover pontes entre a luta contra o racismo no Brasil e em outros países, ainda no início da década de 1970, foi o cientista político ganense Anani Dzidzienyo. Anani viveu no Brasil entre 1970 e 71 e publicou ainda em 1971 na Inglaterra, onde estudava na época, um livro com o título *The Position of Blacks in Brazilian Society*, no qual também denunciava a existência de discriminação racial no Brasil. Esse livro teve repercussão no Brasil e no exterior, inclusive sendo duramente criticado pelo governo militar e em jornais brasileiros e ingleses. Anani contou em seu depoimento para esta pesquisa sobre um episódio em que poderia ter sido até preso em 1971, em função de uma entrevista dada ao *Diário de Notícias* de Salvador, em que o jornalista publicou o texto sem consultá-lo antes:

> Eu me lembro de uma vez, num sábado na Bahia eu me encontrei com um amigo e ele me disse: "Rapaz, você acha que é seguro para você ficar andando pelas ruas da Bahia hoje? Você já viu o *Diário de Notícias* hoje?" Ele comprou o jornal, e saiu em meia página: "Africano condena racismo no Brasil", com meu retrato. Em 1971, já pensou, na época de Médici? (...) Eu fiquei... Nessa época, quando as coisas eram tão quentes no Brasil, um africano, com meu retrato... É que talvez, felizmente, a Bahia era um pouco diferente do Rio de Janeiro ou São Paulo nessa época. Então, muitos amigos meus disseram: "Rapaz, você foi mal aconselhado, você não tem que fazer isso..."[176]

---

[176] Anani Dzidzienyo é professor de estudos africanos, portugueses e brasileiros, na Brown University, em Providence, Rhode Island, Estados Unidos, e vem publicando desde a década de 1970 várias pesquisas sobre as relações raciais no Brasil.

Circulação de referenciais: Brasil, Estados Unidos e África

Anani Dzidzienyo, já como professor na Brown University desde o final da década de 1970, convidou várias lideranças do movimento negro brasileiro, como Abdias Nascimento, Lélia Gonzalez, Carlos Alberto Medeiros entre outros, para irem aos Estados Unidos e apresentarem suas perspectivas sobre as relações raciais e sobre o movimento negro no Brasil. Assim, da mesma forma que vários ativistas norte-americanos estiveram no Brasil, muitos ativistas brasileiros também foram divulgar sua luta nos Estados Unidos e em outros países. Ainda no Brasil, o primeiro grande desafio do movimento negro contemporâneo foi denunciar o mito da democracia racial, que induz à crença de que as relações raciais no Brasil seriam harmoniosas. Como lutar contra o racismo se para muitos o racismo "não existia"? Nesse sentido, era fundamental chamar a atenção para as desigualdades raciais e para as características do chamado "racismo à brasileira", ao mesmo tempo em que se buscavam experiências de outros países para enriquecer a luta aqui. Nesse último aspecto, também era fundamental buscar a solidadriedade externa em relação à luta contra o racismo no Brasil. Lélia Gonzalez e Abdias Nascimento talvez tenham sido os militantes negros brasileiros que mais se imcumbiram dessa missão. Como dizia Lélia Gonzalez em 1981, "(...) nosso trabalho de denúncia da situação do negro brasileiro também tem se dado em nível internacional, secundando aquele iniciado por Abdias Nascimento a partir de 1968."[177] (GONZALEZ, 1982:61)

Abdias Nascimento teve também importante participação na construção de uma rede de militantes e organizações negras nas Américas como um todo, que ao longo das últimas décadas tem alcançado êxitos significativos no que se refere à manutenção de contatos e encontros, trocas de experiências e busca de alternativas para solucionar problemas comuns às diferentes populações negras no continente. Segundo o cientista político Ollie Johnson, essa rede

> começou nos anos 1970 e tem passado por várias fases. Os eventos-chave na criação dessa rede foram os quarto Congressos da Cultura Negra nas Américas. Eles tiveram sede em Cali, na Colômbia (agosto de 1977); na cidade do Panamá, no

---

[177] Segundo a biografia de Abdias do Nascimento, disponibilizada no site www.abdias.com.br, ainda em 1968 ele foi convidado pela Fairfield Foundation, inicia uma série de palestras nos Estados Unidos e foi Conferencista Visitante da Yale University, School of Dramatic Arts. Em 1970 Abdias foi convidado para fundar a cadeira de Culturas Africanas no Novo Mundo, no Centro de Estudos Portorriquenhos da Universidade do Estado de Nova York em Buffalo, na qualidade de professor associado, passando no ano seguinte a professor titular, e lá permaneceu até 1981.

Panamá (março de 1980); em São Paulo, Brasil (agosto de 1982); e em Quito, no Equador (1984). A grande conquista dos Congressos foi o reconhecimento de que os negros tinham que unir-se além das fronteiras nacionais para afirmar sua cultura e identidade como pessoas de ancestralidade africana. Acadêmicos e ativistas apresentaram trabalhos e ofereceram análises sobre diversos aspectos da vida dos negros nas Américas. Centenas de negros de vários países das Américas e diversos representantes de países africanos participaram em cada Congresso juntamente com acadêmicos e ativistas não-negros. A liderança na organização de cada Congresso foi um cidadão do país anfitrião. Os três primeiros líderes foram o colombiano Manuel Zapata Olivella, o panamenho Gerardo Maloney e o brasileiro Abdias Nascimento. (...) Os Congressos aprovaram resoluções condenando o racismo, discriminação racial e a supremacia branca. Mais importante, eles pediram aos participantes individuais e suas organizações para fazerem todo o possível para melhorarem as condições de vida dos negros.[178] (JOHNSON, 2007: 65)

Michael Mitchell, cientista político negro norte-americano e um dos entrevistados para esta pesquisa, contou em seu depoimento como foi ser o representante dos Estados Unidos no III Congresso da Cultura Negra nas Américas em 1982, na PUC de São Paulo, convidado por Abdias Nascimento, com quem sempre teve um "relacionamento de amizade, de amigo muito jovem, e amigo que respeita o trabalho que ele faz." Mitchell diz ainda, sobre seu relacionamento com Abdias, que "nunca quis tirar vantagem de ser alguém que conhecia Abdias Nascimento", dada a importância de Abdias para a luta dos negros nas Américas, e chegou a dizer o seguinte, com um tom descontraído: "Quando eu morrer vou colocar na

---

[178] *The network began in the 1970s and has gone through several phases. The key events in the creation of this network were the four Congresses of Black Culture in the Americas. They were held in Cali, Colombia (August 1977); Panama City, Panama (March 1980); São Paulo, Brazil (August 1982); and Quito, Ecuador (1984). The outstanding achievement of the Congresses was the recognition that Blacks had to unite across national boundaries to affirm their culture and identity as people of African ancestry. Scholars and activists presented papers and offered analyses on diverse aspects of Black life in the Americas. Hundreds of Blacks from many countries in the Americas and several representatives from African countries participated in each Congress along with non-Black activists and scholars. The lead organizer of each Congress was a citizen of the host country. The first three host leaders were Colombian Manuel Zapata Olivella, Panamanian Gerardo Maloney, and Brazilian Abdias do Nascimento. (...) The Congresses approved resolutions condemning racism, racial discrimination, and White supremacy. More important, they asked individual participants and their organizations to do everything possible to improve the Black condition.*

minha lápide: 'Delegado norte-americano no III Congresso da Cultura Negra nas Américas nomeado por Abdias Nascimento.' Foi uma cortesia, foi uma ato de simpatia que ele fez comigo."

A atuação do movimento negro contemporâneo no Brasil começou a ter maior repercussão internacional no final da década de 1970, como podemos verificar na matéria "Many Blacks shut out of Brazil's Racial 'Paradise'", publicada pelo jornal *The New York Times* em 05/06/1978, que apresenta a desigualdade entre negros e brancos no mercado de trabalho, que seria causada pela discriminação racial velada, e apresenta, entre outras coisas, a explicação do sociólogo Carlos Hasenbalg, na época professor do Iuperj, para o paradoxo das relações raciais no Brasil: "De certa maneira, o Brasil criou o melhor dos mundos possíveis. Enquanto mantém uma estrutura de privilégio para o branco e de subordinação das populações de cor, impede a raça de se tornar um princípio de identidade coletiva e de ação política. O mito da democracia racial na prática sustenta justamente o oposto."[179] A matéria relata ainda o caso da suspensão de todas as atividades da Inter-American Foundation no Brasil (IAF), exigida pelo governo do general Ernesto Geisel em dezembro de 1977, após essa fundação financiar organizações do movimento negro:

> Em dezembro, por exemplo, o Brasil suspendeu todas as atividades da Inter-American Foundation no país(...) As atividades que a IAF apoiavam aqui incluíam várias das organizações culturais negras cujos membros sentem que os governantes os querem fora do caminho. Outras fundações têm evitado desde então financiar grupos negros brasileiros por medo de colocar-se em dificuldades com o governo.[180]

Yedo Ferreira, militante do movimento negro desde o início da década de 1970, conta que foi com o financiamento da Inter-American Foundation que o

---

[179] "*In a certain sense, Brazil created the best of all possible worlds. While it maintains a structure of white privilege and subordination of the colored population, it keeps race from becoming a principle of collective identity and political action. The myth of racial democracy in practice sustains just the opposite.*"

[180] *In December, for instance, Brazil suspended all the activities in the country of the Inter-American Foundation (…) The activities it supported here included those of several black cultural organizations whose members feel the Governments wants them out of the way. Other foundations have since shied away from financing black Brazilian groups for fear of running afoul of the Government.*

Instituto de Pesquisas das Culturas Negras (IPCN) tornou-se a primeira e única organização do movimento negro contemporâneo no Rio de Janeiro da década de 1970 a ter uma sede própria:

> Em 1977, um norte-americano chamado Jimmy Lee, que tinha vindo para o Brasil jogar basquete no Flamengo, propôs conseguir recursos da Inter-American Foundation para a compra de uma sede. Esse recurso viria a fundo perdido, porque a Inter-American era do Congresso norte-americano e emprestaria o dinheiro para a compra de uma casa. E o Benedito Sérgio [que era presidente do IPCN à época] comprou a sede na avenida Mem de Sá 208, e ali se instalou o IPCN.[181]

Segundo vários militantes da época, esse financiamento ao IPCN teria causado a suspensão das atividades da Inter-American Foundation (IAF) no Brasil naquele mesmo ano. Essa versão foi reproduzida até mesmo pelo cientista político norte-americano Ollie Johnson, que afirmou o seguinte em artigo publicado em 2007:

> Embora a IAF tenha financiado diversos grupos por todo o Brasil desde o início dos anos 1970, ela fez uma doação em 4 de fevereiro de 1977 que teria sérias conseqüências. Naquele dia, a IAF doou US$ 82.000 para o Instituto de Pesquisas das Culturas Negras (IPCN) comprar um escritório e apoiar vários programas da comunidade. O IPCN era uma importante organização política negra fundada em 1975 para aumentar a consciência negra, organizar e mobilizar negros contra a discriminação racial. Numa entrevista com este autor em 15 de setembro de 1997, Carlos Medeiros revelou que os fundadores do IPCN enfatizavam interesses acadêmicos e culturais para evitar chamar a atenção do governo militar e suas repressivas agências de inteligência para suas atividades políticas. Não obstante, o

---

[181] Yedo Ferreira nasceu na cidade de Santo Amaro da Purificação (BA) em 27 de agosto de 1933. Quando tinha cerca de sete anos, mudou-se com parte da família para a cidade do Rio de Janeiro, onde foi criado. Foi militante comunista até a década de 1960, quando foi dispensado do seu emprego nos Correios e Telégrafos e acabou se afastando da militância comunista devido à perseguição do regime militar. Por sua experiência como militante de esquerda antes do golpe de 1964, teve grande importância na fundação e na estruturação de entidades do movimento negro na década de 1970, quando foi fundador da Sinba, do IPCN e do MNU. Em 1971 ingressou na faculdade de matemática da UFRJ, mas não concluiu o curso. À época da entrevista integrava o MNU no Rio de Janeiro. A entrevista foi gravada em 30 de outubro, 5 de novembro e 3 de dezembro de 2003, sempre na sala de entrevistas do CPDOC/FGV, no Rio de Janeiro.

governo tomou conhecimento da doação e protestou para a IAF. A IAF recusou rescindir a concessão e foi requisitada pelo governo brasileiro a sair do país. Em 1978, a IAF fez isso e suspendeu suas atividades no Brasil por cinco anos, até 1983.[182] (JOHNSON, 2007:67)

Durante a minha estada nos Estados Unidos em 2008 fui entrevistar Miriam Brandão, representante para "Brasil" da IAF. Ela, que já trabalhava na IAF na década de 1970, relatou em sua entrevista, com riqueza de detalhes, como se deram os primeiros contatos e os primeiros financiamentos feitos às organizações do movimento negro brasileiro, e explicou também todo o processo que levou até a suspensão de todas atividades da IAF no Brasil naquele ano de 1977. Esse episódio é muito interessante e elucidativo sobre a forma com a qual os governos militares tratavam a questão racial no Brasil, durante o período de ditadura. Ele é interessante também na medida em que trata da relação do governo brasileiro com a primeira instituição internacional a financiar organizações do movimento negro brasileiro, ainda em meados da década de 1970.

Miriam afirmou que a ponte entre a IAF e as organizações do movimento negro por ela financiadas foi feita pela Fundação Ford, que já tinha alguns contatos com lideranças do movimento, mas que naquela época não financiava nenhum projeto que tivesse relação com a questão racial no Brasil. A IAF foi criada em 1969 como uma agência independente do governo dos Estados Unidos, com o objetivo de ajudar no desenvolvimento apoiando organizações da sociedade civil em países da América Latina e do Caribe. Em 10 de outubro de 1976 a IAF concedeu um financiamento no valor de US$15.935,00 para o grupo de artistas negros Olorum Baba Min, que havia sido criado em 1974 no Rio de Janeiro. Este foi o primeiro financiamento feito por uma instituição estrangeira a uma

---

[182] *"Although the IAF had been funding diverse groups throughout Brazil since the early 1970s, it made a grant on February 4, 1977, that would have serious consequences. On that day, the IAF gave $82,000 to the Research Institute of Black Cultures (IPCN [Instituto de Pesquisas das Culturas Negras]) to buy office space and support various community outreach programs. IPCN was a leading Black political organization founded in 1975 to raise Black consciousness and organize and mobilize Blacks against racial discrimination. In an interview with this author on September 15, 1997, Carlos Medeiros revealed that IPCN founders emphasized academic and cultural concerns to prevent drawing unwanted attention from the military government and its repressive intelligence agencies to their political activities. Nonetheless, the government did take notice of the grant and protested to the IAF. The IAF refused to rescind the award and was asked by the Brazilian government to leave the country. In 1978, the IAF did so and suspended its operations in Brazil for five years, until 1983."*

organização negra brasileira a partir da década de 1970. Em 22 de dezembro de 1976 a Escola de Samba Quilombo, criada naquele ano por Candeia juntamente com outros ativistas negros,[183] recebeu da IAF a quantia de US$20.000,00. No ano seguinte, no dia 3 de abril, foi a vez do IPCN receber US$82.000,00 para a compra de sua sede, que foi realizada na avenida Mem de Sá 208, como disse acima Yedo Ferreira. Todos esses financiamentos foram justificados com base na importância do aspecto cultural para o fortalecimento da identidade negra dos participantes das organizações e da população negra do Rio de Janeiro em geral.

Segundo Miriam Brandão, até 1977 a IAF já tinha financiado mais de 300 projetos no Brasil, incluindo os três citados acima, sem nenhum problema com o governo brasileiro. Todavia, em 1977 havia um contexto de insatisfação crescente do governo do presidente-general Ernesto Geisel (1974-1979) com os Estados Unidos, muito em função da política de valorização dos direitos humanos adotada pelo governo do presidente norte-americano Jimmy Carter (1977-1981) e da pressão que os Estados Unidos vinha fazendo sobre governos repressivos como o do Brasil, ao mesmo tempo em que tentava impedir o governo brasileiro de adquirir a tecnologia nuclear que estava sendo negociada com a Alemanha na época. Diante de toda essa conjuntura que já complicava as relações entre os governos do Brasil e dos Estados Unidos, a IAF resolveu financiar os projetos de duas organizações negras da Bahia e acrescentou dois *public statements* justificando a decisão de financiar os projetos em função da existência de "discriminação racial" no Brasil, como se vê na justificativa apresentada no documento público da IAF referente ao financiamento nº 349 assinado em 20 de julho de 1977, no valor de US$40.000,00, que seriam doados ao Grupo de Trabalho de Profissionais Liberais e Universitários Negros (GTPLUN):

> Quando a *discriminação racial* impede a entrada integral de um grupo na vida econômica de um país, torna-se necessário formar estratégias de penetração. A Fundação Inter-americana respeita a escolha do GTPLUN de um ritmo de desenvolvimento que enfatiza um progresso gradual atingido nesse caso através de consciência cultural e de treinamento profissionalizante. A aquisição da sede parece ser o próximo passo natural nesse processo, pois oferece um local tangível para as atividades do GTPLUN. [grifo meu]

---

[183] Antônio Candeia Filho (1935-1978), um dos grandes compositores de sambas no Rio de Janeiro, e fundador da Escola de Samba Quilombo.

Outro *public statement* da IAF que gerou polêmica no governo Brasileiro foi o que divulgava a justificativa para o financiamento nº 341, assinado em 5 de agosto de 1977, no valor de US$10.000,00, que seriam doados ao Terreiro Axé Opô Afonjá, e que dizia o seguinte:

> O tráfico de escravos trouxe ao Brasil uma herança africana que tem tido uma notável influência na sua cultura atual. No entanto, a experiência dessa integração cultural tem sido semelhante a de outros países. Enquanto que a arte, música, crenças e costumes de afro-brasileiros têm sido adotados e integrados pela sociedade dominante, o povo que trouxe e que vive essa cultura não tem recebido privilégios sociais eqüitativos. A medida em que a sociedade moderna tem evoluído, *a faculdade e dignidade desse povo continuam a ser frustradas por novas formas mais sutis de domínio.* Esse projeto assistirá uma comunidade afro-brasileira a lidar com o problema da integração cultural e da ausência de um sistema educativo que respeite suas origens e seus costumes. A comunidade abordará a instrução e a sociedade moderna a sua própria maneira para, talvez através de suas próprias iniciativas, essas pessoas *serão capazes de criar os tipos de relacionamentos pluriculturais respeitosos e recíprocos que a sociedade dominante tem tido tanta dificuldade em estabelecer.* [grifos meus]

Segundo Miriam Brandão, esses dois *public statements* teriam sido a gota d'água para a suspensão das atividades da IAF no Brasil, no mês de dezembro de 1977. O governo brasileiro não admitia a existência de discriminação racial no Brasil e, além de retirar o quesito raça/cor do censo populacional realizado pelo IBGE na década de 1970, defendia em todos os fóruns internacionais a existência da chamada "democracia racial" no país. Nesse sentido, seria um verdadeiro absurdo para o governo brasileiro adimitir que uma instituição ligada ao Congresso dos Estados Unidos – considerado esse sim um país racista – produzisse documentos públicos como estes afirmando a existência de discriminação racial no Brasil. O trecho citado abaixo faz parte de uma carta não assinada, enviada para a Embaixada dos Estados Unidos em Brasília em dezembro de 1977, relatando a insatisfação do governo brasileiro com a situação gerada pelos dois *public statements* da IAF citados acima:

> Em vista da ênfase racial desses projetos que é incompatível com a realidade brasileira e com o espírito do povo, e as falsas declarações citadas acima, o governo brasileiro acha indispensável conhecer todo o conjunto de projetos financiados pela

IAF, para avaliar seus escopos e suas utilidades econômicas e sociais. Enquanto tal avaliação é conduzida, e para a qual o governo brasileiro espera contar com a ajuda da embaixada dos Estados Unidos da América, o governo decidiu suspender todas as atividades daquela fundação no Brasil.[184]

Edward Telles, sociólogo que foi oficial de programas da Fundação Ford no Brasil entre 1997 e 2000, num artigo intitulado "As fundações norte-americanas e o debate racial no Brasil" e publicado na revista *Estudos Afro-Asiáticos* em 2002, fez um interessante depoimento sobre a atuação da Fundação Ford em relação à questão racial no Brasil na década de 1970 e também confirmou a versão segundo a qual "a gota d'água" para o encerramento das atividades da IAF no Brasil teria sido mesmo a divulgação dos dois *public statements* sobre os projetos do movimento negro citados acima. Telles indica no texto que fez esta afirmação baseado em correspondência que ele trocou com Bradford Smith, antigo responsável pelo programa da IAF no Rio de Janeiro na década de 1970:

> Sem dúvida, a Ford hesitou em financiar atividades ligadas à questão racial durante muitos anos na década de 1970 por conta da grande resistência por parte dos governos militares. A Fundação Ford começou (cuidadosamente) a financiar pesquisas sobre raça no CEAA em 1979, quando o Brasil iniciava um processo de redemocratização. Dois anos antes, todas as atividades da Fundação Inter-Americana no Brasil foram "suspensas" por conta de um relatório do Itamaraty que indicava o financiamento de dois projetos que visavam apontar "a persistência da discriminação racial". O governo brasileiro naquela época era conhecido por considerar a pesquisa sobre raça e as atividades do movimento negro como subversivas e como uma ameaça à segurança nacional. (TELLES, 2002:152)

---

[184] *In view of the racial emphasis of these projects which is incompatible with Brazilian reality and the spirit of the people and the untruth statements quoted above, the Brazilian Government finds it indispensable to know the whole number of projects financed by the IAF in order to evaluate its scope and its social and economic utility. While such evaluation is conducted for which the Brazilian Government hopes to count on the assistance of the Embassy of the United States of America, the Government has decided to suspend all activities of that Foundation in Brazil.* (Embora eu não tenha tido a permissão de tirar uma cópia dessa carta, durante minha entrevista gravada com Miriam Brandão, com o seu consentimento, realizada em 4 de setembro de 2008 na sede da IAF em Arlington, no estado da Virgínia, pude ver o documento na mão dela e gravar em áudio a leitura que ela fez do documento na minha frente.)

Ollie Johnson, em artigo já citado acima, destacou a importância da atuação de dois antigos oficiais de programa da Fundação Ford para que esta fundação começasse a financiar projetos relacionados à questão racial no Brasil, a começar pelas pesquisas promovidas pelo Centro de Estudos Afro-Asiáticos (CEAA) da Universidade Candido Mendes, no Rio de Janeiro:

> A origem dos generosos financiamentos da Fundação Ford para ativistas e acadêmicos afro-brasileiros pode ser traçada a partir de sua missão racialmente tolerante e geralmente liberal de dois importantes oficiais de programa negros norte-americanos no Rio de Janeiro no início dos anos 1980, Michael J. Turner e Patricia Sellers. Antes de se juntar à Fundação Ford, Turner era um estudioso em Brasil e professor de história da África e da América Latina em Nova York, e Sellers era uma advogada de defesa e ativista na Filadélfia. Turner e Sellers recomendaram generosos financiamentos para pesquisas e ativismo afro-brasileiros. A fundação concedeu significantes doações para um dos principais centros brasileiros de pesquisas sobre relações raciais e a situação dos negros, o Centro de Estudos Afro--Asiáticos, baseado na Universidade Candido Mendes no Rio de Janeiro. Durante as atividades de Turner e Sellers, a Fundação Ford também financiou vários programas de desenvolvimento econômico e comunitário em favelas e outras áreas de baixa-renda.[185] (JOHNSON, 2007:68)

Michael Turner, que havia vivido no Brasil logo no início da década de 1970, quando fazia pesquisas para a sua tese de doutorado, contou em seu depoimento para esta pesquisa que foi no período em que atuou como professor de História da África na Universidade de Brasília, entre 1976 e 78, que ele entrou em contato pela primeira vez com o movimento negro organizado no Brasil, a partir de um

---

[185] *The Ford Foundation's generous funding of Afro-Brazilian scholarship and community activism can be traced to its generally liberal and racially tolerant mission and to two important Black American program officers in Rio de Janeiro, Michael J. Turner and Patricia Sellers, in the early 1980s. Before joining the Ford Foundation, Turner was a scholar on Brazil and professor of African and Latin American history from New York, and Sellers was a criminal defense lawyer and activist from Philadelphia. Turner and Sellers recommended the generous funding of Afro-Brazilian scholarship and community activism. The foundation provided significant grants to one of the leading Brazilian academic units on race relations and the situation of Blacks, the Center of Afro-Asian Studies (Centro de Estudos Afro-Asiáticos), based at Candido Mendes University in Rio de Janeiro. During the tenure of Turner and Sellers, the Ford Foundation also funded numerous community and economic development programs in shantytowns and other low-income areas.*

convite feito pela Fundação Ford no Rio de Janeiro, e que passou inclusive a ser convidado para atividades do próprio movimento ainda no mesmo ano:

> Em 1977 eu fui chamado pelo pessoal da Fundação Ford no Rio, com o James Gardner que era o representante da Ford na época. O Gardner me chamou para uma reunião no Rio, no escritório da Fundação, com líderes do movimento negro naquela época. Estavam na reunião acho que o Amauri, o Yedo, Eduardo de Oliveira e Oliveira, acho que Beatriz do Nascimento(...) Era uma reunião para a Fundação Ford entender um pouco qual era o movimento negro brasileiro, o pessoal que chamavam de líderes do movimento, quem eles eram, quais eram os interesses deles, os planos desse grupo, uma avaliação, porque a Ford sempre gostava de entender o que estava acontecendo no Brasil (...) Para mim foi fascinante. (...) Mas em 1977 eu fui chamado pelos estudantes da UFF, do Grupo André Rebouças, para a Semana do Negro, 20 de Novembro(...) Foi ótima aquela reunião com o Grupo André Rebouças. Acho que eu fui dois ou três anos seguidos, para dar palestras, para falar sobre a minhas pesquisas sobre os retornados, sobre dar aulas numa universidade brasileira, como estava fazendo lá na UnB, vários assuntos... Foi muito bom. Não sei se talvez a grana para me trazer de Brasília para o Rio foi da Ford. É possível...[186]

O Grupo de Trabalho André Rebouças (GTAR), fundado em 1975 por Beatriz Nascimento e outros estudantes das áreas de ciências humanas da Universidade Federal Fluminense (UFF), promoveu durante vários anos a "Semana de estudos sobre a contribuição do negro na formação social brasileira", que "contava com a participação de intelectuais negros (as) e brancos (as) e tinha como propósito buscar espaço de organização na universidade e de ampliação da abordagem da questão etnicorracial, principalmente nos cursos de ciências humanas". (RATTS, 2009:85)

---

[186] J. Michael Turner nasceu na cidade de Nova York em 27 de novembro de 1945. Entre 1970 e 73 Turner teve uma bolsa de estudos da Danforth Foundation para realizar pesquisa no Brasil, na África Ocidental e na França, que resultou em sua tese de doutorado, "Les Bresiliens – the impact of former Brazilian slaves upon Dahomey", defendida na Universidade de Boston em 1975. Entre 1976 e 78 foi professor na Universidade de Brasília, convidado para iniciar cursos sobre África. Entre 1979 e 85 foi oficial de programas da Fundação Ford no Rio de Janeiro, e desde 1987 é professor de História da América Latina e de História da África no Hunter College, da City University of New York (CUNY). A entrevista foi gravada em 25 de setembro de 2008, no Hunter College da CUNY, em Nova York.

Em 1978 o movimento negro brasileiro tornou-se ainda mais conhecido internacionalmente em função da criação do Movimento Negro Unificado (MNU). Um interessante exemplo a respeito da repercussão que teve a formação do MNU foi a matéria publicada no dia 28/08/1978 pelo *The Washington Post*, um dos principais jornais norte-americanos, com o título "Cultural exchange and controversy in Rio". Nessa matéria, o jornalista relatava um episódio que provavelmente ocorreu em função do ato público de criação do MNU, realizado em São Paulo no dia 7 de julho daquele ano: um grupo grande de negros norte-americanos foi ao Brasil naquele ano para participar do First New World Festival of the African Diaspora. O Festival teve lugar em Salvador e no Rio de Janeiro, em agosto de 1978. Muitos participantes norte-americanos, referindo-se às relações raciais no Brasil, contaram ao jornalista que tiveram a impressão de estarem nos Estados Unidos quando, por exemplo, viam que as pessoas que prestavam os serviços de "menor valor social tinham a pele mais escura", ou mesmo ao notar que os folhetos de viagem, no hotel, referiam-se sempre "às contribuições portuguesas, italianas e alemãs para o Brasil, mas ignoravam completamente a contribuição africana." Entretanto, o que mais me chamou a atenção para a matéria foi o trecho abaixo, em que mais uma vez o governo brasileiro aparece intervindo em relação à questão racial:

> Originalmente, o Festival da Diáspora Negra teria o apoio da Embratur, a empresa brasileira responsável por turismo, e outras agências culturais do governo brasileiro; mas de repente, menos de um mês antes da abertura do Festival, agendada para 7 de agosto, o apoio oficial desapareceu. Funcionários da Embratur não estavam disponíveis para comentar o assunto. Mas repórteres brasileiros atribuíram a retirada do governo ao medo de que as atividades do Festival pudessem incluir discussões nas quais a situação racial brasileira seria analisada e criticada por negros brasileiros e visitantes americanos.[187]

---

[187] "*Originally, the Black Diaspora Festival was to be supported by Embratur, the Brazilian national tourist authority, and other Brazilian government cultural agencies; but suddenly less than a month before the festival's scheduled August 7 opening, that official blessing vanished. Officials at Embratur were not available to comment on the matter. But Brazilian press reports have attributed the government withdrawal to fears that the festival activities would include seminar discussions in which the Brazilian racial situation would be analyzed and criticized by Brazilian blacks and visiting Americans.*"

No Arquivo Ernesto Geisel, depositado no CPDOC/FGV, encontrei uma carta do Ministério das Relações Exteriores intitulada "Informação para o Senhor Presidente da República", datada de 19 de junho de 1978, e que tratava do Festival de Arte e Cultura Afro-Americana no Brasil. Nesta carta o presidente Geisel era informado de que a Embratur "vira nessa iniciativa um instrumento de grande interesse para o país e capaz de captar o potencial de viajantes negros dos Estados Unidos, que frequentam em grande número as áreas de lazer e os pontos de atração do Caribe". Entretanto, logo abaixo, o autor da carta diz que a "Embratur foi, porém, alertada, pelo Itamaraty, sobre a conveniência de buscar a supervisão de órgão oficial no setor cultural, a fim de prevenir-se o risco de que o Festival, por falta de preparação adequada, pudesse resultar numa visão simplista e, por isso mesmo, falsa, da situação do negro no Brasil".[188] Esse documento citado evidencia a existência no governo, principalmente no Itamaraty, da preocupação de que o Festival pudesse discutir a "situação do negro" de uma forma diferente da que era defendida internacionalmente pelo governo brasileiro, qual seja a existência de uma democracia racial em nosso país.

"O resultado final", diz o jornalista do *The Washington Post*, "é que nenhum palestrante brasileiro foi convidado a falar no Festival"; o que desencadeou protestos do recém-formado MNU. Um dos militantes do MNU, que foi ouvido pelo jornalista norte-americano, chamou os organizadores do Festival de "capitulacionistas" e afirmou que "o Festival não pode ser considerado uma celebração entre as comunidades afro-brasileira e afro-americana."

Como é possível perceber em outro documento do SNI, também contido no Arquivo Ernesto Geisel do CPDOC/FGV, na "Apreciação Sumária" nº 25, referente ao período de 3 a 9 de julho de 1978, o governo brasileiro continuava acompanhando de perto as ações do movimento negro no país. Em sua página 3, na seção dedicada à "Opinião Pública", há um relato, em certa medida preocupado, sobre a manifestação do "Movimento Unificado Contra a Discriminação Racial" (que mais tarde assumiria o nome Movimento Negro Unificado, MNU), em julho daquele ano. Diz o relato:

> "Realizou-se em São Paulo/SP, no dia 07 JUL 1978, na área fronteiriça ao Teatro Municipal, junto ao Viaduto do Chá, uma concentração organizada pelo autodenominado 'Movimento Unificado Contra a Discriminação Racial', integrado por

---

[188] Ver www.cpdoc.fgv.br, Arquivo Geisel, pasta: 1975/EG pr 1974.03.00/2. Acesso em 21/11/2009.

vários grupos, cujos objetivos principais anunciados são: denunciar, permanentemente, todo tipo de racismo e organizar a comunidade negra.

Embora não seja, ainda, um 'movimento de massa', os dados disponíveis caracterizam a existência de uma campanha para estimular antagonismos raciais no País e que, paralelamente, revela tendências ideológicas de esquerda.

Convém assinalar que a presença no BRASIL de ABDIAS DO NASCIMENTO, professor em NOVA IORQUE, conhecido racista negro, ligado aos movimentos de libertação na ÁFRICA, contribuiu, por certo, para a instalação do já citado 'Movimento Unificado'."

O mesmo documento também alerta para o caráter internacional que o Movimento citado poderia tomar, com a preocupante presença de Abdias Nascimento no evento. E acredito que toda essa preocupação explícita no documento do SNI citado acima pode ter sido crucial para as decisões tanto sobre a suspensão das atividades da IAF no Brasil quanto para a retirada do apoio do governo brasileiro ao Black Diaspora Festival, que começaria exatamente um mês após o ato público de fundação do MNU. O *The Washington Post*, em matéria publicada em 12/10/1978 com título "Brazil's Racial Relations, in Theory and Pratice",[189] ainda repercutindo a criação do MNU, trazia o seguinte texto:

> Quando os quatro jovens atletas negros chegaram para treinar no *chic* Clube de Regatas Tietê poucos meses atrás, eles foram barrados na porta. Mas para a raiva dos jogadores negros, seus colegas brancos foram prontamente admitidos no ginásio, na piscina e nos vestiários do clube. (…) Em 7 de julho, mais ou menos cinco mil pessoas se reuniram sob a bandeira do recém-criado Movimento Negro Unificado Contra a Discriminação Racial numa importante praça daqui e fizeram a acusação de que o incidente do clube Tietê foi parte de um padrão sistemático de racismo. (…) Brasileiros brancos e negros são ensinados desde o nascimento que o seu país é uma "democracia racial". O que parece, pelo menos, é que as relações entre as raças aqui são tão amigáveis e abertas quanto em qualquer lugar do mundo.[190]

---

[189] "As relações raciais no Brasil, na teoria e na prática".
[190] *When the four young black athletes arrived for practice at the chic Tiete Regatta Club a few months ago, they were barred at the door. To the shock and anger of the black players, though, their white teammates were promptly admitted to the club's gymnasium, pool and locker rooms. (…) On July 7, an*

E é a partir de 1979, já como liderança do MNU, que Lélia Gonzalez começa seu périplo pelos Estados Unidos e por outros países, para divulgar o movimento negro brasileiro e, particularmente, o recém-criado MNU. Segundo seu currículo, só nos anos de 1979 e 80, Lélia fez 22 palestras fora do Brasil, sendo a grande maioria nos Estados Unidos.[191] Em 1980 Lélia foi convidada a participar da conferência intitulada "Race and Class in Brazil: New Issues and New Approaches", realizada na Universidade da Califórnia em Los Angeles. Nessa conferência Lélia fez contato com vários intelectuais negros que também participaram da conferência, como por exemplo Michael Mitchell, J. Michael Turner e Anani Dzidzienyo, todos entrevistados para esta pesquisa, e também apresentou o paper "The Unified Black Movement: a New Stage in Black Political Mobilization", publicado em 1985. (GONZALEZ, 1985)

As apresentações de lideranças do movimento negro brasileiro em conferências e fóruns internacionais, ocupando um espaço político e acadêmico em âmbito internacional, foi algo novo na história do movimento negro brasileiro, e acabou por se transformar numa bem-sucedida estratégia para a consolidação e a ampliação da luta contra o racismo no Brasil a partir da década de 1980. Tive a oportunidade de entrevistar nos Estados Unidos dois dos principais incentivadores dessa estratégia de internacionalização do movimento social negro brasileiro durante a década de 1990: Michael Hanchard e Edward Telles. Hanchard foi o organizador da conferência "Racial Politics in Contemporary Brazil", realizada na Universidade do Texas, em Austin, em abril de 1993, e convidou para participarem dessa conferência as seguintes lideranças: Benedita da Silva, que apresentou o *paper* "The Black Movement and Political Parties: a Challenging Alliance", Thereza Santos, que apresentou o *paper* "My Conscience, My Struggle", e Ivanir dos Santos que apresentou o *paper* "Blacks and Political Power". Todos esses artigos foram publicados em livro, o que certamente ampliou a circulação das ideias e perspectivas dessas lideranças e do movimento que elas representam no mundo anglofônico. (HANCHARD, 1999) Hanchard convidou ainda, ao longo dos úl-

---

estimated 5,000 persons met under the banner of the newly formed Unified Black Movement Against Racial Discrimination at the main square here and charged that the Tiete incident was part of a systematic pattern of racism. (…) Black and white Brazilians are taught from birth that their country is a "racial democracy". To outward appearances, at least, relations between the races here are as friendly and open as anywhere in the world.

[191] Ver www.leliagonzalez.org.br, acesso em 20/03/2008.

timos anos, várias outras lideranças desse movimento social para participarem de eventos acadêmicos nos Estados Unidos. Ele contou, na entrevista que concedeu para esta pesquisa, um pouco sobre sua experiência no Brasil, no ano de 1989, quando foi *visiting scholar* no Centro de Estudos Afro-Asiáticos da Universidade Candido Mendes e sobre sua relação com o movimento negro brasileiro:

> Eu estive num Brasil cheio de anti-americanismo. Então o assunto era o preconceito de que o americano era chato, ou que ia trabalhar fazendo outra coisa. E eu tive que contar um pouco da minha história pessoal, política, para, de certa maneira, segurar a onda, para acalmar as pessoas. E chegou um momento em que certas pessoas me defendiam para os que me atacavam, dizendo que eu fiz isso e isso... Então estou dizendo isso porque não era um momento de dizer: "Eu estou aqui para isso..." E foi interessante que, nesse período no Centro de Estudos Afro-Asiáticos, eu vi pessoalmente, observei pelo menos uma meia dúzia de vezes, americanos chegando com planos cheios, bem detalhados, para o movimento negro corrigir os problemas na sociedade brasileira. Pessoas que não conheciam uma palavra do português. Chegavam no avião com planos bem detalhados, conversando: "Você tem que fazer isso e isso, e cinco anos depois..." Então pra mim era melhor ter uma postura mais etnográfica. E isso pertenceu a vários aspectos da minha vida no Rio e em São Paulo: é melhor andar com as pessoas que têm confiança em mim e assim criar um círculo mais abrangente pouco a pouco, do que chegar anunciando: "Eu faço isso, eu faço isso..." E meu papel era outro, na verdade. Eu não vou contar de certa maneira, para ser discreto, mas eu ajudei algumas organizações para fazer essas coisas administrativas: tirar cópias, viagens, várias coisas. Então, depois, por causa disso, em 1999 eu publiquei aquela coleção, depois da conferência no Texas, foi uma maneira de tentar criar oportunidade e mais contatos para membros da comunidade de ativistas negros que eu conheci e que me ajudavam, sem compromisso, só dizendo: "Olha, vamos estender nossa conversa para um público na América do Norte."[192]

---

[192] Michael Hanchard nasceu na cidade de Jersey, em Nova Jersey, em 13 de setembro de 1959, mas foi criado no bairro do Bronx, em Nova York. Hanchard viveu no Brasil em diferentes períodos entre 1988 e 1990, realizando as pesquisas para sua tese de doutorado, *Orpheus and Power: Afro-Brazilian Social Movements in Rio de Janeiro and São Paulo, Brazil, 1945-1988*, defendida na Princeton University em 1991. Sua tese foi publicada em 1994 nos Estados Unidos e em 2001 no Brasil, tornando-se um dos mais importantes trabalhos feitos por norte-americanos sobre o movimento negro brasileiro. Entre 1994 e 2006 foi professor de ciência política na Universidade

Já Edward Telles teve uma contribuição diferente para o processo de internacionalização do movimento negro brasileiro. Ele foi oficial de Programas de Direitos Humanos da Fundação Ford (FF) no Brasil entre 1997 e 2000, e como tal financiou diretamente várias organizações e lideranças do movimento negro brasileiro, que a partir do apoio da Fundação Ford tiveram a oportunidade de estabelecer uma rede internacional com ativistas e organizações de outros países e de levar as demandas do movimento negro brasileiro até fóruns internacionais, questionando na grande maioria das vezes a própria delegação oficial do governo brasileiro nesses fóruns. Telles falou, em sua entrevista, sobre o início dessa ação da FF no Brasil:

> Em 1997 eu comecei a enfatizar muito essa coisa internacional. Porque tinham pessoas que estavam interessadas. Eu comecei, e no meu primeiro ano falei com muitas pessoas do movimento negro e do governo, internacionalmente também. Eu seguia muito o que o movimento negro estava fazendo nos Estados Unidos, e tinha uma preocupação de internacionalização de direitos humanos no mundo inteiro. Isso não se estava criando, isso foi bem antes, a declaração dos Direitos Humanos... Sempre houve a ideia de fóruns internacionais, essas coisas. E aí, o mesmo se aplicava à questão racial. Com os recursos da Ford, como poderíamos estreitar essas relações internacionais? E uma das formas era ajudar ativistas negros a irem a esses fóruns internacionais. Já tinha uma pequena história de irem lá, mas geralmente as pessoas que iam já estavam dentro do governo, eram pessoas escolhidas pelo governo, porque é caro, não? Mas aí começamos a financiar pessoas para irem a reuniões do Banco Mundial, reuniões do Bird, reuniões das Nações Unidas, do Fórum de Direitos Humanos, depois eventualmente para o Fórum de Racismo, para irem a reuniões em outros países, tinha uma rede que estava se estabelecendo, a rede de América Latina com Romero Rodrigues do Uruguai... Ajudamos pessoas a fazerem essas viagens, a irem a conferências internacionais. Então se foi criando uma rede internacional. Eu acho que isso foi uma coisa importante que a Ford fez. Mas isso era uma coisa que o próprio movimento negro no Brasil estava querendo fazer. Então a ideia era facilitar as ações desejadas pelo movimento que achamos que seriam efetivas e eficientes.[193]

Northwestern, e desde 2006 é professor na Johns Hopkins University, em Baltimore, MD, onde foi realizada a entrevista, em 17 de setembro de 2008.
[193] Edward Telles, sociólogo de origem mexicano-americana, viveu no Brasil em diferentes momentos, a partir de 1989, quando foi professor visitante na Universidade Estadual de Campinas

Circulação de referenciais: Brasil, Estados Unidos e África

Para concluir, creio que assim como a FNB foi vista como uma influência para negros norte-americanos e porto-riquenhos – para nos atermos aos exemplos apresentados neste capítulo – muitos elementos da política e da cultura negra transnacional também foram importantes para a constituição do movimento negro no Brasil. Entretanto, esses elementos vindos principalmente dos Estados Unidos e de países africanos durante as décadas de 1960 e 70, não devem ser vistos como determinantes para o surgimento desse movimento social na contemporaneidade. É bastante comum a existência de afirmações nesse sentido. Todavia, como afirmou Nilma Bentes, o processo de Abertura política e aproximação do fim da ditadura militar foram fundamentais para o surgimento de vários movimentos sociais no Brasil. A própria fundação do MNU ocorreu em São Paulo em função do protesto contra a morte de um operário negro em uma delegacia da cidade e contra a proibição de quatro jovens atletas negros entrarem num clube paulista, como reportou a matéria do *The Washington Post*. O mesmo MNU que tinha a frase "Por uma autêntica democracia racial!" escrita em sua Carta de Princípios, de 1978, tornou-se um marco e uma espécie de impulsionador para a criação de diversas entidades negras pelo Brasil afora, como por exemplo, o Centro de Cultura Negra do Maranhão (CCN) em 1979 e o Centro de Estudos e Defesa do Negro no Pará (Cedenpa) em 1980, como se verá no capítulo 4. Outro caso interessante é o relatado por Vanda Menezes, sobre a motivação para a criação da Associação Cultural Zumbi, em 1979, no estado de Alagoas:

> A Associação Cultural Zumbi surgiu em Maceió, em 1979, porque um companheiro nosso, Marcelino Maximiniano Dantas, que fazia medicina, foi para um baile no Clube Fênix Alagoana, que era um clube fechado, como os outros clubes da época, e foi convidado a sair desse baile porque era negro. (...) E aí muitos companheiros começaram a discutir sobre isso. Todo mundo se mobilizou e resolveu fazer uma reunião para discutir essa coisa da discriminação, desse racismo. (...) A

(Unicamp). Em 1994 foi professor visitante na Universidade Federal da Bahia (UFBA) e entre 1997 e 2000 foi oficial de programas da Fundação Ford no Rio de Janeiro, período no qual manteve contatos e apoiou muitos militantes e organizações do movimento negro brasileiro. Ao longo desses anos em contato com o Brasil, Edward Telles alimentou seu interesse sobre as relações raciais em nosso país, e a partir de 2001 realizou as pesquisas que resultaram em seu premiado livro, "*Racismo à Brasileira*: uma nova perspectiva sociológica" (2003). Atualmente é professor de sociologia na Princeton University, na cidade de Princeton (NJ), onde foi realizada a entrevista, em 21 de novembro de 2008.

gente fez a reunião, o Marcelino contou a história toda, aí a gente se revoltou e resolveu fazer um grupo para discutir isso. A Associação Cultural Zumbi, ACZ, era um grupo político. Era um movimento político, que revolucionou aquela cidade e o estado como um todo.[194]

Ou seja, como se verá no capítulo 4, o que determinou a mobilização em setores da comunidade negra e que acabou resultando na criação dessas e outras organizações do movimento negro contemporâneo no Brasil, em geral, foram a percepção das desigualdades raciais e os casos de racismo em nossa sociedade. Certamente, o que disse José Correia Leite em relação aos anos 1920 e 30 – que as "ideias do Marcus Garvey vieram reforçar as nossas" e que "com elas nós criamos mais convicção de que estávamos certos" –, e também Lúcia Xavier, em relação aos anos 1970 e 80 – a percepção de que não estavam "sozinhos nessa história", que "o mundo inteiro vivia esse drama" –, tudo isso alimentou a determinação e trouxe diversos referenciais para luta contra o racismo no Brasil ao longo do século XX. E é interessante perceber como essas idas e vindas de referenciais e informações pelo "Atlântico negro", que foram tão importantes para o movimento negro no Brasil e em outros países, permanecem ocorrendo de variadas formas até os dias hoje.

---

[194] Vanda Menezes nasceu na cidade de Maceió em 12 de março de 1960. Formada em psicologia pelo Centro de Estudos Superiores de Maceió (Cesmac) em 1983, foi uma das fundadoras da Associação Cultural Zumbi, no ano de 1979, entidade da qual foi presidente entre 1989 e 1991. Participou, desde o início da década de 1980, do processo de tombamento da Serra da Barriga, que abrigou o Quilombo dos Palmares, e da criação do Memorial Zumbi na Serra. Perita criminal, faz parte da Polícia Civil do estado de Alagoas desde julho de 1980. Em 2002 foi convidada pelo então governador de Alagoas, Ronaldo Lessa, para ocupar a Secretaria Especializada da Mulher do Estado de Alagoas, função que exerce à época da entrevista. A entrevista foi gravada em 28 de outubro de 2005, na sala de entrevistas do CPDOC/FGV, no Rio de Janeiro.

Capítulo 4

A constituição do movimento negro contemporâneo no Brasil: primeiras organizações e estratégias (1971-1995)

"Carta aberta à população" (7 de julho de 1978)

Contra o Racismo

Hoje estamos na rua numa campanha de denúncia! Campanha contra a discriminação racial, contra a opressão policial, contra o desemprego, o sub-emprego e a marginalização. Estamos nas ruas para denunciar as péssimas condições de vida da Comunidade Negra. Hoje é um dia histórico. Um novo dia começa a surgir para o negro! Estamos saindo das salas de reuniões, das salas de conferências e estamos indo para as ruas. Um novo passo foi dado na luta contra o racismo. Os racistas do Clube de Regatas Tietê que se cubram, pois exigiremos justiça. Os assassinos de negros que se cuidem, pois a eles também exigiremos justiça! O MOVIMENTO UNIFICADO CONTRA A DISCRIMINAÇÃO RACIAL foi criado para ser um instrumento de luta da Comunidade Negra. Este movimento deve ter como princípio básico o trabalho de denúncia permanente de todo ato de discriminação racial, a constante organização da Comunidade para enfrentarmos todo e qualquer tipo de racismo.

> *(...) É necessário buscar formas de organização. É preciso garantir que este movimento seja um forte movimento de luta permanente da comunidade, onde todos participem de verdade, definindo os caminhos do movimento. Por isso chamamos todos a engrossarem o MOVIMENTO UNIFICADO CONTRA A DISCRIMINAÇÃO RACIAL.*
>
> *Portanto, propomos a criação de CENTROS DE LUTA DO MOVIMENTO UNIFICADO CONTRA A DISCRIMINAÇÃO RACIAL, nos bairros, nas vilas, nas prisões, nos terreiros de candomblé, nos terreiros de umbanda, nos locais de trabalho, nas escolas de samba, nas igrejas, em todo o lugar onde o negro vive; CENTROS DE LUTA que promovam o debate, a informação, a conscientização e organização da comunidade negra, tornando-nos um movimento forte, ativo e combatente, levando o negro a participar em todos os setores da sociedade brasileira.*
>
> *Convidamos os setores democráticos da sociedade (para) que nos apóiem, criando condições necessárias para criar uma verdadeira democracia racial.*
>
> *CONTRA A DISCRIMINAÇÃO RACIAL*
> *CONTRA A OPRESSÃO POLICIAL*
> *PELA AMPLIAÇÃO DO MOVIMENTO*
> *POR UMA AUTÊNTICA DEMOCRACIA RACIAL*[195]

O ano de 1978 é um marco fundamental para a constituição do chamado "movimento negro contemporâneo" no Brasil, com suas características e especificidades: no dia 18 de junho foi criado por um grupo de militantes, em São Paulo, o Movimento Unificado Contra a Discriminação Racial (MUCDR), lançado no ato público de 7 de julho, realizado nas escadarias do Teatro Municipal de São Paulo – ao qual se refere a "Carta aberta à população", que abre este capítulo – em

---

[195] *Apud* GONZALEZ, 1982: 48, 49 e 50.

protesto contra a morte de um operário negro em uma delegacia de São Paulo e contra a expulsão de quatro atletas negros de um clube paulista. No mesmo mês de julho, na reunião realizada no dia 23, o Movimento teve a palavra "negro" introduzida, transformando-se no Movimento Negro Unificado Contra a Discriminação Racial (MNUCDR). Em 1979 esta organização passou a ser denominada somente como Movimento Negro Unificado (MNU), entidade que existe até hoje com representações em vários estados do país, e cuja formação parece ter sido responsável pela difusão da noção de "movimento negro" como designação genérica para diversas entidades e ações construídas a partir daquele momento.

Mas para que o MNUCDR surgisse em 1978, já com um discurso estabelecido e expresso no documento citado acima, lançado no ato de criação do Movimento, foi necessária a constituição de uma rede de organizações e lideranças na primeira metade da década de 1970 em diferentes estados da federação. Entretanto, vale ressaltar que até o início daquela década, muitas das jovens lideranças que viriam a organizar o ato público de 1978 não haviam travado contato com as entidades negras das décadas de 1940 e 1950. Tampouco tinham conhecimento de iniciativas mais antigas, como a Frente Negra Brasileira. As informações sobre uma história do movimento negro anterior à década de 1970 chegavam a esses jovens militantes à medida que intensificavam sua atuação e ampliavam suas redes de relação.[196] Pode-se dizer, portanto, que as redes com militantes antigos foram se estabelecendo ao longo da década de 1970, a ponto de, em 1978, o ato público de São Paulo ter contado com a presença, por exemplo, de Abdias Nascimento e Lélia Gonzalez, entre vários outros ativistas. Amauri Mendes Pereira, no livro em que analisa a trajetória do movimento negro brasileiro, ressalta o fato de que muitas lideranças do movimento negro na década de 1970 eram jovens, na medida em que o

> quadro político brasileiro de repressão à política progressista tradicional e ao sindicalismo, na época, ao mesmo tempo em que obrigava à clandestinidade muitos negros com formação política, impunha as responsabilidades de organização

---

[196] De acordo com as entrevistas, por exemplo, no início da década de 1970, Ivair Augusto dos Santos, militante em São Paulo, conheceu Henrique Antunes Cunha, que havia participado da equipe do jornal *O Clarim d'Alvorada*, nos anos 1920, da FNB nos anos 1930 e presidira a Associação Cultural do Negro, na década de 1960. Em 1975, Amauri Mendes Pereira e Denival Barbosa, do Rio de Janeiro, conheceram por acaso, no aeroporto de Salvador, Henrique Cunha Júnior, filho de Henrique Cunha.

àqueles cujo passado não os colocava na mira da repressão. A parcela da juventude que participava naquele contexto se empolgou com este espaço e isto favoreceu a retomada do Movimento Negro. (PEREIRA, 2008: 49)

Algumas entidades se formaram logo no início da década de 1970, como o Grupo Palmares, no Rio Grande do Sul em 1971; o Centro de Cultura e Arte Negra (Cecan) e o grupo de teatro Evolução, em São Paulo em 1972; o bloco afro Ilê Aiyê em 1974 e o Núcleo Cultural Afro-Brasileiro em 1976, ambos em Salvador; a Sociedade de Intercâmbio Brasil-África (Sinba) em 1974 e o Instituto de Pesquisas das Culturas Negras (IPCN) em 1975, no Rio de Janeiro; o Grupo de Trabalho André Rebouças, em Niterói, e o Centro de Estudos Brasil-África (Ceba), em São Gonçalo (RJ), em 1975, entre outras. Um exemplo dessas redes de relação que se expandiam nos anos 1970 é o fato de que em 1975, a criação do Instituto de Pesquisas das Culturas Negras (IPCN), no Teatro Opinião, no Rio de Janeiro, contou com a participação de alguns atores que conheciam a trajetória do Teatro Experimental do Negro (TEN), fundado em 1944.

Joel Rufino dos Santos afirma que o fato de haver em geral "pesquisa" e "cultura" nos nomes das organizações negras surgidas na década de 1970, mesmo não sendo estas organizações estritamente culturais, se deve, de um lado, ao impedimento legal de se registrar uma entidade como sendo "racial", mas também ao fato de a "raça" sozinha não ser catalisadora, sendo necessário misturá-la à "cultura". "Negro", nesse contexto, "é mais bem uma soma de raça e cultura". (SANTOS, 1985: 291)

Vale ressaltar que no contexto sócio-histórico no qual se constitui o movimento negro contemporâneo, além de ser proibido qualquer evento ou publicação relacionado à questão racial – que poderia ser visto pelo regime como algo que pudesse "incitar ao ódio ou à discriminação racial" e, segundo o Decreto-Lei nº 510, de 20 de março de 1969 em seu artigo 33º, poderia levar à pena de detenção de 1 a 3 anos, como se viu acima –, havia também o acompanhamento de perto realizado pelos órgãos de informação do regime militar, então vigente no Brasil. Paulina Laura Alberto, em pesquisa realizada para a sua tese de doutorado em História, encontrou no Arquivo Público do Estado do Rio de Janeiro vários documentos da Direção Geral de Investigações Especiais (DGIE) que demonstram que os organismos de repressão estavam atentos ao que era produzido pelas organizações do movimento negro durante aquele período. A pesquisadora descobriu nos arquivos, por exemplo, que o Ministério do Exército alertou o DGIE sobre o *Boletim* do IPCN, particularmente o artigo sobre Zumbi, escrito por Beatriz Nascimento, que eles diziam que estava "pregando a luta racial."[197] Ela diz ainda que, o Ministério da Marinha também alertou o DGIE, através de uma comunicação confidencial, a respeito da organização chamada SINBA e seu jornal, que segundo o Ministério "fomenta a desagregação racial." Eles incluíram uma cópia do primeiro número do jornal *SINBA*, e no documento dizia: "O mesmo é vendido, oferecido gratuitamente ou até mesmo compulsoriamente aos indiferentes ao assunto."[198] (ALBERTO, 2005:424, 425). A pesquisa de Paulina Alberto confirmou o que pensavam os militantes que em 1977 lançaram o primeiro número do jornal *Sinba*. Militantes esses, que agiam sempre com cautela para tentar evitar ao máximo que fossem alvo da repressão da ditadura militar, como relatou Amauri Mendes Pereira, fundador e redator do jornal citado:

> Em julho de 1977 saiu o primeiro jornal *Sinba*. Era ditadura militar: "Como é que a gente faz para distribuir esse jornal?" Era proibido. Era e não era. Tudo era meio assim: pode e não pode. Diziam que era proibido. Aí a gente saía com um monte de jornais e botava num táxi, saltava em outro lugar e pegava outro táxi. Tudo paranóia. Mas alguém disse que viu alguém atrás. O cara da gráfica disse que tinham ido perguntar pelo jornal, porque eles iam sempre – nas gráficas pequenas, eles realmente iam. Tinha um serviço regular do SNI, do CIEx, parece, que fazia visitas nas gráficas para ver as provas, e que estranhou aquilo.[199] Aí, o Branquinho, que era nosso paginador, escondeu nosso material e falou para a gente: "Mas vocês levam isso daqui rápido, porque, se o cara passar de novo aqui, a gente está lascado. Se isso parar nas mãos deles, vocês estão fritos e nós também."

Como foi visto acima, no capítulo 3, por exemplo no documento do SNI intitulado "Apreciação especial" de 2 de janeiro de 1978, classificado como dizendo respeito ao assunto "Opinião Pública", "retrospecto de 1977 e perspectivas para 1978", antes mesmo do ato público de lançamento do MUCDR, já assinalava

---

[197] "Assunto: Boletim do Instituto de Pesquisas das Culturas Negras," 9 de janeiro de 1978, DGIE 252, 197." (*apud* ALBERTO, 2005: 424, 425).
[198] "Assunto: Sociedade de Intercambio Brasil-África. 14 de outubro de 1977, DGIE 252, 160" (*apud* ALBERTO, 2005: 424, 425)
[199] CIEx é a sigla para Centro de Informações do Exército.

a existência de "manifestações de racismo negro" a alertava para o fato de que "Também os institutos de cultura afro-brasileira, ampliando-se, ultimamente, têm, em muitos casos, parcela de responsabilidade no estímulo a atitudes racistas e revanchistas, por parte de jovens negros, que vêem neles e no movimento 'Black' uma maneira de auto-afirmação racial."[200] Essa "apreciação especial" feita pelo investigador do SNI pode revelar o quanto a relação entre cultura e política foi importante para a constituição do movimento negro contemporâneo na década de 1970, na medida em que destaca o trabalho feito nos "institutos de cultura afro-brasileira" e pelos movimentos "culturais", como o movimento "Black" por exemplo, para a organização e para a "auto-afirmação racial" de negros brasileiros naquele período.

Cultura, política, culturalismo...

Os debates sobre política e cultura no movimento negro contemporâneo brasileiro foram muito intensos até recentemente. Havia, principalmente no final da década de 1970 e início dos anos 1980, grupos do movimento que se autodenominavam como grupos estritamente políticos e avessos a muitas práticas chamadas por eles de "culturais" ou "culturalistas". Talvez o melhor exemplo, nesse sentido, seja o Movimento Negro Unificado, que radicalizaria o discurso político no final da década de 1970, muito em função de haver, entre suas principais lideranças, pessoas ligadas à organizações radicais de esquerda, como a Convergência Socialista por exemplo. Da mesma forma, havia também muitos outros grupos que utilizam até os dias de hoje práticas culturais diversas como elementos importantes para a mobilização política de setores da população negra. Talvez o exemplo mais emblemático nesse sentido seja o primeiro bloco afro, o Ilê Aiyê, criado em Salvador em 1974. Sobre esse conflito cultura *versus* política, Antônio Carlos dos Santos, o Vovô, fundador do Ilê, disse o seguinte em sua entrevista:

> Nós já fomos chamados de "falso africano" e de "tocador de tambor" pelo próprio pessoal do movimento negro. Essas pessoas achavam que tinha que ser pelo político e não pelo cultural. Só que nós mostramos ao pessoal que só o fato de

---

[200] O documento pertence ao Arquivo Ernesto Geisel e está disponível para consulta no Portal do CPDOC (www.cpdoc.fgv.br).

a gente criar um bloco desses já foi um ato político. E você faz o político junto com o cultural. Porque você fazia aqui reuniões de movimento negro e só iam os mesmos. Às vezes tinha mais brancos do que negros nas reuniões, nos seminários onde tinha pesquisadores. E no bloco afro, você faz na rua. Você tem o apelo popular, e ali você passa todas as informações. No início foi difícil: se eu parasse para alguém falar, para dizer uma poesia, tomava vaia. Mas nós fomos educando o pessoal. Hoje você pára qualquer pessoa aqui para falar, pára o ensaio, a festa, e todo mundo presta atenção em tudo, fica ligado em tudo o que você fala. Então, se eu botar um político, não tem negócio de vaia, não tem nada. O pessoal tem consciência. Aos poucos fomos conquistando o pessoal e depois eles entenderam.

Esse conflito política *x* cultura parece ter causado intensas disputas no meio da militância negra na Bahia, ainda mais intensas do que em qualquer outro estado brasileiro. Essas disputas, inclusive sobre a memória em relação à luta dos negros baianos nas últimas décadas, fica evidente no depoimento de Gilberto Leal, militante do movimento negro desde o início da década de 1970, fundador do Núcleo Cultural Afro-Brasileiro em 1973, em Salvador, e uma das lideranças do MNU na Bahia a partir do ano de 1979. Gilberto Leal também fala, em sua entrevista, sobre as dificuldades de se constituir um movimento abertamente político em relação à questão racial durante um período de ditadura militar. Seu depoimento, nesse sentido, também é interessante pelo fato de articular tanto o contexto nacional, em que a ditadura é marcante, quanto o contexto internacional, em que a luta contra o *apartheid* na África do Sul aparecia como um elemento mobilizador para os militantes negros brasileiros:

> Durante o AI-5, falar que o Brasil era um país racista era subversão e, conseqüentemente, você estava sujeito a todas as penalidades. Então, nós convivíamos com a luta negra em plena ditadura militar, com o cacetete da polícia, com o braço armado da ditadura batendo firme na gente. Eu sei que muita gente fala: "Nós temos um movimento cultural que também se desenvolveu no período." Mas não enfrentava a ditadura militar e não era um movimento de contestação política. Era um movimento de ocupação de espaço estético e era real, ainda é até hoje. Mas quem começou com o processo na Bahia de movimento político contestatório enfrentando os poderes constituídos foi o movimento negro organizado.

Tivemos passeatas de movimento negro, a partir da instituição do Dia Nacional da Consciência Negra em 1978, e começamos a criar atos específicos da população negra. Por exemplo: nós contestamos a relação do Brasil com a África do Sul na época do *apartheid* e fizemos um ato do movimento negro na porta de uma empresa de turismo que fazia pacotes turísticos para a África do Sul. Dizíamos que não concordávamos com aquilo, fomos lá, fechamos a empresa, invadimos. Como era ditadura militar, recebemos toda a repressão. Então, "cana" para todo mundo, todos os líderes foram presos. Não me lembro agora exatamente a data, mas isso foi em 1980. Fomos todos para a Polícia Federal e ficamos presos por um mês, mais ou menos. Depois nos liberaram. Cada um foi liberado em período diferente e também fomos interrogados diferentemente. O interrogatório foi duro como todo interrogatório, psicologicamente torturador. Não chegaram à violência física, mas a ameaças sim. Diziam: "Quem são os caras?" "Vocês estão recebendo de quem?" "Estão influenciados por quem?" "Quem são os seus grandes mentores?" Era para você entregar gente, porque eles estavam caçando e, na época, o chefe da Polícia Federal era um tal de Luiz Arthur, extremamente violento e repressor.[201]

Essas disputas entre o que seria político e/ou cultural também ocorriam em outros estados da federação, como por exemplo no Maranhão. Seguindo a mesma linha de raciocínio de Antônio Carlos dos Santos, o Vovô do Ilê, e também articulando práticas culturais e políticas desde a sua formação em 1979, o Centro de Cultura Negra (CCN) do Maranhão também foi alvo de críticas por parte de alguns setores do movimento, como nos informa Luiz Alves Ferreira, mais conhecido como Luizão, seu primeiro presidente:

> Nós recebemos críticas de algumas pessoas do MNU porque botamos o nome da entidade de Centro de Cultura Negra. Aí eu perguntei para um companheiro uma vez se ele tinha lido as obras de Amilcar Cabral, do Mario Pinto de Andrade e do Agostinho Neto para falar de cultura.[202] Porque ele pensava que a gente estava fa-

---

[201] O coronel Luiz Arthur de Carvalho foi superintendente da Polícia Federal e ex-secretário da Segurança Pública da Bahia entre o final da década de 1960 e o início da década de 1970. Ver www.ssp.ba.gov.br/noticia.asp?cod_Noticia=387, acesso em 30/8/2007.
[202] Mario Pinto de Andrade (1928-1990) foi presidente do MPLA entre 1960 e 1962 e dedicou-se, em seguida, à sua atuação como intelectual, participando de seminários e fóruns, onde representou

zendo cultura pelo culturalismo. Eu via o Amilcar Cabral dizendo: "Você não vai lá numa comunidade para falar o que você aprende na universidade. Você tem que trazer para a comunidade e melhorá-la." E ele era marxista no início. Mas tem os dogmáticos até no nosso movimento. Eu falei: "Leia o Amilcar Cabral!" Comecei a ler mais para conhecer, porque não tinha isso na universidade, ninguém lia. Não chegavam livros aqui sobre as independências na África. Tive contato com o Amilcar Cabral no movimento negro mesmo. Quando viajava para São Paulo, via um livro, pegava e comprava: Amilcar Cabral, Mario Pinto de Andrade... Aliás, esse movimento de independência na África ajudou também o movimento e a luta pela democracia aqui no país. Não só para a comunidade negra, mas para todo mundo, eu acho. Na hora da fundação do CCN não tinha só negro lá, tinha gente que estava com a gente, tinha todo mundo.

Teve até um colega que perguntou por que nós não entramos no MNU. Eu falei: "A gente estava aqui e já vinha trabalhando isso desde 1978." Qual era a nossa luta aqui? A luta pela manutenção da terra, do lugar onde morar. E lugar onde morar, tanto faz se é urbano ou rural. No nosso caso era mais na zona rural. Primeiro, nós fomos na comunidade quilombola de Mandacaru dos Pretos, foi a primeira denúncia que nós fizemos. Então começou aí o trabalho. E a gente fazia debates, fazia discussão, ia para o interior, chamava gente de fora para vir aqui. E aí fizemos Semana de Cultura Negra, Semana de Política Negra, porque a visão que a gente tem é que a cultura está dentro da política e vice-versa.[203]

---

uma importante voz na luta pela independência angolana. Além de artigos e ensaios, publicou os livros *Antologia temática de poesia africana* (1953, 1979) e *Origens do nacionalismo africano* (1997). Ver www.fundacao-mario-soares.pt/arquivo_biblioteca/dma_biografia.asp, acesso em 28/2/2007. Vale lembrar que Amilcar Cabral e Agostinho Neto também foram poetas e escritores.

[203] Luiz Alves Ferreira nasceu na comunidade de Saco das Almas Santa Cruz, no município de Brejo (MA) em 16 de outubro de 1944. Formado em medicina pela Universidade Federal do Maranhão (UFMA) em 1971, foi, segundo o próprio entrevistado, o primeiro médico negro provindo daquele município. Fez residência em patologia na Faculdade de Medicina de Ribeirão Preto da USP de 1972 a 1974, ano em que se tornou professor adjunto do Departamento de Patologia da Faculdade de Medicina da UFMA. Luizão, como é chamado, foi um dos fundadores do Centro de Cultura Negra do Maranhão (CCN), em 1979, e primeiro presidente da entidade, de 1980 a 1982. Mestre em patologia humana pela Universidade Federal da Bahia em 1992, foi secretário da Sociedade Brasileira para o Progresso da Ciência (SBPC), regional do Maranhão. A entrevista foi gravada em 8 e 9 de setembro de 2004, no Neab da UFMA, em São Luís, durante o III Copene.

Mesmo entre as lideranças do MNU, certamente a utilização de práticas culturais também eram recorrentes, mesmo que de maneira mais explicitamente voltada para a questão política. Como fica evidente, por exemplo, na própria "Carta aberta à população" que abre este capítulo, quando os militantes que então se organizavam propunham a criação de "Centros de Luta" "nos bairros, nas vilas, nas prisões, nos terreiros de candomblé, nos terreiros de umbanda, nos locais de trabalho, nas escolas de samba, nas igrejas, em todo o lugar onde o negro vive(...)". Ou seja, havia a necessidade de se articular a luta política em "todo o lugar onde o negro vive", inclusive dentro de espaços majoritariamente "culturais", para que, ainda segundo a "Carta...", esses centros de luta "promovam o debate, a informação, a conscientização e organização da comunidade negra, tornando-nos um movimento forte, ativo e combatente, levando o negro a participar em todos os setores da sociedade brasileira." É importante ressaltar que algumas das principais lideranças paulistas do MNU em 1978 haviam entrado no movimento negro a partir de sua inserção no Centro de Cultura e Arte Negra (Cecan), criado na cidade de São Paulo em 1972, como relatou Milton Barbosa, uma das principais lideranças no processo de criação do MNU:

> Eu fui do Centro de Cultura e Arte Negra, Cecan, em São Paulo. A Thereza Santos fazia parte, depois ela foi para Angola.[204] Mais ou menos em 1974, o Odacir de Mattos escreveu para ela, pediu autorização, e começamos a retomar as atividades do Cecan, que é uma das entidades que foram o embrião do Movimento Negro Unificado. Nós tivemos uma sede na rua Maria José, no Bela Vista, e a gente fazia reuniões, atividades, debates e organizava trabalhos, que eram feitos fora de lá. Fizemos uma exposição sobre candomblé. Foi muito interessante e muito bonito, porque foi com uma mãe de santo lá de São Vicente. Conversamos com essa mãe de santo e ela se propôs a fazer uma exposição. Montamos uns tipos de

---

[204] Thereza Santos, pseudônimo de Jaci dos Santos, foi atriz, publicitária e militante negra. No início dos anos 1970, assumiu a direção do setor de teatro do Ministério da Educação e Cultura de Guiné-Bissau. A partir de 1976, exerceu função similar em Angola, tendo chefiado a delegação angolana no 2º Festival de Arte Negra, na Nigéria, em 1977. Retornando ao Brasil em 1979, em 1984 participou da fundação do Coletivo de Mulheres Negras, em São Paulo, e passou a integrar o Conselho Estadual da Condição Feminina de São Paulo. Também fundou e dirigiu a Associação Cultural Agostinho Neto e foi assessora da Secretaria Municipal de Cultura de São Paulo de 1984 a 1985. Sobre a história de vida de Thereza Santos, ver sua autobiografia: SANTOS, Thereza. *Malunga Thereza Santos*: a história de vida de uma guerreira. São Carlos: Ed. UFSCAR, 2008.

bonecos, pusemos as roupas dos orixás e foram "arriadas" algumas obrigações. Teve uma menina que passou a fazer parte da religião e, com certeza, influenciou muito outras pessoas. Então, foi muito legal o trabalho do Cecan, que foi uma entidade cultural importante em São Paulo, porque era através dela que a gente fazia atividades na cidade toda, nos relacionávamos com outras cidades do interior do estado e com o Rio de Janeiro, e tínhamos contatos com outras organizações.[205]

Para a antropóloga Zélia Amador de Deus, liderança do movimento negro no Pará desde o final da década de 1970, a criação do MNU – possível em 1978 graças ao contexto histórico e político brasileiro, que desde 1974 vivia a chamada "Abertura política" –, teria sido um ponto de inflexão nesse debate sobre cultura e política, e, dessa forma, teria influenciado na criação de várias organizações do movimento negro pelo Brasil afora, inclusive o CCN do Maranhão e o próprio Centro de Estudos e Defesa do Negro do Pará (Cedenpa), criado por ela e outros militantes em 1980. Zélia lembra que

> em 1974, o general Geisel entra na presidência da República e inicia aquele tal processo de Abertura lenta e gradual. Aí as coisas vão, digamos assim, se abrindo. É quando vai ressurgir o movimento negro com essa face mais político-reivindicativa. Não é que ele tenha deixado de existir. Mas ele existia muito mais com uma face sócio-recreativo-cultural, voltado às vezes para a pesquisa. Em 1974 surge o Ilê Aiyê, mas a grande marca do Ilê é a cultura. Lá no Sul, você tem o Oliveira Silveira, mas a grande marca ainda é o teatro, uma marca mais artística. Esse movimento mais político-reivindicativo propriamente dito vai ressurgir a partir de 1978, após a grande greve do ABC, que, digamos assim, foi o grande teste para ver

---

[205] Milton Barbosa nasceu em Ribeirão Preto (SP) em 12 de maio de 1948. Quando tinha três anos, mudou-se com a mãe e com a irmã para o bairro do Bexiga, na cidade de São Paulo, onde foi criado. Cursou economia na Universidade de São Paulo (USP), mas não concluiu, e foi diretor do Centro Acadêmico Visconde de Cairu da Faculdade de Economia e Administração da USP, no ano de 1974. Como funcionário do Metrô, foi diretor da Associação dos Funcionários do Metropolitano de São Paulo, Aemesp, entre 1978 e 1979, que mais tarde se transformou no Sindicato dos Metroviários. Miltão, como é conhecido, foi um dos fundadores do MNU, tendo presidido o ato público de lançamento do movimento, no dia 7 de julho de 1978, nas escadarias do Teatro Municipal de São Paulo. Em 1982 fez parte do Diretório Regional do Partido dos Trabalhadores do Estado de São Paulo, quando foi um dos fundadores da primeira Comissão de Negros do PT, na cidade de São Paulo. Foi presidente de honra na Convenção Nacional do Negro em 1986, em Brasília. A entrevista foi gravada em 19 de julho de 2004, na residência do entrevistado na cidade de São Paulo.

se, de fato, a Abertura estava funcionando.²⁰⁶ Aquele foi o teste. E aí que vai surgir o MNUCDR.²⁰⁷ E acabam, no país todo, surgindo outras entidades. É nesse bojo que vêm o Cedenpa e o Centro de Cultura Negra do Maranhão, por exemplo.

Ivair Augusto Alves dos Santos, militante negro em São Paulo desde o final da década de 1960, também refletiu sobre essa questão e afirmou em sua entrevista que o próprio surgimento do MNU está ligado diretamente ao debate entre política e cultura:

> Em 1976, 77, já havia uma tensão, no meio do movimento negro, entre aqueles que defendiam que era uma mudança cultural e os que defendiam uma mudança mais profunda. Os primeiros achavam que a mudança tinha que acontecer através de informação: "Temos que publicar mais, organizar poesia, organizar contos, fazer eventos esportivos, tentar reunir a comunidade." Era a linha do Feconezu, era a linha do Quilombhoje – uma tendência que a gente batizou de "culturalista". Eram pessoas que tinham feito as opções corretas, mas que a gente não sabia avaliar naquele momento. E havia as pessoas oriundas, como eu, do movimento político, que queriam uma manifestação mais política, mas nós não tínhamos nenhum cabedal para fazer isso. Eles tinham um projeto específico de literatura, de teatro, de festival, e nós querendo transformar aquilo em uma coisa política, negando que aquilo fosse política. No bojo disso surge uma cisão e, na minha avaliação pessoal, o MNU surge dessa cisão.²⁰⁸

---

[206] Em maio de 1978, sob a liderança de Luiz Inácio da Silva, o Lula, os metalúrgicos do ABC paulista – dos municípios de Santo André, São Bernardo e São Caetano – realizaram uma grande greve, que atingiu primeiramente a indústria automobilística da região e depois se expandiu. Durante as greves de maio a junho de 1978 foram mobilizados mais de 500 mil trabalhadores urbanos na área do ABC, em São Paulo e em Osasco. As vitórias conquistadas pelos operários do ABC abriram uma alternativa não só para os trabalhadores urbanos de São Paulo e Osasco, que se mobilizaram em junho, mas também para outros setores da sociedade.

[207] Trata-se do Movimento Negro Unificado Contra a Discriminação Racial (MNUCDR), que surgiu em 1978 e, no ano seguinte, tornou-se somente Movimento Negro Unificado (MNU).

[208] Ivair Augusto Alves dos Santos nasceu na cidade de São Paulo em 10 de setembro de 1952. Formado em química pela Universidade Federal de São Carlos em 1974, trabalhou em Angola entre 1979 e 1983, como consultor da Unesco para o desenvolvimento do ensino de ciências naquele país. Ao retornar ao Brasil, foi um dos fundadores do Conselho de Participação e Desenvolvimento da Comunidade Negra do Estado de São Paulo, o primeiro órgão do poder público criado para tratar especificamente da questão racial, durante o governo de Franco Montoro (1983-1987). Trabalhou na Coordenadoria Especial do Negro, órgão da prefeitura de São Paulo, durante o final da gestão

A constituição do movimento negro contemporâneo no Brasil

Esse debate sobre cultura *x* política foi tão importante durante o processo de constituição do movimento negro contemporâneo que marcou inclusive um dos mais importantes trabalhos de pesquisa sobre a constituição desse movimento no Brasil, publicado por Michael Hanchard (2001) em seu livro *Orfeu e o poder*. Em seu trabalho, Hanchard utilizou o conceito de "hegemonia", tal como formulado por Antonio Gramsci (para quem, hegemonia seria a liderança intelectual e moral de um grupo social sobre outro, que combinaria dominação e consenso) para compreender a dinâmica das relações raciais no Brasil, chegando à conclusão de que os brancos desenvolveram uma política de hegemonia racial no país, através da qual perpetuam-se as desigualdades entre negros e brancos. Hanchard argumentava em seu livro que os brancos mantinham uma hegemonia racial no país que se baseava não só na força, mas, também no consentimento de negros. E a principal base de sustentação da hegemonia racial teria sido a ideologia da democracia racial, na medida em que esta sempre difundiu uma falsa premissa de igualdade entre negros e brancos. Esta forma de hegemonia racial, para o autor, promove a discriminação racial ao mesmo tempo em que nega sua existência, pois dá suporte à reprodução da desigualdade entre brancos e negros, assim como promove essa falsa premissa de igualdade racial.

Lenvando-se em conta a enorme desigualdade social em nosso país e as formas como as elites brasileiras lidaram com esse problema ao longo do tempo, há outra questão importante para a própria constituição do movimento negro brasileiro – ainda referindo-se à ideologia da democracia racial –, que também é levantada por Hanchard: "como poderiam os brasileiros negros lutar pela igualdade racial numa nação que não tem um compromisso democrático com seus cidadãos como um todo, e, ao mesmo tempo, lutar contra uma ideologia que, para começo de conversa, afirma não haver a menor necessidade dessa luta?" (HANCHARD,

---

da prefeita Luísa Erundina, entre 1991 e 1992. No governo Fernando Henrique Cardoso, a partir de 1995, transferiu-se para Brasília, passando a atuar como assessor na então Secretaria de Justiça e Cidadania (que mudou de nome algumas vezes) do Ministério da Justiça, e foi o representante desse ministério no Grupo de Trabalho Interministerial para a Valorização da População Negra de 1995 a 1996. À época das entrevistas era secretário executivo do Conselho Nacional de Combate à Discriminação da Presidência da República. É mestre em ciência política pela Universidade Estadual de Campinas, Unicamp, e doutor na mesma área, pela Universidade de Brasília, UnB. A entrevista foi gravada em dois momentos: em 7 de setembro de 2004 no Neab da UFMA, em São Luís, durante o III Copene; e em 1 de julho de 2005, no Centro de Convenções Ulisses Guimarães, em Brasília, durante a I Conferência Nacional de Promoção da Igualdade Racial (CNPIR).

2001:37) Ao defrontar-se com uma cultura política autoritária e patriarcal, que torna difícil o debate cívico, e com os limitados caminhos da política formal para articular direitos civis para todos, independente da cor, o movimento negro tem tido muitas dificuldades em mobilizar a massa de afrobrasileiros ao longo de linhas "raciais".

Hanchard afirma ainda que nesse processo da hegemonia racial brasileira, os militantes tentaram, "com graus variáveis de sucesso, minar as práticas racistas nas estruturas sociais brasileiras e empreender a tarefa de educação política dos brasileiros brancos e não brancos sobre as desigualdades raciais no país". E continua dizendo que "as práticas culturais, tanto para Gramsci quanto para os ativistas afro-brasileiros engajados na crítica das relações raciais brasileiras, foram o *locus* principal da mobilização política." No entanto, segundo ele, "para os ativistas afro-brasileiros as práticas culturalistas (em contraste com as culturais) também têm sido um empecilho a certos tipos de atividade política contra-hegemônica, por sua reprodução de tendências culturalistas encontradas na ideologia da democracia racial da sociedade brasileira em geral." (Idem, ibidem) Esse culturalismo, que para Hanchard atrapalharia a atividade política contra-hegemônica por parte do movimento negro, é definido por ele como

> a equação entre as práticas culturais e os componentes materiais, expressivos e artefatuais da produção cultural, e como o desprezo pelos aspectos normativos e políticos do processo cultural. Na política culturalista, as práticas culturais funcionam como fins em si, e não como meios para se chegar a um conjunto mais abrangente e heterogênio de atividades ético-políticas. Nas práticas culturalistas, os símbolos e artefatos afro-brasileiros e afro-diaspóricos são reificados e transformados em mercadoria; a cultura se transforma em coisa, não em processo profundamente político." (HANCHARD, 2001:38)

Essa crítica de Hanchard ao movimento negro brasileiro foi mal recebida e rebatida por setores do movimento, que viam em afirmações como esta de Hanchard uma espécie de tentativa de enquadrar o movimento brasileiro nos moldes dos movimentos norte-americanos pelos direitos civis. A questão apresentada a Hanchard por muitos ativistas e intelectuais negros foi a seguinte: "por que privar os movimentos negros de seus veículos próprios de mobilização política, a saber as práticas culturais, quando todos os outros caminhos – cargos públicos, liderança sindical, etc. –, têm sido até bem pouco negados aos negros?" Dois anos após a publicação de seu livro nos Estados Unidos, ao responder especificamente a esta questão feita por intelectuais e ativistas negros, Hanchard reconheceu que este tema poderia ter sido melhor desenvolvido em *Orfeu e o poder*. (HANCHARD, 1996: 229)

Ainda que contendo certos pontos que poderiam "ter sido melhor desenvolvidos", creio que o trabalho de Hanchard e suas análises acuradas e baseadas em extensa pesquisa – principalmente em 60 entrevistas realizadas com lideranças negras do Rio e de São Paulo e na sua observação-participante em vários eventos promovidos pelo movimento entre 1988 e 89 –, formam uma importante contribuição para a compreensão das características do movimento negro brasileiro contemporâneo. E ao mesmo tempo, os debates estimulados pela publicação de seu livro continuam a informar ativistas e intelectuais brasileiros ainda hoje. Contudo, observo hoje que algumas das práticas consideradas "culturalistas" por Hanchard no início da década de 1990, como por exemplo a construção do 20 de Novembro e a "glorificação", como diz Hanchard, de Zumbi dos Palmares como símbolo da luta pela liberdade do povo negro no Brasil, tornaram-se importantes para a consolidação do movimento negro contemporâneo e levantaram, nas últimas décadas, intensos debates a respeito da "memória da abolição" e da "reavaliação do papel do negro na história do Brasil" – que inclusive era uma demanda apresentada já em 1978 na Carta de Princípios do MNU. Nas próximas linhas apresentarei o processo de constituição de algumas das principais organizações desse movimento negro contemporâneo.

4.1. As primeiras organizações do movimento negro contemporâneo

O regime militar no Brasil também teve um outro lado além da dura repressão política, principalmente durante os chamados "anos de chumbo", que segundo alguns autores, de uma maneira um tanto quanto contraditória, também teria contribuído para a constituição do movimento negro contemporâneo: o chamado "milagre", o crescimento econômico que ocorreu durante os "anos de chumbo", principalmente entre 1968 e 1973, acabou proporcionando um número relativamente grande de negros nas universidades – se comparado com os anos anteriores – e, consequentemente, disputando postos de trabalho de maior remuneração. Joel Rufino dos Santos, escrevendo em 1985, afirmava que "O movimento negro atual é, pois, da maneira como o entendem suas lideranças e intelectuais, filho do 'milagre brasileiro',[209] por via das frustrações sociais-raciais (e não sócio-raciais) apontadas e outras." Em outro parágrafo, falando sobre o rápido crescimento do movimento negro na década de 1970, o autor explica quais seriam essas frustrações sociais-raciais:

> Houve, para começar, o boom do ensino universitário privado, responsável por um grande número, proporcional, de negros graduados. Disputando lugares com graduados brancos – ou claros, na peculiar nomenclatura brasileira – em igualdades de condições, esses diplomados negros foram geralmente preteridos, ou remunerados em média 30% abaixo. Por outro lado, não se confirmou a geral expectativa de que a internacionalização e o acelerado crescimento da economia brasileira anulassem as desvantagens baseadas na cor – e antes, mesmo, pelo contrário, elas se acentuaram, ao compasso do novo ritmo e nos setores de ponta. (SANTOS, 1985: 290)

As entrevistas com as lideranças negras permitem observar algumas trajetórias comuns. De fato, entre as lideranças entrevistadas para esta pesquisa, embora muitas fossem de origem humilde e ainda vivessem em situação de pobreza, a maioria cursava o ensino superior nas décadas de 1970 e 1980. Fato que as levava a constituir uma "elite intelectual negra" que "desempenhou uma função pedagógica – esta entendida enquanto relação dinâmica – que se configurou no seu início [nos anos 1970] como de ensino e aprendizagem", em várias partes do país. (MONTEIRO, 1991:13) Uma das principais estratégias de mobilização, nesse contexto, eram as reuniões de estudo, de leitura e discussão, e os seminários e palestras, que ocorriam em muitos locais, como por exemplo no Centro de Estudos Afro-Asiáticos (CEAA), na atual Universidade Candido Mendes, no Rio de Janeiro, no início da década de 1970. Era preciso estudar, discutir, se informar sobre "a questão do negro" e as relações raciais no Brasil, sobre as histórias das lutas dos negros por aqui, na África e nos Estados Unidos, para informar outros e

---

[209] O chamado "milagre econômico brasileiro" foi um período em que o país alcançou taxas médias de crescimento muito elevadas e sem precedentes, entre 1968 e 1973, graças a uma conjuntura internacional bastante favorável, que permitia a contratação de empréstimos externos.

assim fortalecer o movimento que se buscava constituir. Carlos Alberto Medeiros, militante do movimento negro desde a década de 1970 no Rio de Janeiro, descreve o ambiente em algumas dessas reuniões realizadas no CEAA a partir de 1973, e que foram de extrema importância para o surgimento de várias organizações do movimento no estado do Rio de Janeiro a partir do ano seguinte:

> Começamos essas reuniões que tinham um caráter até muito catártico. Saía um "pau" imenso, as pessoas discutiam, brigavam, e no final choravam... Eram muito caóticas. Depois a gente começou a dar alguma orientação, algum sentido. Embora isso nunca evitasse necessariamente as outras demonstrações, porque, afinal, eram pessoas que pela primeira vez estavam podendo discutir e trazer até seus problemas pessoais, que eram importantes também. Foi lá que eu me lembro que começou a haver também uma reunião separada das mulheres. Então, havia uma reunião geral que começava às quatro, mas as mulheres começavam a delas às duas. Esse foi, de certa forma, o embrião de tudo o que tem acontecido depois.

As reuniões no CEAA cresceram rapidamente e muitas vezes incentivavam a formação de outros grupos, como é o caso das mulheres negras, que discutiam não só o racismo como também o sexismo.[210] A Sinba e o IPCN, fundados em 1974 e 1975 respectivamente, são exemplos de importantes organizações que surgiram a partir da realização das reuniões de estudos do CEAA no Rio de Janeiro. Yedo Ferreira, ativista negro nascido em 1933, que havia sido militante do Partido Comunista desde 1955, foi afastado do seu emprego nos Correios e teve de deixar a militância política no Partidão em meados da década de 1960, em função do risco iminente que ser comunista representava no período de ditadura iniciada com o Golpe militar de 1964. Em função de sua experiência como militante de esquerda, Yedo acabou tendo um importante papel na criação de organizações negras como a Sinba, o IPCN e o MNU, pois segundo afirmou Amauri Mendes Pereira em entrevista, "o Yedo tinha uma coisa que ninguém tinha: ele sabia fazer estatuto. Ele era um quadro do Partidão e tinha orgulho disso. E isso era um diferencial. Ele sabia como registrar a organização, fazer as jogadas nas atas, ele sabia esse processo institucional. E nós não tínhamos essa cultura." O relato de Yedo

---

[210] Nas entrevistas, são recorrentes as referências a Lélia Gonzalez, Beatriz Nascimento e Thereza Santos, que, nesse início do movimento negro contemporâneo, tiveram importante papel aglutinador.

Ferreira sobre a sua entrada no movimento negro, articulada com o contexto histórico no Brasil e no mundo, e sobre a importância das reuniões no CEAA para a criação da Sinba é bastante interessante:

> Em 1971 fui fazer matemática na Universidade Federal do Rio de Janeiro, UFRJ, na ilha do Fundão. Me deu na cabeça de fazer, porque eu gostava de matemática. Na verdade, eu gostava – e gosto até hoje – de história, mas só que naquele período história era muito perigoso. As ciências sociais, de um modo geral, eram perigosas mesmo, e eu já era um cara "queimado". Se eu bato lá, então, eles não me dão nem um dia. Os caras vêm todos para cima de mim. Aí fui fazer matemática. Era um curso que não tinha grandes implicações e não existia uma perseguição em cima das pessoas que faziam.
>
> Mas o importante é que acabo encontrando alguns estudantes negros. Porque a gente tem que ver a ligação disso com a questão do "milagre brasileiro". Muitas pessoas voltaram a estudar acreditando poderem ser incorporados ao mercado de trabalho, principalmente os negros: "Vamos estudar, porque aí nós vamos começar a trabalhar." (...) E é quando vou encontrar esses grupos de negros que estavam fazendo também pré-vestibular e tal. O Carlos Negão foi para física, o Denival também, depois chegamos lá e encontramos o Amauri, que fazia educação física.[211] E a gente, de vez em quando, se reunia lá no bandejão.
>
> Como a imprensa divulgava muito, a gente ficava sensibilizado pelos direitos civis dos negros dos Estados Unidos. Na verdade, eu não estava muito voltado para isso. Como internacionalista, era aquele negócio: "A luta de classes...", aquela bobagem toda que colocaram na nossa cabeça. Então eu não estava muito voltado para as questões raciais. Mas ali encontrei a negrada, deixei de ser internacionalista e fui ser defensor da questão racial.
>
> Eu só tinha me sensibilizado, no início dos anos 1960, pela morte do Patrice Lumumba. Porque ele era membro do Partido Comunista e, quando morreu, os partidos comunistas de todo o mundo resolveram fazer agitações para denunciar: "O colonialismo! A morte de Patrice Lumumba!" O Partido mandou e nós fomos

---

[211] Carlos Negão é o apelido de João Carlos Araújo Santos. Denival Barbosa formou-se em jornalismo e, à época da entrevista, era produtor executivo do programa "A vida é um show" na TVE.

fazer aquela agitação, aquele negócio todo, contra o colonialismo. E me chamou a atenção, diga-se de passagem, o fato de que o Lumumba também era funcionário dos Correios – do Congo.

Então isso realmente me sensibilizou e fez eu me voltar para a África. (...) Eu estava na universidade com esse pessoal todo em 1973, 74, e soubemos que o Zé Maria queria fazer uma reunião. Ele falou: "Olha, estão aqui os livros." Ele praticamente montou a sala do Centro de Estudos Afro-Asiáticos, CEAA, que era, na época, na Faculdade Candido Mendes, em Ipanema. A cunhada dele era a Beatriz Nascimento – falecida, foi assassinada –, que fazia sociologia na UFF; já estava fazendo mestrado, me parece.[212] E ele falou com ela: "Vem cá, tem que chamar os negros e tal." E ela conseguiu entrar em contato com uns negros lá na UFF, que conheciam algumas pessoas daqui no Rio, e eu tomei conhecimento dessa reunião. Na primeira reunião, que foi num sábado, eu me lembro muito bem que tinha oito pessoas.

O Zé Maria era uma pessoa que também tinha sido atingida pelo Ato Institucional, então tinha sido perseguido e tinha sido preso.[213] Ele era uma pessoa muito voltada para a África. Nunca vi uma pessoa tão voltada para a África quanto o Zé Maria. Pela madrugada! Mas depois eu fui saber a história dele: é por conta de ele ter ido estudar em Portugal. Quando chegou em Portugal, tinha a Casa dos Estudantes do Império, porque o Salazar achava que o Brasil ainda fazia parte do império português.[214] Ele nunca se convenceu de que o Brasil era independente. E o Zé Maria foi para a Casa dos Estudantes do Império e era o único brasileiro; lá só tinha angolano, guineense, moçambicano... Mas eram todos estudantes já voltados para as lutas de libertação na África. Foram para lá, começaram a fazer aquela agitação danada, e o Salazar falou: "O quê? Que negócio é esse?" Aí

---

[212] Maria Beatriz do Nascimento (1941-1995), historiadora e professora formada pela Universidade Federal Fluminense (UFF), participou do processo de fundação do Centro de Estudos Afro-Asiáticos (CEAA) da Faculdade Candido Mendes e lecionou no Instituto Superior de Estudos Brasileiros e Internacionais da Universidade do Estado do Rio de Janeiro (Uerj). Foi roteirista e narradora do documentário *Ori: o processo da cultura afro-brasileira*. Morreu assassinada na cidade do Rio de Janeiro ao tentar defender uma mulher.
[213] Para conhecer a trajetória de José Maria Nunes Pereira, ver sua entrevista publicada em *Estudos Históricos* (Rio de Janeiro, CPDOC-FGV, n. 39, 2007/1).
[214] Antônio de Oliveira Salazar (1889-1970), primeiro-ministro de Portugal de 1932 a 1968, foi o principal personagem da ditadura que se estendeu de 1926 a 1974 em Portugal.

acabou com a Casa dos Estudantes do Império e deportou todo mundo. E o Zé Maria veio para o Brasil. E ele, então, passou a se dedicar a estudar somente África, África... Tem uma biblioteca imensa sobre África. E ele queria criar o Centro de Estudos Afro-Asiáticos e conseguiu, com o Candido Mendes, um espaço. Mas criar só o Centro e não ter freqüência não correspondia a coisa alguma. Então ele criou o CEAA e convidou alguns negros para irem lá e freqüentarem. E eu fui. Tanto assim que sou considerado por ele como um dos fundadores do Centro. O Zé Maria tinha interesse em que a gente tomasse conhecimento sobre África. Ele nos apresentou a biblioteca e, como eu já tinha me interessado pela conversa com as pessoas e conhecia pelo menos o Patrice Lumumba, quando apareceu a oportunidade eu disse: "Está aí, é interessante essa biblioteca." Porque aí fui saber de algumas coisas que não sabia, principalmente sobre África. Tinha ouvido falar sobre Fanon, aquele pessoal todo. Então a gente passou a se reunir aos sábados regularmente. E daí surgiu a discussão para se formar uma instituição negra. Veio a Sinba.

Destaca-se também no relato de Yedo a relação apontada por Joel Rufino dos Santos, entre o "milagre brasileiro" e a constituição do movimento negro contemporâneo. Amauri Mendes Pereira, um dos colegas de Yedo na Universidade Federal do Rio de Janeiro e também fundador da Sinba, fez um extenso relato sobre as primeiras estratégias adotadas após a criação da organização e também expõe algumas disputas políticas que marcaram a constituição do movimento negro no Rio de Janeiro em meados dos anos 1970, disputas que envolviam questões como as de "classe" (os "revolucionários" contra os "burgueses") e até mesmo de referenciais externos para a luta dos negros brasileiros (africanistas ou terceiromundistas *versus* norte-americanistas):

> O objetivo da Sociedade de Intercâmbio Brasil-África, Sinba, criada em 1974, era fazer intercâmbio Brasil-África. Mas como fazer isso? Não tinha nada. África, para a gente, ainda era a África, a gente ainda não conhecia nada. Começamos a conhecer toda essa literatura, essa luta, através do Centro de Estudos Afro-Asiáticos. O passado a gente só veio a conhecer naquele momento. Eu não tinha a menor noção de "movimento negro". Para mim, a referência era os Estados Unidos. No Brasil, nunca tinha tido. Eu vou ouvir o nome de Abdias Nascimento já em 1975, 76: um, dois anos depois de estar dedicado à luta.

Ninguém conhecia. O Yedo Ferreira uma vez falou: "Eu lembro que tinha o Abdias Nascimento." Mas o Yedo também não conhecia, porque na época ele era do Partido Comunista, então não mexia com movimento negro, nunca tinha participado. No início de 1975, já havíamos criado a Sinba, fazíamos reuniões. (...) o que a gente fazia era aglutinar e discutir, e tentar fazer eventos chamando a atenção para o problema racial. Organizava semanas de debates, algum tipo de evento que pudesse mexer com a sociedade. Primeiro, para informar a gente mesmo e, depois, aglutinar mais gente. A gente dizia: "Precisamos ter audiência, falar sobre isso." (...)

Depois houve uma cisão na Sinba. Isso foi um processo que foi acontecendo. Primeiro nasce a Sinba e logo depois vem o IPCN, que a gente dizia que era a elite negra, os negros que queriam ficar na Zona Sul, em volta do Milton Gonçalves e do Jorge Coutinho, que eram atores já com um certo espaço – o Milton Gonçalves já era ator da Globo –, da Léa Garcia, do Zózimo Bulbul, esse pessoal que vinha do Teatro Experimental do Negro.[215] Alguns não vinham, mas tinham essa memória no meio artístico. Então, um grupo de negros, uma parte desses que já estavam na Sinba, se articulou com outros que tinham participado das reuniões no CEAA mas tinham tomado outro rumo. O Benedito Sérgio era compadre do Milton Gonçalves e resolveu criar não uma Sociedade de Intercâmbio Brasil-África, mas um Instituto de Pesquisa das Culturas Negras.[216] (...)

---

[215] Jorge Coutinho (1937), ator e diretor teatral, foi um dos fundadores do Instituto de Pesquisa das Culturas Negras (IPCN) e do Grêmio Recreativo de Arte Negra e Escola de Samba Quilombo, ambos em 1975. Formou-se em artes cênicas pela Universidade Federal do Estado do Rio de Janeiro (Unirio). Atuou nos filmes *Ganga Zumba* (1964), *Quilombo* (1984) e *Chuva de verão* (1978) e nas novelas *A cabana do pai Tomás* (1969), *Irmãos coragem* (1970) e *Roque Santeiro* (1985), entre outras. Foi assistente do gabinete civil no governo de Marcello Alencar (1994-1998), no estado do Rio, e dirigiu o Sindicato dos Artistas do Rio de Janeiro. Ver Eduardo de Oliveira. *Quem é quem... (op. cit.)*. Léa Garcia (1935), atriz, começou sua carreira na década de 1940, no Teatro Experimental do Negro, ao lado de Abdias Nascimento e Ruth de Souza. Entre suas atuações no cinema, destacam-se *Orfeu do carnaval* (1959), *Ganga Zumba*, *Ladrões de cinema* (1977), *A deusa negra* (1978), *A noiva da cidade* (1978) e *Quilombo* (1984). Com seu último longa metragem, *Filhas do vento* (2004), de Joel Zito Araújo, ganhou o prêmio de Melhor Atriz no Festival de Gramado de 2004, dividido com a companheira de elenco, Ruth de Souza. Ver www.mulheresdocinemabrasileiro.com/leagarcia.htm, acesso em 31/7/2007.

[216] Benedito Sérgio de Almeida Alves foi fundador, em 8 de julho de 1975, e primeiro presidente do Instituto de Pesquisa das Culturas Negras (IPCN).

Havia uma certa articulação entre nós, mas a gente dizia assim: "Eles são os negros burgueses. A pequena burguesia negra. Nós estamos fora. Somos revolucionários negros, nossa visão é revolucionária. Nosso referencial não é Estados Unidos. Nos Estados Unidos criaram uma elite negra. Nossa visão são as lutas de libertação africanas, luta armada." Esse era o nosso referencial: Samora Machel, Eduardo Mondlane, Agostinho Neto, Amilcar Cabral... A gente fazia essas cisões, que depois vimos que eram completamente inconsistentes.[217] Mas demoramos a aprender. E aí havia uma diferença mesmo. Tanto que, se você pegar o jornal *Sinba* nº 1, nós fizemos um artigo dos mais violentos contra o IPCN. Porque eles fizeram um boletim em 1976, início de 1977, dizendo que criaram um novo processo, que estavam lavrando terreno para a luta pela valorização do negro. E nós dissemos: "Como é que estão lavrando terreno? Isso é burguesia!" Não lembro exatamente como era o artigo, mas é mais ou menos isso.[218] Isso era uma coisa que a gente execrava. A gente ia para as reuniões deles e brigava, discutia muito. Também tinha uma certa coisa particular, porque alguns membros tinham saído da Sinba para ir para o IPCN, "porque o IPCN dava página de jornal, porque foi criado no Teatro Opinião..."[219]

(...) Depois a gente viu que, para avançar mais, para conseguir mexer mais, a gente tinha que ter um veículo de comunicação, um jornal. Aí fizemos o primeiro jornal *Sinba*, em julho de 1977.

Nessa época houve outra cisão na Sinba. O IPCN era a elite da elite. Nós, não. Nós éramos os radicais. Mas havia os mais radicais que nós, que tinham que fazer reunião na base, no caminho de Itararé, lá dentro do conjunto habitacional de

---

[217] Alguns trabalhos de pesquisa já enfocaram os conflitos existentes entre os chamados "africanistas" e o chamados "americanistas" durante o processo de constituição do movimento negro contemporâneo no Rio de Janeiro em meados da década de 1970. Ver por exemplo HANCHARD, 2001 e MONTEIRO, 1991.

[218] Refere-se ao artigo intitulado "Movimento negro e associações", publicado no jornal *Sinba* nº 1, de julho de 1977, p. 3, no qual afirma: "Tristemente ridículas são afirmativas como essas, surgidas num boletim recente de uma associação de negros: 'Este primeiro aniversário simboliza imensos campos semeados à espera de bom tempo e de boa colheita.' Que campos? Quantos sejam os aniversários que este movimento de 'elites de cor' tenham completado, não passarão nunca de repetição de conchavos, omissões e mistificações; serão, isto sim, sementes de uma vida de privilégios para essas minorias – alguns até em exílio voluntário, se agarrarão a cátedras no exterior, onde passarão o resto da vida às custas de uma experiência falsamente representativa (...)".

[219] O Teatro Opinião foi fundado em 1965, no bairro de Copacabana, Rio de Janeiro.

Inhaúma, que era um grande complexo de conjuntos habitacionais, favela Nova Brasília... Eles tinham criado o grupo 22 de Novembro, porque na época tinha havido dúvida se a data da morte de Zumbi era 20 ou 22. O livro do Décio Freitas não tinha esclarecido muito. Então, eles fizeram a entidade lá no caminho de Itararé, na base. E diziam que a gente é que estava se institucionalizando: "A Sinba já está vivendo muito no Centro da cidade, querendo jornal..."

Em São Paulo, uma das primeiras organizações do movimento negro criadas na década de 1970 foi o já citado Centro de Cultura e Arte Negra (Cecan), fundado naquela cidade em 1972. Thereza Santos, nascida no Rio de Janeiro em 1938, foi uma das fundadoras do Cecan, e conta em sua autobiografia como a organização surgiu a partir do grupo convocado para a montagem da peça *E agora falamos... Nós*, que contava a história do negro no Brasil, mas sob a ótica dos negros. A peça foi escrita pela própria Thereza e pelo sociólogo e ativista negro Eduardo de Oliveira e Oliveira, em 1972. Thereza Santos havia estudado na Faculdade Nacional de Filosofia, no Rio de Janeiro, e participado do Centro Popular de Cultura (CPC) da União Nacional dos Estudantes (UNE) até o final da década de 1960, quando teve que fugir do Rio de Janeiro pelo fato de ser filiada ao Partido Comunista e de ter sido interrogada durante vários dias por oficiais do Centro de Informações da Marinha (Cenimar), em função das atividades culturais que ela realizava para arrecadar fundos para o Partidão. Já em São Paulo, Thereza conheceu Eduardo de Oliveira e Oliveira, que era um intelectual e foi professor de ciências sociais na Universidade Federal de São Carlos. Sobre sua relação com Eduardo e sobre a peça escrita e encenada somente por negros, que ficou em cartaz no Museu de Arte de São Paulo (MASP) e que causou grande impacto no meio negro paulista, Thereza Santos diz o seguinte:

> O encontro com Eduardo de Oliveira e Oliveira foi promissor para nós dois, pois tínhamos muito em comum, como: visão da questão do negro no Brasil pelo mesmo ângulo; paixão pela arte, pela África e pela literatura; e, principalmente, o desejo de quebrar as estruturas da relação desigual da sociedade branca com a comunidade negra. (...) Conversávamos muito e nossas cabeças fervilhavam de ideias. A primeira delas foi de fazer um espetáculo sobre a história do negro no Brasil, do ponto de vista do negro. (...) Fizemos o esqueleto do espetáculo e fomos escrevendo. Nesse período ríamos muito, não só por desconstruir a parte histórica que o Brasil oficial tinha convencionado que era a nossa história, mas também

pelo pós-1888. Fazíamos grandes descobertas. A cena do programa de entrevistas na televisão era com base em entrevistas que alguns negros que posavam de notáveis e de personalidades, na época, deram à revista *Realidade*. Eles pareciam brancos falando sobre o negro com todos os preconceitos raciais possíveis. Sabíamos que haveria reações. Nossa posição era proposital, provocativa. Nosso objetivo era claro: queríamos que estes negros assumissem a realidade deles e descessem do mundo branco onde tentavam se pendurar. Enfim, queríamos despertar a consciência e a identidade deles. (SANTOS, 2008:40)

Thereza Santos trabalhou em algumas tele-novelas na antiga TV Tupi, de São Paulo. Seu último papel foi a "Vilma", da novela *Mulheres de Areia*, de autoria de Ivani Ribeiro, que foi levada ao ar entre março de 1973 e fevereiro de 1974 e obteve grande sucesso de audiência. Como era filiada ao Partido Comunista e, em função do trabalho na TV, havia comprado um bom apartamento, segundo ela, o partidão começou a utilizar seu apartamento em São Paulo como "aparelho". Por isso, informada por um amigo de que corria risco, antes de ser presa pelos órgãos de repressão da ditadura Thereza fugiu para a África em fevereiro de 1974 – assim que acabou de gravar seu papel na novela citada –, a convite do Partido Africano para a Independência da Guiné e Cabo Verde (PAIGC). Entre 1974 e 76, Thereza viveu na Guiné-Bissau trabalhando na área cultural e com a alfabetização de crianças nos territórios livres, com os guerrilheiros do PAIGC. Em Angola, entre 1976 e 78, dirigiu o Departamento Nacional de Teatro do Ministério da Cultura, convidada pelo presidente Agostinho Neto. Thereza contou em sua autobiografia um pouco sobre o Cecan e sua atuação entre 1972 e 1974:

> Criamos o Centro de Cultura e Arte Negra (Cecan) e fomos ampliando o trabalho. Depois da temporada no MASP, fizemos apresentações [da peça *E agora falamos... Nós*] em escolas, no Tuca, na quadra da Mocidade Alegre, enfim, em vários lugares. Começamos também a fazer palestras. Continuava a fazer novelas da TV Tupi para sobreviver e atuava no Cecan para desenvolver o que eu tanto queria: discutir a realidade do negro no Brasil, buscar caminhos e denunciar. Também continuava no Partidão. Não sabia, mas a polícia política acompanhava meus passos. Não tive problemas enquanto era visível apenas o meu trabalho com negros. No Cecan fazíamos espetáculos, palestras e, principalmente, conversávamos muito entre nós. Minha casa era um verdadeiro quilombo. (Idem: 42, 43)

A constituição do movimento negro contemporâneo no Brasil

O poeta e ativista negro Oliveira Silveira, uma das principais lideranças do movimento negro na região Sul do país, contou em sua entrevista como o surgimento do Grupo Palmares em Porto Alegre, em 1971, também teve relação, mesmo que de maneira indireta, com o teatro:

> Eu me formei em letras na Universidade Federal do Rio Grande do Sul em 1965 e comecei a me dar conta de que não convivia muito com a comunidade negra. Passei a tentar conhecer mais pessoas negras. Houve algumas apresentações de teatro que me chamaram a atenção. Por exemplo, uma delas, na década de 1960 ainda, foi o *Orfeu da Conceição*, uma montagem feita por dois grupos negros, um grupo da Sociedade Floresta Aurora, chamado Teatro Novo Floresta Aurora, e o GTM, Grupo de Teatro Marciliense, que pertencia ao Clube Náutico Marcílio Dias, um clube que já está extinto.[220] Os dois grupos se uniram e fizeram essa montagem, que foi apresentada no Teatro São Pedro, o principal teatro de Porto Alegre. Assisti a esse espetáculo e conheci algumas pessoas ali. Mas, antes disso, eu, um amigo universitário e minha esposa – ainda não éramos casados – tentamos formar um grupo que se reuniu na Sociedade Floresta Aurora. (...) Como esse grupo não deu certo, continuei ainda com a ideia de aproximação da comunidade negra, e conheci uma das pessoas que tinha participado daquele grupo do *Orfeu da Conceição*, o Antônio Carlos Cortes. Através dele, eu passei a participar de um grupo informal que se encontrava na rua da Praia, que era uma rua de passeio. Era comum as pessoas irem para lá formar um grupinho e ficarem conversando. A gente ficava caminhando, andando de um lado para o outro, ou fazendo o que tinha que fazer. Então passamos a nos encontrar ali. Aí chegou mais gente, mais negros, e dali começou a surgir a questão do 13 de Maio e outras questões ligadas ao negro.

Como já foi visto no trecho da entrevista de Oliveira citado no capítulo 2, é desse grupo, no qual havia vários negros universitários ou já formados, que se reunia na rua da Praia, que surge o Grupo Palmares em 1971, tendo como

---

[220] *Orfeu da Conceição*, peça de Vinícius de Moraes, em que Orfeu é um condutor de bonde e sambista, foi premiada no concurso do IV Centenário de São Paulo, em 1954, e estreou no Teatro Municipal do Rio de Janeiro, em 1956, com elenco majoritariamente negro e música de Tom Jobim. Em 1958, a peça chegou ao cinema, com o filme *Orfeu do carnaval*, uma produção franco-ítalo-brasileira dirigida por Marcel Camus, que recebeu a Palma de Ouro no Festival de Cannes de 1959 e o Oscar de melhor filme estrangeiro. Um segundo filme, *Orfeu*, foi lançado em 1999, com direção de Carlos (Cacá) Diegues. Ver http://www.carlosdiegues.com.br/, acesso em 9/10/2007.

principal elemento aglutinador e motivador a proposição do 20 de novembro em substituição ao 13 de maio, como data a ser celebrada pela população negra no Brasil. A criação do IPCN, no Rio de Janeiro, também envolveu artistas e universitários negros e aconteceu num espaço artístico, mais especificamente no Teatro Opinião. E é interessante notar, no relato de Amauri Mendes Pereira, as circunstâncias que teriam motivado a criação do IPCN em 1975, que envolviam também um episódio visto pelos militantes como um exemplo de discriminação de uma atriz negra:

> Em um sábado de tarde estavam Milton Gonçalves, Jorge Coutinho, Léa Garcia e a Vera Manhães, que é mãe da Camila Pitanga.[221] E no nosso meio deu um burburinho danado porque a Vera Manhães foi discriminada. Ela ia fazer a *Gabriela*, do Jorge Amado.[222] A Gabriela era negra. Ela era uma atriz que, na época, era muito respeitada. Estava tudo certo para ela fazer o papel na Globo. Aí chamaram a Sônia Braga, que teve que tomar quantidades de banhos de luz para escurecer um pouco a pele para entrar como negra na novela. Isso foi um escândalo na época, no meio negro. Não repercutiu muito na mídia, mas para nós foi um absurdo. Nós fomos lá prestar solidariedade.
>
> Com base em tudo isso, com esse burburinho no meio negro militante, com a gente adquirindo, construindo essa consciência negra, foi assim que surgiram a Sinba e o IPCN, em 1974 e 1975.

As circunstâncias que teriam motivado a construção dessa "consciência negra" e a criação dessas e outras organizações no Rio de Janeiro são bastante semelhantes, por exemplo, às circunstâncias que motivaram a criação de organizações em outras partes do país, como a Associação Cultural Zumbi (ACZ), já vista acima, no capítulo 3. Mas a existência de casos de discriminação sofridos por negros não é a única se-

---

[221] Vera Manhães (1951), atriz e bailarina, atuou nos filmes *A Moreninha* (1970) e *Quando o carnaval chegar* (1972) e em várias novelas da TV Globo durante a década de 1970, entre as quais *Ovelha negra* (1975) e *Marrom-glacê* (1979). Foi casada com o ator Antônio Pitanga, com quem teve dois filhos: Camila e Rocco Pitanga. Ver http://www.terra.com.br/istoegente/208/reportagens/capa_camila_02.htm, acesso em 31/7/2007.
[222] A novela *Gabriela*, baseada no romance *Gabriela cravo e canela* (1958), de Jorge Amado, foi veiculada no ano de 1975 pela TV Globo. Ver http://dirce.globo.com/Dirce/canal/0,6993,IP875-700,00.html, acesso em 7/2/2006.

melhança. Em ambos os estados, a presença de negros universitários e de centros de estudos como base para o processo de constituição das organizações salta aos olhos dos observadores, em relatos como o de Vanda Menezes sobre a criação da ACZ:

> A Associação Cultural Zumbi surgiu em Maceió, em 1979, porque um companheiro nosso, Marcelino Maximiniano Dantas, que fazia medicina, foi para um baile no Clube Fênix Alagoana, que era um clube fechado, como os outros clubes da época, e foi convidado a sair desse baile porque era negro. (...) Foi uma confusão. Não me lembro se saiu página em jornal. Mas foi uma coisa muito doida, porque era um homem, filho de uma mulher negra, mas muito bem relacionada, que fazia medicina, e que foi posto para fora da Fênix. E aí muitos companheiros começaram a discutir sobre isso. Todo mundo se mobilizou e resolveu fazer uma reunião para discutir essa coisa da discriminação, desse racismo. Éramos 33 pessoas no primeiro encontro, duas mulheres e 31 homens, que se reuniram na Universidade Federal de Alagoas, Ufal, porque Zezito Araújo, na época, já estava na Ufal.[223] (...) A gente fez a reunião, o Marcelino contou a história toda, aí a gente se revoltou e resolveu fazer um grupo para discutir isso. A Associação Cultural Zumbi, ACZ, era um grupo político. Era um movimento político, que revolucionou aquela cidade e o estado como um todo. (...)A gente constituiu a ACZ e, logo depois, em 1981, foi criado o primeiro Neab, Núcleo de Estudos Afro-Brasileiros, na Ufal.[224] (...) A Associação Cultural Zumbi dava força ao Neab, já que ele ainda não era conhecido. Era um núcleo pequeno, de extensão. Então, a gente fazia tudo juntos: Neab e Associação Cultural Zumbi. Zezito é um companheiro de luta que foi diretor do Neab toda a vida. A gente fez a primeira reunião na universidade, mas a segunda foi debaixo das árvores da praça dos Palmares. Houve uma hora em que a gente não tinha onde ficar, e fomos para a Secretaria de Cultura, depois para o Neab e depois para o DCE da Ufal.[225]

---

[223] Zezito Araújo (1952), formado em história pela Universidade Federal de Alagoas (Ufal), participou de várias entidades negras, entre elas a Associação Cultural Zumbi, da qual foi fundador em 1981, e o Núcleo de Estudos Afro-Brasileiros (Neab) da Ufal, que dirigiu de 1983 a 1991. Durante o segundo mandato do governo Ronaldo Lessa (2002-2006) em Alagoas, assumiu a Secretaria Executiva de Defesa e Proteção das Minorias do Estado de Alagoas. Ver www.sedem. al.gov.br/index.php?sec=secretario, acesso em 11/4/2007.
[224] O Núcleo de Estudos Afro-Brasileiros (Neab) foi criado em 1981 como órgão suplementar da Universidade Federal de Alagoas (Ufal), vinculado ao gabinete do reitor. Ver www.nucleo.ufal.br/neab/historico.htm, acesso em 10/4/2007.
[225] DCE é a sigla para Diretório Central de Estudantes.

Os fundadores das organizações citadas acima, de uma maneira geral, experimentaram a partir das décadas de 1960 e 1970 um processo de conscientização em relação à sua própria negritude e em relação à existência do racismo. E é interessante notar como alguns estímulos, além das frustrações citadas por Joel Rufino dos Santos, para essa tomada de consciência foram iguais, mesmo quando os ativistas entrevistados viviam em diferentes regiões do país. Muitas referências para a construção da "consciência negra" dos ativistas entrevistados são recorrentes, como os *Poemas de Angola* de Agostinho Neto, que foram importantes para Djenal Nobre Cruz,[226] em Sergipe, e Hédio Silva Júnior, em São Paulo, e muitas outras, como se viu no capítulo anterior: Martin Luther King, Angela Davis, Malcolm X e os Panteras Negras; as experiências das lutas de libertação da África, com destaque para lideranças como Amilcar Cabral e Samora Machel e para o livro *Os condenados da terra*, de Frantz Fanon.

Um outro estímulo para a construção da "consciência negra" aqui no Brasil foi o número da revista *Realidade* dedicado ao racismo, publicado em outubro de 1967, que marcou, entre outros, Ivair Augusto Alves dos Santos, em São Paulo, e Maria Raimunda (Mundinha) Araújo, em São Luís do Maranhão.[227] O impacto causado pelo número especial da revista *Realidade* de outubro de 1967 foi descrito dessa forma por Ivair Augusto Alves dos Santos, ativista negro em São Paulo desde o final da década de 1960:

---

[226] Djenal Nobre Cruz nasceu na cidade de Aracaju em 17 de janeiro de 1956. Foi um dos fundadores da União dos Negros de Aracaju, em 1984, e do Partido dos Trabalhadores (PT) no Sergipe. Na época da entrevista estava concluindo o curso de pedagogia e era o coordenador de execução de políticas de promoção de igualdade racial da prefeitura de Aracaju, função que exercia desde 2003. Ele explicou, em sua entrevista, como os poemas de Agostinho Neto, que o impressionaram muito, o levaram à questão racial: "A partir daí eu disse: 'Eu tenho que fazer uma opção de luta.' Já tinha uma opção política [era militante do Movimento Democrático Brasileiro, MDB], mas tinha que ter uma opção de luta, tinha que focar. A partir daí eu comecei a descobrir essa questão racial. (...) Comecei a me descobrir como negro." A entrevista foi gravada em 2 de julho de 2005, no Centro de Convenções Ulisses Guimarães, em Brasília, durante a I CNPIR.

[227] *Realidade* era uma revista mensal da Editora Abril, que circulou de abril de 1966 até 1976. Com reportagens em torno de temas polêmicos e inovações gráficas, chegou a alcançar a tiragem de 400 mil exemplares em seu primeiro ano de circulação. O número especial acima referido trazia na capa o título "Racismo: EUA – Brasil" (ano II, número 19, outubro de 1967). A principal reportagem, intitulada "Existe preconceito de côr no Brasil", foi assinada pelos repórteres Narciso Kalili e Odacir de Mattos – esse último, um militante negro que participou, mais tarde, da constituição do movimento negro contemporâneo em São Paulo.

A constituição do movimento negro contemporâneo no Brasil

No período em que eu estava quase no último ano do científico, comecei a tentar organizar o movimento negro lá onde eu morava, na Zona Leste de São Paulo. Apresentei a ideia para as pessoas, montamos estatuto... Eu não tinha muita clareza, porque as fontes de informação que eu tinha eram o pouco que eu estava lendo naquele momento. Eu tinha uns 16, 17 anos, e o que me impactou foi a revista *Realidade*. Imagina você andar daqui até o Centro da cidade.[228] Eu fazia isso só para poupar a grana para comprar a revista *Realidade*. Quando minha mãe queria me bater, quando eu tinha aprontado alguma, a única coisa que ela sabia que me afetava era rasgar uma revista. Quando ela rasgou uma revista foi a pior coisa. Porque aquela revista para mim era um mundo. O mundo chegava para mim através da revista *Realidade*. E teve um número que foi especificamente sobre racismo.[229] Aquele número foi demolidor. Eu tinha os mesmos 16, 17 anos quando li. Foi um impacto grande, uma das leituras que marcaram muito a minha trajetória. Porque várias daquelas pessoas que deram entrevistas, depois eu cruzei com elas na militância. E eu estava na periferia de São Paulo, sem nenhum contato, tentando montar aquilo que eu achava que era militância, com base naquilo que tinha lido...

---

[228] Do *campus* da Universidade Federal do Maranhão até o centro histórico de São Luís do Maranhão.
[229] *Realidade*, ano II, número 19, outubro de 1967.

Esse número da revista *Realidade* de outubro de 1967, em especial, merece destaque. Não somente pelo impacto que acabou causando em jovens negros que posteriormente viriam a se tornar lideranças no processo de constituição do movimento negro contemporâneo em diferentes estados, mas principalmente por ter se tornado, naquele momento, um veículo, um espaço de enunciação de problemas brasileiros a partir da visão de alguns ativistas negros engajados na luta contra o racismo. Um raro espaço de enunciação num grande veículo de informação, ainda mais raro num período de ditadura militar e da afirmação oficial da "democracia racial" brasileira. Um interessante exemplo, nesse sentido, é a entrevista concedida, para este número da *Realidade*, por Raimundo Souza Dantas, jornalista do antigo *Diário Carioca* que foi convidado, em 1962, a ser oficial de gabinete do presidente Jânio Quadros, que o nomeou logo em seguida como o primeiro embaixador negro brasileiro. Dantas, que serviu como embaixador do Brasil em Gana, disse em 1967 o que, segundo Joel Rufino dos Santos e Yedo Ferreira, viria a acontecer após o rápido crescimento econômico ocorrido durante o chamado "milagre brasileiro":

> Eu poderia me considerar um homem realizado, chegando a embaixador e tendo as origens que tenho.[230] Se, no entanto, o cargo me trouxe vantagens e honras, trouxe também decepções, porque, inclusive, me afastou da profissão de jornalista, para a qual eu realmente sentia e sinto vocação. No tempo em que exerci a embaixada, não tive cobertura, nem pude realizar aquilo que achava melhor, por motivos preconceituais. Se o preconceito ainda é diluído, ele pode vir a ser agressivo desde que os negros, melhor preparados, venham a concorrer na disputa de situações com o branco."[231]

Thereza Santos conta em sua autobiografia que conheceu o paulista Odacir de Mattos e que o ajudou a realizar a reportagem especial, citada acima, para a revista *Realidade*, quando vivia ainda no Rio de Janeiro. E foi justamente através de seu contato com Odacir de Mattos que, um pouco mais tarde, já vivendo em São Paulo, Thereza conheceu Aristides Barbosa, antigo militante da Frente Negra Brasileira, e Eduardo de Oliveira e Oliveira, com quem estabeleceria a parceria que tornou possível a elaboração da peça *E agora falamos... Nós* e a própria cria-

---

[230] Raimundo Souza Dantas (1923-2002), nascido no Sergipe, era filho de uma lavadeira e de um tropeiro.
[231] *Realidade*, ano II, número 19, outubro de 1967, página 51.

ção do Cecan em 1972. (SANTOS, 2008: 39) Odacir de Mattos acabaria tendo importante papel também na reestruturação do Cecan em meados da década de 1970, já com Milton Barbosa e outros jovens militantes negros paulistas, e na criação do MNU em 1978.

É possível notar, no depoimento de Vanda Menezes sobre a criação da ACZ em 1979 – sem perder de vista o fato de que ela concedeu a entrevista em 2005 –, uma preocupação grande em afirmar o caráter político da organização e de sua atuação no estado de Alagoas. Acredito que a criação do MNU e a sua repercussão nacional, juntamente com o seu discurso divulgado em todos os eventos e documentos da organização enfatizando a necessidade de ação política por parte da população negra brasileira, acabaram sendo importantes para a criação da ACZ e de muitas outras organizações negras que surgiram no Brasil a partir de então. Nesse sentido, faz-se necessário prosseguir a um histórico da construção do Movimento Negro Unificado em São Paulo em 1978.

4.2. O MNU, 1978

Carta convocatória para o ato público contra o racismo:

Nós, Entidades Negras, reunidas no Centro de Cultura e Arte Negra no dia 18 de junho, resolvemos criar um Movimento no sentido de defender a Comunidade Afro-Brasileira contra a secular exploração racial e desrespeito humano a que a Comunidade é submetida.

Não podemos mais calar. A discriminação racial é um fato marcante na sociedade brasileira, que barra o desenvolvimento da Comunidade Afro-Brasileira, destrói a alma do homem negro e sua capacidade de realização como ser humano.

O Movimento Unificado Contra a Discriminação Racial foi criado para que os direitos dos homens negros sejam respeitados. Como primeira atividade, este Movimento realizará um Ato Público contra o Racismo, no dia 7 de julho às 18:30 horas, no viaduto do Chá. Seu objetivo será protestar contra os últimos acontecimentos discriminatórios contra negros, amplamente divulgados pela imprensa.

No dia 28 de abril, numa delegacia de Guaianazes, mais um negro foi morto por causa das torturas policiais. Este negro era Robson Silveira da Luz, trabalhador, casado e pai de filhos. No Clube de Regatas Tietê, quatro garotos foram barrados do time infantil de voleibol pelo fato de serem negros. O diretor do Clube deu entrevistas nas quais afirma as suas atitudes racistas, tal a confiança de que não será punido por seu ato.

Nós também sabemos que os processos desses casos não darão em nada. Como todos os outros casos de discriminação racial, serão apenas mais dois processos abafados e arquivados pelas autoridades deste país, embora um dos casos tenha a agravante da tortura e conseqüente morte de um cidadão.

Mas o Ato Público Contra o Racismo marcará fundo nosso repúdio e convidamos a todos os setores democráticos que lutam contra o desrespeitos e as injustiças aos direitos humanos, a engrossarem fileiras com a Comunidade Afro-Brasileira nesse ato contra o racismo.

Fazemos um convite especial a todas as entidades negras do país, a ampliarem nosso movimento. As entidades negras devem desempenhar o seu papel histórico em defesa da Comunidade Afro-Brasileira; e, lembramos, quem silencia consente.

Não podemos mais aceitar as condições em que vivem o homem negro, sendo discriminado da vida social do país, vivendo no desemprego, subemprego e nas favelas. Não podemos mais consentir que o negro sofra as perseguições constantes da polícia, sem dar uma resposta.

TODOS AO ATO PÚBLICO CONTRA O RACISMO
CONTRA A DISCRIMINAÇÃO RACIAL
CONTRA A OPRESSÃO POLICIAL
PELO FORTALECIMENTO E UNIÃO DAS ENTIDADES AFRO-BRASILEIRAS[232]

O ato público realizado em 7 de julho de 1978 nas escadarias do Teatro Municipal de São Paulo, convocado através da carta citada acima, representou uma grande transformação em relação às formas de atuação utlizadas pelo movimento

---

[232] Assinavam o documento os seguintes grupos e associações: Câmara de Comércio Afro-Brasileiro, Centro de Cultura e Arte Negra, Associação Recreativa Brasil Jovem, Afro-Latino-América, Associação Casa de Arte e Cultura Afro-Brasileira, Associação Cristã Beneficente do Brasil, Jornegro, Jornal Abertura, Jornal Capoeira, Company Soul, Zimbábwe Soul. Nas reuniões seguintes, a primeira se retirou e a segunda começou a se atemorizar com a repressão. De qualquer modo, um grupo de membros do Cecan organizou-se como o Centro de Luta Decisão e levou adiante a ideia de realização do Ato Público. Ao chegar a ocasião do Ato Público, eram as seguintes as entidades e grupos: Afro-Latino-América, Decisão, Instituto Brasileiro de Estudos Africanistas, Brasil Jovem, Capoeira, Atletas Negros e ACBB. *Apud* (GONZALEZ, 1982: 43,44)

negro brasileiro até então. Um ato público de protesto contra o racismo em meio a uma ditadura militar, ou seja, o enfrentamento do regime vigente em praça pública – já que um dos pontos da carta é a denúncia dos crimes de tortura e assassinato de um jovem negro, crimes tão comuns durante aquele período de repressão política –, sem dúvida representava uma novidade para o movimento negro que se constituía no Brasil na década de 1970. É claro que o ato público de protesto, sem repressão por parte do regime, só foi possível em função do processo de Abertura política que havia sido iniciado em 1974, como lembrou Zélia Amador de Deus no trecho de sua entrevista citado acima. De qualquer forma, assim como as greves de maio e junho de 1978 no ABC paulista teriam contribuído para a avaliação dos militantes negros de que já seria possível partir para o enfrentamento político nas ruas, certamente o ato público bem sucedido de 7 de julho e sua repercussão nacional e internacional também contribuiu para a criação de outras organizações negras e para o desenvolvimento de diferentes ações de outros movimentos sociais que lutavam contra a ditadura militar. A busca de articulação com outros setores da sociedade civil em prol da luta contra o regime ditatorial, que torturava e matava, fica evidente na própria carta de convocação para o ato de 7 de julho, quando ela diz: "convidamos a todos os setores democráticos que lutam contra o desrespeitos e as injustiças aos direitos humanos, a engrossarem fileiras com a Comunidade Afro-Brasileira nesse ato contra o racismo".

O contexto político brasileiro, durante o processo de Abertura política era de muita "fermentação política", como o classificou Amauri Mendes Pereira. E como já foi visto no capítulo anterior, num trecho da entrevista do mesmo Amauri, por exemplo, muitas vezes os militantes negros entravam na sede da Associação Brasileira de Imprensa (ABI) e de outras instituições de esquerda, ao mesmo tempo para denunciar a existência de racismo e também para buscar a solidariedade de grupos e instituições que lutavam pela democracia naquele momento.

A articulação com os partidos políticos de esquerda estabelecia-se por intermédio de alguns dos militantes, cuja experiência podia ser importante para o movimento. Yedo Ferreira, por exemplo, fundador da Sinba, do IPCN e do MNU, como foi visto acima, havia sido membro do Partido Comunista Brasileiro (PCB) de 1955 até pouco depois do golpe de 1964, assim como Thereza Santos, fundadora do Cecan em São Paulo, também havia sido. A própria fundação do MNU, em 1978, também contou com uma interlocução com a organização de esquerda Convergência Socialista – mais precisamente, com a Liga Operária, da qual fazia parte um grupo chamado Núcleo Negro Socialista.²³³ Milton Barbosa, como se verá abaixo, uma das principais lideranças no ato público nas escadarias do Teatro Municipal de São Paulo, avaliou, contudo, que, apesar de as discussões com a Liga Operária terem sido importantes para o surgimento de uma nova fase do movimento, com o tempo, o grupo de negros foi sendo deixado de lado: "Na realidade, eles queriam a nossa discussão, o nosso conteúdo, mas não queriam nos inserir de fato no negócio. E nós sentimos isso e depois rompemos."

Mas como é formado esse Núcelo Negro dentro da Convergência Socialista? E logo na Convergência, que era justamente, segundo Michael Hanchard, "a célula mais ideologicamente radical e militante dos grupos esquerdistas que restaram em São Paulo depois da institucionalização da ditadura". (HANCHARD, 2001: 146) Hanchard afirma que havia na Convergência um grupo de trotskistas negros liderados pelo jornalista Jorge Pinheiro, como também informou Flávio Jorge Rodrigues da Silva, no trecho de seu depoimento citado no final do capítulo 2. De acordo com o que Hanchard descobriu durante suas pesquisas no Brasil na década de 1980, os militantes negros foram atraídos para a trotskista Convergência Socialista em função da colaboração estratégica de Trotsky com C.L.R. James, um intelectual e ativista negro nascido em Trinidad em 1901, que vinha da tradição marxista e cuja imaginação política criou diversos movimentos pan-africanistas, anticolonialistas e do Poder Negro na África, no Caribe e nos Estados Unidos, até vir a falecer em 1989. Como lembrou Hanchard em seu livro,

> Trotsky manteve discussões com James a respeito da ligação entre a luta pela igualdade racial nos Estados Unidos e as preocupações do Partido Comunista, voltadas para os trabalhadores, durante a época em que esteve exilado no México, na década de 1930. Essas discussões foram publicadas e disseminadas de outras maneiras, e acabaram chegando às mãos dos esquerdistas brasileiros exilados na França, na Grã-Bretanha e noutros países da Europa Ocidental no início dos anos 1970. A conjugação que faziam entre raça e classe foi avidamente acolhida por militantes negros, que tinham sido historicamente alienados pelo positivismo materialista da esquerda brasileira branca. Flávio Carrança, Hamilton Cardoso, o falecido Vanderlei José Maria, Milton Barbosa, Rafael Pinto e outros, ligaram-se à célula da

---

²³³ A Liga Operária, fundada em 1974 por um grupo de militantes trotskistas, deu origem à Convergência Socialista, fundada em janeiro de 1978. Ver COUTO, 2001.

Convergência em São Paulo. Mais tarde, emergiram dela como figuras axiais na criação do Movimento Unificado Contra a Discriminação Racial, que depois se transformou no Movimento Negro Unificado. (idem, ibidem)

Além de marcar essa nova dimensão da luta contra o racismo no Brasil, mais marcadamente política, de denúncia e enfrentamento, a criação do MNU também acabou significando contribuição fundamental no que diz respeito à própria formulação teórica, à visão da luta realizada a partir de então pelos ativistas negros brasileiros, que, segundo as principais lideranças do MNU, deveria associar os temas *raça* e *classe*. Essa conjugação entre raça e classe, ao mesmo tempo em que trazia a especificidade do movimento negro à baila também situava o movimento numa perspectiva mais de esquerda. O depoimento de Sueli Carneiro, liderança negra em São Paulo desde o final da década de 1970, é bastante elucidativo nesse sentido:

> Em 1978 nasceu o MNU, (...)que traz uma nova perspectiva para se pensar a questão racial do ponto de vista do ativismo, articulando os temas raça e classe. O MNU traz um nível de politização maior para o debate racial e situa o movimento negro em uma perspectiva mais de esquerda, que eu acho que foi a influência fundamental de toda a militância da minha geração.

Acho que o fato político mais importante do movimento negro contemporâneo foi aquele 7 de julho de 1978, porque tudo o que ocorre depois se referencia a esse ato inaugural de re-fundação, digamos, do movimento negro contemporâneo. Muitas das organizações que existem hoje são releituras das teses que existiam, porque a visão estratégica que foi colocada naquele momento orienta até hoje. Não foi criada uma outra grande tese tão abrangente como a que o MNU traz e provavelmente é possível dizer que ela teve e tem uma influência política maior do que a do próprio MNU enquanto instituição. No tempo, as teses acabaram sobrevivendo mais do que a própria instituição tal como foi concebida originalmente.

Durante a realização desta pesquisa, tive oportunidade de fazer entrevistas de história oral com alguns dos protagonistas desse ato público contra o racismo realizado em 7 de julho de 1978. E nas próximas linhas será possível observar uma das grandes possibilidades que a metodologia da história oral nos proporciona: conhecer como se dão as articulações; quem participa do ato; como e por que decisões importantes foram tomadas. Por exemplo, por que foi escolhido o 7 de julho e que pessoas estavam envolvidas. Milton Barbosa, mais conhecido como Miltão, uma das principais lideranças naquele processo, eleito inclusive "presidente" do ato pela comissão organizadora, explicou em sua entrevista como se deu a articulação e a própria manifestação:

> Em 1978 nós fizemos uma reunião em São Paulo, no Centro de Cultura e Arte Negra, no dia 18 de junho, e criamos um movimento. Participaram várias entidades: o Cecan, de que a gente fazia parte; tinha um grupo Brasil Jovem, que era um pessoal da Casa Verde; tinha lá um centro de estudos afro-brasileiros, que eram os irmãos Wilson e Celso Prudente e o Clóvis Moura;[234] veio o filho do Adalberto Camargo, que era deputado federal, representando a Câmara de Comércio Afro-Brasileira;[235] o Núcleo Socialista Afro-Latino-América – era o Núcleo Negro Socialista, mas, no surgimento do MNU, nós não estávamos mais na Liga Operária, nem na Convergência Socialista.[236]
>
> As pessoas já foram para a reunião para criar o movimento. Aconteceu que um rapaz, primo do Rafael Pinto, o Robson Silveira da Luz, trabalhador, pai de família, foi preso em uma feira, acusado de estar roubando frutas. Ele foi preso no 44º Distrito Policial de Guaianazes e foi torturado, vindo a falecer em conseqüência das torturas. Isso revoltou a população negra e saiu no jornal *Folha de S. Paulo*. Logo

---

[234] Trata-se do Instituto Brasileiro de Estudos Africanistas (Ibea), fundado em 1975 pelo jornalista e historiador Clóvis Moura. Wilson Roberto Prudente foi militante em entidades do movimento negro de São Paulo e do Rio de Janeiro, onde atuou no projeto SOS Racismo do Instituto de Pesquisa das Culturas Negras (IPCN), em 1987. Mestre em sociologia e direito pela Universidade Federal Fluminense (UFF), com a dissertação *Igualdade jurídica e pensamento racial*, defendida em 2002, atualmente é procurador do Ministério Público do Trabalho, órgão do Ministério Público da União, e trabalha na Procuradoria Regional do Trabalho da 1ª Região, no Rio de Janeiro. Celso Luiz Prudente, seu irmão, é antropólogo, doutor em educação pela Universidade de São Paulo (USP) e pesquisador do Núcleo de Estudos e Pesquisas Interdisciplinares sobre o Negro Brasileiro (Neinb) da mesma universidade. É autor, entre outros, de *Mãos negras: antropologia da arte negra* (São Paulo, Editora Panorama, 2003).

[235] Adalberto Camargo (1923), político e empresário, foi diretor de várias empresas em São Paulo, entre elas a Táxi Amarelinho S.A. Em 1968 fundou a Câmara de Comércio Afro-Brasileira, com a finalidade de estimular o comércio entre o Brasil e os países do continente africano. Foi o primeiro negro a se eleger deputado federal por São Paulo, em 1966, assumindo a cadeira em janeiro do ano seguinte. Reeleito três vezes, permaneceu ao todo quatro legislaturas na Câmara, de 1967 a 1983. Ver Ivo de Santana, "Relações econômicas Brasil-África: a Câmara de Comércio Afro-Brasileira e a intermediação de negócios no mercado africano." (*Estudos Afro-Asiáticos*, v. 25, n. 3, Rio de Janeiro, 2003).

[236] "Afro-Latino-América" era o nome da coluna de responsabilidade de Hamilton Cardoso publicada no jornal *Versus*, na época vinculado à Convergência Socialista. Hamilton Cardoso também pertencia ao Núcleo Negro Socialista.

em seguida teve a discriminação de quatro garotos negros, que foram impedidos de treinar no time infantil de voleibol do Clube de Regatas Tietê.[237] Também nos deixou enraivecidos. Havia o João Bolquiam, um dos técnicos lá, que denunciou. Nós fizemos reuniões e resolvemos fazer uma grande manifestação. E a gente discutia que não havia um movimento para aglutinar as várias entidades. Tinha um menino, o Sebastian, um jovem atleta negro, o Hamilton Cardoso, um jornalista, então a gente fez uma mobilização, convidamos várias entidades e fizemos essa reunião no dia 18 de junho. Nela discutimos a criação de um movimento unificado contra a discriminação racial e o lançamento público no dia 7 de julho.

Foi escolhido o 7 de julho porque era mais ou menos o tempo que daria para a gente preparar a manifestação. Tínhamos umas três semanas, tempo suficiente para rodar material, fazer contato com a imprensa, com a Igreja, setores de direitos humanos, contatos internacionais. Tinha uma menina que participou com a gente, uma judia, a Mirna Grzich, tinha o Barrinhos, que era o namorado dela, e eles nos ajudaram a fazer contatos internacionais e com a imprensa. Nesse período, nós fazíamos reuniões quase que diárias para organizar essa atividade, elaboramos a carta para distribuir – basicamente fomos eu e Hamilton que escrevemos aquela carta, em discussão com o grupo todo. Naquela discussão tinha Neuza Maria Pereira, Hamilton Cardoso, Osvaldo Rafael Pinto Filho, Antônio Leite, Eduardo de Oliveira, o Júnior, filho do Adalberto Camargo, Vanderlei José Maria, o José Adão, conhecido como Adãozinho, que era trabalhador do Correio. Então tinha uma quantidade grande de pessoas.

Sem perder de vista o fato de que estavam num período de ditadura militar, Miltão relata também como foi decidida e executada a estratégia de solicitar permissão ao secretário de Segurança de São Paulo, que à época era Ênio Viegas Monteiro de Lima, e não Erasmo Dias, como ele supôs. O trecho seguinte mostra também certa articulação feita com a grande imprensa, mais especificamente com

---

[237] A discriminação de quatro negros pelo Clube de Regatas Tietê foi comentada pelo nº 23 do jornal *Versus*, edição de julho/agosto de 1978, p. 33: "Os quatro meninos atletas negros chegaram à porta do Clube de Regatas Tietê. Há muito esperavam para serem considerados militantes do clube, um dos melhores de São Paulo. Por que o negro não pode querer o melhor? Só porque nasceu na miséria? Muitos garotos praticam esportes no Clube Tietê. Garotos brancos. Ao chegar, o porteiro explicou que não poderiam entrar. Um deles burlou o porteiro e chamou um dos técnicos, que os mandou entrar. O diretor do clube chamou o técnico para lhe explicar que os garotos não poderiam ser aprovados porque eram negros. Os técnicos, os atletas protestaram. (...) Um dos diretores do Clube explicou: 'Se deixo um negro entrar na piscina, cem brancos saem imediatamente'..."

a *Folha de São Paulo*, que deu destaque à criação do MUCDR, como a principal manchete da capa da edição daquele sábado, dia 8 de julho de 1978:

> E inclusive tivemos que usar de esperteza: havia setores um pouco mais conservadores meio que querendo pular fora, porque exigiram que a gente fosse entregar uma carta para o secretário de Segurança do estado. A gente percebeu, nesse dia, que a gente tinha que manter aquele setor e tinha que entregar a carta lá para o secretário de Segurança. E elaboramos uma carta meio besta, dizendo que a gente ia fazer uma manifestação para evitar que forças alienígenas... Um tema esquisito. E foi entregue para o secretário de Segurança, que, naquele momento, eu acho que era o Erasmo Dias.[238] Eu dei uma sorte que, no dia, a gente tinha uma reunião com o Boris Casoy na *Folha de S. Paulo* e eu fui convocado para ir a essa reunião – nós estávamos discutindo o apoio, para sair na *Folha de S. Paulo*. Então não tive que ir lá pagar o mico de entregar uma cartinha para o secretário de Segurança. Foi uma comitiva, acho que o Eduardo de Oliveira, o Antônio Leite, e foi bom isso porque, nesse contato, em função daquela cartinha, liberaram a praça. Não montaram esquema de repressão. E nós distribuímos carta à população convocando.

---

[238] Com a desincompatibilização de Erasmo Dias do cargo de secretário de Segurança Pública do estado de São Paulo para concorrer a uma cadeira de deputado federal por São Paulo nas eleições de 1978, a Secretaria foi ocupada por Ênio Viegas Monteiro de Lima, entre março e novembro de 1978. Ver *Síntese da ação governamental. Governo Paulo Egydio Martins – 1975/1979* (s.l., s.d.).

A constituição do movimento negro contemporâneo no Brasil

É interessante o relato de Miltão sobre a realização do ato em si, sobre o momento de enfrentamento direto ocorrido naquele dia 7 de julho, que também resgata elementos da discussão feita no capítulo anterior. A *Folha de São Paulo* de 8 de julho de 1978, na página 9, iniciou a matéria em que repercutiu a criação do MUCDR da seguinte forma: "O braço direito esticado e a mão fechada, gesto característico do movimento americano 'Black Power', foi usado ontem, nas escadarias do Teatro Municipal, como o princípio de uma luta negra contra o racismo no Brasil." Percebe-se que ao mesmo tempo em que o ato era realizado em protesto contra o racismo existente no Brasil, as influências externas serviam como referenciais, ou até mesmo como "inspiração" para a sua própria realização prática, como lembrou Miltão:

> No dia, nos encontramos na galeria Nova Barão e saímos meio que abraçados uns nos outros, morrendo de medo. Eu mesmo tinha ido no banheiro toda hora no meu trampo – nessa época eu ainda trabalhava no Metrô. Assim, susto mesmo. Teve gente que falou que foi no banheiro toda hora mesmo, um troço doido. Estávamos assustados e aí nós caminhamos: "Vamos nessa!" Nos inspiramos em todo mundo, Martin Luther King, todo mundo e "vamos que vamos". E caminhamos para as escadarias do Teatro Municipal. Ocupamos espaço, colocamos faixa lá. Tivemos presença também do Abdias do Nascimento, Lélia Gonzalez, vieram o Amauri e o Yedo do Rio, estavam aí pessoas de cidades do interior, recebemos cartas da Bahia. Recebemos um documento dos presos da Casa de Detenção, porque nós fazíamos um trabalho dentro da Casa de Detenção: colocávamos livros, alguns advogados para ajudarem os presos lá dentro, cópias de processos, e eles faziam discussão sobre o negro lá. E eles mandaram um documento: faziam parte do movimento que estava surgindo. Foi um ato muito bonito.

A gente percebeu, imediatamente quando ocupamos a praça, que a polícia se arrependeu de ter deixado, pelas coisas que eles falavam, ficavam xingando e ameaçando. Mas aí já era tarde. Foi um negócio barra-pesada, não foi mole não. Época de ditadura militar. Agora, nós nos articulamos muito bem com a Igreja, com a imprensa toda. A mesma grande imprensa que estava contra a ditadura militar, que queria derrotar o regime, abriu espaço para nós. Então nós trabalhamos com todas essas contradições. A articulação internacional foi muito bem feita. Amigos nossos que vieram da Guiné-Bissau, da Argentina, dos Estados Unidos vibraram quando viram as nossas fotos, a manifestação. Foi uma coisa que correu o mundo. Foi muito bem-feita e muito bonita. E foi uma grande vitória. E tinha uma piada, diziam: "Havia 20 mil pessoas em volta para ver duas mil pessoas apanharem."

Tudo foi feito com muita discussão, com muito rigor, a gente analisou cada passo. Por exemplo: o Vanderlei José Maria propôs que eu fosse o presidente do ato. Ato público não tem presidente. Mas como era um negócio muito barra-pesada, tinha que ter um controle das ações. Então fui eleito para ser o presidente. Deveria haver apenas um comando. E de fato funcionou, porque a polícia provocou muito, mas ninguém aceitou as provocações. E foi um ato vitorioso que estourou no Brasil inteiro e no mundo inteiro. Quando nós ocupamos a praça, não tinha mais como eles reprimirem porque o Brasil vendia a imagem de país não-racista. Estava comprando petróleo na Nigéria, em Angola, e foi o primeiro país a reconhecer a libertação dos países africanos, em especial Angola.[239] Então eles ficaram de mãos amarradas. Quando nós pisamos lá no Teatro Municipal, tínhamos conquistado uma vitória importante.

E foi interessante também, porque foi a primeira manifestação, o primeiro ato público no centro de uma grande cidade no Brasil que foi feito e não foi reprimido, naquele período. Havia greves em São Bernardo, houve manifestação lá no Largo dos Pinheiros, dos estudantes, mas nós fizemos a primeira no Centro da cidade de São Paulo. Em 1978. Em 1976 eles reprimiram, jogaram bombas em tudo quanto é canto. Aquela nossa, não, foi feita e foi vitoriosa. Eles tiveram que engolir. Se reprimissem ia ficar claro que eram racistas mesmo, porque o mundo inteiro estava antenado: saiu na *Folha*, no *Estadão*, saiu em tudo quanto é lugar, nas rádios, televisão...

---

[239] O Brasil foi o primeiro país a reconhecer a independência de Angola, em 11 de novembro de 1975.

Capa do jornal Versus nº 23, de julho/agosto de 1978, repercutindo o ato público de lançamento do MNU, realizado em 7 de julho daquele ano. Milton Barbosa, o Miltão, "presidente" do ato, é a figura central na capa do jornal, de óculos e com o megafone nas mãos.

Outros entrevistados também fizeram relatos sobre o evento, sobre as articulações que levaram ao ato e as negociações posteriores, que resultaram na formação do MNU.[240] Mas a narrativa de Milton Barbosa já permite observar a articulação estreita entre história oral e história política, como já tem sido observado por muitos pesquisadores.[241] Uma história política entendida não como história dos "grandes homens" e dos "grandes feitos", e sim como estudo das diferentes formas de articulação de atores e grupos, trazendo à luz a importância das ações dos indivíduos e de suas estratégias. (ALBERTI & PEREIRA, 2008:82)

Após a realização do ato público e a constatação da repercussão alcançada pelo então Movimento Unificado Contra a Discriminação Racial, foi realizada uma reunião com as lideranças daquele processo, também em São Paulo, no

---

[240] Ver ALBERTI & PEREIRA, 2007-a, capítulo 4.
[241] Entre outros, CAMARGO, 1994, e FERREIRA, 1994.

dia 23 de julho. Nesta reunião a palavra "negro" foi inserida, dando nova feição ao agora chamado Movimento Negro Unificado Contra a Discriminação Racial (MNUCDR). Essa mudança foi importante, na medida em que alterou a visão inicial do movimento, que teve a participação de judeus e estava aberto para uma possível colaboração de movimentos indígenas, embora não houvesse nenhum indígena participando naquele momento. Com a inserção da palavra "negro", ao invés da construção de uma frente ampla reunindo todos os "discriminados" – como queriam algumas das lideranças no processo –, optou-se por se criar ali uma organização que reunisse somente as entidades e grupos de negros que já estavam surgindo pelo Brasil naquele momento. Outra decisão tomada no dia 23 de julho foi a criação de uma comissão interestadual que ficaria responsável pela elaboração das propostas de uma "carta de princípios" e do estatuto da organização. Essa comissão interestadual, na verdade, era composta por três paulistas (Hamilton Cardoso, Eduardo de Oliveira e Maria Inês Barbosa) e três cariocas (Amauri Mendes Pereira, Lélia Gonzalez e Vera Mara Teixeira).[242] As disputas internas na própria comissão interestadual ficaram evidentes ainda na primeira Assembleia Nacional do MNUCDR, realizada no dia 9 de setembro de 1978 no IPCN, no Rio de Janeiro, e que segundo Milton Barbosa,

> durou 36 horas. Foi puxada, chegou uma hora em que nós falamos: "Espera aí! Está todo mundo dormindo." Aí tivemos que dar um tempo e acordar as pessoas. Aí já devia ter pouca gente, umas 30, 40 pessoas. Foi puxada. Começou com umas 200, 300 pessoas. Na realidade, o que causava os debates e o prolongamento da assembléia eram a questão do programa de ação, quais eram as bandeiras; a questão do estatuto, como é que ia ser organizada a entidade, e a carta de princípios. Havia muitas divergências de concepções. O próprio Yedo Ferreira, o pessoal da Sinba, saiu do MNU nessa assembléia.

---

[242] Vera Mara Bragança Teixeira foi militante da Sinba em meados dos anos 1970. Formada em canto pelo Conservatório Brasileiro de Música, após iniciar sua carreira como cantora no Brasil e se apresentar em diversos países, como Suíça, Áustria e Turquia, passou a fazer apresentações com o irmão e pianista Cidinho Teixeira, com quem foi para os Estados Unidos em 1984. Desde então apresentou-se em importantes espaços de *jazz*, como o bar Blue Note, o S.O.B's, o Tavern on the Green e o Lincoln Center Summer Concerts, e tornou-se uma cantora respeitada no cenário da música brasileira em Nova York, onde vive atualmente. Ver www.cantaloupeproductions.com/veramara/index.html, acesso em 2/8/2007.

O trecho citado acima é interessante porque apresenta disputas políticas e de concepções teóricas travadas durante o processo de criação do MNU. Disputas essas encontradas também na criação de diversas outras organizações, não só do movimento negro. É no dia 9 de setembro, no IPCN, que o grupo da Sinba e outros militantes deixam de fazer parte do MNUCDR, configurando o primeiro "racha" no então pretenso "movimento unificado", como relatou Yedo Ferreira em sua entrevista, na qual também destacou a disputa que envolvia a própria elaboração do estatuto da organização:

> O estatuto foi que teve um problema sério. A comissão aceitou apresentar o estatuto na assembléia, no dia 9 de setembro. Só que o pessoal de São Paulo, com receio, novamente, de que eu e Amauri quiséssemos ser hegemônicos, já que nós estávamos propondo tudo, resolveram fazer lá um outro estatuto. Quando chegou no dia da assembléia, eles vieram com o estatuto debaixo do braço. Falei: "Espera aí, existia uma comissão que nós aprovamos para discutir o estatuto." "Não, mas nós aprovamos um outro." "Tudo bem. Vamos discutir." O estatuto que nós tínhamos apresentado foi posto em discussão e eles acabaram "passando o rodo"; eu e Amauri fomos praticamente massacrados. Eles propuseram, então, que o estatuto a ser discutido era o que eles tinham aprovado lá em São Paulo. A Lélia concordou, a Vera Mara concordou, o Hamilton também e o Eduardo de Oliveira. Só quem ficou do lado do Amauri foi a Maria Inês, porque ela era muito mais ligada ao Cecan, que tinha um bom relacionamento conosco. Mas o resto ficou contra o Amauri. O Amauri ficou praticamente sozinho para apresentar o estatuto e, com isso, ficou o outro estatuto ao invés do que estávamos apresentando.
>
> Tinha uma diferença fundamental entre os dois estatutos. Por quê? O nosso estatuto dizia: o MNU tem que ser mobilizador. No estatuto deles, dizia que o MNU tinha que ser reivindicativo. E essa discussão, embora pareça uma coisa simples, é uma questão teórica, de princípios. Se ele é reivindicativo, não propõe coisa alguma, fica apenas no âmbito de fazer reivindicações. E nós dizíamos que ele teria que ser mobilizador, na medida em que vimos que ele teria que trabalhar com a massa da população negra. Não simplesmente reivindicar os direitos de uma elite negra – que era o que a gente colocava, na época –, e sim mobilizar a massa da população negra para reivindicar, porque ela está no subemprego, está favelizada... Mas eles não tiveram essa compreensão, não quiseram, não concordaram, passaram

por cima. E essa discussão foi que realmente deu o racha. Porque nós tínhamos até como princípio: "O problema do negro brasileiro é o problema da maioria dos negros do Brasil." Até o Carlos Hasenbalg falava: "Poxa, vocês escrevem uma tautologia."[243] "Não, nós queremos uma coisa que nós vamos seguir. O problema não é individual, nosso; é um problema da massa da população."

Mas, fomos derrotados. E fomos observar que as nossas propostas, todas elas, eram derrotadas; mesmo aquelas que nós achávamos que estavam mais próximas às deles. Isso nos levou a observar: "Olha, não vai dar pé. O ambiente mudou, começou a divergência." No próprio dia, alguns se afastaram. E o grupo que ficou defendendo alguns princípios entre os que nós tínhamos apresentado foi eu, Amauri, o Ivair, o Henrique Cunha Jr., os irmãos Wilson e Celso Prudente... Nós ficamos defendendo sozinhos, mas eles eram maioria, então ganharam.

Com o estatuto e a carta de princípios, podemos dizer que ficou consolidada a fundação no MNU, que veio do dia 18 de junho, passou pelo 7 de julho, 23 de julho e 9 de setembro. E esse ciclo vai se fechar no dia 4 de novembro, em que ele faz a primeira assembléia na Bahia. Onde? No Instituto Cultural Brasil-Alemanha da Bahia.

É curioso o fato de a segunda Assembleia Nacional do MNUCDR ter ocorrido nas instalações do Instituto Cultural Brasil-Alemanha (ICBA), em Salvador. Mas este fato não foi por acaso. Pois, como contou Gilberto Leal, o mesmo ICBA foi também um importante ponto de encontro para a formação do movimento negro em Salvador, na Bahia na década de 1970:

> O primeiro grupo do movimento negro baiano nesse período da década de 1970 foi o Núcleo Cultural Afro-Brasileiro, fundado em 1972, 73. Esse grupo se consolidou como um grupo de estudo, de debates sobre a questão social negra. Éramos pessoas preocupadas com a questão racial e nos sentíamos na obrigação e com a

---

[243] Carlos Alfredo Hasenbalg, nascido na Argentina, é licenciado em sociologia pela Universidade de Buenos Aires (1965) e doutor em sociologia pela Universidade da Califórnia, em Berkeley (1978). É professor titular do Instituto Universitário de Pesquisas do Rio de Janeiro (Iuperj) da Universidade Candido Mendes. Dentre suas obras destacam-se: *Discriminação e desigualdades raciais no Brasil* (Rio de Janeiro, Graal, 1979) e *Estrutura social, mobilidade e raça* (com Nelson do Valle Silva, São Paulo, Vértice, 1988).

necessidade de nos preparar para o debate e para o enfrentamento dessa questão na sociedade. Entendíamos que precisávamos ter um olhar mais internacionalizado sobre a realidade do negro para nos capacitar, acumular conhecimentos para fazermos a luta local. Então, a ideia era ter uma visão global para agir localmente. Nós não tínhamos sede, então nos reuníamos em diversos lugares, até na sede do Instituto Cultural Brasil Alemanha, Icba. O Icba ficava no Centro da cidade, na avenida Sete de Setembro. Quem convivia lá dentro e era negro era o Luiz Orlando, que acabou de falecer muito recentemente.[244] Ele foi um dos elos disso. O Luiz Orlando participava, dentro do Icba, de um grupo que trabalhava com a questão do cinema. Mas tinha outros negros que freqüentavam a biblioteca como estudiosos, por exemplo, da bibliografia ligada mais à sociologia.

Segundo Yedo Ferreira, as reuniões do IPCN em 1975 e 76, coincidentemente, eram realizadas nas instalações do Instituto Cultural Brasil-Alemanha do Rio de Janeiro, até que a sede na avenida Men de Sá, fosse adquirida através do financiamento concedido pela Inter-American Foundation em 1977, como foi visto no capítulo anterior:

As reuniões do IPCN eram em lugares que as pessoas emprestavam, como o Icba, o Instituto Cultural Brasil-Alemanha. Porque o Itamar, um dos que participavam do IPCN, trabalhava lá. Então, conversaram com o diretor e ele concordou com as reuniões aos sábados no auditório do Icba, no início da rua Erasmo Braga, no Centro do Rio de Janeiro. Eles se reuniam ali, mas tinham dificuldades, porque a reunião só podia acontecer quando o Itamar estivesse presente, porque ele era o responsável e ficava com a chave. E o IPCN, diferentemente da Sinba, conseguiu juntar um maior número de pessoas, e o número cada vez aumentava mais. Então, eles viam que não podiam interromper aquelas reuniões, mas tinham esse drama de não ter local para se reunir.

Em 4 de novembro de 1978, mais uma vez o ICBA abriria suas portas para a realização de uma reunião do movimento negro, mas esta acabou sendo uma oca-

---

[244] Luiz Orlando (1945-2006), cineclubista, foi um dos grandes incentivadores do cinema negro brasileiro. Dono de um dos maiores acervos de filmes negros do Brasil e militante do movimento negro, foi responsável pela exibição, em comunidades negras e cidades do interior do país, de documentários que retratavam histórias da população negra. Prestou também assessoria e esteve em diversos festivais de cinema ao redor do mundo. Ver www.palmares.gov.br/003/00301009.jsp?ttCD_CHAVE=430, acesso em 1/8/2007.

sião especial. Edson Cardoso, ativista negro nascido na Bahia mas com atuação maior em Brasília desde o início da década de 1980, destacou em sua entrevista a atuação do diretor do ICBA em Salvador:

> O Roland Shaffner, que era diretor do Instituto Cultural Brasil-Alemanha, Icba – também chamado de Instituto Goethe –, era um alemão bastante diferente, um homem tão especial que, inclusive, casou com uma mulher negra na Bahia.[245] Ele achava o seguinte: se a Bahia era de maioria negra, o Instituto Goethe tinha que estar aberto para a maioria. Olha que raciocínio diferente. O Instituto Goethe foi importante para a história do movimento negro no Brasil. Por quê? Quando o MNUCDR foi fazer a sua assembléia no final de 1978 na Bahia, e que a Polícia Federal não deixava fazer em lugar nenhum em Salvador, o Shaffner disse: "Que faça no Goethe, que eu quero ver a Polícia Federal impedir." Então a reunião se fez no Goethe, com gente do lado de fora, inclusive, e com a polícia o tempo todo perturbando a assembléia do MNU.[246]

Gilberto Leal, além de citar o ICBA como uma "referência" para os militantes, lembrou que a própria criação do "Dia Nacional da Consciência Negra", a ser celebrado no dia 20 de Novembro – seguindo a proposição do Grupo Palmares de Porto Alegre, como foi visto no capítulo 2 –, foi realizada dentro do ICBA de

---

[245] O Instituto Goethe de Salvador foi inaugurado em 1962 e em 1970 passou a ser dirigido por Roland Schaffner. Ver Dilson Rodrigues Midlej. "Adam Firnekaes e Juarez Paraiso: duas faces da abstração na Bahia." *Revista Ohun*. Revista eletrônica do Programa de Pós-Graduação em Artes Visuais da Escola de Belas Artes da UFBA. Ano 2, nº 2, outubro 2005 (http://www.revistaohun.ufba.br/html/firnekaes_paraiso.html), acesso em 18/8/2007.

[246] Edson Cardoso nasceu na cidade de Salvador em 10 de outubro de 1949. Em 1973 entrou na Universidade Federal da Bahia, no curso de letras, que abandonou no quarto ano para ir morar em Porto Alegre. Em 1980, já vivendo em Brasília, fez novo vestibular para a Universidade de Brasília, onde terminou a graduação em letras e fez o curso de mestrado em comunicação. Professor de literatura da rede particular de ensino, entre 1981 e 1995 foi militante do MNU em Brasília, e em 1984 foi fundador da Comissão do Negro do Partido dos Trabalhadores na capital federal. Foi chefe de gabinete do deputado Florestan Fernandes (PT-SP), entre 1992 e 1995, e responsável pela criação, em 1997, da assessoria de relações raciais da Câmara dos Deputados, quando o deputado Paulo Paim (PT-RS) foi eleito terceiro secretário da mesa da Câmara, cargo que exerceu entre 1997 e 1999; foi também chefe de gabinete do deputado Ben-Hur Ferreira (PT-MS, 1999-2000 e 2002-2003) e assessor de relações raciais no Senado quando o então senador Paulo Paim era primeiro vice-presidente da Casa, entre 2003 e 2005. Na época da entrevista era coordenador editorial do jornal *Ìrohìn*, do qual foi fundador em 1995. A entrevista foi gravada em 28 de abril de 2006, na sala de entrevistas do CPDOC/FGV, no Rio de Janeiro.

Salvador, durante a segunda Assembleia Nacional do MNUCDR, ocorrida em 4 de novembro de 1978:

> A segunda assembléia foi em Salvador, no Instituto Cultural Brasil-Alemanha. O Icba foi tão referência para quem militou politicamente nesse período que – pouca gente no Brasil sabe disso – a aprovação do dia 20 de Novembro como Dia da Consciência Negra se deu na Bahia, dentro do Icba, numa assembléia geral do MNUCDR em plena ditadura militar, no final de 1978. Sabe por que isso? Porque a polícia repressora, baseada no AI-5, não permitiu que fizéssemos a assembléia, e o diretor do Icba, que já convivia com essa *nuance* de debate negro lá dentro, porque a gente freqüentava – o Luiz Orlando, o Manoel Almeida, o Roberto Santos... –, ele cedeu o espaço e topou a briga, porque o Icba, por ser um território alemão, não poderia ser invadido pela polícia. Então, a criação do Dia Nacional da Consciência Negra foi na Bahia, dentro do Icba, contraditoriamente num território alemão. Mais branco do que isso não poderia ser. Esse é um pedaço da história do porquê o Icba passou a ser referência para nós.

Segundo Zélia Amador, ativista negra no Pará, "a criação MNUCDR acabou respingando pelo país inteiro essa necessidade de se organizar e lutar contra a discriminação. Em seguida, eu já entrei de cabeça e criamos o Cedenpa. Isso já é 1979, 80." Portanto, segundo a entrevistada, foi a partir do conhecimento em relação ao MNU que ela e outros negros paraenses iniciaram o processo de construção da maior organização do movimento negro na região Norte do Brasil, o Cedenpa. Pedro Cavalcante, ativista negro em Pernambuco desde o final da década de 1970, concorda com a afirmação de Zélia e também comentou em sua entrevista sobre a criação do MNU em Pernambuco:

> O MNU foi fundado em Pernambuco em 1979. Uma coisa interessante de observar é que o MNU, na hora em que dispara o processo, já dispara para o país inteiro. Aí ficou aquele negócio meio PCB clandestino. Você sabia que tinha um núcleo em tal canto e dizia: "Vamos lá conversar." A preocupação, pelo menos na minha cabeça, era ver como a gente identificava os indivíduos que concordavam com aquela estrutura e aquela forma de conversar. Inicialmente, era papo mesmo, tipo sarau, para depois você discutir: "Como é que faz uma ação?" "Como é que

a gente chama uma pessoa para vir conversar?" Através desses mecanismos é que você vai chegando às outras figuras.[247]

Já Marcos Cardoso, militante do MNU em Belo Horizonte desde o final da década de 1970, contou em seu depoimento que tomava contato com o debate sobre a questão racial no Brasil através da coluna "Afro-Latino-América", que era publicada no jornal *Versus*. E foi justamente nesta coluna que ele leu sobre a criação do MNUCDR em São Paulo. Marcos Cardoso também contou como passou a fazer parte do movimento:

> E como é que eu entro no movimento? Numa dessas manifestações do 1º de Maio, Dia do Trabalhador, na praça do Trabalhador, na cidade industrial, em Belo Horizonte, me aparece um cidadão, Hamilton Cardoso, que veio criar o Movimento Unificado aqui em Belo Horizonte, com um casal de advogados que são meus amigos. Conhecia Hamilton porque ele assinava algumas matérias do jornal. Eu estou lá tomando cachaça, conversando e tal, me aparece um cara *black*, e nós começamos a conversar. Era 1º de maio de 1979. O Hamilton e esse pessoal deixaram comigo o livro do Abdias, *O genocídio do negro brasileiro*.[248] Eu li o livro acho que naquele dia mesmo, e pensei assim: "Era uma luz que estava me faltando para poder organizar as ideias." Porque o que Abdias dizia naquele momento d'*O genocídio do negro brasileiro* era quase o que eu pensava sobre o que acontecia com o negro no Brasil. A partir daquele momento eu ingressei, comecei a militar organizadamente no Movimento Negro Unificado. (...) Então, naquele processo de encontrar Hamilton Cardoso, que eu considero o meu guru, Lucimar Brasil e Maria Lúcia, mais uma meia dúzia que estava começando a organização do movimento em Belo Horizonte, começamos a fazer reuniões, e deu no que deu.[249]

---

[247] Pedro Cavalcante nasceu em Viçosa (AL) em 27 de abril de 1948. Ainda pequeno, mudou-se para a cidade de Palmeira dos Índios, também em Alagoas, onde foi criado. Aos 21 anos foi para Recife, para fazer o curso de arquitetura na Universidade Federal de Pernambuco, e lá fixou residência e participou da construção do MNU no estado de Pernambuco, desde o final da década de 1970. A entrevista foi gravada em 1 de julho de 2005, no Colégio Galois, em Brasília, durante a I CNPIR.
[248] Abdias do Nascimento. *O genocídio do negro brasileiro* (Rio de Janeiro, Paz e Terra, 1978).
[249] O casal de advogados Lucimar Brasil da Silva e Maria Lúcia de Oliveira Brasil, dois dos fundadores do Movimento Negro Unificado em Belo Horizonte, foi homenageado pela Assembleia Legislativa de Minas Gerais no dia 19 de novembro de 2004, em função das comemorações pelo

A repercussão que teve a criação do MNU não foi menor na região Sul do país. Helena Machado, que havia participado do Grupo Palmares em Porto Alegre desde o início da década de 1970, passou a fazer parte do MNU ainda em 1979, e fez um interessante relato, em sua entrevista, sobre as razões que a levaram ao engajamento no Movimento Negro Unificado em Porto Alegre:

> No final da década de 1970, o mundo começa a apresentar as suas modificações: os grandes movimentos sociais, as greves etc. E o MNU aparece nesse bojo. Para mim, ele veio responder a minhas questões. A época em que passei no Grupo Palmares, aqui em Porto Alegre, foi de constatação e conhecimento, basicamente. Aí, quando surgiu o MNU, quando li a carta de princípios do MNU, eu disse: "Mas é isso que tem que ser feito no Brasil!" E comecei a ir aos congressos. Eu já estava no grupo da revista *Tição*. As coisas meio que se imbricaram: eu estava saindo do Palmares e estava entrando no MNU com mala, bagagem, sacola, cabeça, tudo.

Antes de entrar no MNU participei de eventos comemorativos, eventos de divulgação e elucidação, para marcar o 20 de Novembro. Até cartazes eu desenhei. Mas eu, o Oliveira, não sei quem, nós não éramos representativos do negro em Porto Alegre. E onde estão as massas negras de Porto Alegre? Eles não querem nem saber se o Zumbi foi decapitado ou o que aconteceu. Eles querem saber de outras coisas. A gente pode até chegar e conversar sobre isso, mas tem que ter todo um cursinho pré-vestibular antes, nosso com eles. Eu levava as minhas inquietações para o grupo, mas não dava em nada, porque umas pessoas diziam: "Mas eu não quero saber de política. Isso aí é política." Porque aí também a gente já emendava todo um discurso contra a ditadura: "Tu tens que ter uma visão conjuntural para te posicionares." Eu ia aos congressos do MNU e trazia inclusive informações para as matérias do *Tição*, que foi o canal que nos fez colocar o MNU na roda em Porto Alegre. Começamos a criar os grupos do MNU aqui e a incentivar todos aqueles princípios e aquelas normativas, que, por fim, se tornaram excessivas e estrangularam o MNU no Rio Grande do Sul: aquelas exigências de estatuto, de ata, de relatório, com uma frequência impossível de ser cumprida. Nisso foi um ano, dois, três, quatro. No início foi uma maravilha. (...) Não foi tanto a discussão

---

Dia Nacional da Consciência Negra. Ver http://www.almg.gov.br/dia/A_2004/11/L251104.htm, acesso em 4/8/2007.

que o MNU trazia que me ganhou, mas a ação. A ação e os fatos que vão acontecendo. Porque a gente ainda estava num regime totalitário. Então os fatos iam se sucedendo e você tinha que dar uma resposta à altura e contextualizada. E que não era a resposta de um grupinho, era a resposta de negros, mas que tinham a visão do conjunto dos movimentos sociais. Achei isso muito importante.[250]

Observando esses depoimentos citados acima, fica evidente o fato de que a criação do MNU possibilitou, ou ao menos incentivou, a formação de muitas outras organizações em diferentes estados do país. Logo no ano seguinte, em 1979, formaram-se o Centro de Cultura Negra (CCN) do Maranhão; a Associação Cultural Zumbi (ACZ), em Maceió; os bloco afro Olodum e Malê Debalê, em Salvador; o Grupo Negro da Pontifícia Universidade Católica (PUC) de São Paulo, entre outros. Em 1981 foi criado o Grupo de União e Consciência Negra (Grucon), que surge vinculado à Igreja Católica, com a qual rompe ainda no início dos anos 1980. Houve ainda entidades formadas no Espírito Santo, no Rio de Janeiro e em Minas Gerais, e que também tinham no MNU uma importante referência para a sua criação. Um dos fundadores do Grucon em 1981, Frei David, relatou em sua entrevista o processo de criação de organizações negras no âmbito da Igreja Católica, sempre marcadas por conflitos e cisões em função da existência de negros vinculados à esquerda e que, certamente, tinham o discurso radicalmente politizado do MNU como uma importante referência para sua atuação:

> Em 1981 foi criado em Petrópolis o Grupo de União e Consciência Negra, Grucon, do qual eu fazia parte. Fizemos vários seminários sobre o negro no Brasil com gastos financeiros da CNBB, Conferência Nacional dos Bispos do Brasil. A CNBB financiou grandes assembléias do Grucon. O objetivo era criar um grupo de negros católicos que trabalhasse com qualidade a questão do negro no Brasil.

---

[250] Helena Vitória dos Santos Machado nasceu na cidade de Porto Alegre em 9 de agosto de 1943. Formada em arquitetura pela Universidade Federal do Rio Grande do Sul, em 1970, fez também um curso de especialização *lato sensu* em "Sociedade, Cultura e Política na América Latina", na mesma universidade, em 1980. Participou do Grupo Palmares, fundado em 1971, durante toda década de 1970. Em 1981 participou da criação do MNU no Rio Grande do Sul. Foi também uma das fundadoras do grupo Ação Cultural Kuenda, em 2000. Arquiteta, trabalhou durante 17 anos como funcionária pública do município de Porto Alegre, na Secretaria Municipal de Obras e Viação e na Secretaria de Cultura. À época da entrevista, como dirigente do grupo Kuenda, estava trabalhando com o projeto "Etnia e território", em comunidades quilombolas no município de Rio Pardo (RS). A entrevista foi gravada em 1 de dezembro de 2006, na Casa de Cultura Mário Quintana, em Porto Alegre.

Trouxemos também para esse grupo pessoas não-católicas que eram militantes de esquerda de maneira bem convicta. E esses grupos de negros de esquerda que não tinham referencial católico e outros católicos que tinham grande conhecimento histórico da Igreja no Brasil e no mundo, logo nas primeiras reuniões, fizeram um volume imenso de críticas à Igreja, dizendo que ela não tinha autoridade para trabalhar com o tema do negro, porque essa Igreja foi violenta, escravizou o negro, beneficiou-se da escravidão e, portanto, não admitiam que a Igreja criasse uma pastoral do negro.

Nós, negros católicos, queríamos usar como estratégia botar a Igreja a serviço da causa – se a Igreja Católica contribuiu com o mal-estar da escravidão, ela tem que hoje contribuir com a libertação. Era nossa estratégia. E esses negros não-católicos e outros católicos não admitiam essa estratégia e queriam que todos os negros trabalhassem a defesa do negro fora da Igreja. E aí, em uma das grandes reuniões do Consciência Negra, em que estávamos discutindo o rumo do trabalho, houve uma votação para decidirmos se deveria ser pastoral do negro ou um grupo independente. Na votação, ganhou ser um grupo independente, por pouquíssimos votos. Então, saiu o Grupo de União e Consciência Negra, e nós, que tínhamos consciência que deveríamos continuar, retomamos o trabalho com o nome de Agentes de Pastoral Negros, APNs. Depois de alguns anos houve outro racha. Ficaram os APNs como um grupo civil e nasceu a Pastoral do Negro. Os Agentes de Pastoral Negros são um grupo social pluri-religioso, não-católico, só que a maioria das pessoas é católica.

O CCN do Maranhão é até hoje uma das principais organizações do movimento negro fora do eixo Rio-São Paulo. Sua criação é emblemática, pois também está ligada diretamente à construção de uma rede de organizações negras do Norte e Nordeste do país que teve grande importância em âmbito nacional, como se verá adiante. A principal liderança no processo de criação do CCN foi Mundinha Araújo, nascida em São Luís em 1943 e formada em comunicação social pela Federação das Escolas Superiores do Maranhão em 1975. Um dos irmãos de Mundinha que tinha ido estudar no Rio de Janeiro havia voltado ao Maranhão de férias, no final da década de 1960, com o cabelo *black power* e com um discurso sobre a existência de racismo que, segundo Mundinha, não era comum no Maranhão. Ao mesmo tempo, Mundinha contou em sua entrevista que tinha Angela Davis como uma referência: "A Angela Davis vai ser a minha inspiração.²⁵¹ Quando eu vi aquela mulher com aquele cabelo natural imenso, e os Jackson Five, aquela família todinha, aí eu me encantei.²⁵² Eu disse: 'Ah, eu vou deixar meu cabelo ficar assim.' E parei de passar pasta. Isso já era 1967, 68, eu já estava no magistério e tudo." Mundinha Araujo acabou por se tornar a primeira mulher negra em São Luís do Maranhão a usar o cabelo natural, o famoso *black power*. Tudo o que ela passou em termos de discriminação, por fazer esta opção estética e política, segundo ela, foi importante para fortalecer a sua vontade de criar uma organização negra em São Luís. Seu relato, nesse sentido, é pregnante e justifica a extensão da citação:

> Em 1967, eu vou ao Rio pela primeira vez. Fiquei lá onde meu tio morava, em Parada de Lucas, mas ia para o Centro. E já tinha o movimento *hippie*, aquelas pessoas com as túnicas, saias longas, e já tinha negros também usando o *black power*. Eu disse: "Meu Deus!" Fui acompanhando a lavagem cerebral que eu tive para o bem, para me assumir como negra. (...)E lá as pessoas davam força. Porque era novidade também você ir deixando o cabelo natural. Foi no final dos anos 1960, quando já tinha o movimento Black Rio, na Zona Norte, e eles já estavam todos com aqueles cabelos enormes, passavam perto de mim e cumprimentavam.²⁵³ Pronto, aí eu comecei a ver que estava relacionada de fato com uma comunidade. E achando aquilo muito bonito.
>
> Eu ia para o Rio e passava uns três meses, porque professora tinha uns três meses de férias. Quando retornei, o cabelo já estava bem carapinha. Aí foi um choque. Eu acabei sendo a primeira mulher negra a usar o cabelo assim natural em São Luís. Chamava a atenção da rua inteira e era agredida, me davam vaia na rua: "Ê, mulher, de onde saiu isso?" "É Tony Tornado?" Eu preciso saber o ano em

---

²⁵¹ A ativista Angela Davis (1944) usava o cabelo *black power* como uma espécie de marca registrada. Feminista, estudante e depois professora de filosofia, seguidora de Herbert Marcuse e estudiosa de Jean Paul Sartre, na década de 1960 filiou-se ao Partido Comunista dos Estados Unidos e aos Panteras Negras, Black Panthers – nome reduzido da agremiação Black Panther Party for Self Defense, fundada em 1966, nos Estados Unidos, com o objetivo de enfrentar, por meio da luta armada, a discriminação sofrida pelos negros.
²⁵² O grupo musical The Jackson Five, formado por cinco irmãos, tendo Michael Jackson à frente, atuou de 1962 a 1990.
²⁵³ Sobre a influência do Soul e do movimento Black Rio, ver capítulo 3.

que Tony Tornado apareceu no festival com o cabelo *black power*, porque eles me chamavam assim: "Tony Tornado, vai alisar esse cabelo!"[254] E eu era tímida. O magistério tinha me libertado para o fato de comunicar com mais desembaraço, mas eu era tímida. Eu disse: "Nossa, e agora?" Mas nunca pensei, em nenhum momento, em alisar o cabelo. Estudava na Aliança Francesa, que era na Gonçalves Dias, aqui em São Luís, e eu tinha que descer uma longa rua, que era a rua dos Remédios. Tinha o colégio particular São Luís. Bastava ter um aluno na janela ou na porta, me via de longe, que eles vinham chegando para a porta e para a janela. Quando eu tinha que passar na frente do colégio, já estava aquela aglomeração só para me ver e dar vaia: "Ê, diabo, vai alisar esse cabelo!" "O que é isso? É o cão?" E eu tinha que enfrentar isso, não sei quantos dias durante a semana, mas nunca mudei de rua. Eu poderia ir pela outra rua para não passar na porta do colégio. Eu dizia: "Não. É o meu cabelo. Não vou deixar que esses moleques me abatam." Mas aquilo incomodava.

Hoje em dia todo mundo faz permanente afro, mas nesses anos 1970, 80, ninguém encarava. Em 1973, eu entrei no coral da universidade. E tinha muitas negras. Aos poucos, elas foram deixando o cabelo natural, mas, passavam uns três meses, lá vinham elas com o cabelo alisado. Eu entendia, realmente era difícil assumir essa aparência de negro. Porque os próprios negros não davam força. A minha mãe também dizia: "Tu também queres o quê? Não quer pegar vaia? Sai com um cabelão desses e não quer?" Era como se a gente quisesse agredir. Uma vez eu fui passando por uma rua e tinha um garotinho: "Mamãe, vem cá depressa, depressa." Aí eu vi que era para me olhar. Quando a mãe chegou, ficou toda sem jeito porque o menino tinha chamado para me olhar.

Até então eu era uma pessoa anônima, ninguém me olhava. De repente, toda cidade te olha. Ia para o cinema – ainda sou da geração em que todas as pessoas iam ao cinema – e comecei mesmo a me impor: eu passava pelo meio, entre as fileiras, e ia até lá na ponta. Porque, quando eu via que eles iam começar a virar todos para olhar na hora em que eu sumia no salão, eu dizia: "Deixa eu fazer logo

---

[254] Antônio Viana Gomes (1930), o Tony Tornado, interpretou a composição "BR-3", de Tibério Gaspar e Antônio Adolfo, acompanhado pelo Trio Ternura, no V Festival Internacional da Canção, em 1970. Ver http://www.dicionariompb.com.br/detalhe.asp?nome=Tony+Tornado&tabela=T_FORM_A&qdetalhe=art, acesso em 23/7/2007.

o desfile para eles me olharem." Aí eu ia lá, como se estivesse procurando lugar, até que achava um lugar e sentava. Se ia para a rua do Comércio, entrava em uma loja, quem estava vendendo parava de vender, quem estava comprando também. Horrível! E desde essa época tem gente que fala: "Tu passa perto da gente e nem olha." Eu digo: "Desde o tempo que me vaiavam na rua que eu aprendi a ir olhando só para a frente." Camelô, que chamavam nesse tempo de marreteiro, esses vendedores da rua, todo mundo se achava no direito de me vaiar: "É *hippie*?!"

Mas aí eu entro na universidade, no curso de comunicação social, em 1971, participo de um grupo de teatro, que é o Laborarte, e vou ter mais força é dessas pessoas: "Que legal! Está igual à Angela Davis." Essas pessoas, que tinham acesso à informação, já viam a minha aparência vinculada com o movimento negro americano. É bem verdade, eu pensei: "Eu estava fazendo, por enquanto, o 'meu movimento'". Era isolado. Mas aí eu já começava a pensar: "Eu tenho que fazer alguma coisa. Isso é mais sério do que pensam."

O trecho citado acima é interessante em vários sentidos, não só por articular as várias influências que levaram a entrevistada a construir primeiro o que ela chamou de "meu movimento", mas principalmente no que diz respeito ao impacto estético e político que um simples corte de cabelo podia gerar, mesmo numa cidade relativamente grande como São Luís do Maranhão, no final da década de 1960. Em 1978 Mundinha Araujo fez parte de um comitê político em São Luís, que tinha o objetivo de lançar candidatos que faziam oposição à ditadura militar.[255] Ela conta que sempre tentava levar a discussão sobre a questão racial para esse comitê, mas lá também a questão de classe era considerada muito mais importante, e ela, em geral, era acusada de estar importando um problema dos EUA, já que não existiria racismo no Brasil... No trecho abaixo é possível perceber as articulações que foram necessárias para a construção do CCN do Maranhão, inclusive com esse comitê de esquerda que não considerava a questão racial importante:

---

[255] As eleições legislativas de 15 de novembro de 1978 representaram um aumento significativo da oposição ao regime militar. O Movimento Democrático Brasileiro (MDB), partido que agregava essa oposição, saiu-se vencedor no quantitativo de votos para o Senado, com 17 milhões de votos, contra 13 milhões do partido da situação, a Aliança Renovadora Nacional (Arena). Na votação para a Câmara Federal, o MDB perdeu para a Arena, mas por uma pequena margem – 14,8 milhões para 15 milhões de votos. Ver www.ces.uc.pt/publicacoes/rccs/003/Alves_e_Baptista_pp29-52.pdf, acesso em 17/7/2007.

Aí chegou 1979, e já tinha o MNU. Eu fiquei sabendo de tudo, quando começou o MNU em São Paulo, lendo nos jornais. Lá onde eu trabalhava, no Instituto de Pesquisas Econômicas e Sociais do Estado do Maranhão, recebíamos os jornais de São Paulo e do Rio. A essas alturas eu também já tinha uma bibliografia, eu viajava muito, trazia livros sobre negros, comprei o do Florestan Fernandes, *A integração do negro na sociedade de classes* e outros títulos.[256] E já tinha uma leitura também, não era só coisa da minha cabeça. Aí tinha um professor de educação física negro que ainda mora aqui, o Isidoro Cruz Neto, que é de São Paulo e estava sempre em contato com o povo de lá. Embora ele nunca tenha militado como os demais que depois chegaram, a contribuição dele nessa nossa história do movimento é importantíssima, porque ele foi no meu trabalho um dia e disse: "Mundinha, por que nós não fazemos aqui um movimento, uma passeata no 20 de Novembro?" Tinha havido um manifesto em São Paulo e eles iam fazer uma passeata lá no 20 de Novembro. O MNU já estava forte em 1979. Eu estou dizendo que falava sozinha, não é? Ainda não tinha conseguido ninguém que desse ouvido a esse negócio. Eu disse: "Isidoro, como é que a gente vai fazer isso aqui se não tem nem consciência negra? Todo mundo se diz moreno." Aqui todo mundo se chamava de moreno. Chamar de preto aqui, só quando queria ofender. "Nós vamos, você chama umas pessoas, eu chamo outras. Vamos ver, nos reuniremos e lá se decide" – ele disse. Tinham criado também a Sociedade de Defesa dos Direitos Humanos nesse mesmo ano, em fevereiro de 1979, e estavam com uma casa alugada na rua da Saveedra.[257] Como o pessoal da Sociedade era todo do mesmo comitê de que eu tinha feito parte em 1978, conversei com eles e eles disseram: "Mundinha, a gente pode ceder uma sala para vocês." Era uma casa grande. Aí nós marcamos a primeira reunião em 19 de setembro de 1979.

Já no ano seguinte, em 1980, foi criado em Belém o Centro de Estudos e Defesa do Negro do Pará (Cedenpa), outra importante organização negra fora do eixo Rio-São Paulo. Segundo Nilma Bentes, uma das fundadoras do Cedenpa, o próprio processo de consolidação da organização no Pará também está articulado à criação do Memorial Zumbi em 1980, na Serra da Barriga, em Alagoas:

---

[256] Florestan Fernandes. *A integração do negro na sociedade de classes* (São Paulo, Editora Nacional, 1965).
[257] A Sociedade Maranhense de Direitos Humanos (SMDH) foi criada em 12 de fevereiro de 1979, como entidade da sociedade civil de natureza pública, com o objetivo de constituir um espaço político de denúncia contra o arbítrio e a violência. Ver www.smdh.org.br, acesso em 4/8/2007.

A informação sobre a criação do MNU vem no final da década de 1970, quase colada com o movimento do Abdias para criar o Memorial Zumbi. O Abdias tinha articulações pelo Brasil, e ele queria uma maior representatividade na tentativa de criação do Memorial Zumbi na Serra da Barriga. Então ele se articulou com várias pessoas. E, por acaso, aqui ele se articulou com um rapaz negro chamado Paulo – já falecido –, que trabalhava no Banco do Brasil. O Paulo conhecia uma amiga minha e disse que inclusive tinha uma passagem para uma pessoa daqui ir para Alagoas. E aí nós fizemos uma pequena reunião com quem a gente conhecia, e quem foi nos representar lá foi um rapaz que naquela altura era seminarista, o Brasilino Santos Correa. Depois que ele voltou, nós continuamos o nosso processo.

Em 1980 a Universidade Federal de Alagoas decidiu convidar um grupo de intelectuais e militantes negros para discutir a criação de um Parque Nacional Zumbi dos Palmares no local histórico em que existiu a "capital" do Quilombo dos Palmares – que resistiu por quase um século a diversas tentativas de destruição por parte do poder colonial português e até mesmo de invasores holandeses, e chegou a abrigar cerca de 30 mil pessoas antes de ser finalmente destruído em 1695. Segundo Joel Rufino dos Santos, "esse grupo de intelectuais e militantes negros, lá chegando, discutiu o projeto da Universidade e o reverteu e virou de cabeça para baixo. O projeto original tinha um caráter predominantemente turístico e, a partir dessa reunião, dessa crítica feita pelos intelectuais e militantes negros, passou a ter um caráter predominantemente político-ideológico". (SANTOS, 2008: 189) Abdias Nascimento, Lélia Gonzalez e o próprio Joel Rufino dos Santos, entre outros, tiveram um importante papel no que diz respeito à politização do processo de criação do Memorial Zumbi.

Em julho de 1981 Abdias Nascimento apresentou um trabalho, em nome do Conselho Deliberativo do Memorial Zumbi, na 33ª Reunião da Sociedade Brasileira para o Progresso da Ciência (SBPC), realizada em Salvador. Neste trabalho, Abdias denunciava a tentativa de folclorização da cultura negra e o aspecto turístico e comercial presente na conceituação provisória do Parque Histórico Nacional Zumbi dos Palmares, que foi elaborada no "Termo de Referência" emitido pelo Ministério da Educação e Cultura (MEC) antes da realização da reunião a que Joel Rufino dos Santos se referiu acima. Segundo Abdias,

> em sua proposta objetiva, o documento do MEC retorna às linhas clássicas do eurocentrismo paternalista, comercializador e folclorizador da cultura e da história

afro-brasileiras, ao concluir que a criação do Parque Histórico Nacional Zumbi dos Palmares "indicará também um caminho que possibilite promover a valorização dessa história, ao tempo em que proporcionará o aproveitamento dos recursos turístico-culturais em potencial". Completando o cenário da exploração turística de Palmares, o documento propõe a "identificação do mercado turístico promissor" e a "promoção e divulgação da oferta turística da área", definindo o "potencial turístico da região" como "fator motivacional maior" do parque. Visa a instalação de "serviços e de equipamentos turísticos" no local, tais como "lanchonete, restaurante, loja de artesanato, motel, serviços públicos (...) área para *camping*, atividades artesanais e folclóricas. (*apud* NASCIMENTO, 2008: 183)

Ainda segundo Abdias, a definição do Parque não ficou de acordo com a proposta do MEC, pois os executores do projeto assumiram um novo critério de consulta e participação crítica da comunidade afro-brasileira. Sendo assim, foram convocados a participar da primeira reunião para a definição da proposta – um Seminário ocorrido de 22 a 24 de agosto de 1980 – "representantes do mais amplo e representativo espectro de entidades e organizações negras, como o Movimento Negro Unificado (MNU) da Bahia, do Ceará e de São Paulo, o Movimento Alma Negra (Moan) do Amazonas, o Centro de Estudos e Defesa do Negro do Pará (Cedenpa), o Instituto de Pesquisas e Estudos Afro-Brasileiros (Ipeafro) do Rio de Janeiro, o Centro de Estudos Afro-Brasileiros (Ceab) de Brasília, o Centro de Cultura Negra (CCN) do Maranhão", entre outros grupos. (idem, ibidem) Nesse trabalho apresentado na reunião da SBPC, Abdias relatou que o plenário desse Seminário era composto em sua maioria por representantes da comunidade negra, mas contava também com 14 delegados das instituições oficiais responsáveis (Universidade Federal de Alagoas, Capes, SPHAN, Governo do Estado de Alagoas e Prefeitura de União dos Palmares), formando um total de 70 participantes. Abdias relatou também que

o plenário rejeitou a natureza comercial/folclórica/turística dos objetivos manifestados na proposta do MEC. O conceito de "Memorial Zumbi" substituiu a ideia de "monumento" (...) o termo "memorial" significava a opção por uma conceituação dinâmica, de participação ativa da comunidade interessada. O Memorial Zumbi, assim concebido, tem como primeira meta: estabelecer-se como pólo de uma cultura de libertação do negro. (...) Entre os objetivos assinalados nesse esquema figuram os seguintes:

Exigir do sistema oficial de ensino a correção dos currículos escolares, omissos e injustos com a comunidade afro-brasileira.

Constituir um tribunal antirracista para julgamento dos casos de discriminação e racismo.

Fazer respeitar as religiões afro-brasileiras.

Resguardar juridicamente os direitos humanos da comunidade afro-brasileira, tais como posse de terra, integridade física e oportunidade de emprego (Conselho Deliberativo do Memorial Zumbi, 1980. *Apud* NASCIMENTO, 2008:184)

É muito interessante perceber que entre os objetivos estabelecidos para o Memorial Zumbi em 1980, além dos recorrentes temas da educação e da história do negro no Brasil, já estavam presentes algumas demandas que foram apresentadas mais tarde pelo movimento, durante o processo da Constituinte, e tornaram-se importantes conquistas, como se verá adiante. Mundinha Araujo contou em sua entrevista como foi importante para o CCN a sua participação nesse Seminário do Memorial Zumbi em agosto de 1980:

> Em 1980 teve o primeiro encontro do Memorial Zumbi, em Alagoas, em agosto. (...) O diretor do Iphan, que era meu amigo, disse: "Mundinha, vai ter esse encontro em Alagoas. Acho que você devia ir. O Iphan dá a passagem."[258] Isso foi uma coisa realmente muito boa, porque nesse encontro foi a primeira vez, depois da Anistia, em que estavam se reunindo as lideranças antigas, como Abdias Nascimento, Joel Rufino, Beatriz Nascimento, Clóvis Moura, com o pessoal que tinha aparecido em 1978, 79, que era o nosso caso. Porque de 1979 tinha aqui o Centro de Cultura Negra, tinha o Movimento Alma Negra do Amazonas, o Ceab de Brasília e tinha o movimento de Pernambuco, que depois vão ser MNU, mas no começo era Movimento Negro do Recife. O de Alagoas vai ser criado em 1980 e o Cedenpa do Pará também. E aí foram mais de 80 representantes dessas entidades. Muita gente. Isso também foi fundamental para o crescimento do CCN, porque lá teve um momento para todos fazerem seus relatos, aí já falei do grupo

---

[258] Iphan é a sigla do Instituto do Patrimônio Histórico e Artístico Nacional.

que a gente tinha criado, das nossas atividades, e todo mundo achou que a gente estava no caminho certo. E quando falei que a gente estava indo para as escolas e que a gente já estava discutindo leis abolicionistas, aí todo mundo já pegou o que chamavam de "cartilhinha", diziam: "A gente pode reproduzir?"

Aí muita coisa que a gente foi fazendo aqui a gente já foi socializando, assim como nós usávamos o que vinha de fora. Teve um manifesto aqui que veio de Salvador. Havia isso: a gente mandava o material para outros estados e outros estados mandavam para nós. E todo mundo estava na mesma luta, independente de a denominação do grupo ser diferente. O importante é que todo mundo tinha entendido que não existia uma democracia, e que a gente estava aí para derrubar a ideologia do branqueamento e para mostrar a história do negro. O Joel Rufino também ia para a periferia. Conheci o Joel e o Abdias lá em Alagoas, em 1980, e eles se prontificaram a vir para cá assim que a gente quisesse. Em 1981, a segunda reunião do conselho do Memorial Zumbi já foi aqui no Maranhão. (...) Isso que facilitou o intercâmbio. Se eu não tivesse ido para Alagoas, como é que ia conhecer essas pessoas? Como é que nós íamos intercambiar as informações? Aí, pronto, todo mundo já foi com endereço e foi muito proveitoso. Lélia Gonzalez também veio nessa reunião do Memorial Zumbi, o Olympio e o Ordep Serra, que eram do Iphan, muita gente. E para nós era importante, porque cada intelectual negro que vinha de fora para participar dos nossos cursos, das nossas reuniões, a comunidade participava, a universidade, os estudantes participavam. O nosso grupo, o CCN adquiria maior credibilidade e respeito: "O pessoal está trabalhando com coisa séria."

Uma importante estratégia de mobilização e troca de experiências foi a realização de encontros regionais e estaduais de negros. A realização desse Seminário do Memorial Zumbi, em Alagoas em agosto de 1980, com a participação decisiva de ativistas do Norte e do Nordeste e de lideranças nacionais como Abdias Nascimento e Lélia Gonzalez, impulsionou a realização dos Encontros de Negros do Norte e Nordeste, iniciados no ano seguinte e que ocorreram anualmente, sem interrupção, até o final da década de 1980, como relata Vanda Menezes, ativista em Alagoas:

> O MNU tentou se constituir lá em Alagoas também; não deu certo. Mas a gente tinha uma boa relação, principalmente com Salvador, onde o MNU era fortíssimo. A gente tinha muitas trocas. O Ilê Aiyê era muito parceiro, Vovô sempre foi

muito parceiro. Depois, João Jorge, Kátia Mello, Gilberto Leal, Bujão do Malê Debalê, do Niger Okan –, Telma Chase, Zumbi Bahia – do Balé Arte Negra de Pernambuco –, Wanda Chase, Marquinhos – do MNU de Pernambuco –, Mundinha, do Maranhão.[259] São todas pessoas com quem a gente sempre contou para aprender, para trocar experiência. E a gente tinha uma coisa chamada Encontro de Negros do Norte-Nordeste todos os anos. Então era perfeito. Em 1984, a gente faz em Maceió. É nesse encontro que as mulheres negras se encontram e resolvem sair do movimento misto para fazer o movimento de mulheres negras. E o Norte-Nordeste era muito mais forte que o Sul-Sudeste. Tinha muita gente do Sul-Sudeste que ia para o Norte-Nordeste, porque era fortíssimo o movimento. O encontro era maravilhoso. O Nordeste inteiro se encontrava todo ano para discutir temas. A gente não sabe como aquilo acontecia, porque todos os anos a gente se encontrava. Todo mundo ia. Sem *e-mail*, sem telefone e sem grana. É interessante: onde a gente achava aquela grana para pegar o ônibus? A gente lotava o ônibus. A gente fazia pedágio, pintava.

O primeiro Encontro de Negros do Norte-Nordeste foi em 1981, em Recife; em 1982 foi em João Pessoa; em 1983 foi em São Luís do Maranhão; em 1984 foi em Maceió; em 1985 foi em Salvador; em 1986 foi em Aracaju, e a gente foi fazer esse encontro lá, porque houve um racha e o pessoal estava muito verde. Então a gente teve que ir: Alagoas, Pernambuco e Bahia foram fazer esse encontro junto com Sergipe. Em 1987 foi em Belém do Pará; em 1988, em Pernambuco e, em 1989, a gente fez na Bahia. Na Bahia definimos que o seguinte seria em Manaus, e aí quebrou. Manaus não deu conta. Nem sei se aconteceu, mas se aconteceu foi ínfimo.

A partir de meados da década de 1980 também foram realizados encontros em diferentes estados do país, além dos Encontros de Negros do Sul-Sudeste e dos Encontros Estaduais e Nacionais de Mulheres Negras. Como se viu acima, especialmente nas entrevistas com as lideranças da região Nordeste, esses encon-

---

[259] Kátia Mello, esposa de João Jorge Santos Rodrigues, foi coordenadora pedagógica do bloco afro Olodum. Ver www.cult.ufba.br/enecult2007/FernandoConceicao.pdf, acesso em 11/8/2007. Raimundo Gonçalves dos Santos, conhecido como Raimundo Bujão, foi membro da Secretaria Estadual de Combate ao Racismo da Bahia, membro da Coordenação Nacional de Entidades Negras (Conen) e atualmente é coordenador de projetos especiais da Secretaria de Desenvolvimento Social e Combate à Pobreza (Sedes) do estado da Bahia. Ver www.sedes.ba.gov.br, acesso em 11/8/2007.

tros foram fundamentais para a construção das redes de relação que alimentaram a constituição do movimento negro no Brasil. Como disseram Mundinha e Vanda, essas redes constituídas proporcionavam o intercâmbio de informações e estratégias para a ação. Entre as estratégias bem-sucedidas estava a adotada por Mundinha Araujo e pelo CCN do Maranhão, de atuar diretamente nas escolas, não somente dando palestras e informando professores e alunos sobre as histórias dos negros no Brasil, mas também produzindo material didático para este fim. São as cartilhas citadas por Mundinha acima, que foram inclusive publicadas, por exemplo, no início da década de 1980 em Belo Horizonte, Minas Gerais, como se pode observar abaixo na reprodução da capa e contra-capa de uma dessas cartilhas elaboradas por Mundinha no CCN do Maranhão. Sobre a atuação direta do movimento negro nas escolas, Mundinha Araujo contou o seguinte:

> Nós achávamos que a luta era dentro das escolas, era fazendo parcerias. Em 1982 nós fizemos um convênio com a Secretaria de Educação porque nós queríamos a participação dos professores. Eles colocaram os professores à disposição para participarem da Semana do Negro. A gente fazia assim: "Vamos para o bairro do João Paulo." Todos os professores das escolas que ficavam no bairro do João Paulo e adjacências iam para o mesmo local. E nós distribuíamos o material que a Secretaria de Educação também ajudou a rodar, deu o papel e tudo. E os de nós que seguravam mais eram os professores: eu, Carmem Lúcia, a Fátima, minha irmã, o Carlão, o Luizão...[260]

> Foi algo que depois nós fizemos um documento e apresentamos lá no encontro da Candido Mendes, no Rio de Janeiro, em 1982. Me convidaram para participar de uma mesa redonda chamada "Movimento negro nos anos 1980". O Amauri também estava nessa mesa e tinha outras pessoas. Quando fiz o relato, depois eles disseram: "Incrível, você esteve em 1979 conversando conosco [no IPCN] e nós lhe demos orientação. Hoje você chega aqui e mostra um movimento que ninguém está fazendo. E lá no Maranhão!" Todo mundo ficou encantado que a gente estivesse principalmente trabalhando o aspecto da educação, que a gente considerava prioridade.

---

[260] Carlão é Carlos Benedito Rodrigues da Silva, antropólogo, militante do movimento negro, doutor em ciências sociais pela PUC de São Paulo e professor da Universidade Federal do Maranhão desde 1981. E Luizão é Luiz Alves Ferreira, um dos entrevistados para esta pesquisa.

Magno Cruz, que também foi presidente do CCN (de 1984 a 1988), contou em sua entrevista sobre como essa estratégia de atuação nas escolas também acabava sendo importante para a formação dos próprios militantes, em função do ineditismo daquele tipo de trabalho:

> Então, como íamos para as escolas? Mandávamos um ofício com antecedência e tinha uma negociação com a diretoria da escola. Algumas escolas eram sensíveis a isso, quando tinham uma diretora negra que entendia. Porque tudo era novidade, ninguém discutia a questão dos negros. Então, ir para a escola, falar da história do negro, desmistificar a história oficial não era uma coisa fácil. Havia algumas barreiras. Teve vez que a Mundinha fez intercâmbio com a própria Secretaria de Educação, aí as coisas ficavam até oficiais.
>
> No início, até pela inexperiência que se tinha, eu, particularmente, ia para essas palestras só para ouvir, porque tudo era novidade para mim e tinha muitas perguntas que eu ainda não sabia responder. O pessoal perguntava: "E na África do Sul, como é o *apartheid*?" Eu não sabia. Mas eu acho que era interessante porque, a partir das palestras que a gente ia dar nas escolas, a gente via as nossas limitações e procurava aprender e estudar.

Quando foi na nossa gestão, a partir de 1985, nós continuamos esse trabalho. E o que fizemos? Nós ampliamos essas equipes, chegamos a ter umas 15, 20 equipes de três pessoas. Geralmente tinha um que já tinha um desenvolvimento, uma experiência em palestras, em dar aulas, e botava duas pessoas para aprender, porque, na realidade, era uma prática também de ensinar novos militantes nesse trabalho. Mas tivemos muitas barreiras. Tinha escola em que a gente chegava, já tinha mandado o ofício há um mês e o diretor não queria a palestra. A gente tinha que ameaçar denunciar na Secretaria de Educação. Não foram fáceis esses momentos. Depois, a coisa se tornou mais rotineira, aí já tinha colégio que convidava a gente, até as escolas particulares – escolas como o Marista, Dom Bosco, que são escolas que têm pouquíssimos negros, mas que chamavam a gente também.

A estratégia de atuar no âmbito da educação foi muito utilizada por organizações negras em vários estados, e vale destacar nos depoimentos acima a busca de interlocução com os poderes públicos, no caso com a Secretaria de Educação de São Luís do Maranhão. A produção de cartilhas como as de Mundinha do CCN, para informar não só alunos e professores nas escolas, mas os próprios militantes e a sociedade como um todo, foi uma prática recorrente nas organizações negras de norte a sul do Brasil. E essas cartilhas circulavam nos diferentes estados, em função das redes de relações estabelecidas pelos militantes de todo o país, principalmente na década de 1980. No Rio de Janeiro, entre 1980 e 83, foram lançadas três cartilhas por Amauri Mendes Pereira e Yedo Ferreira – que embora estivessem na direção do IPCN naquele momento, nomeavam as publicações sempre como sendo da Sinba –,[261] o *Caderno de descolonização da nossa história: Zumbi, João Cândido e os dias de hoje* (Rio de Janeiro, Ed. Coomcimpra, 1980); *O movimento negro e as eleições* (Rio de Janeiro, Ed. Coomcimpra, janeiro de 1983) e *Libertação africana: falar de Amilcar Cabral é falar da luta de um povo* (Rio de Janeiro, Ed. Coomcimpra, 1983). Em 1986 foram lançadas, por exemplo, cartilhas com objetivos e informações, em alguns aspectos semelhantes, em Porto Alegre e em Belém do Pará. Em Porto Alegre, já articulados com o governo do primeiro prefeito negro da cidade, Alceu Collares (1986-88), Oliveira Silveira, Helena Machado e outros antigos militantes do Gru-

---

[261] Sobre isso, Amauri disse o seguinte em sua entrevista: "chegamos em 1980 como Sinba ainda, mas desse momento em diante a gente deixa, cada vez mais, de assinar como Sinba e passa a assinar como IPCN. Em 1980 lançamos o *Cadernos Sinba*; em 1983 ainda lançamos a *Coleção Sinba*. Porque para nós era assim: o IPCN era a instituição, abrigava todos os negros, e a Sinba era a agitação. Através da Sinba nós faríamos a revolução."

po Palmares lançaram a cartilha *História do negro brasileiro: uma síntese* (Prefeitura Municipal de Porto Alegre; Secretaria Municipal de Educação e Cultura, 1986). Em Belém foi lançada, sem especificar os nomes dos autores do texto, a Cartilha do Cedenpa, *Raça negra: a luta pela liberdade* (Belém: Cedenpa, 1986).

Todas as publicações, assim como a cartilha de Mundinha Araújo citada acima, tinham o objetivo primeiro de apresentar aspectos pouquíssimo conhecidos da história do Brasil, especialmente as histórias dos negros no Brasil. Os próprios títulos são bastante sugestivos nesse sentido. O *Caderno de descolonização da nossa história: Zumbi, João Cândido e os dias de hoje* publicado no Rio de Janeiro e a cartilha do CCN do Maranhão *Esta história eu não conhecia*, ambos de 1980, são dois exemplos emblemáticos do que se quer dizer aqui. O primeiro traz relatos históricos baseados nos livros *Palmares, a guerra dos escravos*, de Décio Freitas, e *A Revolta da Chibata*, de Edmar Morel, e na apresentação da cartilha os autores dizem o seguinte: "Juntamos os dois relatos históricos a alguns dos resultados de reflexões nossas sobre a história do Brasil, e resolvemos editá-los com o objetivo principal de alargar o máximo possível o conhecimento destes fatos históricos tão significativos, até onde dificilmente chegam os livros." Já a cartilha do CCN, aliando a informação sobre a história dos negros no Brasil a uma tentativa de aumento da auto-estima por parte das crianças negras, adotava a seguinte estratégia: uma mãe contava histórias "positivas" dos negros, como as dos quilombos por exemplo, para explicar o processo da abolição da escravatura ao menino negro que acabara de brigar na escola com um menino branco, que havia dito a seguinte frase após a briga: "Negrinho! Culpada disso é a princesa Isabel!".

A constituição do movimento negro contemporâneo no Brasil

Essa cartilha do CCN, como foi dito acima, circulou em muitos estados brasileiros. Da mesma forma, outras cartilhas circularam e contribuíram para a própria consolidação do movimento negro no Brasil na década de 1980. Um exemplo, nesse sentido, pode ser observado no depoimento de Magno Cruz do CCN do Maranhão:

> O Amauri e o Yedo escreveram uma cartilha, *O movimento negro e as eleições*, que serviu muito para a nossa formação. Para discutir a questão político-partidária, a gente tinha aquilo como bíblia, como base. Ela foi fundamental para nós e, inclusive, fala o que hoje o pessoal está falando: que eleição acontece todo o tempo e não muda a situação do povo negro; muda? Porque se eleição mudasse alguma coisa, a gente no Brasil estaria em uma outra situação, porque tem eleição de dois em dois anos. A gente não pode jogar peso em uma eleição. Porque, querendo ou não, a gente acaba sendo uma referência do movimento negro. Na época em que fui candidato, muita gente dizia assim: "Ora vejam, a gente acreditava que você era um militante do movimento negro, mas estava só sendo um oportunista." Nesse país, as pessoas ainda não conseguem ver, e têm razões para isso, o político ligado a um partido como uma pessoa séria. Qualquer pessoa que passe a fazer parte desse círculo é vista com muita restrição. Então não é legal para o movimento negro que referências que hoje têm, vamos dizer assim, o aval de falar e de criticar, façam parte desse círculo. Porque o que eu falo, o que a Mundinha fala, o que Luizão fala, o que João Francisco fala são coisas que a sociedade ouve com muita respeitabilidade, com muita credibilidade. Acho que hoje a luta partidária acaba fragilizando muito os movimentos. Por isso me afastei, para não enfraquecer mais o próprio movimento.

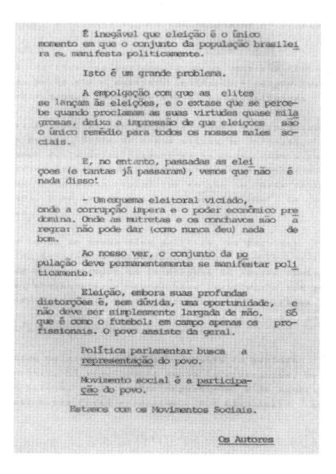

Outra importante forma de atuação na década de 1970, de maneira semelhante ao que fazia o movimento negro desde o início do século, era a produção de jornais e revistas da chamada "imprensa negra". As próprias cartilhas produzidas pelo movimento, em muitos casos, podiam ser adquiridas em diferentes estados em função da articulação existentes entre os órgãos da "imprensa negra". Na contracapa das cartilhas citadas acima, as publicadas no Rio de Janeiro, é possível encontrar a indicação de endereços de distribuição dos "Órgãos da Imprensa Negra: Rio de Janeiro: Sinba – Av. Mem de Sá, 208 – Centro – RJ; Porto Alegre: Tição – Rua Domingos Crescencio, 408/101 – Porto Alegre – RS; São Paulo: Jornegro – Rua Maria José, 450 – Bela Vista, São Paulo – SP." Estes são três dos mais conhecidos órgãos da imprensa negra da década de 1970, que circulavam e informavam a militância negra em várias partes do país. O jornal *Sinba*, órgão de divulgação da Sociedade de Intercâmbio Brasil-África, que circulou entre 1977 e 1980, como seu próprio nome já levava a entender, era particularmente voltado para as relações do Brasil com a África e para a divulgação de temas africanos contemporâneos que estavam quase completamente ausentes nos grandes veículos de comunicação brasileiros, como as lutas anticolonialistas no continente e as lutas contra o *apartheid* na África do Sul, por exemplo. Segundo Joselina da Silva,

> o jornal *Sinba* tinha como característica um cunho de crítica social ao transcrever textos e falas de intelectuais e pensadores africanos. É desta ordem que se pode creditar àquele periódico a popularização, no seio do movimento social negro, de conceitos e teorias de cientistas do porte de Frantz Fanon e de ideólogos como Agostinho Neto. Quebrava-se a distância conceitual e geográfica, aproximando ideias e teoria do/sobre o continente africano com aquelas produzidas no Brasil. As reportagens dispostas em pequenas e breves colunas, escritas em linguagem coloquial, permitiam uma leitura fácil e ágil. (SILVA, 2009: 195)

Outro importante jornal da imprensa negra da década de 1970 em São Paulo foi o *Árvore das palavras*, que era feito por alguns militantes ligados ao Núcleo Negro Socialista, um grupo que atuava dentro da Liga Operária, como foi visto acima. E diante da precariadade de recursos do movimento negro naquela época, Flávio Jorge Rodrigues da Silva, fundador do Grupo Negro da PUC em São

A constituição do movimento negro contemporâneo no Brasil

Paulo em 1979 – e que, como foi visto no final do capítulo 2, iniciou sua atuação política dentro do movimento estudantil na mesma PUC –, contou em sua entrevista como ele entrou em contato com o movimento negro e como passou a contribuir fazendo cópias para a distribuição do *Árvore das Palavras* um pouco antes da criação do MNU:

> Fui convidado pelo Astrogildo para a minha primeira reunião do movimento negro aqui em São Paulo. Eles se reuniam na época num clube que existia aqui na avenida São João, o Clube Coimbra. Era um grupo muito heterogêneo. Esse núcleo já tinha um jornalzinho clandestino, o *Árvore das Palavras*, um jornal que o Astrogildo pedia para a gente xerocar no Centro Acadêmico da Faculdade de Economia, para o grupo da Liga Operária, e que era distribuído em bailes aqui em São Paulo. Na época, a gente xerocava quinhentos exemplares, e tudo em pedaços. A gente ia no final de semana ou à noite – isso não era público –, xerocava, eu dava para o Astrogildo e ele passava para o pessoal.

Hamilton Cardoso e Neuza Pereira, entre outros, também faziam parte desse Núcleo Negro Socialista e conseguiram um espaço dentro do jornal *Versus*, que foi o periódico da Convergência Socialista que circulou entre 1977 e 79, e lá criaram sua própria coluna intitulada "Afro-Latino-América". Segundo Michael Hanchard,

> a "Afro-Latino-América" refletiu a diversidade existente no movimento negro emergente, apresentando textos sobre o socialismo africano, a violência policial, diálogos entre negros e índios brasileiros, a opressão em três camadas das mulheres negras, literatura e muitos outros assuntos. Embora existissem alguns periódicos que eram uma produção direta do movimento negro, como a *Árvore das Palavras* e o *Jornegro*, nenhum deles tinha a sofisticação editorial e a amplitude do *Versus*, nem estava diretamente ligado a uma formação política de oposição, como acontecia com a seção "Afro-Latino-América" e seus produtores. Isso não pretende sugerir que ele fosse um simples órgão da Convergência. Não era. Na verdade, as constantes divergências com respeito à direção editorial do *Versus*, decorrente de conflitos em torno da direção da Convergência, resultaram na saída de muitos militantes negros de suas páginas, os quais abandonaram por completo a Convergência Socialista. (HANCHARD, 2001: 147)

Além da atuação nas escolas e da produção de cartilhas, jornais e textos informativos para a sociedade como um todo, várias outras formas de atuação do movimento podem ser observadas ainda nos anos 1970 e 80, como por exemplo o movimento *soul*, já visto no capítulo 3, que teve grande repercussão nos centros urbanos brasileiros. Há também relatos de audiovisuais sobre a história da África e do negro no Brasil, preparados pelos militantes. Um dos ativistas que utilizava na década de 1970 a projeção de material áudio-visual era Carlos Alberto Medeiros, um dos fundadores da Sinba e do IPCN, que contou em sua entrevista como fazia:

> Uma das primeiras atividades que o IPCN fez, ainda em 1975, foi passar um audiovisual com *slides* e textos gravados, intitulado *Passado africano*, que eu produzi e era sobre os impérios africanos do Sudão Ocidental. Isso foi feito muito em cima de um material, de coisas que eu recebi dos Estados Unidos sobre o Reino de Gana, o Império de Mali e Songai. E foi um negócio que eu passei em muitos lugares e que puxava a discussão. O Paulo Roberto dos Santos chamava minha palestra de "Da melanina ao século XXI"! Porque eu vinha desde a coisa do surgimento da humanidade, o fato de a humanidade ter surgido na África, de os primeiros seres humanos precisarem da melanina como proteção contra os raios de sol, por causa do grau de insolação daquela região, como é que as outras, chamadas, raças aparecem, o processo de síntese da vitamina D... Eu vinha dessa história toda até discutir questões atuais e usava o audiovisual como um chamariz. Era bem-feito, tinha uma música bonita, e funcionou bem durante bastante tempo.

Em 1975 eu estava trabalhando numa gravadora chamada Tape Spot, que fazia *spots* e *jingles*. *Spot* é aquele comercial que é só falado, e o *jingle* é o que tem música. Então, eu fazia textos para *spots* e fazia letras de música para *jingles* também. Era uma gravadora cujos donos eram o maestro Cipó, o Jorge Abicalil, que é um cara de publicidade espertíssimo, e a Zezé Gonzaga, aquela cantora que ainda é viva. Foi uma experiência muito interessante. E lá eu tinha um ambiente também muito propício, a gente não tinha muito trabalho. Às vezes, num dia, a gente fazia dez *jingles*, porque eles tinham lá muitos registros, muita fita, coisa gravada que se adaptava. Uma coisa que tinha sido feita para o Norte, mudava um pouco a letra e fazia para o Sul etc. Mas às vezes passava-se o dia sem fazer nada. E tinha lá todo o equipamento de *slides*. Aí eu pude fazer o audiovisual, gravar em estúdio, botar música com os técnicos, uns caras legais que curtiam fazer a coisa comigo. Então foi um pouco por causa disso.

Nós passamos esse audiovisual já em julho de 1975 na cinemateca do MAM.[262] Saiu no Caderno B do *Jornal do Brasil* e encheu. Era uma programação cultural: passar um audiovisual na cinemateca do MAM tem mídia. Talvez a própria cinemateca tenha anunciado. O Milton Gonçalves participou desse debate e a cinemateca estava apinhada de gente. Quando terminou: "Então, agora vamos falar sobre o trabalho." Eu é que ia falar. Umas trezentas pessoas... Não ia chegar lá e gaguejar. Sou um cara tímido, mas tenho facilidade de fazer isso, o que é um negócio meio paradoxal. E aí comecei e descobri uma outra veia. Eu passei a ser um palestrante independente, porque não tenho vínculo. As instituições são importantes, mas eu não tenho a menor disposição para aquelas brigas internas. Então percebi que isso eu podia fazer sozinho e colaborar com todas. Qualquer instituição me chamava. Eu me lembro de pegar ônibus para fazer uma palestra lá em Acari, numa escola do lado de um riacho fedorento, do mesmo jeito que ia à PUC, a qualquer lugar.

Ivanir dos Santos, fundador do Centro de Articulação das Populações Marginalizadas (Ceap), em 1989 no Rio de Janeiro, lembrou em sua entrevista como as iniciativas como os bailes de *Soul* e especificamente o áudio-visual *Passado africano* exibido no MAM o levaram para a militância negra:

> Quando o IPCN é criado, em meados da década de 1970, eu acompanho um pouco, mas não tinha esse engajamento, porque nesse período eu vou estar preocupado com a organização da Associação dos Ex-Alunos da Funabem, a Asseaf. Meu engajamento mesmo, como militante, de ir às reuniões, vai se dar depois da Asseaf. Em 1974, 75, o Jorge Carlos, um ex-aluno que foi aluno comigo desde a primeira escola, me chamou para uma reunião no MAM, onde passavam um *slide* sobre história da África. Tinha os bailes *black power* na época: o Buda já, desde de 1973, me levava; eu já ia no Greip da Penha, no Creib de Padre Miguel, tinha aqueles circuitos.[263] E ali começou, então, o meu contato com essa história mais

---

[262] MAM é a sigla para o Museu de Arte Moderna, que fica no aterro do Flamengo, na cidade do Rio de Janeiro.
[263] Greip é a sigla para Grêmio Recreativo e Esportivo dos Industriários da Penha e Creib é a sigla para Clube Recreativo e Esportivo dos Industriários de Bangu, que fica na região entre os bairros de

do movimento negro. Porque foi justamente a partir dessas reuniões que saíram as organizações negras do período. Eu lembro que, na época, o Carlos Alberto Medeiros passava um *slide* e falava da saga dos negros desde o Egito e tal. O Medeiros falava muito isso. Tinha muitas pessoas: o Medeiros, o Filó, o Orlando, o Paulo Roberto, tinha o Amauri e o Yedo – embora eles fossem de outro grupo, eles já tinham mais a questão do *Sinba* –, o Togo, com quem eu vou ter contato depois, esse é o grupo mais ligado a essa história do MAM, e que vai se ligar também ao Afro-Asiático.[264] Mas o Jorge Carlos, esse ex-aluno, é que era a minha referência na época. Esse foi o meu primeiro contato.[265]

Carlos Alberto Medeiros não era o único a utilizar tal estratégia. Frei David, que participou da formação do Grupo União e Consciência Negra (Grucon) e dos Agentes Pastorais Negros, ambos fundados no início dos anos 1980, contou em sua entrevista que também utilizava *slides*:

Nós projetávamos *slides* sobre a história do negro no Brasil, porque entendíamos que a consciência histórica é o primeiro passo para o despertar de consciência. Quem produziu esses *slides* fomos nós, uma equipe grande, com a assessoria do Ibase.[266] Um deles chamava-se *A história que não foi contada*; o outro, *A vida renasce da luta*. (...) Fizemos mais de 200 cópias para todo o Brasil. Foi algo assim marcante porque, nas comunidades ligadas à Igreja Católica e onde tinha muitos

---

Bangu e Padre Miguel. Ambos são clubes onde havia bailes *soul* na década de 1970.

[264] Togo Ioruba (1948) é o nome artístico de Gerson Miranda Theodoro, desenhista nascido no Rio de Janeiro. Licenciado em educação artística (1978) e bacharel em artes cênicas (1982) pela Universidade Federal do Estado do Rio de Janeiro (Unirio), é mestre em comunicação pela UFRJ (2002) e trabalha no Museu do Índio, no Rio de Janeiro. Fundou e dirigiu o jornal *Maioria Falante*, no Rio de Janeiro, em 1988. Ver www.cnpq.br, "Plataforma Lattes".

[265] Ivanir dos Santos nasceu na cidade do Rio de Janeiro em 12 de julho de 1954. Foi criado no Sistema de Atendimento ao Menor (SAM) e na Fundação Nacional para o Bem-Estar do Menor (Funabem). Formado em pedagogia pela Faculdade Notre Dame, no Rio de Janeiro, em 1984, fundou a Associação dos Ex-alunos da Funabem (Asseaf) em 1980, e o Centro de Articulação das Populações Marginalizadas (Ceap) em 1989. Participou da comissão de organização do I Encontro Nacional de Entidades Negras (Enen), em 1991, e da coordenação executiva da Marcha Zumbi dos Palmares Contra o Racismo pela Cidadania e a Vida, em 1995. Foi subsecretário estadual de Direitos Humanos e Cidadania durante o governo Anthony Garotinho, no Rio de Janeiro, na gestão de Abdias do Nascimento, em 1999. A entrevista foi gravada em 1 de dezembro de 2003, na sala de entrevistas do CPDOC/FGV, no Rio de Janeiro.

[266] O Instituto Brasileiro de Análises Sociais e Econômicas (Ibase) foi fundado em 1981 pelo sociólogo Herbert de Souza, o Betinho.

negros, nós conseguimos fazer passar muito esses *slides*. (...) Fizemos projeções na Central do Brasil, em pleno horário de pico: a gente botava lá o projetor de *slides* e projetava...

Além da projeção de audiovisuais, havia muitas outras formas de se buscar a sensibilização da população para a questão racial. Hédio Silva Jr., por exemplo, contou em sua entrevista que ia para uma feira de artesanato em São José dos Campos aos sábados de manhã: "A gente ficava ali fazendo discurso para as pessoas, panfletando, dizendo da existência... Basicamente, naquela época, a gente dizia que havia um problema racial no Brasil. Tentava convencer as pessoas de que havia um problema racial no Brasil, e de que era um problema grave."

Como se viu acima, a década de 1970 foi um período de bastante efervescência e de muitas e diferentes ações. Pode-se perceber nos relatos dos entrevistados que o improviso era algo constante em muitas dessas ações. Não se tinha certeza sobre até onde o movimento poderia chegar, seja do ponto de vista da atuação política nas ruas, em função da repressão da ditadura militar, seja do ponto de vista da própria luta contra o racismo no Brasil. Ao longo do processo de pesquisa ficou perceptível o fato de que foi na própria experiência, através de tentativas e erros, que o movimento consolidou algumas estratégias de atuação, que eram então consideradas bem-sucedidas e que muitas vezes eram difundidas através dos intercâmbios e das redes de relação constituídas pelo movimento em diferentes partes do país. Não havia dinheiro para financiar o movimento. A precariedade de recursos era notória, e até em função do próprio tipo de organização que em geral era construída, com um caráter associativo ou filiativo, a maioria dos militantes associados pagava as despesas da organização com seu próprio dinheiro, ou com os recursos obtidos em decorrência da própria militância, como no caso da venda dos jornais e cartilhas do movimento, por exemplo. Mas, como Verena Alberti e eu já dissemos em artigo publicado sobre o movimento negro contemporâneo, em muitos casos, na década de 1970, o apoio mais substantivo vinha da relação dos militantes com outras instituições. Alguns bons exemplos nesse sentido foram vistos acima: a elaboração do audiovisual podia ser feita num estúdio de gravação no qual trabalhava um dos militantes; o diretório central dos estudantes (DCE) da universidade servia de local de reunião e muitas vezes pagava despesas de xerox; o Instituto Cultural Brasil-Alemanha cedia sua sede para reuniões, pois um dos participantes trabalhava em sua biblioteca, e assim por diante. O improviso, contudo, continuava como pano de fundo, pois tais apoios se consubstanciavam numa relação de favor, que poderia ser rompida a qualquer momento, bastando, por exemplo, que outra chapa fosse eleita para o DCE ou que o funcionário militante fosse demitido. (ALBERTI & PEREIRA, 2007-b:648,649)

4.3. A partir de 1980

A partir da década de 1980, além da continuidade de utilização das estratégias do movimento apresentadas acima, é possível perceber nitidamente, em alguns setores do movimento, o surgimento de novas estratégias de atuação. Principalmente com a volta das eleições diretas para os governos estaduais em 1982 e com a consequente vitória de candidatos da oposição ao regime militar em estados importantes como Rio de Janeiro e São Paulo,[267] havia a partir de então em vários estados, por exemplo, ativistas negros que buscavam a construção de espaços de interlocução com os poderes públicos, especificamente nas esferas dos poderes Executivo e Legislativo. Nesse momento foram criados os primeiros órgãos governamentais para tratar das questões relacionadas à população negra brasileira. Durante muito tempo, a possibilidade de interlocução com o Estado foi alvo de críticas que partiam de dentro do próprio movimento negro. Muitos dos entrevistados referem-se a acusações de "cooptação", que eram feitas sempre que determinado grupo ou liderança estabelecia alguma articulação com o poder público, como lembrou Carlos Alberto Medeiros em sua entrevista:

> Havia muita desconfiança, no início, em relação às primeiras articulações do movimento negro com o Estado. Até um determinado momento havia muita suspeita de cooptação: "Vão levar os caras para neutralizar o movimento." Mas minha experiência na Sedepron, no Rio, durante o segundo governo Brizola, embora tenha sido, às vezes, dolorosa – porque nós não conseguimos avançar muito, nós apanhamos da máquina do Estado...[268] Coisas técnicas que te derrubam: você

---

[267] No Rio de Janeiro foi eleito Leonel Brizola, do PDT, ao governo do estado, e em São Paulo André Franco Montoro, do PMDB, foi eleito governador.
[268] Carlos Alberto Medeiros foi chefe de gabinete da Secretaria Extraordinária de Defesa e Promoção da População Negra (Sedepron), posteriormente nomeada Seafro, durante a gestão de Abdias do Nascimento à frente da Secretaria (1991-1994).

pensa que tem grandes ideias, essas ideias precisam ser traduzidas na linguagem burocrática; você precisa fazer um projeto, tem que distribuir o orçamento do projeto por entre as rubricas... Além disso, você tem a própria resistência, aí falando de Max Weber, uma resistência da máquina burocrática; coisas que a gente está aprendendo e hoje eu percebo, por exemplo, pela atuação da Seppir, que o pessoal tem aprendido.[269]

E algumas pessoas têm feito esse trabalho. O Ivair [Augusto Alves dos Santos] é um cara que tem estado sempre nessa junção entre Estado e sociedade civil, que eu acho válida e necessária. Você precisa ter essas instâncias de contato, que, de alguma forma, vão levar a reivindicação do movimento social. Elas não podem substituir o movimento social – isso é uma tentação na qual às vezes se pode incorrer –, mas elas têm um papel a cumprir.

Setores mais radicais do movimento, que se contrapunham a essa articulação com os poderes públicos, consideravam que o movimento deveria lutar contra o racismo de maneira independente, sem vinculação com partidos políticos nem com o Estado. Esse tipo de crítica cresceu na década de 1980, quando alguns setores do movimento negro tiveram possibilidades esporádicas de ocupar espaços dentro da máquina pública. Ivair Augusto Alves dos Santos contou em sua entrevista sobre as dificuldades encontradas na implantação do Conselho de Participação e Desenvolvimento da Comunidade Negra do Estado de São Paulo, primeiro órgão do poder público criado para tratar especificamente da questão racial, durante o governo de Franco Montoro (1983-1987): "Muitos negros tinham o entendimento de que aquilo poderia ser uma Funai[270], ou alguma coisa que fosse tutelar os negros. E naquela época havia uma tensão muito grande no seguinte: qualquer participação no Estado era uma cooptação, você estava sendo cooptado." (ALBERTI & PEREIRA, 2007-e:95)

A campanha das Diretas Já, em 1984, foi um importante momento de articulação entre setores do movimento negro e outras organizações políticas ainda na primeira metade da década de 1980. Entretanto, com o fim do bipartidarismo, ainda bem no início da década, alguns militantes negros participaram

---

[269] Seppir é a Secretaria Especial de Políticas de Promoção da Igualdade Racial. Ligada à Presidência da República, ela foi criada em 21 de março de 2003, durante o primeiro ano do governo Lula.
[270] Funai: Fundação Nacional do Índio, criada em 1967.

da fundação e da organização de novos partidos políticos, como o Partido dos Trabalhadores (PT) por exemplo, mesmo que, em geral, de acordo com os entrevistados, a questão racial não fosse considerada tema pertinente dentro dos partidos, mesmo os de esquerda, diante da prevalência da luta de classes. Contudo, há uma importante exceção a essa afirmação de que a questão racial não era considerada tema pertinente para os partidos de esquerda: em 1980, Abdias Nascimento participou, juntamente com Leonel Brizola e outros políticos, da fundação do Partido Democrático Trabalhista (PDT). E é interessante notar que a própria *Carta de Lisboa*, datada de 17 de junho de 1979 e que é considerada como o documento de fundação do PDT no exílio, já tinha estabelecido o compromisso "de buscar a forma mais eficaz de fazer justiça aos negros e aos índios que, além da exploração geral de classe, sofrem discriminação racial e étnica, tanto mais injusta e dolorosa, porque sabemos que foi com suas energias e com seus corpos que se construiu a nacionalidade brasileira".[271] Este compromisso foi posteriormente reforçado no próprio Estatuto do PDT, que dizia, entre outras coisas, o seguinte:

> "O quarto compromisso programático do PDT é com a causa das populações negras, como parte fundamental da luta pela democracia, pela justiça social e a verdadeira unidade nacional. Este compromisso nós concretizaremos no combate à discriminação social em todos os campos, em especial no da educação e da cultura e nas relações sociais e de trabalho. A democracia e a justiça só se realizarão, plenamente, quando forem erradicados de nossa sociedade todos os preconceitos raciais, e forem abertas amplas oportunidades de acesso a todos, independentemente da cor e da situação de pobreza."[272]

Esse compromisso político assumido em relação à questão racial no Brasil pelo PDT e por seu principal líder, Leonel Brizola, ficou visível, por exemplo, no esforço realizado pelo então recém-eleito governador do Rio de Janeiro para que Abdias Nascimento fosse empossado como deputado federal em 1983, e pudesse assim levar as discussões sobre a questão racial para o Congresso Nacional naque-

---

[271] O documento está disponível no site do PDT: http://pdt12.locaweb.com.br/memoria.asp?id=17, acesso em 23/02/2010.
[272] O estatuto do partido também pode ser encontrado no website www.pdt.org.br, acesso em 23/02/2010.

le período.²⁷³ Como lembrou Edson Cardoso em sua entrevista, Abdias havia se tornado o terceiro suplente da legenda do PDT nas eleições para deputado federal em 1982, o que exigiu que Brizola nomeasse para cargos no Poder Executivo do estado do Rio os dois primeiros suplentes para que Abdias pudesse ocupar a vaga de deputado no Congresso Nacional com frequência entre 1983 e 86. Edson Cardoso, que foi chefe de Gabinete do deputado Florestan Fernandes (1992-95) em Brasília, também refletiu em sua entrevista sobre motivos de ordem pessoal que, segundo ele, teriam incentivado tanto o próprio Florestan Fernandes como também Leonel Brizola a lidarem com certa sensibilidade em relação à questão racial ao longo de suas carreiras políticas:

> Florestan é filho de uma empregada doméstica e com seis anos ele já engraxava sapatos. E ele manteve essa fidelidade de classe. Com a questão racial também teve um envolvimento muito afetivo, não era só intelectual, como acontecia com o Brizola também. Eu soube de um detalhe da biografia de Brizola no Sul que me esclareceu algumas coisas. Eu sempre fiquei procurando saber por que Brizola tinha essa preocupação com a questão racial. Claro, você pode dizer: "Nem tanta." Mas tinha alguma. O que Brizola fez com Abdias é um caso estranho, porque Abdias nunca se elegeu. E Abdias não foi o primeiro suplente, ele era o segundo suplente. Ou seja, você ter que deslocar duas pessoas para dar integralmente um mandato a uma pessoa. Isso que é um compromisso político. E Abdias fica então quatro anos no Congresso fazendo aquele mandato extraordinário que ele fez como deputado, que é um mandato belíssimo. Então você veja só, eu queria saber por quê. E no Sul o que eu fiquei sabendo? Quando Brizola vem jovem e pobre do interior para Porto Alegre, na adolescência, 13, 14 anos, quem acolhe Brizola, quem ajuda Brizola é uma família negra. Esses detalhes biográficos que envolvem afetividades, esse tipo de ajuda, às vezes permitem que a gente entenda certas coisas. No caso do Florestan, (...) nós conversávamos, e ele se interessava muito por conversas que levassem ao passado. Ele estava com a memória muito lúcida de tudo, e o que ele me contou me dá uma pista de que nesse período de infância difícil, de precarieda-

---

²⁷³ Anos mais tarde, a chapa vitoriosa do PDT para o Senado Federal nas eleições de 1990 foi composta por Darcy Ribeiro, Doutel de Andrade como primeiro suplente e Abdias Nascimento como segundo suplente. Doutel de Andrade faleceu logo no dia 7 de janeiro de 1991 e Darcy Ribeiro também faleceu em fevereiro de 1997, o que levou Abdias a assumir a vaga no Senado entre 1997 e 1998.

de, de necessidades, onde ele morava em São Paulo havia uma vizinhança negra. E aí essas solidariedades dessa convivência marcaram profundamente Florestan. Eu acho que há coisas que vêm da análise intelectual, há prioridades que você define pela sua opção política, mas eu acho que há prioridades que são resultados de certas coisas que marcam você. E eu estou dizendo isso porque Florestan foi uma pessoa extremamente comprometida, e eu tive a prova disso na forma como ele me apoiou durante esses três anos.

O compromisso político assumido pelo PDT em relação à questão racial e a forte presença de Abdias Nascimento, que inclusive foi escolhido vice-presidente do partido entre 1981 e 1995, fizeram com que outra liderança nacional do movimento negro, Lélia Gonzalez, também ingressasse nos quadros do PDT. Lélia, que havia disputado a eleição para deputado federal de 1982 pelo Partido dos Trabalhadores, acabou filiando-se mais tarde ao PDT, partido pelo qual disputou uma vaga de deputado estadual no Rio de Janeiro nas eleições de 1986, mas sem ser eleita. Leonel Brizola, quando assumiu o governo do estado do Rio de Janeiro em 1983, também demonstrou seu compromisso político nomeando, pela primeira vez, três negros para exercerem o cargo de secretários do estado: a médica Edialeda Salgado do Nascimento, que ocupou a Secretaria de Promoção Social; o jornalista Carlos Alberto de Oliveira (Caó), secretário de Trabalho, e o coronel da Polícia Militar Carlos Magno Nazareth Cerqueira, empossado na Secretaria da Polícia Militar. Em 1991, durante o segundo governo de Leonel Brizola no Rio de Janeiro (1991-1994), foi criada a Secretaria Extraordinária de Defesa e Promoção da População Negra (Sedepron), posteriormente nomeada Seafro, cujo titular foi Abdias Nascimento.

O movimento das Diretas Já, como disse acima, foi um marco importante na luta pelo fim do regime militar no Brasil e é interessante observar que representantes do movimento negro participaram diretamente do processo e conseguiram acrescentar algumas de suas demandas ao conjunto de reivindicações apresentado na ocasião. Durante as articulações para a participação do movimento no processo da campanha das Diretas, houve intensas discussões sobre a autonomia do movimento negro em relação aos partidos políticos e grandes disputas decorrentes dessas discussões, como se pode observar na entrevista de Amauri Mendes Pereira. Ela mostra como a disputa pela indicação do representante do movimento negro que participaria do comitê pró-Diretas do Rio de Janeiro acabou envolvendo um

A constituição do movimento negro contemporâneo no Brasil

intenso debate sobre a necessidade de apresentação de um militante que não fosse também ligado a nenhum partido político, como era o caso de Abdias Nascimento: "O Abdias era deputado federal, mas era o Abdias do PDT, e a gente batia: 'Não. O movimento não pode ser partidarizado. Se o Abdias for o representante, quem é o representante é o PDT. Tem que ser alguém de fora.' Aí eu fui eleito." A eleição a que Amauri se referiu ocorreu em uma assembleia da qual participaram, segundo o entrevistado, mais de 100 pessoas, entre militantes e representantes das organizações do movimento que já atuavam desde a década de 1970 no Rio de Janeiro. Essas intensas disputas, que ocorriam entre militantes negros vinculados a partidos e segmentos do movimento que empunhavam a bandeira da "autonomia do movimento social negro", podem ser encontradas, com menor frequência, ainda hoje no âmbito da militância negra.

Amauri também descreveu em sua entrevista como a frase "Dia internacional pela eliminação da discriminação racial", oficializado pela Organização das Nações Unidas para lembrar o já citado massacre de Sharpeville, na África do Sul, ocorrido em 21 de março de 1960, passou a fazer parte do folheto distribuído por ocasião do comício das Diretas Já, que seria realizado em 21 de março de 1984, no Rio de Janeiro.[274]

> Isso foi uma conquista extraordinária do movimento negro, porque todo folheto tinha isso, e foram milhões de folhetos. Todo mundo que fazia tinha que botar isso, embora alguns tenham tentado fazer sem botar isso, cortaram. Mas foram poucos; só um sindicato ou outro, porque diziam: "Não se pode particularizar..." A gente dizia: "Mas particularizar o quê? Se a passeata caísse dia 8 de março, não se colocaria 'Dia internacional da mulher'? Qualquer dia significativo de alguém dessa aliança, se é o dia, por que não?" Diziam: "Mas é porque não pode prevalecer a visão do movimento negro..." A gente dizia: "Não é prevalecer. Isso é um acordo." E aí acabamos costurando isso e saiu. Foi um sucesso muito grande.

---

[274] O massacre de Shaperville, distrito negro de Johannesburgo, ocorreu quando o Exército sul-africano atirou sobre uma multidão de 20 mil negros que protestavam pacificamente contra a lei do passe, que os obrigava a portar cartões de identificação, especificando os locais por onde podiam circular. O saldo da violência foram 69 mortos e 186 feridos. O comício das Diretas Já no Rio de Janeiro foi marcado inicialmente para a data de 21 de março, mas teve de ser transferido em virtude de uma crise renal do governador Leonel Brizola e acabou ocorrendo em 10 de abril. No dia 21 de março foi realizada uma grande passeata no Centro do Rio, entre a Candelária e a Cinelândia. Ver *DHBB*, verbete "Diretas Já".

A criação do Conselho de Participação e Desenvolvimento da Comunidade Negra, criado no governo paulista de Franco Montoro em 1983, como Verena Alberti e eu demonstramos em um artigo publicado no livro *Direitos e cidadania: memória, política e cultura*, organizado por Angela de Castro Gomes (ALBERTI & PEREIRA, 2007-e), é um ótimo exemplo da articulação entre movimento negro e Estado. Ivair Alves dos Santos registrou, em sua entrevista, que esse foi "o primeiro órgão de governo, depois do regime militar, criado para combater a discriminação racial e fazer políticas públicas". Filiado ao antigo Movimento Democrático Brasileiro (MDB), Ivair morou em Angola de 1979 a 1983, quando, de volta a São Paulo, passou a fazer parte do governo Montoro, integrando a Secretaria de Assuntos Políticos. Segundo ele, a experiência no Palácio dos Bandeirantes

> foi uma espécie de escola; eu comecei a observar como é que as coisas se desenrolavam dentro do palácio. (...) Eu pude observar, por exemplo, que as mulheres tinham criado um conselho, o Conselho da Condição Feminina. E a partir dessa experiência eu sugeri à Secretaria de Assuntos Políticos, ao chefe de gabinete (...): "Por que não criar um conselho do negro?" Ele achou interessante a ideia e me deu sinal verde, e eu comecei a trabalhar isso.

Logo no início do governo Montoro foi criado o Conselho Estadual da Condição Feminina, que inicialmente reunia exclusivamente mulheres brancas. Segundo Sueli Carneiro, um grupo de mulheres negras de São Paulo se reuniu e, como reação à composição do Conselho da Condição Feminina, constituiu o Coletivo de Mulheres Negras, que conseguiu colocar duas de suas representantes no Conselho Estadual da Condição Feminina, uma titular e uma suplente:

> O Coletivo surgiu de uma disputa que nós, mulheres negras, acabamos travando aqui em São Paulo, quando da criação do Conselho Estadual da Condição Feminina, no governo Franco Montoro, o primeiro conselho da mulher criado no Brasil.[275] Ele foi criado com 32 conselheiras e não tinha nenhuma mulher negra como conselheira. E isso produziu uma indignação. Na época nós tínhamos uma radialista negra chamada Marta Arruda, que denunciou. Ela tinha um programa

---

[275] O Conselho Estadual da Condição Feminina foi criado em São Paulo, pelo Decreto nº 20.892 de 4 de abril de 1983. André Franco Montoro (1916-1999) foi governador de São Paulo de 1983 a 1987, na legenda do Partido do Movimento Democrático Brasileiro (PMDB). Ver *DHBB*.

de rádio e, sabendo que o Conselho havia sido criado sem nenhuma representação de mulher negra, ela botou a boca no trombone. O programa dela tinha muita audiência, e ela começou a fazer essa denúncia: "Como é que criam um Conselho da Condição Feminina em São Paulo e não tem nenhuma representação de mulheres negras?" E foi em função disso que nós criamos o Coletivo, que, primeiro, foi uma frente mesmo, não tinha pretensões de se institucionalizar. Começamos a negociar com as conselheiras a inevitabilidade de incluir pelo menos uma mulher negra no Conselho Estadual. Levamos os nomes da Thereza Santos para ser a titular, representando as mulheres negras, e da Vera Saraiva para ser a sua suplente. Mas aí, como nós tínhamos travado uma verdadeira guerra aqui em São Paulo para entrar no Conselho, o Coletivo acabou tendo que continuar articulado para dar sustentação ao mandato das conselheiras negras, produzir ideias e documentos, e continuamos organizadas em torno desse mandato.

As entrevistas de Sueli Carneiro e Edna Roland,[276] fundadoras do Coletivo de Mulheres Negras de São Paulo, mostram como esse conselho começou a introduzir o recorte racial em diferentes temas relacionados à mulher (educação, saúde, violência etc.), ênfase que levou à criação da Comissão para Assuntos da Mulher Negra, dentro do próprio Conselho Estadual da Condição Feminina. A repercussão desse trabalho, segundo Sueli Carneiro, acabou resultando no convite que recebeu, em 1987, para coordenar o Programa Nacional da Mulher Negra, dentro do Conselho Nacional dos Direitos da Mulher, órgão do Ministério da Justiça. Segundo Sueli, sua atuação foi pautada pela continuidade da experiência adquirida em São Paulo e também pelo marco do centenário da abolição:

---

[276] Edna Roland nasceu na cidade de Codó (MA) em 12 de janeiro de 1951. Quando tinha sete anos mudou-se com a família para Fortaleza, onde viveu até os dez anos. A partir de então, viveu com a família em Goiânia, até iniciar o curso de psicologia na UFMG, em Belo Horizonte, em 1969. Participou da fundação do Coletivo de Mulheres Negras em São Paulo, em 1984; foi membro do Conselho Estadual da Condição Feminina de São Paulo, em 1988, e uma das fundadoras do Geledés Instituto da Mulher Negra, no mesmo ano. Em 1996 fundou a Fala Preta! Organização de Mulheres Negras, instituição da qual é presidente de honra. De fevereiro a junho de 1998 foi pesquisadora visitante do Harvard Center for Population and Development Studies, Cambridge, nos Estados Unidos. Foi eleita Relatora Geral da III Conferência Mundial Contra o Racismo, Discriminação Racial, Xenofobia e Intolerância Correlata, em Durban, na África do Sul, em 2001. Na época da entrevista era coordenadora de Combate ao Racismo e à Discriminação Racial para América Latina e Caribe, da Unesco no Brasil. A entrevista com Edna Roland foi gravada em 22 de julho de 2004, na sala de entrevistas do CPDOC/FGV, no Rio de Janeiro.

Eu vou para lá em 1987 e organizo um programa de ação com vistas ao centenário da abolição. Quer dizer, tanto uma política para o Conselho tratar a questão da mulher negra, que passa por essas linhas que a gente já vinha desenvolvendo no Conselho da Condição Feminina de São Paulo, quanto também tratar a questão do centenário da abolição em 1988, do ponto de vista das mulheres negras.

No relato de Sueli Carneiro é possível observar como a articulação entre movimento negro e Estado se amplia e possibilita ramificações para diferentes instâncias: nesse caso, de um coletivo de mulheres, criado para pressionar o governo do estado de São Paulo, até um órgão do governo federal. Outro ponto importante é a projeção que o movimento ganha por ocasião do centenário da abolição, em 1988, que abre espaço para articulações com os poderes públicos. E justamente nesse contexto que se dá a criação pelo governo federal, em agosto de 1988, da Fundação Cultural Palmares, vinculada ao Ministério da Cultura, com a finalidade de "promover a preservação dos valores culturais, sociais e econômicos decorrentes da influência negra na formação da sociedade brasileira".[277] (ALBERTI & PEREIRA, 2007-e)

Voltando ao Conselho de Participação e Desenvolvimento da Comunidade Negra, em sua dissertação de mestrado em ciência política, intitulada *O movimento negro e o Estado*, Ivair Alves dos Santos, refletindo ainda sobre as dificuldades na relação com o movimento durante o processo de criação do Conselho, chegou a afirmar o seguinte:

> Acabou-se formando uma oposição ao Conselho, vinda de setores peemedebistas e petistas. Começou-se a falar nos perigos da institucionalização do movimento negro, e foram muitas as articulações para esvaziar o Conselho. O conflito no interior do movimento estava instalado, pois a criação do Conselho colocava fatos novos e não controlados pelo conjunto do movimento negro que apoiava o governador Montoro. (SANTOS, 2001: 80)

Contudo, inspirado, como disse Ivair Alves dos Santos, no Conselho da Condição Feminina, convém ressaltar que, apesar do risco de afastamento de segmen-

---

[277] http://www.palmares.gov.br, acesso em 16/12/2007.

tos do movimento, o Conselho de Participação e Desenvolvimento da Comunidade Negra foi visto por ele e outros militantes como uma nova frente de atuação, como lembrou Ivair:

> Eu tinha clareza de que era mais uma arena política em que você ia estar trabalhando. Mas isso impediu, por exemplo, de você ter uma aproximação maior com o movimento, que ficou muito desconfiado com o que ia ser aquilo ali, entendeu? E nós tínhamos, de experiência, visto o que as mulheres tinham passado na hora de criar o Conselho delas, porque nós estávamos ali no centro do palácio. E aí, com isso tudo, nós aprendemos a poder construir o Conselho.

Nesse caso, aprender a construir o Conselho significou aprender a lidar com a máquina do estado. Na medida em que o Conselho foi criado, foi possível começar a trabalhar para implantar, no governo, segundo Ivair dos Santos, "a pauta (...) que o movimento negro vinha defendendo contra o racismo no trabalho, na educação, nas diferentes áreas". A atuação incluía também a busca de interlocução com diferentes setores da sociedade, entre eles os sindicatos. Hédio Silva Jr. relatou, em sua entrevista, o convite que lhe foi feito na época em que trabalhava no Sindicato dos Metalúrgicos de São José dos Campos:

> Eu fiquei trabalhando no sindicato até 1985-86, e um pouco antes disso eu entrei em contato com o Ivair (...), e ele e o Hélio Santos estão criando o Conselho da Comunidade Negra em São Paulo e queriam um sindicalista para tocar um trabalho com as centrais sindicais. E me propuseram que eu assumisse esse papel no Conselho. Eu fui para São Paulo.

Ao mesmo tempo, em paralelo ao que estava sendo realizado em São Paulo, os fundadores do Conselho cuidavam da divulgação dessa iniciativa pelo Brasil, como relatou Ivair Augusto Alves dos Santos:

> A gente panfletava em todo o país, dizendo que existia um órgão nesse sentido. Muita gente protestava, era contra. Mas na verdade, nós estávamos abrindo uma nova esfera de intervenção na estrutura, na máquina do Estado. A gente está falando de 1984, então faz mais ou menos 21 anos em relação a isso.

Zélia Amador de Deus, fundadora do Centro de Estudos e Defesa do Negro do Pará (Cedenpa), revelou em sua entrevista como foi importante, para a consolidação do movimento em diferentes regiões do país, a circulação e a difusão de experiências desse tipo. Zélia contou que conheceu o Conselho de Desenvolvimento e Participação da Comunidade Negra quando foi a São Paulo, em 1984, e que Hélio Santos e o órgão do qual ele foi o primeiro presidente tornaram-se referências importantes para a atuação do movimento negro no Pará. Mas vale ressaltar, que apesar de serem apresentados como passo importante, a criação e a instalação desse tipo de organismos não significava a efetivação de políticas públicas voltadas para a população negra. Em geral eram órgãos consultivos, e não executivos, o que já limitava suas possibilidades de ação, e, em geral, como afirmaram vários entrevistados, eles tinham um *status* inferior dentro da estrutura do Estado.

⁂

Em meados da década de 1980 foram realizados diferentes eventos que procuravam intervir na elaboração da Constituição promulgada em 1988. O ano de 1986 foi de bastante mobilização do movimento, por conta das eleições para a Assembleia Nacional Constituinte, ocorridas em 15 de novembro. Hédio Silva Jr. contou em sua entrevista sobre as articulações naquele contexto, que incluíram a participação de Hélio Santos, militante negro que havia sido presidente do Conselho criado no governo de Franco Montoro em São Paulo, na Comissão Provisória de Estudos Constitucionais, a chamada "Comissão Arinos", instalada pelo presidente José Sarney em setembro do ano anterior sob a presidência do jurista Afonso Arinos, com a atribuição de elaborar um anteprojeto de Constituição:

> Eu tive uma passagem pelo MNU, na verdade. Uma passagem em que eu fiquei na condição de simpatizante. Nunca fui militante orgânico, mas sempre tive simpatia. E quando fui para São Paulo me aproximei um pouco mais do MNU. Por conta das eleições constituintes e do processo dos vários segmentos que estavam se preparando para influenciar na feitura da Constituição, nós organizamos em Brasília o encontro nacional "O negro e a Constituinte", em 1986. (...) O Hélio Santos teve um papel especialmente importante porque o Montoro o havia indicado para compor aquela comissão de notáveis, a Comissão Arinos, que o Sarney

nomeou para elaborar um projeto de Constituição. Então o Hélio, um pouco, se empenhou para chamar a atenção da militância para a importância de ter uma participação mais organizada. Mas em vários estados havia pessoas que estavam preocupadas: o Abdias havia sido candidato aqui no Rio de Janeiro com uma campanha explicitamente direcionada para a luta contra o racismo; o Caó, que também foi candidato (...); a própria Benedita, que na época era vereadora...[278] Enfim, algumas figuras foram mais importantes para chamar a atenção da militância, para falar da importância de uma participação organizada no processo constituinte.

A Convenção Nacional "O Negro e a Constituinte", organizada pelo MNU em Brasília em 1986, a que Hédio Silva Jr. se refere acima, acabou tornando-se um importante evento para o movimento negro naquele período, como afirmou Zélia Amador de Deus:

> Em agosto 1986, o MNU puxou um congresso pré-Constituinte em Brasília, aberto para todas as entidades do movimento negro do país, independentemente de serem filiadas ou não ao MNU. Foi muito interessante, porque foi naquele congresso que surgiram as propostas do racismo como crime e também das terras de quilombos, que acabou se tornando o Artigo 68 das Disposições Transitórias da Constituição.[279] Quer dizer, essa era uma questão que você já vinha discutindo também. Eu me lembro que, em 1987, o tema do Encontro de Negros do Norte e Nordeste, que nós sediamos aqui em Belém, foi "Terra de quilombo". Nos encontros você elegia o tema do encontro do ano seguinte. E aí, as entidades se obrigavam a criar teses, a escrever suas propostas sobre aquilo, para levar no encontro seguinte. Então, antecipando a Constituição, a gente já estava discutindo isso fazia tempos. O Pará e o Maranhão já discutiam, até porque foram instados para isso. No Maranhão tinha a Mundinha lá no CCN sendo pressionada pela situação do

---

[278] Benedita da Silva foi eleita vereadora do Rio de Janeiro na legenda do PT em 1982.

[279] Outra determinação da Constituição de 1988 foi a criminalização do racismo, através do item XLII do Artigo 5º, segundo o qual "a prática do racismo constitui crime inafiançável e imprescritível, sujeito à pena de reclusão, nos termos da lei". Até então, o preconceito de raça ou de cor era considerado apenas contravenção penal, de acordo com a chamada Lei Afonso Arinos, de 3 de julho de 1951. O novo instrumento legal decorreu de emenda constitucional apresentada pelo deputado constituinte Carlos Alberto Caó. Em 5 de janeiro de 1989, a Lei Ordinária nº 7.716, resultante de projeto de lei também apresentado pelo deputado Carlos Alberto Caó, definiu os crimes resultantes do preconceito de raça ou de cor. Ela foi parcialmente alterada pela Lei nº 9.459, de 13 de maio de 1997. Ver www.senado.gov.br, "Legislação".

pessoal do Frechal, que vivia uma situação difícil.[280] Aqui tinha o Cedenpa sabendo da situação dos negros lá de Oriximiná, imprensados pela criação da Mineração Rio do Norte e pela criação da reserva biológica, que acabou fechando parte do rio Trombetas para as comunidades negras que tradicionalmente moravam lá.[281]

Hédio Silva Jr., não só confirmou que nesse encontro em Brasília essas duas demandas, a criminalização do racismo e a regularização das terras de quilombolas, eram consensuais no movimento, como também destacou o papel das organizações nordestinas para que a segunda demanda entrasse na pauta das discussões da Constituinte:

> Havia consensos. O primeiro consenso era a criminalização do racismo. E depois, no curso dos debates, eu me lembro que foi a primeira vez em que me ative a essa demanda das comunidades de quilombo. Porque em São Paulo nós temos 32 comunidades de quilombo, eu já tinha ouvido falar, mas não tinha realmente a dimensão do problema. Foi nesse encontro que especialmente o pessoal do Nordeste pautou o tema das terras de comunidades de quilombo com muito vigor e nós, então, tivemos a oportunidade de perceber a dimensão que o problema tinha. Esse também foi um tema consensual. Eu me lembro que fui o presidente e fui o relator, e era um documento extenso, em que havia um conjunto de proposições na área cultural também. Havia uma proposta de proibir que o país

---

[280] Segundo Ivo Fonseca Silva, originário do quilombo Frechal e uma das principais lideranças da Aconeruq, o conflito iniciou-se em 1974, com a chegada de um "pretenso proprietário" que se intitulou "dono daquelas terras", e chegou a durar 20 anos. Segundo ele, em 1985, os habitantes de Frechal resolveram se organizar como grupo e fundaram uma associação de moradores, "com a participação da Igreja, do sindicato e de diversas entidades de apoio. A mobilização estendeu-se até o Centro de Cultura Negra do Maranhão e a Sociedade Maranhense de Direitos Humanos, onde foi elaborado um processo judicial, culminando na criação de uma reserva extrativista, hoje reconhecida no Brasil inteiro como Reserva Extrativista de Frechal." Ver Ricardo Telles. *Terras de preto, mocambos, quilombos: histórias de nove comunidades negras rurais do Brasil* (São Paulo: Editora @books, 2001), em www.social.org.br/artigos/artigo003.htm, acesso em 21/8/2012.

[281] Sobre os conflitos nas mais de 20 comunidades quilombolas existentes no município de Oriximiná, noroeste do estado do Pará, ao longo do rio Trombetas, ver Adauto Neto Fonseca Duque. *Boa Vista e Moura – terra de quilombolas – e o grande projeto Trombetas: uma incômoda presença*. (Dissertação de mestrado em história, Universidade Federal do Ceará, 2004). Segundo o autor, seu estudo analisa o impacto dos grandes projetos desenvolvidos no rio Trombetas, como a Mineração Rio do Norte, a partir dos fins da década de 1970 sobre as comunidades negras remanescentes de quilombos de Boa Vista, Água Fria e Moura.

se relacionasse com a África do Sul e havia uma condenação muito vigorosa ao regime do *apartheid*.

Nesse sentido, o Artigo 68 do Ato das Disposições Constitucionais Transitórias da Constituição de 1988, que reconhece a propriedade definitiva das terras de remanescentes das comunidades de quilombos é um exemplo muito interessante de conquista do movimento negro pela via legislativa. Milton Barbosa lembrou das dificuldades vivenciadas para que se chegasse aos consensos necessários dentro dessa Convenção realizada em Brasília, e também destacou o papel dos parlamentares negros que, de fato, levaram para a Assembleia Nacional Constituinte as demandas apresentadas durante o encontro em Brasília:

> Nessa Convenção Nacional do Negro, a gente buscou articular amplos setores, mas não foi fácil. Houve muitos embates, era um negócio difícil, emperrado. O Hédio presidiu muito bem, mas estava sofrendo um bombardeio do caramba. (...) Mas foi interessante. E dois pontos fundamentais eram justamente a criminalização do racismo e o Artigo 68 sobre os remanescentes de quilombos. Lógico que teve mais um monte de questões: a preocupação com os países africanos de língua portuguesa, a questão do imigrante africano, a questão da violência policial, tudo isso. Mas eu acho que, de muita importância, foram essas duas propostas, que depois foram encaminhadas, uma pelo Caó, a outra pela Benedita, se eu não me engano.[282]

A questão da regularização das chamadas "terras de preto" já vinha sendo discutida havia bastante tempo, principalmente pelas organizações negras nordestinas, como se viu acima. Em agosto de 1986, por exemplo, o Centro de Cultura Negra (CCN) do Maranhão promoveu o I Encontro de Comunidades Negras Rurais do Maranhão, com o tema "O negro e a Constituição brasileira", discutindo a necessidade de regulamentação das chamadas "terras de preto", que vinham

---

[282] Como titular da Subcomissão de Negros, Populações Indígenas e Minorias, e suplente da Subcomissão da Nacionalidade, da Soberania e das Relações Internacionais, da Comissão da Soberania e dos Direitos e Garantias do Homem e da Mulher, Benedita da Silva participou da elaboração de diversos artigos do capítulo referente à Ordem Social da nova Carta, entre os quais os relativos à demarcação de terras indígenas, à regulamentação da propriedade da terra nas comunidades remanescentes de quilombos e aos direitos trabalhistas de empregadas domésticas. Ver *DHBB*.

sendo objeto de estudo de uma das principais referências do movimento negro do Maranhão, Mundinha Araújo, desde o final da década de 1970.[283] Mundinha, aliás, também comentou em sua entrevista sobre esse I Encontro organizado em 1986 pelo CCN do Maranhão e afirmou que já vinha discutindo a questão das "terras de preto" havia bastante tempo, inclusive em interlocução com outros preocupados com essa questão em diferentes lugares.

E mesmo assim, já possuindo bastante conhecimento acumulado sobre o tema e tendo consciência do fato de que havia várias e diferentes formas de constituição das chamadas "terras de preto", além dos antigos quilombos, ela não soube dizer a razão pela qual o termo "remanescentes de quilombos" acabou entrando no texto Constitucional. Mundinha Araujo disse o seguinte em sua entrevista: "Eu também participava de um bando de encontros e já levava *slides* das comunidades. Agora, de onde saiu para botarem 'remanescentes de quilombos' na Constituição, eu não sei.[284] Porque a gente já sabia que o negro tinha tido diversas formas de acesso à terra, não necessariamente só essa de ser remanescente de quilombo." Mundinha afirmou também na entrevista que o termo "terra de preto" foi cunhado pelo antropólogo Alfredo Wagner, que via dentro da estrutura agrária naquele estado o que ele chamava de terras de índio, terras de preto, terras de santo... Mas Mudinha lembra também que

> em cada lugar o acesso à terra tinha sido diferenciado. Alguns foram compra e venda; lá mesmo, em Alcântara, depois da Abolição, os pretos adquiriram. Eles chamavam de terra de herança. É porque tinha vindo desde os pais, passou para os filhos e para os netos: terra de herança. Só que essas terras, quando o Alfredo fala "terra de preto", é porque elas são reconhecidas na sociedade daquele município como um todo como de pretos. E muitos têm essa denominação: Santo Antônio dos Pretos, Santa Rosa dos Pretos, Mandacaru dos Pretos, Sant'Ana dos Pretos. Aí ficaram sendo reconhecidas pelo que a gente chama "terra de pretos".

---

[283] Sobre as "terras de preto" do Maranhão, ver Projeto Vida de Negro. *Terras de preto no Maranhão*: quebrando o mito do isolamento. Org. Alfredo Wagner Berno de Almeida. São Luís, Centro de Cultura Negra do Maranhão e Sociedade Maranhense de Direitos Humanos, 2002.

[284] O Artigo 68 do Ato das Disposições Constitucionais Transitórias da Constituição Federal promulgada em 5 de outubro de 1988 recebeu a seguinte redação: "Aos remanescentes das comunidades dos quilombos que estejam ocupando suas terras é reconhecida a propriedade definitiva, devendo o Estado emitir-lhes os títulos respectivos." Ver www.senado.gov.br, "Legislação Federal".

Em alguns lugares eles têm mais memória da escravidão do que em outros. No Cajueiro, eles não gostavam de falar de escravidão. Aí toda vez que eu tocava no assunto: "Não. Isso não. Isso foi do tempo do vai." Eles dizem que os brancos só diziam: "Vai fazer isso! Vai fazer aquilo! Vai encher água! Vai!" Aí eles ficaram dizendo que era do tempo do "vai". Aí o que eu deduzi? Em alguns lugares, mesmo que todos tivessem em comum a história do cativeiro, uns procuraram apagar da sua memória. Deve ter sido algo muito traumatizante, muito violento. Em algumas regiões mais do que em outras, em alguns estabelecimentos mais do que em outros, porque não se pode dizer que todos os senhores davam tratamento igual. "Todos eram sádicos, todos torturadores" – não, não pode. Não era assim. E, de acordo com o tratamento recebido pelos antepassados deles, que eles ouviram contar, em alguns lugares você vai ouvir histórias e mais histórias. Como em Santa Rosa dos Pretos, onde era muito viva a memória. Eu ainda conversei com descendentes, filhos de escravos. Quando fui lá, em 1986, ainda tinha quatro irmãos filhos do antigo carreiro da fazenda. Era ele que levava o barão pra cá e pra lá, era um escravo de casa, teve muitos filhos, e restavam quatro. Tive a sorte de gravar entrevistas com eles, e eles falavam desse tempo. Nesse caso, eles diziam que aquele senhor era bom. O pai deles dizia que aquilo não era senhor, aquilo era um pai. Tão bom que, quando morreu, deixou a terra para eles. (...) Tem caso de terra que foi adquirida, e vão enfrentar a questão da grilagem. Tem comunidade que, nos anos 1940, já estava enfrentando grileiros. Outros já são de 1960, 70. Quando a gente começou o movimento, em 1979, 80, já visitava comunidades que estavam sofrendo muito e muitas outras já tinham passado por essa fase, já tinham sido expulsas das terras. Mas desde o início a gente pensou logo que tinha que trabalhar com as comunidades negras.

Magno Cruz, que na época era o presidente do CCN, contou sobre o I Encontro de Comunidades Negras Rurais do Maranhão em sua entrevista:

> Em 1986 nós fizemos o primeiro encontro de negros da zona rural. Esse encontro vai se dar num momento em que o país todo discutia a questão da Constituinte para a Constituição de 1988. E nós achávamos que não era interessante que somente nós, aqui na capital, na cidade, discutíssemos quais eram as nossas reivindicações para a Constituição, e não ouvíssemos o segmento majoritário, que era o negro do interior, o negro da zona rural. Por isso resolvemos realizar esse primeiro encontro, que tinha como tema "O negro e a Constituinte".

Três meses depois, as resoluções desse encontro foram levadas pelo CCN, junto com outras instituições, como o Cedenpa, à cerimônia de tombamento da Serra da Barriga, em Alagoas, onde existiu o Quilombo dos Palmares. Nessa ocasião estava presente a então recém-eleita deputada constituinte Benedita da Silva, que, mais tarde, apresentou a demanda à Assembleia Nacional Constituinte. Ainda em 1986, como lembrou Zélia Amador no trecho de sua entrevista citado acima, os participantes do VI Encontro de Negros do Norte e Nordeste, realizado em Aracaju, elegeram o tema "Terra de quilombo" para o encontro do ano seguinte, que foi realizado em Belém. É claro que a elaboração do Artigo 68 se deveu também a outros fatores, mas é possível perceber que as discussões e trocas de experiências ocorridas nos encontros de negros possibilitaram a transformação dessa e de outras questões em demandas sociais.

Esse processo que levou a luta pela regularização das "terras de preto" a se tornar uma demanda social encampada pelo movimento negro em todo o país foi fundamental, inclusive, para a criação mais tarde, em meados da década de 1990, do movimento quilombola em âmbito nacional, como também, lembrou Mundinha em sua entrevista, referindo-se ao movimento quilombola do estado do Maranhão:

> Acho que de 1980 até 1988 essa questão [da regularização das terras de preto] foi uma das prioridades do CCN, porque a gente também priorizava a educação, priorizava essa denúncia e priorizava as terras. Agora, a partir de 1988, o CCN vai se voltar mais só para a zona rural: em toda a década de 1990 até hoje. Porque aí inclusive já teve financiamento para os projetos. E cresceu tanto que o que começou como uma sementezinha no CCN hoje se transformou na Associação das Comunidades Negras Rurais Quilombolas do Maranhão, a Aconeruq, que, na realidade, saiu do CCN.[285] Ficou uma coisa bem grande.

Da mesma forma, outra importante determinação da Constituição de 1988 foi a criminalização do racismo, através do item XLII do Artigo 5º, segundo o qual "a prática do racismo constitui crime inafiançável e imprescritível, sujeito à pena de reclusão, nos termos da lei". Até então, o preconceito de raça ou de cor

---

[285] A Associação das Comunidades Negras Rurais Quilombolas do Maranhão (Aconeruq) foi criada em 1997, em substituição à Coordenação Estadual de Quilombos Maranhenses, criada em outubro de 1995.

era considerado apenas contravenção penal, de acordo com a Lei Afonso Arinos, de 3 de julho de 1951. O novo instrumento legal decorreu de emenda constitucional apresentada pelo deputado constituinte Carlos Alberto de Oliveira, o Caó, e, como se viu acima, também resultou de uma reivindicação do movimento negro.

A transformação de uma reivindicação em instrumento legal em casos como os citados acima é, sem dúvida, uma conquista do movimento negro. Como, contudo, a existência de uma lei não significa necessariamente sua implementação, inicia-se nesse momento uma nova frente de atuação, dedicada a colocar a lei em prática. Muitas vezes, essa segunda frente de atuação pode tornar-se ainda mais difícil e desgastante do que as já complexas articulações e negociações necessárias para a construção do instrumento legal. É muito difícil conseguir manter a mobilização constante de um movimento social tão plural e diverso como o movimento negro. Mesmo que haja demandas objetivas, como a colocação em prática de uma lei conquistada pelo movimento. Vale ressaltar o fato de que o movimento negro contemporâneo não se tornou um movimento de massa, em grande medida, justamente em função dessa dificuldade de mobilização do conjunto do movimento. O ano de 1988 é uma exceção, nesse sentido. Naquele ano, houve grande mobilização e um acentuado crescimento do movimento negro em todo o país, como se verá abaixo.

1988, centenário da Abolição

Segundo vários ativistas entrevistados para esta pesquisa, o ano de 1988 foi um verdadeiro marco na história do movimento negro contemporâneo no Brasil. O centenário da abolição da escravatura foi considerado por diversos setores do movimento como o momento ideal para provocar a discussão sobre a situação do negro na sociedade brasileira. Um dos principais eventos realizados pelo movimento, nesse sentido, foi a "Marcha contra a farsa da Abolição", realizada em 11 de maio de 1988 na Candelária, no Centro do Rio de Janeiro, cujo cartaz de divulgação tinha como título "Nada mudou – Vamos mudar" e apresentava duas imagens justapostas: uma gravura representando negros sendo vendidos como escravos antes de 1888 e uma fotografia contemporânea de negros amarrados pelo pescoço com uma corda, sendo vigiados por um policial. Essa Marcha do Rio de Janeiro acabou ganhando repercussão nacional e internacional, em função do grande aparato militar disponibilizado pelo Exército brasileiro para impedir a passagem dos militantes negros pelo busto de Duque de Caxias, que fica em frente ao Comando Militar do Leste e ao lado da Central do Brasil.[286] Ivanir dos Santos, refletiu sobre a importância dessa Marcha para o movimento na década de 1980:

> 1888 LEI ÁUREA 1988
> NADA MUDOU
> VAMOS MUDAR
> MARCHA CONTRA A FARSA DA ABOLIÇÃO
> PARTICIPE
> 11 DE MAIO - 16 HORAS - CANDELÁRIA
> MOVIMENTO NEGRO - RJ

> Eu era do comando da Marcha em 1988. Eu e o Amauri, naquela briga do vai pra cá, vai pra lá, o Amauri querendo passar as baionetas, e eu dizendo: "Não vamos passar as baionetas." Eu lembro muito bem da reunião tensa com o Saboya, quando ele ligou para a gente e disse: "Vocês sabem, o Zumbi é muito importante para vocês."[287] Nós marcamos uma reunião com ele, justamente, num prédio ali na Presidente Vargas. Entramos na portaria quando o Exército estava cercando.

---

[286] Interessantes imagens do enorme aparato militar e da Marcha de 1988 em si, podem ser encontradas no livro do fotógrafo e ativista negro Jánuário Garcia: *25 anos 1980-2005: movimento negro no Brasil*. Brasília, DF: Fundação Cultural Palmares, 2006.
[287] A princípio, a Marcha deveria partir da Candelária e ir até a estátua em homenagem a Zumbi dos Palmares, que fica na Praça Onze, depois da Central do Brasil.

A constituição do movimento negro contemporâneo no Brasil

> Eu lembro que eu vinha no meu carro para ir para o IPCN – tinha uma reunião do comando da Marcha –, e a cidade já estava sitiada. Já tinha aquela informação de que o Exército estava tirando faixas do nosso pessoal. Aí fizemos uma reunião tensa, todo mundo muito preocupado, mas aguerrido politicamente. E é para isso que eu chamo a atenção: nós éramos sozinhos. Era só o movimento negro. Os partidos de esquerda não estavam envolvidos. Eles correram depois que viram a repercussão que deu, porque, com Exército, que, para não deixar passar, botou baioneta, é óbvio que a imprensa toda acabou chamando a atenção, e nos deu o que nós queríamos na verdade: mostrar a farsa da Abolição.
>
> Então, fomos lá negociar. Estávamos eu, Amauri e acho que o Januário, se não me engano, conversando lá. E aí surgiu a seguinte ideia: "Vamos caminhar até onde o racismo deixar." Na verdade, ninguém queria esculhambar o Caxias. Eles se precipitaram a partir de uma fala do Frei David lá em Caxias. Todos nós sabemos o papel do Caxias. Caxias não é um herói para a comunidade negra. É um herói do Exército. Todo mundo sabe, quem leu o *Dom Obá*, inclusive, depois, vai compreender melhor o que foi a Guerra do Paraguai, qual foi o papel da comunidade negra na Guerra do Paraguai.[288] Mas acabou que a reação do Exército provocou em todos nós uma ira. Aí que "nego" ia esculhambar o Caxias mesmo! É óbvio, depois disso, daquela reação do Exército durante o dia, toda aquela confusão: "Não vai deixar a Marcha sair, vai deixar..." Então nós decidimos que a Marcha ia até onde eles deixassem. Mas eu acho que foi um fato político muito importante para o movimento negro, porque acabou desmistificando a Abolição. Porque eles queriam fazer uma festa para comemorar o centenário. Com aquilo ali não teve comemoração, acho que o movimento negro acertou.

Amauri Mendes Pereira, outra liderança na Marcha de 1988 no Rio de Janeiro, refletiu em sua entrevista sobre o que estava sendo preparado oficialmente pelos governos para o centenário da Abolição, e qual era a postura do movimento em relação à essa preparação naquele momento: "tudo era uma forma de ver harmonia. E nós estávamos ali exatamente para botar água nessa sopa. Era para mostrar que não havia harmonia. Nosso ímpeto era mostrar que havia o contrá-

---

[288] Eduardo Silva, *Dom Obá II d'África, o príncipe do povo. Vida, tempo e pensamento de um homem livre de cor* (São Paulo: Companhia das Letras, 1977).

rio, havia o racismo, que a gente queria a harmonia, mas que isso tinha que ser construído." E completou: "Talvez a expressão não fosse exatamente essa, mas a ideia era: 'Queremos, mas isso não existe. Queremos porque não existe. Se alguém diz que existe, está errado e nós temos que combater'." E, como disse Ivanir dos Santos acima, todo aquele aparato militar disposto pelo Exército para impedir uma marcha pacífica de militantes negros, já no período democrático, gerou repercussões na mídia e acabou trazendo mais visibilidade para o movimento e para o seu discurso em relação a não-existência da democracia racial no Brasil, mesmo 100 anos após a Abolição.

Além da realização de marchas semelhantes a do Rio em várias capitais, muitas outras formas de atuação foram colocadas em prática naquele ano.[289] Segundo Magno Cruz, do Maranhão, "o ano de 1988 foi interessante e atípico, porque foi um ano em que a gente se preparou para contestar o centenário da Abolição que foi preparado oficialmente." Sendo assim, levando-se em consideração o fato de que naquele momento as redes de relações do movimento negro já estavam bastante estabelecidas pelo Brasil, também ocorreram manifestações em vários estados constestando as celebrações oficiais do centenário da Abolição. Nesse sentido, o centenário da abolição alimentou o debate sobre a questão racial em diferentes segmentos da sociedade brasileira e acabou contribuindo fortemente para a criação de novas organizações negras por todo o país, como o Geledés (1988) em São Paulo e o Ceap (1989) no Rio de Janeiro. Olívia Santana, militante negra e vereadora em Salvador, contou em sua entrevista que na criação da União dos Negros pela Igualdade (Unegro), em 1988, já se destacava como elemento fundamental da organização a questão de gênero: "Participei da criação da Unegro, em 1988, em Salvador. A gente tinha um entendimento político de que a luta antirracista no Brasil precisava partir de uma articulação de gênero, raça e classe, e que esse era o principal foco teórico para a organização do negro e da negra brasileira."[290]

---

[289] Um levantamento realizado pela Universidade Federal do Rio de Janeiro ao longo de 1988 registrou mais de 1.700 eventos relacionados ao Centenário da Abolição, em diversos estados do país, no interior e nas capitais. Ver MAGGIE, 1994.

[290] Olívia Santana nasceu em Salvador no dia 25 de março de 1966. Formada em pedagogia pela Universidade Federal da Bahia em 1992, participou da fundação da Unegro em 1988, sendo eleita presidente da entidade em 1994. Eleita vereadora da cidade de Salvador em 2004, na legenda do Partido Comunista do Brasil (PC do B), no ano seguinte foi nomeada Secretária Municipal de Educação e Cultura, na gestão do prefeito João Henrique Carneiro, cargo que ocupava à época

A constituição do movimento negro contemporâneo no Brasil

Como registrou Sueli Carneiro, uma das fundadoras, em sua entrevista, o Geledés Instituto da Mulher Negra foi fundado em 30 de abril de 1988, em São Paulo. Sueli explicou que as Geledés – o nome abrasileirado – são organizações religiosas femininas, dirigidas por mulheres, mas de que os homens participam, e que existem até hoje nas sociedades tradicionais iorubas. São cultos ao poder feminino. Nesse sentido, explicou Sueli Carneiro:

> Então foi com essa ideia de reconhecimento de um lugar que cabe ao feminino na construção do mundo que a gente pensou essa entidade. Ou seja, de ser uma organização de mulheres, liderada por mulheres, que pudesse conter a presença masculina, mas desde que a liderança feminina fosse respeitada, que fosse um instrumento de dar voz, visibilidade e promover mulheres negras na sociedade brasileira. Então essa foi a concepção original do ponto de vista do nome. Buscamos nessa tradição os conteúdos para construir um instrumento político de afirmação de mulheres negras.

A criação do Geledés, no mesmo ano da realização do I Encontro Estadual de Mulheres Negras do Rio de Janeiro e do I Encontro Nacional de Mulheres Negras, acabou por alimentar a ideia de criação de organizações voltadas exclusivamente para as mulheres negras em várias partes do país. Além de fortalecer o nascente movimento de mulheres negras, a criação do Geledés também serviu de modelo para muitas outras organizações, no que diz respeito às suas formas de atuação, baseadas em programas e projetos financiados majoritariamente por instituições da chamada "cooperação internacional". Como contou Sueli em sua entrevista:

> construímos o Geledés, com uma perspectiva clara de ser uma organização política voltada para o combate ao racismo e ao sexismo e para a promoção das mulheres negras em particular, e do conjunto da população negra em geral. Construímos um plano de ação baseado em um tripé: direitos humanos, saúde e comunicação, que foram os três programas iniciais nos quais nos apoiamos, e que hoje aumentaram significativamente. Comunicação era uma estratégia de criar instrumentos

---

da entrevista. A entrevista foi gravada em 1 de julho de 2005, no Centro de Convenções Ulisses Guimarães, em Brasília, durante a I CNPIR.

institucionais de divulgação de nossas ideias, teses e trabalhos. Mas também de pautar o tema racial, a questão da mulher negra nos meios de comunicação. Comunicação também representou toda a interface entre a organização e os movimentos de mulheres e os movimentos negros. Ou seja, era uma visão bem ampla de comunicação, no sentido de ser tanto a busca de interlocução e parceria com outros movimentos sociais, como a produção de instrumentos de divulgação institucional, e ainda formas de sensibilizar os meios de comunicação para a temática.

Hoje nós temos um programa de capacitação e profissionalização de jovens e adolescentes, um programa de educação e formação para a cidadania e um programa de ação afirmativa. Cada um deles abriga um monte de projetos. Temos tido apoio institucional da Fundação Ford desde 1991, 92. Acho que o primeiro financiamento nosso foi por uma organização internacional que lida com a área da saúde, a Coalition.[291] Historicamente nós fomos, ou temos sido, apoiadas por Coalition, Fundação Ford e Fundação MacArthur e tivemos também alguns projetos com o Ministério da Justiça – porque temos um programa de direitos humanos que é bastante vasto –, a Fundação Cultural Palmares, a Fundação Levi Strauss, a Kodak do Brasil, a Xerox e a Fundação Bank Boston – esses são mais recentes.

Um dos grandes diferenciais do Geledés como instituição no final da década de 1980 era o fato de que algumas de suas fundadoras já traziam uma sólida experiência de atuação em projetos e programas na máquina estatal, conheciam a burocracia necessária para a realização de articulações com o poder público e tinham contatos internacionais, como demonstra em sua entrevista Edna Roland, outra das fundadoras do Geledés:

> Em 1989, eu estava na Secretaria da Saúde e, com a Sueli, a Deise Benedito, que é uma companheira que vinha também desde o Coletivo de Mulheres Negras, e outras companheiras, começamos a operar enquanto Geledés. A primeira atividade que realizamos foi creio que em janeiro, bem no início de 1989. Recebemos um pedido do reverendo Sant'Ana, se não me engano, para organizar uma visita do

---

[291] A International Women's Health Coalition (Coalizão Internacional pela Saúde das Mulheres) foi fundada em 1984, com sede em Nova York.

presidente do SOS Racismo da França, Harlem Désir.[292] Ele veio acompanhado de um outro companheiro dele e nós organizamos, então, essa visita sem um centavo no bolso, é claro. Conseguimos um cartaz na Imprensa Oficial, montamos um debate na OAB de São Paulo, conseguimos viatura da prefeitura para ficar subindo e descendo o mapa de São Paulo com ele, conseguimos almoço com o deputado não sei quem, jantar com não sei quem mais, hospedagem... Armamos tudo sem um centavo no bolso e fizemos um grande *boom* na cidade com a passagem do presidente do SOS Racismo. Com isso, essa ideia do SOS Racismo foi uma coisa que começou a pintar na nossa cabeça. Já havia uma experiência de SOS Racismo no Rio de Janeiro, do IPCN, se não me engano. E aí, o que tinha acontecido com a nossa passagem pelo Conselho Nacional dos Direitos da Mulher e pelo Conselho Estadual da Condição Feminina? Nós tínhamos aprendido certas coisas. Primeiro, tínhamos aprendido algumas práticas administrativas: como é que você organiza uma instituição, comissões, grupos de trabalho... Segundo, tínhamos entrado em contato com algumas agências financiadoras.

Ivanir dos Santos, que havia sido aluno interno da Funabem (Fundação Nacional para o Bem estar do Menor) e fundador Associação de Ex-Alunos da Funabem (Asseaf) em 1979, no Rio de Janeiro, refletiu em sua entrevista sobre a sua transformação de militante e ex-aluno da Funabem em militante negro:

> Mas qual era a nossa questão? A questão era que o movimento negro compreendesse, além do seu reconhecimento no discurso, as questões dos ex-alunos da Funabem, das prostitutas, dos marginalizados. Porque o movimento negro tinha um discurso racial, mas muito a partir de uma perspectiva; não conseguia ligar o discurso racial à questão social. Esse é um nó górdio até hoje, que está se superando um pouco mais agora. Então, a nossa preocupação era com os ex-alunos de fato.

---

[292] O reverendo Antônio Olímpio de Sant'Ana, da Igreja Metodista, foi presidente e secretário executivo da Comissão Ecumênica Nacional de Combate ao Racismo (Cenacora). Foi membro do Comitê do Governo Brasileiro junto à Conferência Mundial de Combate ao Racismo, realizada em Durban, África do Sul, em 2001. Ver http://racabrasil.uol.com.br/cultura-gente/141/imprime164125.asp, acesso em 23/8/2012. Harlem Désir (1959), formado em filosofia pela Universidade de Paris-Sorbonne (1983), foi o criador e presidente do SOS Racismo na França (1984-1992). Desde 1994 é membro do Conselho Nacional do Partido Socialista na França e desde 1999 é deputado pela França no Parlamento Europeu, onde foi vice-presidente da delegação do Parlamento Europeu para as relações com os Estados Unidos (2002-2004). Ver http://www.europarl.europa.eu/meps/pt/4318/Harlem_D%C9SIR.html, acesso em 23/8/2012.

Embora eu vá compreendendo que não tem uma questão do ex-aluno se não entender a questão da pobreza, se não entender a questão das mães solteiras, das mulheres – a maioria era filho de mãe solteira – e a questão racial. Foi aí que eu virei militante do movimento negro, e foi aí que, inclusive, dez anos depois da Associação, a gente cria o Centro de Articulação de Populações Marginalizadas, o Ceap.

Segundo Ivanir dos Santos, o Centro de Articulação das Populações Marginalizadas (Ceap) acabou por se tornar a primeira ONG do movimento negro:

Vai ser a primeira ONG negra, na verdade, com características de ONG. E abriu aquela polêmica no movimento negro: "Dinheiro internacional!" Aquelas confusões todas, desconfiança até dizer chega. Hoje está todo mundo nesse barco, mas naquela época a gente apanhava muito porque tudo tinha desconfiança. Quando precisavam de recursos, pediam que a gente articulasse para fazer os atos, as manifestações, nos colocavam nas comissões de finanças. Por outro lado, tinham uma desconfiança, porque não conseguiam entender, naquela época, que tinha um movimento ecumênico que ajudou a esquerda em todo Brasil. A CUT e todo mundo nasceu desse tipo de recursos que foram articulados pela chamada cooperação internacional, que tinha uma agenda de democratização do país e da questão dos direitos humanos – foi nisso que nós entramos. Aí foi uma conversa do Rubinho – que era um amigo meu, antropólogo que trabalha com os indígenas, do Museu Nacional –, que acabou me introduzindo nessa área da cooperação internacional, que já tinha ajudado a Associação de Ex-Alunos – tanto que ela tinha uma estrutura.[293]

No início da década de 1990 houve a criação de várias ONGs negras por todo o país. Lúcia Xavier, uma das entrevistadas para esta pesquisa por exemplo, juntamente com outras mulheres negras fundou em 1992 a ONG Criola, no Rio de Janeiro. Lúcia, que é assistente social e que, por causa de seu trabalho com "meninos de rua", chegou a ser vice-presidente do Conselho Estadual da Criança e do Adolescente, no Rio de Janeiro na década de 1990, contou em sua entrevista como já convivia dentro do IPCN, na década de 1980, com Lélia Gonzalez e outras mulheres negras que também se articulavam em torno da questão de gê-

---

[293] Rubem Ferreira Thomaz de Almeida, antropólogo formado pela USP e com mestrado pelo Museu Nacional da UFRJ, foi membro do Conselho Indigenista da Fundação Nacional do Índio (Funai). Ver Plataforma Lattes do CNPq, http://lattes.cnpq.br/, acesso em 23/8/2012.

nero. Da mesma forma, ela já se articulava com um grupo de mulheres que fazia parte do programa de mulheres do Ceap, o Centro de Articulação de Populações Marginalizadas, em função de sua aproximação anterior com essa organização que, assim como ela, também trabalhava com "meninos de rua". Referindo-se à fundação da Criola e refletindo sobre a natureza cumulativa das discriminações sofridas pelas mulheres e homossexuais negros, Lúcia disse o seguinte:

> A Criola nasceu dessa possibilidade de juntar essas mulheres, com essas experiências todas, num outro tipo de ação política. Aí não mais presas a uma organização mista, mas uma organização única para mulheres, dirigida por mulheres, fundada por elas, voltada para a construção de um espaço para discutir esse feminino negro. E, ao mesmo tempo, pensar formas alternativas de superação das questões. Então, basicamente, nasceu para instrumentalizar a mulher para enfrentar o drama do racismo. Quer dizer, o drama do racismo, do sexismo e da homofobia, que era um outro novo detalhe. Porque nessa convivência com o movimento negro, ser homossexual, ou viver a homossexualidade, não era nem discutido. Eu nem me lembrava que alguém falasse disso. Você sabia que tinha homossexuais, mas essa discussão não se juntava. Exceto quando se fazia aquela célebre piada de que já é negro e ainda por cima homossexual... Todo mundo ficava chateado com a história, mas a discussão sobre a homossexualidade nunca entrou. Essa discussão, para mim, não era nova, porque a minha mãe já tinha as histórias da Lapa, da vida do submundo e do candomblé. Mas a experiência da luta contra a homofobia eu fui viver no movimento de mulheres negras. E Criola nasce já com essa marca. Não só porque havia mulheres lésbicas, mas porque elas acreditavam que não tinha separação. É uma ideia esdrúxula, mas é como se o racismo fosse o ferro e o resto fosse concreto. Você olha para o concreto e diz: "Aquilo é que dá suporte à pilastra." Mas na verdade é o ferro que está lá dentro. Então, para mim, o racismo é isso: é o ferro que dá suporte à pilastra. Como você olha de fora, você vê só concreto, você não vê o racismo mesmo. Aquele ferro vive sozinho, mas com cimento ele piora, é difícil de quebrar. Então, o racismo junto com homofobia e com o sexismo é uma arma poderosíssima.

Outra importante ONG negra criada em 1992 foi o Ceert, Centro de Estudos das Relações do Trabalho e da Desigualdade, criado por Hédio Silva Jr. e Maria Aparecida Silva Bento, mais conhecida como Cida Bento, em São Paulo. Assim como o Geledés, o Ceert também contou com o fato de seus fundadores trazerem, já na sua criação, a experiência de trabalhos realizados em instituições ligadas à máquina estatal. Tanto Hédio como Cida trabalharam no Conselho de Participação e Desenvolvimento da Comunidade Negra do governo do estado de São Paulo na década de 1980, como lembrou Hédio em sua entrevista:

> O Ivair e o Hélio Santos tinham eleito algumas áreas como prioritárias no Conselho. Então, tinha o Grupo de Relações de Trabalho, como se chamava, e eles queriam dois tipos de figuras para trabalhar na área do trabalho: alguém da área de recursos humanos e um sindicalista. O do sindicato era eu, e a pessoa da área de recursos humanos que eles chamaram era uma executiva da Cesp, a Companhia Energética de São Paulo, uma psicóloga, a professora Maria Aparecida Silva Bento, que é minha mulher, e com quem eu criei, algum tempo depois, em 1990, o Ceert. Então foi um encontro que teve vários frutos, digamos assim. E quando o Conselho foi esvaziado, a gente estava fazendo um trabalho com os sindicatos que a gente achava que era importante, as pessoas diziam que era importante. Era finalmente discutir a questão racial dentro do sindicato. E a forma que a gente teve então foi criar uma ONG, que é o Ceert, que depois acabou expandindo projetos para outras áreas que não só a do trabalho. Hoje nós estamos lidando com intolerância religiosa, por exemplo. Aí um cara diz: "Como é que o Centro de Estudos das Relações de Trabalho...?" É que a gente tinha uma expectativa muito modesta; quando criamos o Ceert, a gente queria só lidar com sindicato. E depois a vida foi empurrando para outras coisas. Daí teve uma participação do José Roberto Militão, que é um advogado de São Paulo, do Hélio Santos... O núcleo central da organização éramos nós dois. Até hoje é assim.

Essas organizações citadas realizam trabalhos baseados em projetos financiados, e atuam em determinados temas específicos, tais como: saúde da mulher negra; defesa e garantia de direitos humanos; racismo e educação etc. Nesse contexto de surgimento dessas novas organizações negras é importante destacar a profissionalização de quadros nas chamadas ONGs negras, que recebem recursos e aportes financeiros para realizar seus trabalhos. São homens e mulheres, em sua grande maioria militantes negros dedicados à luta contra o racismo, que passaram a realizar a sua militância de maneira profissional. Não somente auferindo recursos financeiros mas, fundamentalmente, tendo oportunidades de se qualificar, de estudar temas específicos e inclusive ingressar na vida acadêmica, fazendo cursos de graduação e pós-graduação. Sueli Carneiro do Geledés, doutora em Filosofia da Educação pela USP, e Hédio Silva Jr. do Ceert, doutor em Direito Constitucional pela PUC/SP, são exemplos nesse sentido.

Mesmo grandes organizações negras associativas criadas na década de 1970 no Norte e no Nordeste como o Cedenpa do Pará e o CCN do Maranhão por exemplo, ao longo da década de 1990, passaram a desenvolver projetos específicos em determinadas áreas e financiados, seja pelo poder público ou por instituições da cooperação internacional. Segundo o cientista político Marcio André dos Santos,

> o movimento vivencia o que denominam de "processo de *onguização*", ou seja, a transformação de entidades e organizações negras anteriormente vistas como "tradicionais ou de base" em organizações não-governamentais (ONGs), com caráter não-filiativo e com número específico de funcionários-militantes. A literatura sobre os chamados "novos movimentos sociais" (NMS) nos informa que tal característica não é exclusiva dos movimentos negros brasileiros, abrangendo diversos outros segmentos organizados dos movimentos sociais, em especial no meio urbano e em graus diversos. (SANTOS, 2005:49)

Compreendo que a formação de quadros dentro do movimento negro tem sido muito importante para a institucionalização e a implementação de ações que resultam de diversas reivindicações da militância até os dias de hoje. E diante desse contexto, observa-se que a resistência a uma interlocução com instituições internacionais e com o poder público diminuiu em amplos setores do movimento a partir do final dos anos 1990. A estratégia de luta desses setores deixou de lado o embate com o Estado e passou a incorporar as novas possibilidades construídas no decorrer de suas atuações.

Outra forma de atuação específica do movimento negro que ganhou dimensão nacional em meados da década de 1990 foi o trabalho realizado para levar jovens negros às universidades através da criação dos primeiros "pré-vestibulares para negros e carentes", que de maneira diferente das ONGs, têm como base o trabalho voluntário realizado por professores e coordenadores de seus núcleos. Alexandre do Nascimento, um dos fundadores do primeiro Pré-Vestibular para Negros e Carentes (PVNC), criado em São João de Meriti em 1993, embora afirme que "o PVNC tornou-se a experiência mais expressiva de pré-vestibular popular [motivando] a criação de outros cursos populares no Rio de Janeiro e até mesmo em outros estados do Brasil", ele lembrou, em sua dissertação de mestrado em educação, que o mesmo PVNC teve como importantes referenciais três experiências anteriores e, até certo ponto, semelhantes: o curso pré-vestibular gratuito do Sintufrj (Sindicato dos Trabalhadores em Educação da UFRJ), criado em 1989; a Associação Mangueira Vestibulares, criada em 1992 para atender aos estudantes do morro da Mangueira no Rio de Janeiro e, por fim, o curso pré--vestibular da Cooperativa Educacional Steve Biko,[294] criado em 1992 em Salvador, Bahia, para preparar estudantes negros para os exames vestibulares naquele estado. (NASCIMENTO, 1999: 71-73)

Já Frei David, outro dos fundadores do PVNC em 1993 e um dos nomes mais conhecidos do Brasil quando se trata de pré-vestibulares para negros, fez um extenso relato, em sua entrevista concedida para esta pesquisa, sobre o processo que culminou na criação do primeiro Pré-Vestibular para Negros e Carentes em São João de Meriti:

> A ideia de um pré-vestibular para negros nasceu a partir de uma reunião que fizemos lá em São João de Meriti, na paróquia dos franciscanos, com a juventude franciscana da paróquia. E descobrimos que, de cada cem jovens, apenas um tinha a proposta de fazer uma faculdade. Os demais todos estavam já adaptados em ser mão-de-obra barata. Isso me deixou muito quebrado, e aí comecei a discutir a questão do negro dentro da Pastoral do Negro, dentro do Grupo de União e Consciência Negra, ou seja, em todo grupo de que eu participava, eu levantava a questão do negro na universidade.

Tivemos uma reunião em São Paulo, em 1989, com um grupo de negros católicos, e um dos temas centrais foi a exclusão do negro da universidade. Existia lá em São Paulo o padre Batista, um padre negro muito guerreiro, e aí marcou--se uma reunião com o cardeal dom Paulo Evaristo Arns.[295] Objetivo: propor ao cardeal que ele, que era o chanceler da PUC em São Paulo, determinasse cem bolsas, duzentas bolsas, sei lá, um número de bolsas, para negros do Brasil inteiro que estivessem trabalhando e lutando em prol da consciência negra. Seriam bolsas

---

[294] Steve Biko (1946-1977) foi um importante ativista negro assassinado na África do Sul em função de sua participação na luta contra o *apartheid*.
[295] Dom Paulo Evaristo Arns (1921) foi arcebispo metropolitano de São Paulo de 1970 a 1998, quando foi substituído por dom Cláudio Hummes. Ver *DHBB*.

destinadas a pessoas negras que lutassem pela causa. Essa era a proposta. O cardeal topou o desafio e mandou um bilhetinho para o reitor para ele estudar e colocar em prática essa proposta. O reitor, de maneira muito violenta, muito racista, disse não, porque aquilo era racismo. Não admitia que a PUC fosse usada para atos racistas. E, portanto, o homem não botou em prática a proposta do cardeal dom Paulo Evaristo Arns.

Esse fato me fez buscar estratégias. Eu disse: "Bom, se o reitor teve o poder de brecar a fala de um cardeal, vamos buscar outro caminho. Então, no Rio de Janeiro, vamos tentar fazer nascer um pré-vestibular para ajudar o povo a entrar nas faculdades públicas e vamos tentar convencer pessoas para ajudarem a gente cedendo bolsas em universidades particulares, como a PUC-Rio. Mas em hora nenhuma vamos usar o termo 'negro', vamos falar 'carente'. Vamos fazer uma estratégia: bolsa para pobre. Já o pré-vestibular, vamos radicalizar: vamos fazer 'Pré-vestibular para Negros'."

E aí, em 1989, começamos a discutir a questão do pré-vestibular e percebemos que não conseguíamos montar a equipe de professores. A proposta era: só professores negros e só para alunos negros. A coisa ia pegando fogo em 1989, 90, 91, e não nascia esse pré-vestibular. Por que não nascia? Porque descobrimos que não existiam negros na nossa região, na Baixada Fluminense, preparados em universidades para serem professores no pré-vestibular. Queríamos fazer um pré-vestibular só com professores negros, e não existiam essas pessoas disponíveis. Isso nos levou a um trauma, a grandes discussões, e aí então, em 1992, decidimos aceitar qualquer um que quisesse ser professor. E iríamos ter só alunos negros. Porque nós queríamos que fosse um grupo para radicalizar a consciência negra no Brasil. Radicalizar mesmo, porque a gente estava achando que estava muito lenta a questão da consciência negra. O despertar do povo estava lento demais. Nós queríamos radicalizar para criar fatos, para balançar mesmo. Em sala de aula, a gente queria que eles trabalhassem matemática com visão racial, trabalhassem geografia com visão racial, trabalhassem português com visão racial, textos raciais. O cara de matemática: "Na África foi construída uma estrada passando, tangenciando..." Ou seja, tudo ia ser no contexto Paulo Freire, a partir do contexto africano, a partir do contexto afro-brasileiro. A proposta não foi para frente por vários problemas, entre eles o fato de alguns professores brancos que estavam se propondo a contribuir não aceitarem porque falaram que era radicalismo.

Aí, então, a gente re-trabalhou, manteve para alunos negros, mas acolhendo qualquer professor voluntário, e começaram a aparecer alguns professores brancos e negros para ajudar. O movimento de pré-vestibulares que surge na década de 1990 traz à tona alguns paradigmas, desfazendo antigos e trazendo propostas novas. Por exemplo: o trabalho voluntário. É grande o número de coordenadores e professores voluntários que se dedicam com garra a essa causa e isso então define a organização do trabalho. Montamos em 1993 a primeira turma. O título era "Pré-Vestibular para Negros", mas tinha mais ou menos uns 30% de brancos entre os alunos. A gente radicalizou no nome, mas deixou mais *light* na composição.

> Aí estourou uma revolução dentro desse pré-vestibular. Professores e alunos brancos e negros não conscientes falaram: "Ou vocês tiram o nome negro ou nós, professores, vamos embora daqui." Foi um vai-e-vem, reuniões e mais reuniões, faz, não faz, e, com muita estratégia, conseguimos convencê-los a não tirar o nome "negro", mas botar um outro, incluir o nome "carente". Aí ficou Pré-Vestibular para Negros e Carentes, PVNC. O trabalho foi adiante, a palavra carente amorteceu os conflitos e a própria sociedade começou a acolher mais a ideia, a imprensa começou a acolher mais a ideia.

Destacam-se no relato de Frei David as subjetividades das escolhas e as negociações, tanto internas, no próprio grupo de criadores do pré-vestibular, quanto as externas, com os possíveis apoiadores do projeto, por trás da criação desse primeiro pré-vestibular para negros e carentes, que acabou tornando-se modelo para experiências semelhantes em várias partes do país. Entre o final da década de 1990 e o início dos anos 2000, esse modelo de pré-vestibulares populares em que o trabalho voluntário define a organização do trabalho, como disse Frei David, tornou-se um dos principais sustentáculos da mobilização popular do movimento negro, muito em função da então recente luta pelas ações afirmativas para negros, especialmente pelas cotas para negros nas universidades públicas.

Um importante marco na década de 1990, diretamente ligado ao início da luta pelas ações afirmativas para negros no Brasil e ocorrido em meio as transformações pelas quais o movimento negro passava naquele período, foi a Marcha Zumbi dos Palmares contra o Racismo, pela Cidadania e a Vida, realizada em 20 de novembro de 1995 em comemoração aos 300 anos da morte de Zumbi. Essa Marcha levou a Brasília ativistas do movimento negro, do movimento de mulheres negras, de sindicatos e de comunidades negras rurais, que entregaram ao então presidente Fernando Henrique Cardoso um documento com uma série de proposições, incluindo uma já citada na introdução deste livro: "Desenvolvimento de *ações afirmativas para o acesso dos negros* aos cursos profissionalizantes, *à universidade* e às áreas de tecnologia de ponta." No mesmo dia foi criado o Grupo de Trabalho Interministerial para a Valorização da População Negra (GTI), que contou com a participação ativa de militantes do movimento. O GTI, em âmbito federal, era uma novidade, pois sua atuação ia além do campo da cultura.

Para que essa grande Marcha com militantes de todo o Brasil fosse realizada foi necessário um grande esforço de mobilização em todo o país. E a principal liderança no processo de construção dessa Marcha foi Edson Cardoso, que foi militante do MNU em Brasília entre 1981 e 1995, e que em 1984 foi fundador da Comissão do Negro do Partido dos Trabalhadores na capital federal, chegando a ser candidato a deputado constituinte pelo PT em 1986. Edson Cardoso é um dos principais exemplos de militantes que, principalmente a partir da década de 1990, trabalharam na articulação entre o movimento negro e o Estado, especialmente na esfera do Poder Legislativo. Edson foi chefe de gabinete do deputado Florestan Fernandes (PT-SP), entre 1992 e 1995, e responsável pela criação, em 1997, da assessoria de relações raciais da Câmara dos Deputados, quando o deputado Paulo Paim (PT-RS) foi eleito terceiro secretário da mesa da Câmara, cargo que exerceu entre 1997 e 1999; foi também chefe de gabinete do deputado Ben-Hur Ferreira (PT-MS, 1999-2000 e 2002-2003) e assessor de relações raciais no Senado quando o então senador Paulo Paim era primeiro vice-presidente da Casa, entre 2003 e 2005. Em sua entrevista para esta pesquisa, Edson Cardoso fez um extenso relato sobre o processo de construção da Marcha de 1995:

> Eu me retirei do MNU em 1995. Antes disso, no final de 1994, numa reunião da executiva, em Salvador, eu falei para eles de uma proposta que eu tinha de mobilização nacional. Qual era? A Marcha Zumbi dos Palmares, no tricentenário da morte de Zumbi, em novembro de 1995. A reação da executiva não foi boa. Eu falei: "Olha, gente, eu vou trabalhar por essa proposta. Acredito nela e vou trabalhar por isso." (...) Quais são as alianças que eu vou ter? As ONGs – o Ceert, o Geledés –, aí a proposta vai crescendo. A gente articulou uma grande plenária em São Paulo, em junho ou julho já de 1995. Vamos brigar muito com quem? Com a turma do Flavinho, o Flávio Jorge, a turma do PT, a turma da CUT, que

não queriam a Marcha no 20 de Novembro. Eu fiz três intervenções na plenária por conta dessa data. Tive que usar até uma argumentação do tipo: "Tancredo não morreu no dia 21 de abril, mas a morte foi anunciada no dia 21 de abril por causa da data de Brasília, por causa da data de Tiradentes.[296] Data tem importância. Se nós construímos o 20 de Novembro, e agora que vamos fazer uma manifestação de massa, eu não vou fazer no 20 de novembro? Tem que fazer no 20 de novembro." Caía no meio da semana. Eles não queriam, porque estavam armando um seminário internacional em São Paulo. Só eu fiz três intervenções. Votamos, e o 20 de novembro ganhou. Tiramos uma executiva. Você precisava ver o tamanho da executiva que se tirou nessa plenária de São Paulo: ficou enorme. Eles meteram logo três centrais sindicais: a CUT, a CGT e tinha uma outra pequena.

Edson Cardoso contou que tinha a possibilidade de realizar as viagens para divulgar o trabalho de construção da Marcha pelo país, pois na época era chefe de gabinete do deputado Florestan Fernandes, que, além de ser sensível a causa de Edson e de ter contribuído muito com o movimento através de seu livro, *A integração do negro na sociedade de classes* – repetidamente citado em depoimentos de militantes neste livro –, também apoiava a realização da Marcha. Edson falou também sobre algumas dificuldades para a realização da Marcha:

> Marcamos a primeira reunião da executiva. Fui a São Paulo, quando cheguei de manhã, tinha quatro gatos pingados. PC do B estava, a Unegro... Voltamos de tarde: já não voltaram. Aí quem passou para me pegar? O Hédio estava nesse dia com o Ivair, e passaram para me pegar. Eu disse: "Rapaz, estou apavorado. Não vai ter marcha assim. Nós vamos ter que trabalhar." De lá, eu já fui para Minas, que foi fundamental para 1995, e aí comecei a minha pregação, solta, de acreditar na Marcha. A gente articulou bem em Brasília o apoio do governo do Cristovam Bu-

---

[296] Tancredo Neves (1910-1985), eleito indiretamente presidente da República em 15 de janeiro de 1985, foi internado e operado no Hospital de Base de Brasília na madrugada de 15 de março de 1985, dia em que tomaria posse. Posteriormente, foi transferido para o Instituto do Coração do Hospital das Clínicas de São Paulo. A partir de então, foram realizadas sete intervenções cirúrgicas com o objetivo de salvar a vida do presidente eleito. No dia 20 de abril, o especialista norte-americano Warren Mayron Zapol, que havia sido chamado ao Brasil como recurso final, deu o seu diagnóstico definitivo: não havia mais o que fazer para salvar a vida do presidente. Na noite do dia 21 de abril de 1985, data da morte de Tiradentes (1892) e da transferência da capital para Brasília (1960), seu falecimento foi anunciado para toda a nação. Ver *DHBB*.

arque, que era o governador.²⁹⁷ Foi um período em que eu estava fazendo esse tipo de coisa: viajar, falar para as pessoas, ir a São Luís, dizer que a Marcha era real... Porque, quando chega a hora de mobilização de movimento negro, você não sabe os fantasmas que aparecem. Então não é fácil fazer uma coisa assim.

Qual foi a vantagem que nós tivemos em 1995? O governo era Fernando Henrique Cardoso, e aí PT e CUT fizeram a sua avaliação de que poderia ser interessante a Marcha. Mas eles, com isso, não estavam aceitando uma pauta de reivindicação negra ou a autonomia do movimento negro. Eles estavam era de olho na oposição a Fernando Henrique. Já havia boatos de gente que ia gritar na Marcha "Fora FHC!" – em 1995, que era o primeiro ano do Fernando Henrique.²⁹⁸

Esse trecho da entrevista de Edson destaca sobretudo a necessária compreensão do contexto histórico e das relações políticas nele estabelecidas. Como a grande maioria das organizações negras estão situadas no campo da esquerda, e muitas eram inclusive ligadas aos partidos de oposição ao governo federal em 1995, foi possível a construção de certa unidade – mesmo que com muitas dificuldades –, que permitiu a realização e o sucesso da Marcha naquele ano.²⁹⁹ Mesmo com todas as dificuldades, a Marcha foi realizada no dia 20 de novembro de 1995 e teve uma série de repercussões em todo o país. Sueli Carneiro fez, em sua entrevista, uma avaliação desse momento:

> Acho que, depois do centenário da Abolição, das ações, das marchas que fizemos por conta do centenário, a Marcha Zumbi dos Palmares pela Cidadania e a Vida, de 1995, foi o fato político mais importante do movimento negro contemporâneo. Acho que foi um momento também emblemático, em que nós voltamos para as ruas com uma agenda crítica muito grande e com palavras de ordem muito precisas que expressavam a nossa reivindicação de políticas públicas que fossem capazes de alterar as condições de vida da nossa gente. Foi um processo rico, extraordi-

---

²⁹⁷ Cristovam Buarque (1944) foi governador do Distrito Federal de 1º de janeiro de 1995 a 1º de janeiro de 1999, na legenda do PT.

²⁹⁸ Fernando Henrique Cardoso foi presidente do Brasil por dois mandatos consecutivos, de 1º de janeiro de 1995 a 1º de janeiro de 2003.

²⁹⁹ Dez anos depois, o mesmo Edson Cardoso e vários grupos de militantes acabaram não conseguindo estabelecer essa mesma "unidade" para a realização da Marcha Zumbi + 10 que haviam planejado. Em 2005 foram então realizadas duas marchas: a primeira, Zumbi + 10, no dia 16/11, e a segunda no dia 22/11, organizada por instituições ligadas ao PT e ao governo do presidente Lula.

nário. Eu fiz parte da coordenação executiva da Marcha naquela oportunidade, e a executiva foi recebida pelo presidente Fernando Henrique Cardoso. Naquele ato, ele assinou o decreto de criação do Grupo de Trabalho Interministerial para pensar políticas públicas para a população negra.[300] Dali surgiram, digamos, as iniciativas que o governo Fernando Henrique acabou tendo em relação à temática racial, que resultaram em políticas de cotas para alguns ministérios e tudo o mais.[301]

O próprio fato de a Marcha Zumbi dos Palmares ser recebida no Palácio do Planalto pelo presidente da República é bastante simbólico, no que diz respeito às mudanças que ocorreram ao longo das décadas de 1980 e 1990 na relação entre o movimento social negro e o Estado. Um ano após a Marcha em Brasília, em 20 de novembro de 1996, de forma emblemática, o nome de Zumbi dos Palmares foi inscrito no livro dos heróis da pátria. Como foi visto acima, na introdução, também em 1996, Fernando Henrique Cardoso foi o primeiro presidente da República a reconhecer publicamente, em um seminário internacional, a existência de discriminação racial em nossa sociedade. Nesse sentido, é possível afirmar que houve mudanças em setores do movimento. Mudanças que levaram à novas formas de atuação com o passar dos anos. Daquela postura predominante no movimento de confronto e de denúncia, principalmente na década de 1970 e início

---

[300] O Grupo de Trabalho Interministerial para a Valorização da População Negra (GTI) foi criado pelo Decreto s/n de 20 de novembro de 1995 e era composto por oito membros da sociedade civil ligados ao movimento negro, oito membros de ministérios e um representante da Secretaria de Comunicação Social da Presidência da República. Ver www.senado.gov.br, "Legislação", acesso em 23/8/2012.

[301] Logo após a III Conferência Mundial de Combate ao Racismo, realizada em Durban, África do Sul, em 2001, o governo brasileiro definiu um programa de política de cotas no âmbito dos ministérios do Desenvolvimento Agrário – implementação de programa de ações afirmativas que previa cota mínima de 20% para afrodescendentes no acesso a cargos de direção, bem como na organização de concursos públicos e na contratação de trabalhadores terceirizados; da Cultura – implementação de programa de ações afirmativas que previa meta de participação de 20% para afrodescendentes, no preenchimento de cargos de Direção de Assessoramento Superior (DAS) e nos contratos com serviços de terceiros e consultores; da Justiça – criação, na Secretaria de Estado de Direitos Humanos, do Programa Nacional de Ações Afirmativas no âmbito da administração pública federal, com o objetivo de privilegiar a participação de afrodescendentes, mulheres e pessoas portadoras de deficiência; e nos tribunais Superior do Trabalho (TST) e Supremo Tribunal Federal (STF) – implementação de ações afirmativas nos contratos com serviços de terceiros que previam a participação de no mínimo 20% de negros e negras. Ver Luciana Jaccoud & Nathalie Beghin, *Desigualdades raciais no Brasil*: um balanço da intervenção governamental (Brasília: Instituto de Pesquisa Econômica e Aplicada, Ipea, 2002).

dos anos 1980, é possível perceber, a partir dos casos citados acima, que nos anos 1990 muitos ativistas e organizações do movimento negro passaram a desenvolver e manter canais de interlocução com diferentes setores da sociedade brasileira e inclusive com instituições internacionais.

Considerações finais

Ainda serão necessárias muitas pesquisas históricas para que se possa conhecer, em todos os seus meandros, a constituição do movimento negro brasileiro. Através da metodologia da história oral e das pesquisas que tive oportunidade de realizar aqui e nos Estados Unidos, tentei apresentar neste livro alguns aspectos históricos que considero importantes para a compreensão da constituição desse movimento social em nosso país. Por isso, optei por começar este livro com as discussões sobre a questão racial, que é exatamente o elemento que dá a especificidade para este movimento social em relação aos outros. É em torno da questão racial que se constitui o movimento negro no Brasil. E esse mesmo movimento foi se constituindo de diferentes formas ao longo do século XX, estabelecendo continuidades e descontinuidades nesse processo de constituição.

Tentei demonstrar aqui também que as idas e vindas de informações e referenciais para a constituição de movimentos negros no "Atlântico negro" foram muito mais comuns do que se supunha aqui no Brasil. Principalmente as "idas", já que as "vindas" de referenciais para o Brasil, das luta contra o racismo nos Estados Unidos e na África, especialmente para a constituição do movimento negro contemporâneo brasileiro, são bastante conhecidas. Foi a constatação dessas "idas e vindas" durante a pesquisa que me levou a dar o próprio título ao livro: "O mundo negro", expressão que para mim representa, ao mesmo tempo, o caráter transnacional dos movimentos negros no mundo e o conjunto de referenciais estéticos, políticos e culturais assumidos pelo movimento negro brasileiro como base para sua própria constituição. Como diz a letra da música que embalou o primeiro carnaval do primeiro "bloco afro" brasileiro, o Ilê Ayiê, ainda em 1975: "Que bloco é esse? Eu quero saber. É o *mundo negro* que viemos mostrar para você".

Muito antes de 1975, ainda na década de 1920, as informações sobre as lutas dos negros na diáspora já informavam a constituição do movimento negro brasileiro através, por exemplo, do jornal *O Clarim d'Alvorada*, que publicava em suas páginas a seção "O mundo negro" para divulgar, entre outras, as ideias do pan-africanista Marcus Garvey e de seu jornal *The Negro World*, publicado em Nova York, nos Estados Unidos, entre 1918 e 1936. O mesmo *Clarim d'Alvorada*, assim como militantes, jornalistas e viajantes, também informavam negros norte-americanos sobre o "mundo negro" vivenciado aqui no Brasil. Tanto que a Frente Negra Brasileira, por exemplo, chegou a ser vista por muitos negros norte-americanos como um referencial para a constituição da luta por direitos civis nos Estados Unidos. O movimento negro brasileiro sempre contribuiu para as idas e vindas de referenciais e informações no "Atlântico negro".

Um exemplo nesse sentido, para mim emblemático, foi um episódio ocorrido em 2004 no pré-vestibular para negros em que eu dava aulas de História. Num seminário, que organizei na semana do 20 de Novembro, pedi que um aluno cabo-verdiano desse uma palestra sobre Amilcar Cabral, que é um herói nacional naquele país. Qual não foi minha surpresa ao ver que o livreto que ele utilizara para elaborar a sua palestra havia sido o, já citado aqui, *Libertação africana: falar de Amilcar Cabral é falar da luta de um povo*, publicado no Rio de Janeiro, em 1983, por Yedo Ferreira e Amauri Mendes Pereira. Um material feito pelo movimento negro no Brasil sobre Amilcar Cabral informando a um cabo-verdiano! Perguntei a ele como ele havia conseguido aquele livreto e ele me contou que seu tio, também de Cabo Verde, havia trazido de lá para ele. Exemplos de circulação de referenciais no "Atlântico negro" precisam ser mais conhecidos e estudados, para que esse caráter transnacional do movimento seja melhor compreendido.

Essa relação com as lutas dos negros pelo mundo sempre foi uma preocupação do movimento brasileiro, especialmente a partir da década de 1970. Este fato chegou a surpreender, por exemplo, o cientista político Michael Hanchard, que veio fazer pesquisas aqui no Brasil no final da década de 1980, e contou, em entrevista concedida para esta pesquisa, sobre suas impressões em relação ao movimento negro brasileiro:

> Na década de 1970 nos Estados Unidos começou o período de Nixon, e o fechamento de várias iniciativas dos Panteras Negras, dos movimentos pelos direitos civis, movimentos, entre aspas, progressistas para a comunidade negra foram des-

Considerações finais

truídos, diminuídos, parados. E quando eu cheguei no Brasil, dava para perceber imediatamente dentro da comunidade negra que a intelectualidade negra, a comunidade negra de ativistas, eles eram bem letrados, até melhor letrados sobre o mundo, não somente sobre o negro, mas sobre o mundo mais geral, do que muitos dos componentes ativistas dos Estados Unidos, de certa maneira. Mesmo assim eles ficaram desconhecidos por causa da brecha da linguagem, do português. É uma das línguas mais utilizadas do mundo, mas em partes não é, está me entendendo? (...) O que eu senti falando, por exemplo, com o Vanderlei José Maria, falando com o Rafael Pinto, com o Hamilton Cardoso, é que eram boas cabeças e que eles estavam preocupados não somente com o Brasil e com a situação do negro, mas com a situação mundial do negro na diáspora, está me entendendo? E para mim, como pessoa, eu pude sentir, de certa maneira, engajado, porque eles já reconheceram a Jamaica, eles não foram lá, mas no imaginário deles. E para o americano era mais difícil reconhecer que existiam outros negros no mundo. Então para mim isso era um grande contraste, quando eu estive no Brasil nesse período da minha vida.

Como afirmei na introdução deste livro, conhecer a história do movimento negro brasileiro é conhecer aspectos da história do Brasil pouco conhecidos pelos brasileiros, e que, a meu ver, são importantes para informar a construção de um Brasil democrático, onde todos e todas tenham iguais oportunidades. É preciso que professores e estudantes nas escolas brasileiras conheçam e estudem a "história da África e dos africanos, a luta dos negros e dos povos indígenas no Brasil, a cultura negra e indígena brasileira e o negro e o índio na formação da sociedade nacional, resgatando as suas contribuições nas áreas social, econômica e política, pertinentes à história do Brasil", como afirma o texto da Lei 11.645 de 2008, que atualizou a Lei 10.639 de 2003 e também alterou a Lei de Diretrizes e Bases da Educação Nacional. Essa Lei é uma conquista do movimento negro contemporâneo.[302]

Este movimento tem contribuído de maneira fundamental para dar visibilidade a sujeitos que fazem parte da história do Brasil e que até bem pouco tempo eram "invisíveis" para a nossa sociedade. Por exemplo, como foi visto no capítulo

---

[302] Sobre o papel de militantes negros para a criação e tramitação da Lei 10.639 de 2003 no Congresso Nacional, ver ALBERTI & PEREIRA, 2007-e.

4, foi o movimento negro que trouxe em 1986, para as discussões na Assembleia Nacional Constituinte, a questão da regularização das chamadas "terras de preto", revelando para a maior parte da população brasileira, inclusive para muitos militantes negros dos centros urbanos, todo um conjunto de comunidades negras que até então eram, nas palavras de Zélia Amador, invisíveis. Em sua entrevista, fazendo uma avaliação do trabalho do movimento em relação à questão das terras de preto, Zélia disse o seguinte:

> eu acho que só tirar essas comunidades da invisibilidade secular já foi um grande avanço. Não foi uma tarefa fácil. Eu sempre digo que o movimento negro tem sido muito generoso com a sociedade brasileira. Tu já imaginaste o que é trazer para a sociedade diversas comunidades, no país inteiro, que estavam invisíveis para ela durante séculos? Isso vai ser de uma importância muito grande para a própria sociedade brasileira começar a rediscutir a sua identidade. E não foi fácil trazê-las à tona. Foi muito difícil, mas agora estão aí, organizados, lutando, os quilombolas.

O movimento negro contemporâneo, desde a década de 1970, tem crescido, se transformado, diversificado suas formas de atuação e também tem obtido algumas importantes conquistas, como as analisadas no decorrer deste livro e a Lei citada acima, que tornou obrigatório o estudo, entre outras coisas, "das lutas dos negros no Brasil", e que pode vir a tornar possível o que já era reivindicado na *Carta de Princípios* do MNU em 1978: "a reavaliação do papel do negro na história do Brasil." Para isso, serão necessários ainda muitos trabalhos de pesquisa na área acadêmica e muitos esforços nos diferentes setores da sociedade brasileira para que o instrumento legal conquistado pelo movimento se torne algo real na vida dos brasileiros e brasileiras, contribuindo assim para a construção de uma sociedade mais democrática em todos os seus aspectos.

Lista dos jornais pesquisados

Nos Estados Unidos
- Chicago Defender (da década de 1910 até a década de 1970)
- The Baltimore Afro-American (da década de 1910 até a década de 1970)
- The New York Times (década de 1970)
- The Washington Post (década de 1970)

No Brasil
- O Clarim d'Alvorada (décadas de 1920 e 1930)
- A Voz da Raça (década de 1930)
- Folha de São Paulo (década de 1970)
- Sinba (décadas de 1970 e 1980)
- Jornegro (década de 1970)

Referências bibliográficas

ABREU, Alzira Alves de. "Conselho de Imigração e Colonização". In *Dicionário Histórico-Biográfico Brasileiro Pós-30*. Coordenação geral Alzira Alves de Abreu, Israel Beloch, Sérgio Tadeu de Niemeyer Lamarão, Fernando Lattman-Weltman. 2.ed. rev. e atual. Rio de Janeiro: Ed. Fundação Getulio Vargas, 2001.

ALBERTI, Verena. *Ouvir contar: textos em História Oral*. Rio de Janeiro: Editora FGV, 2004-a.

_____. *Manual de história oral*. 2 ed. Rio de Janeiro: Editora FGV, 2004-b.

ALBERTI, Verena e PEREIRA, Amilcar Araujo. "História do movimento negro no Brasil: constituição de acervo de entrevistas de história oral", trabalho apresentado no III Congresso Brasileiro de Pesquisadores Negros. Universidade Federal do Maranhão, 2004. Disponível em www.cpdoc.fgv.br.

_____. "A defesa das cotas como estratégia política do movimento negro contemporâneo." *Estudos Históricos*. v.37, 2006.

_____. (orgs.) *Histórias do movimento negro no Brasil*. Rio de Janeiro: Pallas; CPDOC/FGV, 2007-a.

_____. "O movimento negro contemporâneo". In: FERREIRA, Jorge e REIS, Daniel Aarão (Orgs.). *Revolução e democracia (1964...)* (Coleção *As esquerdas no Brasil*). Rio de Janeiro: Civilização Brasileira, 2007-b.

_____. "Discriminación racial en Brasil: líderes del movimiento negro". *Historia, Antropología y Fuentes Orales*. Barcelona, vol. 37. 2007-c.

_____. "Qual África? Significados da África para o movimento negro no Brasil." *Estudos Históricos*. v.39, p.25-56, 2007-d.

_____. "Articulações entre movimento negro e Estado: estratégias e experiências contemporâneas". In GOMES, Angela de Castro (org.). *Direitos e cidadania: memória, política e cultura*. Rio de Janeiro: Editora FGV, 2007-e.

_____. "Possibilidades das fontes orais: um exemplo de pesquisa". In *Anos 90*. Porto Alegre, v. 15, n. 28, dezembro de 2008.

ALBERTO, Paulina Laura – 2005 – *Black Activism and the Cultural Conditions for Citizenship in a Multi-Racial Brazil, 1920-1982* (Dissertation in History Presented to the Faculties of the University of Pennsylvania in Partial Fulfillment of the Requirements for the Degree of Doctor of Philosophy, 2005).

ALEXANDER, Jeffrey C. "Ação coletiva, cultura e sociedade civil." *Revista Brasileira de Ciências Sociais*. vol. 13, n. 37, 1998.

ANDREWS, George R. *Negros e brancos em São Paulo*. Bauru: EDUSC, 1998.

_____. "Democracia racial brasileira 1900-1990: um contraponto americano." In *Estudos Avançados* 11 (30), 1997.

_____. "Racial inequality in Brazil and the United States: a statistical analysis." In *Journal of Social History*, v. 26, n. 2, 1992.

APPIAH, Kwane Anthony. *Na casa de meu pai: a África na filosofia da cultura*. Rio de Janeiro: Contraponto, 1997.

ARENDT, Hannah. *Origens do totalitarismo*. São Paulo: Companhia das Letras, 1989.

AZEVEDO, Célia Maria Marinho de. "O abolicionismo transatlântico e a memória do paraíso racial brasileiro", *Estudos Afro-Asiáticos*. vol. 30, 1996.

BAIRROS, Luiza. "Orfeu e poder: uma perspectiva afro-americana sobre a política racial no Brasil". *Afro-Ásia*, nº 17, 1996.

BANTON, Michael. *A Ideia de Raça*. Lisboa: Edições 70, 1977.

BARTH, Fredrik. *Ethnic Groups and Boundaries*. Londres: G. Allen and Unwin, 1969.

BAUMAN, Zygmunt. *Modernidade e Ambivalência*. Rio de Janeiro: Jorge Zahar Editor, 1999.

BENTO, Maria Aparecida Silva. "Branqueamento e branquitude no Brasil". In: CARONE, Iray e BENTO, Maria Aparecida Silva (org.) *Psicologia Social*

Referências bibliográficas

do Racismo: Estudos sobre branquitude e branqueamento no Brasil. Petrópolis: Vozes, 2002.

BHABHA, Homi. *O local da cultura*. Belo Horizonte: Editora da UFMG, 2003.

BOAS, Franz. *The mind of primitive man*. New York: The Free Press, 1965 [1911].

_____. *A formação da antropologia Americana (1883-1911)*. Organização e introdução de George Stocking Jr. Rio de Janeiro: Contraponto; Editora da UFRJ, 2004.

_____. *Antropologia Cultural*. Rio de Janeiro: Jorge Zahar Editor, 2004.

BOMFIM, Manoel. *A América Latina: males de origem*. Edição do centenário. Rio de Janeiro: Topbooks, 2005 [1905].

BORGES, Edson; MEDEIROS, Carlos Alberto e D´ADESKY, Jacques. *Racismo, Preconceito e Intolerância*. São Paulo: Atual, 2002.

BOURDIEU, Pierre e WACQUANT, Loïc. "Sobre as artimanhas da razão imperialista". In: *Estudos Afro-Asiáticos*, Ano 24, n° 1, 2002. pp. 15-33.

CAMARGO, Aspásia. "História oral e política", in: Marieta de Moraes Ferreira (org.), *História oral e multidisciplinaridade*. Rio de Janeiro: Diadorim/Finep, 1994.

CARDOSO, Marcos Antônio. *O movimento negro em Belo Horizonte: 1978-1998*. Belo Horizonte: Mazza Edições, 2002.

CASTRO, Celso. "Apresentação". In BOAS, Franz. *Antropologia Cultural*. Rio de Janeiro: Jorge Zahar Editor, 2004.

CLIFFORD, James. *A Experiência Etnográfica*. Rio de Janeiro: Editora UFRJ, 1998.

COSTA, Sérgio. "Movimentos sociais, democratização e a construção de esferas públicas locais." *Revista Brasileira de Ciências Sociais*, vol. 12, n. 35, 1997.

_____. "A construção sociológica da Raça no Brasil". *Estudos Afro-Asiáticos*, Ano 24, n° 1, 2002. pp. 35-61.

_____. *Dois Atlânticos*: teoria social, anti-racismo, cosmopolitismo. Belo Horizonte: Editora UFMG, 2006.

COSTA PINTO, L. A. *O negro no Rio de Janeiro:* relações de raça em uma sociedade em mudança. 2ª ed. Rio de Janeiro: Ed. UFRJ, 1998.

COUTO, André. "Convergência Socialista." In: Abreu, Alzira Alves de... et al. (coord.). *Dicionário histórico-biográfico brasileiro pós-30*. Edição revista e atualizada, Rio de Janeiro: Editora Fundação Getulio Vargas, CPDOC, 2001.

COVIN, David. *The Unified Black Movement in Brazil (1978-2002)*. Jefferson/ London: McFarland & Company Publichers, 2006.

CUNHA, Olívia Maria Gomes da. "1933: um ano em que fizemos contatos." In *Revista USP* (28), dezembro/fevereiro 1995/96.

CUNHA, Olívia Maria Gomes da; GOMES, Flávio dos Santos (Orgs). *Quase- -cidadão*: histórias e antropologias da pós-emancipação no Brasil. Rio de Janeiro: Editora FGV, 2007.

D'ADESKY, Jacques. *Pluralismo étnico e multiculturalismo. Racismos e anti-racismos no Brasil*. São Paulo: tese de doutorado em antropologia social. Faculdade de Filosofia, Letras e Ciências Humanas, Universidade de São Paulo, 1996.

DE CERTEAU, Michel. *A Escrita da História*, Rio de Janeiro: Forense-Universitária, 1990.

DOMINGUES, Petrônio José. *A insurgência de ébano*: a história da Frente Negra Brasileira (1931-1937). Tese de doutorado em história, FFLCH-USP, 2005.

_____. "A visita de um afro-americano ao paraíso racial". *Revista de História* (USP), vol. 155 (2ª), 2006.

_____. "Movimento Negro Brasileiro: alguns apontamentos históricos." *Tempo* (UFF), vol. 23, 2007.

_____. *A nova abolição*. São Paulo: Selo Negro, 2008.

DU BOIS, W.E.B. *A Chronicle of Race Relations. Phylon (1940-1956)*, Vol. 2, No. 4. 4th Qtr., 1941.

DZIDZIENYO, Anani. *The Position of Blacks in Brazilian Society*. London: MRG, 1971.

ELIAS, Norbert e SCOTSON, John L., *Os Estabelecidos e os Outsiders*, Rio de Janeiro: Jorge Zahar Editor, 2000.

FANON, Frantz. *Os condenados da terra*. Juiz de Fora: Ed. UFJF, 2005.

Referências bibliográficas

_____. *Pele negra, máscaras brancas*. Porto: Paisagem, 1975.

FARRAR, Hayward. *The Baltimore Afro-American (1892-1950)*. Westport: Greenwood Press, 1998.

FÉLIX, João Batista de Jesus. "Pequeno histórico do movimento negro contemporâneo." In: Lilia Moritz Schwarcz e Letícia Vidor de Sousa Reis (org.). *Negras imagens: ensaios sobre cultura e escravidão no Brasil*. São Paulo, Edusp, Estação Ciência, 1996, p. 211-216.

FERNANDES, Florestan. *A integração do negro à sociedade de classes*. São Paulo: Editora Nacional, 1965.

_____. *O negro no mundo dos brancos*. 2ª edição revista. São Paulo: Global, 2007.

_____. *Significado do protesto negro*. São Paulo: Cortez; Autores Associados, 1989.

FERRARA, Miriam Nicolau. *A imprensa negra paulista (1915-1963)*. São Paulo, Ed. FFLCH-USP, Coleção Antropologia, nº 13,1986.

FERREIRA, Maria Claudia Cardoso. *As trajetórias políticas de Correia Leite e Veiga dos Santos:* consensos e dissensos no movimento negro paulistano (1928-1937). Dissertação de mestrado em história, Uerj, 2005.

FERREIRA, Marieta de Moraes. "História oral: um inventário das diferenças", in: Marieta de Moraes Ferreira (org.) *Entre-vistas: abordagens e usos da história oral*. Rio de Janeiro: Editora da Fundação Getúlio Vargas, 1994.

FERREIRA, Marieta de Moraes e AMADO, Janaína (orgs.) *Usos e abusos da História Oral*. 6ª ed. Rio de Janeiro: Editora FGV, 2005.

FONTAINE, Pierre-Michel (org.). *Race, Class and Power in Brazil*. Los Angeles: University of California Press, 1985.

FREDRICKSON, George M. *The Comparative Imagination*: on the history of racism, nationalism and social movements. Berkeley; Los Angeles; London: University of California Press, 1997.

FREYRE, Gilberto. *Casa-Grande e Senzala: Formação da família brasileira sob o regime da economia patriarcal*. Rio de Janeiro: José Olympio, 1978.

FRY, Peter. *A persistência da raça*. Rio de Janeiro: Civilização Brasileira, 2005.

GEERTZ, Clifford. *Nova Luz sobre a Antropologia*. Rio de Janeiro: Jorge Zahar, 2001.

_____. *Obras e Vidas – o antropólogo como autor*. Rio de Janeiro: Editora UFRJ, 2002.

GILLIAM, Angela e GILLIAM, Onik'a. "Negociando a subjetividade de mulata no Brasil". *Estudos Feministas* n. 2, Rio de Janeiro, 1995.

GILROY, Paul. *O Atlântico negro: modernidade e dupla consciência*. São Paulo: Editora 34; Rio de Janeiro: Universidade Cândido Mendes, Centro de Estudos Afro-Asiáticos, 2001.

GINZBURG, Carlo. *Mitos, emblemas, sinais: morfologia e história*. São Paulo: Companhia das Letras, 1989.

GOMES, Angela de Castro e MATTOS, Hebe. "Sobre apropriações e circularidades: Memória do cativeiro e política cultural na Era Vargas". *História Oral*. São Paulo: v.1, n.1S. 1998.

GOMES, Flávio. *Negros e política (1888-1937)*. Rio de Janeiro, Jorge Zahar Ed., 2005.

GONZALEZ, Lélia. "O Movimento Negro na última década". In GONZALEZ, Lélia e HASENBALG, Carlos. *Lugar de negro*. Rio de Janeiro: Marco Zero, 1982.

_____. "The Unified Black Movement: a New Stage in Black Political Mobilization". In FONTAINE, Pierre-Michel (org.). *Race, Class and Power in Brazil*. Los Angeles: University of California Press, 1985.

GUIMARÃES, Antônio Sérgio A. *Racismo e anti-racismo no Brasil*. Rio de Janeiro: Editora 34, 1999.

_____. *Classes, raças e democracia*. São Paulo: Fundação de Apoio à Universidade de São Paulo; Editora 34, 2002.

_____. "Democracia Racial". 2003. Disponível no site http://www.fflch.usp.br/sociologia/asag/Democracia%20racial.pdf, acesso em 10/01/2009.

_____. "Racismo e anti-racismo no Brasil". *Novos Estudos*, n. 43, 1995.

GUIMARÃES, Antônio Sérgio A. & HUNTLEY, Lynn. (orgs.) *Tirando a máscara: ensaios sobre o racismo no Brasil*. São Paulo: Paz e Terra, 2000.

HALL, Stuart. "Que 'negro' é esse na cultura negra?". *In*: HALL, S. *Da diáspora. Identidade e Mediações Culturais*. Belo Horizonte: Ed. UFMG, 2003.

Referências bibliográficas

_____. *A identidade cultural na pós-modernidade*. Rio de Janeiro: DP&A, 2004.

HANCHARD, Michael George. *Orfeu e o poder: o movimento negro no Rio de Janeiro e São Paulo (1945 – 1988)*. Rio de Janeiro: EdUERJ, 2001.

_____. "Reposta a Luiza Bairros". In *Afro-Ásia*, n° 18, 1996.

_____. "Política transnacional negra, antiimperialismo e etnocentrismo para Pierre Bourdieu e Loïc Wacquant: exemplos de interpretação equivocada." In *Estudos Afro-Asiáticos*, Ano 24, n° 1, 2002.

HANCHARD, Michael (org.). *Racial Politics in Contemporary Brazil*. Durhan and London: Duke University Press, 1999.

HASENBALG, Carlos. *Discriminação e desigualdades raciais no Brasil*. Rio de Janeiro: Graal, 1979.

HASENBALG, Carlos & SILVA, Nelson V. *Estrutura social, mobilidade e raça*. São Paulo: Vértice, 1988.

HELLWIG, David J. "A New Frontier in a Racial Paradise: Robert S. Abbott's Brazilian Dream". *Luso-Brazilian Review*, Vol. 25, No. 1. (Summer), 1988.

_____(org.). *African-American reflections on Brazil's Racial Paradise*. Philadelphia: Temple University Press, 1992.

HILLIARD, David. *The Black Panther: Intercommunal News Service (1967-1980)*. New York: Atria Books, 2007.

IANNI, Octavio. *Raças e classes sociais no Brasil*. Rio de Janeiro: Civilização Brasileira, 1966.

JACCOUD, Luciana & BEGHIN, Nathalie. *Desigualdades raciais no Brasil*: um balanço da intervenção governamental. Brasília, Ipea, 2002.

JOHNSON III, Ollie. "Black Politics in Latin America: An Analysis of National and Transnational Politics". In RICH, Wilbur C. (Org.) *African American Perspectives on Political Science*. Philadelphia: Temple University Press, 2007.

KELLEY, Robin D. G. *Freedom dreams: the Black radical imagination*. Boston: Beacon Press, 2002.

LE GOFF, Jacques. *Memória*, in: Enciclopédia Einaudi, Vol.I Memória-História, Lisboa: Imprensa Nacional-Casa da Moeda, 1984.

LEITE, José Correia e CUTI (Luiz Silva). ...*E disse o velho militante José Correia Leite:* depoimentos e artigos. Organização e textos: CUTI (Luiz Silva). São Paulo: Secretaria Municipal de Cultura, 1992.

LESSER, Jeff. "Legislação Imigratória e Dissimulação Racista no Brasil (1920-1934)". *Archè*, nº 8, 1994.

LÉVI-STRAUSS, Claude. "Raça e História". In: *Antropologia Estrutural Dois*. Rio de Janeiro: Tempo Brasileiro (Cap. XVIII), 1976.

LOPES, Nei. *Enciclopédia brasileira da diáspora africana*. São Paulo, Ed. Selo Negro, 2004.

LOVEJOY, Paul. "Identidade e a miragem da etnicidade: A jornada de Mahommah Gardo Baquaqua para as Américas". *Afro-Ásia*, nº 27. 2002.

MAGGIE, Yvonne. "Cor, hierarquia e sistema de classificação: a diferença fora do lugar." *Estudos Históricos*. Rio de Janeiro, CPDOC-FGV, v. 7, n. 14, 1994, p. 149-160 [disponível em www.cpdoc.fgv.br.

MAIO, Marcos Chor. "A questão racial no pensamento de Guerreiro Ramos". In: MAIO, Marcos Chor e SANTOS, Ricardo Ventura (org.). *Raça, Ciência e Sociedade*. Rio de Janeiro: FIOCRUZ/CCBB, 1996.

MALIK, Kenan. *The Meaning of Race*. Londres: Mac Millan, 1996.

MATTOS, Hebe Maria. *Escravidão e cidadania no Brasil monárquico*. Rio de Janeiro: Jorge Zahar Ed., 2000.

_____. *Marcas da Escravidão: biografia, racialização e memória do cativeiro na História do Brasil*. Tese (Professor Titular), Universidade Federal Fluminense, 2004.

_____. "Das cores do silêncio: racialização, memória do cativeiro e cidadania no Brasil." Paper apresentado no *V Congresso Europeu CEISAL de latino-americanistas* – Bruxelas, 2007.

MEDEIROS, Carlos A. *Na lei e na raça*: legislação e relações raciais, Brasil-Estados Unidos. Rio de Janeiro: DP&A, 2004.

MENDONÇA, Luciana F.M. *Movimento Negro: da marca da inferioridade racial à construção da identidade étnica*. São Paulo: Dissertação de mestrado em antropologia social, FFLCH/USP, 1996.

Referências bibliográficas

MERIWETHER, James H. *Proudly we can be Africans*: Black Americans and Africa, 1935-1961. Chapel Hill: University of North Carolina Press, 2002.

MITCHELL, Michael James. *Racial consciousness and the political attitudes and behavior of Blacks in São Paulo, Brazil*. Tese de doutorado em ciência política. Indiana University, 1977.

MONTEIRO, Helene. *O ressurgimento do movimento negro no Rio de Janeiro na década de 1970*. Dissertação de mestrado em Ciências Sociais, UFRJ, 1991.

MOTA-MAUÉS, Maria Angélica. "Movimento Negro no Brasil." In: *Dicionário Histórico-Biográfico Brasileiro Pós-30*. Coordenação geral Alzira Alves de Abreu, Israel Beloch, Sérgio Tadeu de Niemeyer Lamarão, Fernando Lattman-Weltman. 2.ed. rev. e atual. Rio de Janeiro, Ed. Fundação Getulio Vargas, 2001. 5v. il.

MNU (Movimento Negro Unificado). *1978-1988. 10 anos de luta contra o racismo*. São Paulo, Confraria do Livro, 1988.

MUNANGA, Kabengele. *Rediscutindo a mestiçagem no Brasil: identidade nacional versus identidade negra*. Petrópolis: Vozes, 1999.

MYRDAL, Gunnar. *An American Dilemma*. New York: Harper & Row, 1944.

NASCIMENTO, Abdias do. *O Negro revoltado*. Rio de Janeiro: Edições GRD, 1968.

_____. *O Genocídio do negro brasileiro:* processo de um racismo mascarado. Rio de Janeiro: Paz e Terra, 1978.

_____. *O quilombismo*. Rio de Janeiro: Fundação Palmares / OR Produtor Editorial, 2002.

_____. "Teatro Experimental do Negro: trajetória e reflexões". *Estudos Avançados*, 18 (50), 2004.

NASCIMENTO, Abdias do e NASCIMENTO, Elisa Larkin. "Reflexões sobre o movimento negro no Brasil, 1938-1997". In Guimarães, Antônio Sérgio A. e Huntley, Lynn. *Tirando a máscara: ensaios sobre o racismo no Brasil*. São Paulo: Paz e Terra, 2000.

NASCIMENTO, Alexandre do. *Movimentos sociais, educação e cidadania*: um estudo sobre os cursos pré-vestibulares populares. Dissertação de mestrado em Educação, Rio de Janeiro, UERJ, 1999.

NASCIMENTO, Álvaro P. *Uma introdução à história de João Cândido e da revolta dos marinheiros de 1910*. 1. ed. Brasília: Gráfica do Senado, 2000.

NASCIMENTO, Elisa Larkin. *O sortilégio da cor*: identidade, raça e gênero no Brasil. São Paulo: Summus, 2003.

_____. (org.) *Cultura em movimento*: matrizes africanas e ativismo negro no Brasil. São Paulo: Selo Negro, 2008.

NINA RODRIGUES, R. *As raças humanas e a responsabilidade penal no Brasil*. São Paulo: Cia. Ed. Nacional, 1938.

_____. *Os africanos no Brasil*. São Paulo: Cia. Ed. Nacional. 4ª ed. 1976.

NOGUEIRA, Oracy. *Tanto preto quanto branco*: estudos de relações raciais. São Paulo: T. A. Queiroz, 1985.

ORTIZ, Renato. *Cultura brasileira e identidade nacional*. 4ª ed., São Paulo: Brasiliense, 1994.

PEREIRA, Amauri Mendes. *Trajetória e Perspectivas do Movimento Negro Brasileiro*. Belo Horizonte: Nandyala, 2008.

_____. *Para além do racismo e do anti-racismo – a produção de uma cultura de consciência negra na sociedade brasileira*. Tese de doutorado em ciências sociais. Rio de Janeiro, Uerj, 2006.

PEREIRA, Amilcar Araujo. *Paulo Silva e as relações raciais no Brasil*: uma experiência sobre as identidades construídas no espaço escolar. Dissertação de mestrado em ciências sociais, UERJ, 2006.

_____. "O 'Atlântico negro' e a constituição do movimento negro contemporâneo no Brasil". *Perseu: história, memória e política*. v.1, p.235 – 263, 2007.

_____. "Influências externas, circulação de referenciais e a constituição do movimento negro contemporâneo no Brasil: idas e vindas no 'Atlântico negro'." *Ciências e Letras* (Porto Alegre), 2008.

_____. "Linhas (da cor) cruzadas: relações raciais, imprensa negra e movimento negro no Brasil e nos Estados Unidos." In: PEREIRA, Amauri Mendes; SILVA, Joselina da (orgs.). *O Movimento Negro Brasileiro*: escritos sobre os sentidos de democracia e justiça social no Brasil. Belo Horizonte: Nandyala, 2009.

Referências bibliográficas

PINTO, Regina P. *O movimento negro em São Paulo: luta e identidade* (Tese de doutorado em antropologia social. São Paulo, FFLCH / Universidade de São Paulo, 1993).

POLIAKOV, Léon. *O mito ariano: ensaio sobre as fontes do racismo e dos nacionalismos*. São Paulo: Perspectiva, Ed. da Universidade de São Paulo, 1974.

POLLAK, Michael. "Memória e Identidade Social". *Estudos Históricos*, Rio de Janeiro, vol. 5, n. 10, 1992.

_____. "Memória, esquecimento, silêncio." In: *Estudos Históricos*, Rio de Janeiro, vol. 2, n. 3, 1989.

PORTELLI, Alessandro. "O massacre de Civitella Val di Chiana: mito, política, luto e senso comum." In: FERREIRA, Marieta de Moraes & AMADO, Janaina (orgs.) *Usos e abusos da história oral*. Rio de Janeiro: FGV, 1996.

Quilombo. Edição facsimilar. São Paulo, Editora 34, 2003.

RAMOS, Alberto Guerreiro. *Introdução crítica à sociologia brasileira*. Rio de Janeiro: Editorial Andes, 1957.

RAMOS, Arthur. *O negro brasileiro*. Rio de Janeiro: Civilização Brasileira, 1934.

RATTS, Alex. "Encruzilhadas por todo o percurso: individualidade e coletividade no movimento negro de base acadêmica". In PEREIRA, Amauri Mendes e SILVA, Joselina da. (orgs.) *O Movimento Negro brasileiro*: escritos sobre os sentidos de democracia e justiça social no Brasil. Belo Horizonte: Nandyala, 2009.

REIS, Daniel Aarão; FERREIRA, Jorge e ZENHA, Celeste (org.) *O Século XX*. 2ª ed. Rio de Janeiro: Civilização Brasileira, 2003.

RIOS, Ana Lugão e MATTOS, Hebe Maria. *Memórias do cativeiro: família, trabalho e cidadania no pós-abolição*. Rio de Janeiro: Civilização Brasileira, 2005.

ROLAND, Edna. "O movimento de mulheres negras brasileiras: desafios e perspectivas." In: Antônio Sérgio A. Guimarães e Lynn Huntley. *Tirando a máscara: ensaios sobre o racismo no Brasil*. São Paulo: Paz e Terra, 2000.

ROMERO, Sílvio. *História da Literatura Brasileira*. Rio de Janeiro: José Olympio, 4ª ed. Vol. I. 1949.

SANTOS, Ivair Augusto Alves dos. *O movimento negro e o Estado (1983-1987)*. Dissertação de mestrado em ciência política, Campinas, Unicamp, 2001.

SANTOS, Joel Rufino dos. "A Luta Organizada Contra o Racismo". In: BARBOSA, Wilson do Nascimento (org.). *Atrás do muro da noite; dinâmica das culturas afro-brasileiras*. Brasília. Ministério da Cultura. Fundação Cultural Palmares, 1994.

_____. "Culturas negras, civilização brasileira". In *Revista do Patrimônio Histórico e Artístico Nacional*, n°25, 1997.

_____. "O Movimento Negro e a crise brasileira". In: *Política e Administração*, Vol. 2. Julho – setembro de 1985.

_____. "Memorial Zumbi: conquista do movimento negro". In NASCIMENTO, Elisa Larkin. (org.) *Cultura em movimento*: matrizes africanas e ativismo negro no Brasil. São Paulo: Selo Negro, 2008.

SANTOS, Marcio André de Oliveira dos. *A persistência política dos movimentos negros brasileiros: processo de mobilização à 3ª Conferência Mundial das Nações Unidas Contra o Racismo* (Dissertação de mestrado em ciências sociais. Rio de Janeiro, Uerj, 2005).

SANTOS, Thereza. *Malunga Thereza Santos*: a história de vida de uma guerreira. São Carlos: Ed. UFSCAR, 2008.

SCHWARCZ, Lílian. *O espetáculo das raças – cientistas, instituições e questão racial no Brasil – 1870-1930*. São Paulo: Companhia das Letras, 1993.

SEYFERTH, Giralda. "Construindo a nação: hierarquias raciais e o papel do racismo na política de imigração e colonização". In: MAIO, Marcos Chor e SANTOS, Ricardo Ventura (org.). *Raça, Ciência e Sociedade*. Rio de Janeiro: FIOCRUZ/CCBB, 1996.

SIEGEL, Micol. "Mães pretas, filhos cidadãos." In: CUNHA, Olívia Maria Gomes da; GOMES, Flávio dos Santos (Orgs). *Quase-cidadão*: histórias e antropologias da pós-emancipação no Brasil. Rio de Janeiro: Editora FGV, 2007.

SILVA, Joselina da. *União dos Homens de Cor: uma rede do movimento negro após o Estado Novo* (Tese de doutorado em ciências sociais, Rio de Janeiro, Uerj, 2005).

_____. "Jornal *Sinba*: a África na construção identitária brasileira dos anos setenta". In: PEREIRA, Amauri Mendes; SILVA, Joselina da (orgs). *O Movimento Negro Brasileiro*: escritos sobre os sentidos de democracia e justiça social no Brasil. Belo Horizonte: Nandyala, 2009.

SILVA, Nelson F. Inocêncio. *Consciência negra em cartaz*. Brasília, Editora UnB, 2001.

Referências bibliográficas

SILVA Jr., Hédio. "Do racismo legal ao princípio da ação afirmativa: a lei como obstáculo e como instrumento dos direitos e interesses do povo negro." in: GUIMARÃES, Antônio Sérgio A. & HUNTLEY, Lynn (org.). *Tirando a máscara*: ensaios sobre o racismo no Brasil. São Paulo, Paz e Terra, 2000.

SISS, Ahyas. "Educação, Cidadania e Multiculturalismo". Texto apresentado no GT 21, durante a XXVI Reunião Anual da ANPEd, 2003, Poços de Caldas. 26ª Reunião Anual da ANPEd. Rio de Janeiro : DP&A, 2003.

SOUZA, Jessé (org.). *Multiculturalismo e racismo*: uma comparação Brasil – Estados Unidos. Brasília: Paralelo 15, 1997.

_____. *Modernização seletiva: uma reinterpretação do dilema brasileiro.* Brasília: Editora da UnB, 2000.

STOCKING Jr., George W. *Race, Culture and Evolution.* Chicago: The University of Chicago Press, 1982.

_____. "Antropologia e sociedade". In BOAS, Franz. *A formação da antropologia Americana (1883-1911).* Organização e introdução de George Stocking Jr. Rio de Janeiro: Contraponto; Editora da UFRJ, 2004.

SWEET, James H. *The Idea of Race*: Its Changing Meanings and Constructions. Ann Arbor, MI: Pro Quest, 2005 (electronic edition).

TELLES, Edward. *Racismo à Brasileira: uma nova perspectiva sociológica.* Rio de Janeiro: Relume Dumará, 2003.

_____. "As fundações norte-americanas e o debate racial no Brasil". In *Estudos Afro-Asiáticos*, Ano 24, nº 1, 2002.

THOMPSON, E.P. "Interview". In Abelove, Henry; Blackmar, Betsy; Dimock, Peter and Schneer, Jonathan. *Visions of History.* New York: Pantheon Books, 1983.

VAINER, Carlos B. "Estado e raça no Brasil. Notas exploratórias". *Estudos Afro-Asiáticos*, nº 18, 1990.

VELHO, Gilberto. *A utopia urbana: um estudo de antropologia social.* 6ª ed. Rio de Janeiro: Jorge Zahar, 2002.

WEBER, Max. *Economia y Sociedad.* México: Fondo de Cultura Econômica, 1944.

Este livro foi impresso em novembro de 2020, na Gráfica Edelbra, em Erechim.
O papel de miolo é o offset 75g/m² e o de capa é o cartão 250g/m².
A fonte usada no miolo é a Utopia.